Presentado a:

_____

Por:

_____

Fecha:

_____

El lugar apacible

366 lecturas devocionales

Libros de Nancy Leigh DeMoss publicados por Portavoz

Atrévete a ser una mujer conforme al plan de Dios

El lugar apacible

En la quietud de su presencia

Escoja perdonar

Escogidos para Él

La apariencia

La gratitud / El perdón

Mentiras que las jóvenes creen y la verdad que las hace libres

Mentiras que las mujeres creen y la verdad que las hace libres

Mujer Verdadera 101: Diseño divino

Quebrantamiento: El corazón avivado por Dios

Rendición: El corazón en paz con Dios

Santidad: El corazón purificado por Dios

Sea agradecido

El lugar apacible

366 lecturas devocionales

NANCY LEIGH DEMOSS

Editorial
PORTAVOZ

Título del original: *The Quiet Place* © 2012 por Nancy Leigh DeMoss y publicado por Moody Publishers, 820 N. LaSalle Boulevard, Chicago, IL 60610. Traducido con permiso.

Edición en castellano: *El lugar apacible* © 2015 por Editorial Portavoz, una división de Kregel Inc., 2450 Oak Industrial Dr., NE, Grand Rapids, Michigan 49505. Todos los derechos reservados.

EDITORIAL PORTAVOZ
2450 Oak Industrial Drive NE
Grand Rapids, MI 49505 USA
Visítenos en: www.portavoz.com

ISBN 978-0-8254-1989-8 (rústica)
ISBN 978-0-8254-0831-1 (Kindle)
ISBN 978-0-8254-7962-5 (epub)

2 3 4 5 edición / año 24 23 22 21 20 19 18 17

Impreso en los Estados Unidos de América
Printed in the United States of America

A la grata memoria de mi padre,
Arthur S. DeMoss (1925-1979),
cuyo ejemplo de absoluta devoción
a Cristo y a su reino
fue el mayor legado
que un padre podría dejarle a una hija.

Su práctica de empezar cada día con el Señor,
en su Palabra y sobre sus rodillas,
dejó una marca profunda y permanente en mi vida.
Esta colección es el fruto de su vida,
con su huella inconfundible de principio a fin.

Que al encontrarte cada día con Cristo en
un "lugar apacible",
tu vida tenga el sello de su semejanza.
Y que el ejemplo de nuestra devoción
inspire a aquellos que vienen detrás de nosotros
a buscar a Cristo con todo su corazón.

Ven a ese lugar apacible

No es fácil encontrar un lugar apacible en estos días. Todo padre con hijos pequeños (o adolescentes o nietos) sabe de lo que estoy hablando. Así como los estudiantes. Y aquellos que trabajan en la plaza laboral. Y todos aquellos que van de compras a los establecimientos comerciales o a comer a los restaurantes. (Quisiera una moneda de 5 centavos por cada vez que le solicité a un mesero: "¿Habría alguna posibilidad de que bajen la música un poco para que podamos conversar?"). Por este motivo, puede ser difícil encontrar un lugar tranquilo en nuestros hogares, incluso para personas, como yo, que viven solas.

Desde el ruido ambiental, sobre el cual no tenemos control, hasta el vocerío de nuestra propia obra y elección, estamos sujetos (o nos sometemos) al sonido agudo y vibrante del teléfono, la señal de aviso del correo electrónico, la estridencia de la música, el tecleo de los electrodomésticos. El *chiflido* del Skype, el parloteo de las personas, la resonancia de los bocinazos, los video juegos, bueno, ¡¿qué ruido *no* hacen estos?! Incluso el "ruido de fondo", que disimula los demás ruidos en muchos de nuestros lugares de trabajo. Y más allá de todo eso, está el alboroto interno que a menudo retumba en nuestra cabeza y en nuestro corazón; tal vez el peor ámbito de todos para encontrar un lugar tranquilo.

A decir verdad, en muchos casos, nos resulta difícil vivir sin nuestro ruido. Sin duda, una de las plagas de nuestra era es que no podemos soportar estar solos, estar callados, estar *tranquilos*.

Al presente, hace cincuenta años que estoy en el camino del Señor. Uno de los mayores deleites de todos estos años ha sido el gozo de estar en comunión con Él, escucharlo hablar a través de su Palabra, por su Espíritu. Al mismo tiempo, una de mis mayores y eternas luchas ha sido la tentación de dejar que otros sonidos y otras voces tapen su voz… no acallarme lo suficiente para escuchar su voz, en un vano intento de cultivar mi intimidad con el Salvador mientras estoy a las carreras, en medio de una incesante actividad y algarabía.

Con bastante frecuencia, demasiadas personas —entre las que me incluyo— optan por revisar Facebook en vez de meditar en el Libro, dedicarse al juego de palabras con amigos en vez de deleitarse en la Palabra del Amigo más preciado.

Aunque tenemos un interminable surtido de juegos, juguetes y artefactos electrónicos, nos aburrimos con facilidad. Apenas tenemos un respiro momentáneo en nuestras actividades, no podemos resistirnos a agarrar nuestro teléfono inteligente; enviar mensajes de texto o mensajes instantáneos, o llamar a un amigo; revisar nuestra casilla de correos electrónicos, blogs, Facebook o Twitter; entretenernos con juegos de computadora, escuchar música, encender la televisión, mirar clips de YouTube o pulsar con el mouse en las noticias, las condiciones del tiempo y la aplicación de deportes.

Y esto es lo triste: a pesar de la proliferación de dispositivos que llenan los espacios vacíos de nuestra vida y nuestro corazón, la pobreza generalizada del alma es epidémica, aun entre aquellos de nosotros que afirmamos ser seguidores del Príncipe de Paz.

Espero que este volumen te ayude a cultivar un corazón sereno y encontrar un fresco manantial de bendición en la presencia del Señor.

Año tras año, lecturas devocionales como las de nuestros predecesores puritanos (*El valle de la visión*), Charles Spurgeon (*El libro de cheques del banco de la fe, Lecturas matutinas, Lecturas vespertinas*), Oswald Chambers (*En pos de lo supremo*), Charles E. Cowman (*Manantiales en el desierto*), Elisabeth Elliot y John Piper, junto a numerosos otros autores menos conocidos, han servido para traer calma a mi corazón agitado y despertar mi apetito por Cristo y su Palabra.

Espero que este volumen te ayude a cultivar un corazón sereno y encontrar un fresco manantial de bendición en la presencia del Señor.

Sin embargo, me adelantaría a recordarte de que a pesar de lo provechoso que podría ser este recurso, de ninguna manera reemplaza el estudio de la Palabra en sí. Considera este libro, o cualquier otro libro devocional, tan solo como un aperitivo, una "degustación" de la comida que viene. Estas lecturas no están destinadas a suplantar tu necesidad de la Palabra de Dios; sino simplemente a provocar hambre, despertar tu interés y afinar tus sentidos y tu corazón para anhelar más de Él. La manera segura de ser un raquítico espiritual, es intentar subsistir a base de breves lecturas devocionales, que estaban destinadas solo a conducirte a su Libro para que recibas la "verdadera comida".

A fin de sacar el mayor provecho de estas lecturas —y más importante aún, del "plato principal" de la lectura y meditación de las Escrituras— busca un lugar tranquilo, alejado de distracciones innecesarias. Este lugar apacible podría ser adentro o afuera; podría ser un lugar encantador o sencillo, tal vez tan simple como un pequeño clóset. Cuando entres a ese lugar, con lo difícil que pueda ser y lo imposible que pueda parecer, te recomiendo que apagues cualquier dispositivo electrónico que tengas; o mejor aún ¡déjalos en otra habitación! Pídele a Dios que ponga sosiego en tu corazón; ora como el salmista: *"Escucharé lo que hablará Jehová Dios…"* (Sal. 85:8). Luego, con la Biblia abierta, escucha la voz apacible y delicada de tu Pastor. Y cuando te hable, no tardes en decirle: "Habla, Señor, que tu siervo escucha".

Nancy Leigh DeMoss
Septiembre, 2012

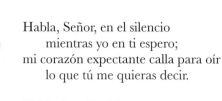

Habla, Señor, en el silencio
mientras yo en ti espero;
mi corazón expectante calla para oír
lo que tú me quieras decir.

Habla, bendito Maestro,
en esta hora tranquila.
Déjame ver tu rostro, Señor,
y sentir el poder de tu caricia.

Las palabras que dices,
son vida en verdad;
el pan vivo del cielo,
a mi espíritu alimentará.

A ti todo lo rindo,
ya no me pertenezco;
feliz, alegre me entrego,
sólo tú eres mi dueño.

¡Habla, tu siervo escucha!
No estés callado, Señor;
Mi alma en ti espera,
para escuchar tu voz.

Hazme comprender
tu gloriosa voluntad;
que tu designio sea
esta vida llenar.

Como un jardín saturado
de una fragancia especial,
así sea mi vida,
en tu presencia quiero habitar.

Emily May Grimes (1868-1927)

Lo primero

Levantándose muy de mañana, siendo aún muy oscuro,
salió y se fue a un lugar desierto, y allí oraba (Mr. 1:35).

 JESÚS HABÍA ESTADO DESPIERTO HASTA TARDE LA NOCHE ANTERIOR, después de un día de ministración largo e intenso. Las personas reclamaban su atención; lo oprimían incesantemente con sus necesidades apremiantes, al correrse la voz de su poder sobrenatural sobre los demonios y las enfermedades. Sin embargo, al clarear el alba, nuestro Salvador iba a un lugar tranquilo, alejado de las multitudes, para buscar y disfrutar de la comunión con su Padre celestial. Esto no era algo que Él "debía" hacer; era su mayor deleite.

En comparación, muchos creyentes que conozco toman su "tiempo devocional" como una obligación; cumplen fielmente su rutina, pero no llegan a sentir realmente que se han encontrado con Dios. A algunos les cuesta tener constancia; han fallado tantas veces que se sienten tentados a rendirse, o ya lo han hecho. Hay otros que ni siquiera tienen una vida devocional personal, y no tienen idea de lo que se están perdiendo.

Y después están aquellos pocos, cuyas vidas evidencian el fruto dulce y delicioso de encontrarse con Dios constantemente. La fragancia de sus vidas me provoca el anhelo de conocer más íntimamente a Dios.

Como verás, más que un deber de la vida cristiana, el hábito del devocional diario es una increíble oportunidad de conocer al Dios del universo. Sorprendentemente, Él nos ha extendido la invitación de acercarnos más a Él, entrar humilde y confiadamente al Lugar Santísimo y desarrollar una relación de amor creciente con Él.

Jesús dijo: "Si alguno tiene sed, venga a mí y beba" (Jn. 7:37). Esta colección de devocionales es para almas sedientas. Es una invitación a buscar a *Dios*. Así que ven y bebe en abundancia. Deja que Él sacie tu sed, día a día. Y entonces verás que los ríos de agua viva fluyen a través de ti y aplacan la sed de quienes te rodean.

¿Piensas en la vida devocional diaria como un deber o un deleite? Pide a Dios que te de sed: que acreciente tu deseo de disfrutar de la comunión diaria con el Amante de tu alma.

Una cosa

Una cosa he demandado a Jehová, ésta buscaré (Sal. 27:4).

 ¿Cómo terminarías este versículo del Salmo 27? Si tuvieras que resumir el mayor deseo y anhelo de tu corazón en solo "una cosa", ¿cómo lo resumirías? Si tan solo se pudiera decir una sola frase acerca de ti al final de tu vida ¿cuál quisieras que fuera? Nuestra respuesta a estas preguntas explica mucho de lo que hacemos: nuestras decisiones, nuestras prioridades, nuestro uso del tiempo, la manera en que gastamos nuestro dinero, la manera en que respondemos a las presiones, a quién o qué amamos. De modo que vale la pena pensar en esto. Nuestra "sola cosa" importa.

El rey David concluyó en la siguiente respuesta: Si solo pudiera pedirle al Señor una sola cosa, sería: "Que esté yo en la casa de Jehová todos los días de mi vida, para contemplar la hermosura de Jehová, y para inquirir en su templo". Su prioridad número uno era *vivir* en la presencia del Señor, para poder *ver* su gloria y esplendor, y *conocer* el corazón y los caminos del Todopoderoso.

Y, no, David no hizo todo a la perfección. Echó a perder las cosas en algunas de las relaciones más importantes de su vida. Pero dado que el Señor había puesto esta pasión en su corazón, su Dios-Amante no lo abandonó. Con un amor que lo confrontó, lo convenció de pecado y lo limpió, Dios persistió en buscarlo y restaurarlo.

Por momentos, podríamos preguntarnos: *¿Por qué Dios se dignó a preocuparse por un tipo como David?* Por la misma razón por la que se digna a preocuparse por cualquiera de nosotros: porque Él es el Amante que busca una relación. Y porque su amor por pecadores detestables pone de manifiesto su gracia maravillosa. Aunque no vivamos "esa cosa" que más deseamos, podemos estar seguros de que nuestro Dios seguirá obrando —despojándonos de amores menores, atrayéndonos a Él— hasta que Él sea el único deseo que nos consuma.

Haz el intento de escribir cuál es esa "sola cosa" para ti y colocarlo en un lugar que te lo recuerde durante todo el año que tienes por delante.

_____

_____

_____

_____

_____

_____

_____

Riquezas incalculables

...para que os dé, conforme a las riquezas de su gloria, el ser fortalecidos con poder en el hombre interior por su Espíritu (Ef. 3:16).

EN EL FONDO DE LA TIERRA HAY ENORMES RIQUEZAS que aún no se han descubierto. Algunos expertos estiman que tesoros sumergidos bajo el agua, en un valor de seis billones de dólares, yacen sin explorarse, dispersos en las oscuras profundidades oceánicas del globo terráqueo. La mina de oro más profunda del mundo, ubicada cerca de Johannesburgo, Sudáfrica, que se extiende hasta casi cuatro kilómetros por debajo de la tierra, ha producido más de cien millones de onzas de oro puro —tres mil toneladas— desde que comenzaron las operaciones mineras. La mina Driefontein emplea casi 17.000 personas que trabajan en turnos sucesivos durante las 24 horas de cada día, para recoger oro de la tierra.

Y todavía hay más; se espera que esta mina produzca al menos veintinueve toneladas al año, durante los próximos veinte años. Sin embargo, las riquezas de Dios son aún más profundas.

La Biblia habla de las "riquezas de su benignidad, paciencia y longanimidad" (Ro. 2:4), las "riquezas de su gloria" (9:23) y las "riquezas de su gracia, que hizo sobreabundar para con nosotros en toda sabiduría e inteligencia" (Ef. 1:7-8). Sin embargo, a diferencia de las riquezas del fondo del océano, que podrían recolectarse por completo si alguien supiera cómo localizarlas —a diferencia de las riquezas de una mina de oro que se extraen hasta que finalmente no hay más— el oro en las minas de Dios nunca se acaba. Es ilimitado. Inextinguible.

Dios nunca experimentará una quiebra o incertidumbre económica. En cambio, las Escrituras prometen que Él "suplirá todo lo que os falta conforme a sus riquezas en gloria en Cristo Jesús" (Fil. 4:19). Su provisión siempre disponible nunca excederá o sobrepasará el presupuesto del Altísimo. Más bien, Él seguirá prodigando sobre tu vida sus insondables recursos. Cualquiera que sea tu necesidad, cualquiera que sea el déficit, las riquezas de Dios siempre son más de lo que necesitas.

¿Qué necesidades tienes en este momento? ¿Cuáles son algunas de las "riquezas" que Él ha prometido darte para suplir tus necesidades?

Su sonrisa

*Jehová haga resplandecer su rostro sobre ti, y tenga de ti misericordia;
Jehová alce sobre ti su rostro, y ponga en ti paz (Nm. 6:25-26).*

Cuando el rostro de Dios resplandece sobre sus hijos, significa que se complace en ellos. Pienso en el deportista de una escuela secundaria, que estuvo sentado en el banco durante casi tres temporadas; pero que, finalmente, en el último cuarto del último partido del año de su graduación, entra al partido y anota un enceste. ¿Hacia dónde mira inmediatamente? Mira a su entrenador, a sus compañeros de equipo, a su papá que está en la tribuna. Quiere ver esa sonrisa. Quiere ver que están complacidos.

Muchas veces, en la vida, debemos enfrentarnos a la mirada de desaprobación de aquellos cuya aceptación ansiamos. Puede que hayas experimentado el rechazo de uno o ambos de tus padres. Tal vez tu cónyuge sea frío, poco atento y distante. O quizás tu jefe te subestime constantemente frente a otros. Tú anhelas que te miren con gracia y favor.

Cuando Jesús vino a la tierra, le puso un rostro humano a Dios. Jesús mostró la sonrisa de Dios a sus hijos, hecho carne para que pudiéramos *ver* la bendición y amor del Padre. "En la alegría del rostro del rey está la vida, y su benevolencia es como nube de lluvia tardía" (Pr. 16:15).

Sí, sabemos que estamos delante de Aquel que puede ver cada detalle de nuestra vida, ante quien todas las cosas están "desnudas y abiertas" (He. 4:13). Pero dado que Cristo llevó nuestros pecados sobre su cuerpo en la cruz, al soportar todo el peso de la mirada de desaprobación y rechazo de Dios que nosotros merecíamos, el *espanto* de su rostro se convirtió para nosotros en el *favor* de su rostro. Y con la sonrisa de Dios, podemos superar las miradas de desaprobación y rechazo de la vida.

¿Qué significa para ti hoy saber que Dios te sonríe y te mira con gracia y favor?

Una enorme gratitud

Y todo lo que hacéis, sea de palabra o de hecho, hacedlo todo en el nombre del Señor Jesús, dando gracias a Dios Padre por medio de él (Col. 3:17).

¿QUÉ LUGAR OCUPA LA GRATITUD en tu lista de virtudes cristianas? En un arsenal que debería incluir cosas como una fe que mueve montañas, obediencia radical, paciente tolerancia y sacrificio abnegado, la *gratitud* podría parecernos un agregado opcional. Estupendo, si la tienes; pero no es tan decisivo para el desarrollo normal de la vida.

Y sin embargo, este asunto de la gratitud es mucho más importante que lo que su frívola reputación sugeriría. Lo que al principio parece ser simplemente un accesorio —una pieza decorativa— es, en realidad, un componente de tu vida cristiana mucho más importante, mucho más poderoso, mucho más necesario.

Por ejemplo, trata de persistir en la fe —sin gratitud— y, tarde o temprano, tu fe olvidará el verdadero sentido de su fidelidad, hasta fraguarse en una práctica de la religión, que es infructuosa y hueca.

Trata de ser una persona que irradie y muestre amor cristiano —sin gratitud— y, con el tiempo, tu amor se estrellará contra las afiladas rocas de la decepción y la desilusión.

Trata de ser una persona de entrega abnegada —sin acompañar con gratitud esa ofrenda— y verás que cada pizca de gozo se escurrirá entre las grietas de un complejo de mártir.

La verdadera gratitud no es un ingrediente adicional. Tampoco es un producto autónomo, algo que en realidad nunca interviene en la vida real, que niega la realidad, como si viviera sola en una pequeña isla feliz. No, la gratitud tiene una gran misión que cumplir en nosotros y en nuestro corazón. Es una de las maneras principales en que Dios infunde gozo y optimismo en las dificultades de la vida diaria.

¿En qué aspecto de tu vida diaria notas una falta de gratitud? ¿Qué tiende a llenar los espacios de tu corazón que dejan vacantes su ausencia?

Un ambiente de sanidad

*Panal de miel son los dichos suaves; suavidad al alma
y medicina para los huesos (Pr. 16:24).*

 ¡Qué bendición es experimentar la sanidad física de una enfermedad, sentirse cada vez más fuerte, recuperar el funcionamiento libre y normal de nuestra vida. Sin embargo, una bendición aun mayor es cuando Dios te usa como un instrumento de sanidad *espiritual* en la vida de otros.

"La lengua apacible es árbol de vida", dicen las Escrituras (Pr. 15:4). Puede reconfortar al cansado. Puede dar aliento al preocupado. Puede ministrar gracia al joven y al anciano por igual. Puede incluso distender situaciones tensas, impedir que los malentendidos se conviertan en conflictos llenos de resentimiento.

Cuando los hombres de Efraín se apresuraron a ir a ver a Gedeón, furiosos por no haber sido incluidos en su histórico ataque contra Madián, con lo cual se sentían excluidos de la victoria, su humilde respuesta puso final a la discordia: "¿Qué he hecho yo ahora comparado con vosotros? ¿No es el rebusco de Efraín mejor que la vendimia de Abiezer?... Entonces el enojo de ellos contra él se aplacó, luego que él habló esta palabra" (Jue. 8:2-3)

Nosotros también podemos crear un ambiente de paz y sanidad en nuestro hogar, nuestras iglesias y nuestros lugares de trabajo con nuestra manera de responder a quienes nos rodean, aun cuando ellos no actúen como deberían. Las palabras suaves y amables ministran gracia, fortaleza y aliento; palabras como: "te quiero", "estoy orando por ti", "siento haberte tratado así", "te pido que por favor me perdones", "te agradezco mucho".

Que Dios guarde nuestros labios y los use para sanar, reconstruir y restaurar.

¿Quién necesita escuchar de ti palabras que le ayuden a restaurar su salud emocional o espiritual? Escribe una nota, haz una llamada, haz hoy el esfuerzo de ser un instrumento de sanidad en la vida de otra persona.

Llamados por Dios

Habéis, pues, de serme santos, porque yo Jehová soy santo, y os he apartado de los pueblos para que seáis míos (Lv. 20:26).

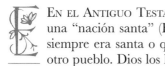 EN EL ANTIGUO TESTAMENTO, Dios apartó a Israel para que fuera una "nación santa" (Ex. 19:6). Esto no significaba que su *conducta* siempre era santa o que, de por sí, eran más justos que cualquier otro pueblo. Dios los llamó "santos" porque los había apartado de otras naciones; una distinción y privilegio que venía con la obligación de vivir una vida santa.

Pero no solo habían sido apartados *por* Dios; sino que fueron apartados *para* Dios. El concepto bíblico de la santidad conlleva un sentido de pertenencia a Dios, al igual que la madre que afirma: "Estos niños son míos".

Cuando era niña descubrí, en parte, lo que significa ser apartado por y para Dios. Mis padres establecían lo que creían que eran prácticas y límites sabios para nuestra familia. A veces nos quejábamos y decíamos: "¡Pero los demás...!". Y ellos a menudo nos respondían algo así como: "Pero tú no le perteneces a 'los demás'. ¡Tú le perteneces a Dios!". Nos convencían de que había algo especial en ser apartados para Dios en vez de tratar de encajar en el molde del mundo.

Ser apartados para Dios no es un castigo. No es un intento de parte de Dios de sacrificarnos o condenarnos a un estilo de vida triste y desdichado. Es un privilegio; un llamado a pertenecer, a ser preciados, a entrar a una relación íntima de amor con Dios; a encajar en su grandioso y eterno plan para este universo; a experimentar la dicha y el propósito maravilloso para el que fuimos creados; a ser libres de todo lo que destruye nuestra verdadera felicidad.

¿Cómo cambiaría tu vida si fueras más consciente de haber sido apartado por y para Dios? Agradece hoy al Señor por el privilegio de pertenecerle, y pídele que haga de tu vida un reflejo de ese llamado supremo.

Miles de cosas

¿Descubrirás tú los secretos de Dios? ¿Llegarás tú a la perfección del Todopoderoso? Es más alta que los cielos..." (Job 11:7-8).

 HACE AÑOS, ESCUCHÉ AL PASTOR JOHN PIPER decir algo, que resonó profundamente en mi corazón. Desde ese entonces, lo he contado infinidad de veces: "En cada situación y circunstancia de tu vida, Dios siempre está haciendo miles de cosas diferentes que no sabes ni puedes ver". Por si pasaste esa frase al vuelo, vuelve a leerla. Permite que la perspectiva eterna de esta declaración quede permanentemente grabada en tu pensamiento.

Hace poco repetí estas líneas mientras hablaba con una madre, cuya hija ha elegido un estilo de vida licencioso. Con sus ojos llenos de lágrimas, mas con visibles rastros de esperanza y alivio en su rostro, me miró y me dijo: "Necesito colgar esa frase en mi casa, en un sitio donde pueda verla todo el tiempo". Es una verdad que *todos* necesitamos que cuelgue en nuestro corazón.

No importa qué crisis o complicación podría estar amenazando con afectar tu vida, Dios *está obrando*. Puede que no lo veas, pero debes saber que es verdad. Y Él no solo está haciendo una o dos o un par de cosas en esa situación. Él está haciendo *miles de cosas* o más aún.

Aunque a veces Él podría permitirnos ver algunos de sus propósitos, para que entendamos y digamos: "¡Ah, con razón!"; gran parte de lo que Él está haciendo ocurre detrás del telón, providencialmente, oculto de nuestra vista finita.

Nunca podrás ni siquiera llegar a imaginar lo que Dios está haciendo en tu vida. Es posible que no puedas ver el final o el resultado de cada situación. En todo caso, *no todavía*. Pero puedes estar seguro de que Él sabe lo que está haciendo. Él es Dios y está obrando: expresamente, hábilmente, tiernamente. Y un día, cuando mires atrás y veas el camino que transitaste desde una perspectiva celestial, verás la mano de Dios en todas esas circunstancias inexplicables, y dirás con asombro y adoración: "¡Todo lo hiciste bien!". Puedes estar seguro.

 ¿Cómo cambiaría tu actitud hacia un problema difícil si tuvieras el convencimiento de que Él está supervisando cuidadosamente cada paso y detalle de tu vida y está haciendo infinidad de cosas para glorificar su nombre a través de esa situación?

El ministerio de la consolación

Pues tenemos gran gozo y consolación en tu amor, porque por ti, oh hermano, han sido confortados los corazones de los santos (Flm. 7).

EN LOS ALBORES DEL SIGLO XX, las Repúblicas Bóer estaban librando una guerra contra el ejército del Imperio Británico en Sudáfrica. Durante un prolongado bloqueo militar en la ciudad de Ladysmith, un ciudadano desventurado, seguro del desastre inminente, empezó a deambular por las calles y a decirles palabras desalentadoras a los soldados. Nunca disparó una bala contra el enemigo, pero finalmente su acción de desaliento fue considerada una ofensa imputable. Cuando lo llevaron ante el tribunal militar, lo declararon culpable y lo sentenciaron a un año de prisión.

Al parecer, desalentar a otros iba en contra de la ley.

Probablemente, la mayoría de las personas se pondrían un poco nerviosas si realmente el desaliento se declarara ilegal. Pero creo que uno de los ministerios más necesitados en la iglesia hoy, es el ministerio de la consolación. Hasta el apóstol Pablo hacía constantes referencias a otras personas que lo habían ayudado en su ministerio; él valoraba su amistad y apoyo. Eran un "consuelo" para él (Col. 4:11), traducido de la palabra griega *paregoria*, de la cual obtenemos nuestra palabra "paregórico": una medicina para aliviar la indigestión estomacal. La persona que alienta, alivia y consuela nuestro corazón, al darnos una nueva esperanza, energía y confianza. Todos queremos estar del lado de los que reciben aliento. Pero también debemos estar del lado de los que dan aliento. En el Nuevo Testamento, encontramos alrededor de treinta cosas que debemos hacer "unos por otros" (He. 3:13). Sean bondadosos unos con otros. Muestren amor unos por otros. Entre éstas, hay una exhortación que dice "anímense unos a otros" (He. 3:13 NVI). Cuando representamos al "Dios de la paciencia y de la consolación" de esta manera (Ro. 15:5), en verdad somos un canal de su gracia a otros.

¿Hay alguien que haya confortado tu corazón con su amor y consuelo? ¿Cómo podría Dios usarte hoy para confortar el corazón de sus hijos?

El Dios que te busca

Vuélvete, oh rebelde Israel, dice Jehová; no haré caer mi ira sobre ti, porque
misericordioso soy yo… no guardaré para siempre el enojo (Jer. 3:12).

 DIOS USÓ AL PROFETA JEREMÍAS para decirle a su pueblo que Él
recordaba cómo había sido en los primeros días de su relación "la
fidelidad de tu juventud, del amor de tu desposorio" (Jer. 2:2). Él
recordaba el amor dulce, simple y puro, que el pueblo de Israel
había sentido y demostrado por Él una vez. Quizás, se refería a la vez que
cantaron sus alabanzas en el Mar Rojo, o cuando estaban al pie del Monte
Sinaí y dijeron: "Todo lo que Jehová ha dicho, haremos" (Éx. 19:8).
Pero algo había cambiado. Su pueblo lo había abandonado. No solo
se había olvidado de Él, sino que le había vuelto la espalda para seguir a
otros amantes, lo cual lo hacía un pueblo "traidor" e "infiel". Por lo tanto,
en Jeremías 3, Dios presenta sus argumentos contra su novia. Él está contristado por su espantosa infidelidad, y usa el gráfico lenguaje de las rameras y
prostitutas para describir las profundidades de su promiscuidad, cosas que
ni siquiera nos gusta mencionar entre gente educada. Él habla como un
amante abandonado y traicionado.
Sin embargo, nunca deja de ser un amante; un Dios conciliador, redentor que busca implacablemente a su esposa rebelde, al suplicarle a su pueblo
que vuelva, a pesar de la gravedad de su abandono y olvido en pos de otros
pretendientes.
Este es el evangelio —las buenas nuevas— el evangelio para los *salvos*,
el evangelio que necesitamos predicarnos cada día de nuestra vida y recordar que Dios nos sigue buscando y cortejando para que volvamos a Él. Él
quiere una relación restaurada. Él nos suplica que regresemos y, cuando lo
hagamos, nos promete tener misericordia y remediar nuestra infidelidad.

¿Hay algo que haya alejado tu corazón de la devoción y el amor que una vez
tenías por Cristo? ¿Necesitas regresar a Él? Recuerda: Él quiere más que tú,
recuperar la comunión contigo.

Ora por nosotros

Mientras tanto, ustedes nos ayudan orando por nosotros. Así muchos darán gracias a Dios por nosotros a causa del don que se nos ha concedido en respuesta a tantas oraciones (2 Co. 1:11 NVI).

 No CREO QUE PODAMOS LLEGAR A IMAGINAR el efecto de nuestras oraciones en la vida de otros, ni el efecto de nuestras oraciones en nuestra propia vida. En realidad, creo que gran parte de mi vida es producto de las oraciones, en particular, de las oraciones de una bisabuela.

Nunca conocí a "Yaya", una inmigrante griega, abuela de mi padre, que vivía al norte del estado de Nueva York con sus dos hijos, dos nueras (que también eran hermanas) y cuatro nietos (uno de los cuales era mi padre), todos en la misma casa.

Yaya compartía su dormitorio con Ted, el primo de mi papá, cuando él era niño; a quien he escuchado hablar de las noches en que ella se arrodillaba y oraba en su lengua nativa cuando él se iba a dormir. Ella oraba por su familia, incluso por la salvación de mi padre, que había elegido el camino de la rebeldía y la destrucción, hasta que el Señor volvió a cautivar su corazón a los veintitantos años de edad. Ted nos contaba que algunas mañanas él se levantaba y encontraba a Yaya *todavía* arrodillada, después de haber orado toda la noche.

Yaya no vivió para ver a mi padre convertirse a Cristo; nunca conoció a ninguno de sus bisnietos, cuya mayoría hoy están en el camino del Señor, formando sus propias familias cristianas. Sus oraciones sembraron semillas que aún hoy siguen dando fruto para la gloria de Dios.

Tal vez sepas qué es llorar hasta dormirte por las noches, preocupado por un hijo o un nieto, un familiar que sufre o un pródigo. Puede que sientas que no puedes hacer otra cosa más que orar. *Entonces ora.* Cuando estés desesperado, sin saber qué hacer, ora. Y *sigue orando.* Porque alguien te necesita. De hecho, muchos de nosotros contamos con que "nos [ayudes] orando por nosotros". Al final, tal vez en las generaciones que vengan, "muchos darán gracias a Dios por nosotros… en respuesta a tantas oraciones".

Dedica un tiempo, ahora mismo, a orar por una o dos personas que lleves muy dentro de tu corazón. Dios está obrando. ¡No dejes de orar!

La batalla tras la batalla

Y respondió Abram al rey de Sodoma: … desde un hilo hasta una correa de calzado, nada tomaré de todo lo que es tuyo, para que no digas: Yo enriquecí a Abram (Gn. 14:22-23).

ABRAHAM ACABABA DE PELEAR Y OBTENER una impresionante victoria contra una masiva alianza militar del este y, de paso, salvar a su sobrino Lot, que había sido tomado como prisionero de guerra. Esta era una batalla pública con un desenlace sobrenatural, algo de Dios. Pero cuando Abraham volvió a la casa, se enfrentó a una segunda batalla: una batalla privada. Todos nos podemos identificar con esos momentos de relajación después de una importante victoria, cuando estamos indefensos, agotados y cansados, y cuando es fácil perder mucho de lo que hemos ganado.

Al regresar a casa con la victoria de una importante batalla, Abraham se encontró con dos reyes. Melquisedec, *rey y sacerdote de Salem* —de quien se cree que era una aparición pre-encarnada de Cristo mismo—, que alimentó a Abraham con pan y vino, lo bendijo en el nombre del Dios Altísimo y lo llevó a adorar. El *rey de Sodoma*, por otro lado, mientras apelaba por el retorno de todo cautivo tomado en la batalla, quiso negociar con Abraham y le dijo: "toma para ti los bienes" (Gn. 14:21). *¡Te lo mereces! Gratifícate con la recompensa de tu labor.*

Abraham pudo haberse justificado y aceptado la oferta del rey pagano de múltiples maneras; algunas de las mismas maneras que a menudo usamos después de agotar nuestras energías, especialmente tras una difícil temporada de mucho trabajo y esfuerzo. Pero él había encontrado su refrigerio antes, en la comunión y la presencia del Señor, por ello, pudo resistir la tentación de buscar alivio en intereses carnales o recompensas pasajeras.

Tengamos por seguro que perderemos "la batalla tras la batalla" si no recibimos rápidamente el sustento, el descanso y el renuevo del alma que Cristo, nuestro Rey de Salem (paz) nos ofrece.

Cuando finalmente te relajas después de un período de gran esfuerzo o responsabilidad, ¿qué tipo de tentaciones eres más susceptible a sufrir? ¿Cómo puedes prepararte mejor para "la batalla tras la batalla"?

La salud del corazón

"Os daré corazón nuevo, y pondré espíritu nuevo dentro de vosotros; y quitaré de vuestra carne el corazón de piedra, y os daré un corazón de carne"(Ez. 36:26).

 UNA Y OTRA VEZ, Jesús miraba fijamente a los hombres más religiosos de su época y los confrontaba con respecto a su obsesión de tener una apariencia piadosa y una actuación sobresaliente aunque tenían vacío y corrupto el corazón.

No importaba si diezmaban de todo lo que poseían, incluso de sus hierbas; o si se lavaban las manos cada vez que comían y si podían repetir la Ley de principio a fin; o si escrupulosamente observaban cada día de fiesta, de ayuno y de descanso; o si todos los respetaban como creyentes devotos. Si su corazón no era recto, *ellos* no eran rectos. Y si nuestro corazón no es recto, nosotros tampoco somos rectos.

La profesión médica destaca la importancia de las revisiones médicas regulares. Cualquier persona con antecedentes familiares de enfermedad cardíaca debe chequearse su colesterol. No por el hecho de vernos bien externamente, vamos a suponer que no tenemos nada de qué preocuparnos. Si nuestro corazón no está funcionando bien o si tenemos una obstrucción en nuestras arterias, debemos saberlo para poder hacer lo que sea necesario para resolver la situación.

¿Acaso deberíamos preocuparnos menos por nuestra condición *espiritual*, especialmente, cuando sabemos que todos tenemos antecedentes familiares de "enfermedad del corazón"? Debemos pedirle constantemente al Señor que nos diagnostique condiciones de nuestro corazón, que podrían ser difíciles de ver por nosotros mismos. Pero las buenas nuevas del evangelio son que el Gran Médico tiene la cura para nuestros corazones enfermos y engañosos. Jesús vino a hacer una cirugía radical del corazón, a darnos un corazón nuevo, a limpiarnos y transformarnos por dentro y por fuera.

¿Cuánto tiempo pasó desde que permitiste que el Señor te hiciera una revisión espiritual de tu corazón? ¿Ha identificado su Espíritu algún problema de tu corazón que debes permitir que Él trate?

_____

_____

_____

_____

_____

_____

Firma al pie

Por lo cual asimismo padezco esto; pero no me avergüenzo,
porque yo sé a quién he creído, y estoy seguro que es poderoso
para guardar mi depósito para aquel día (2 Ti. 1:12).

UNO DE LOS RETOS que nos presenta una total entrega a Cristo es que no tenemos manera de saber todo lo que podría implicar esa entrega en el futuro. Algunos podríamos sentirnos más inclinados a rendirle nuestra vida a Cristo si Él nos presentara un contrato con todos los detalles incluidos. Nos gustaría saber qué esperar: "¿Qué me costará esto? ¿A dónde esperará Dios que vaya? ¿Qué me pedirá que haga?". Queremos ver toda la letra pequeña para poder leerla otra vez, reflexionar y luego decidir si firmamos o no.

Pero así no opera Dios. Él, en cambio, dice: "Aquí hay una hoja en blanco. Quiero que firmes al pie, que me la devuelvas y luego completaré los detalles". ¿Por qué? Porque Dios es Dios y Él nos ha comprado. Dios es fiel, Él nos ama, y existimos para su gloria y no para nuestro propio deleite.

Firmar esa hoja de papel en blanco sería riesgosa… *si* Dios no fuera real, si no pudiera cumplir con su palabra, o si finalmente demostrara ser un mentiroso. Pero la realidad es que no tenemos nada que perder por firmar el contrato en blanco. Sí, puede que perdamos algunas cosas que algunas personas consideran valiosas o esenciales. Pero en el plano eterno, no podemos perder, porque Él es digno de confianza.

Si se lo permitimos, Dios completará los detalles de nuestra vida con su incomparable sabiduría y plan soberano, escrito con la tinta indeleble de su fidelidad y amor de pacto.

¿Has "firmado al pie de esa hoja" alguna vez, en total entrega de tu vida a Dios sin esperar que Él complete primero los detalles? ¿Te da miedo? ¿Qué verdades pueden ayudarte a hacer esa clase de entrega y vivir día a día rendido a Cristo?

_____

_____

_____

_____

_____

_____

_____

_____

Te pertenecen de por vida

Como todas las cosas que pertenecen a la vida y a la piedad nos han sido dadas por su divino poder, mediante el conocimiento de aquel que nos llamó por su gloria y excelencia (2 P. 1:3).

 CUANDO LEO "NOS HAN SIDO DADAS", pienso en alguien que recibe una beca para ayudarle a costear sus estudios universitarios. Es un regalo. No tiene que devolverlo. O pienso en un investigador que solicita el patrocinio de un proyecto prometedor a una fundación. Si aprueban su solicitud, le dan una beca para utilizar en ese programa o emprendimiento. Y aunque los de la fundación querrán saber cómo se utiliza su dinero, no consideran su inversión como un préstamo. Es un regalo: una beca.

Dios nos ha dado, a sus hijos redimidos, magníficos regalos "por su divino poder". Él tiene la plena capacidad y todos los recursos para hacerlo. Y a diferencia de una beca de estudios o una beca caritativa, que podrían no ser suficientes para cubrir todas las necesidades de una persona, el generoso regalo de Dios cubre "todas las cosas" que son necesarias para tener una vida piadosa y de total adoración, y para poner en práctica su Palabra.

Ahora tenemos *todo* lo que necesitamos para la salvación, *todo* lo que necesitamos para la santificación, *todo* lo que necesitamos para cada paso, cada etapa, cada lucha y dificultad de la vida.

¿Dices que necesitas poder para ser más paciente y disciplinado? *Lo tienes.* ¿Necesitas el deseo de ser más atento y considerado? *Lo tienes.* ¿Necesitas los recursos y la habilidad para no dejarte abrumar por el temor, el desaliento y la duda? *Los tienes.* Todas estas cosas "nos han sido dadas" para que "llegase[mos] a ser participantes de la naturaleza divina" (2 P. 1:4).

¿De qué otra manera vivirías cada día si realmente creyeras que Dios ya te ha dado todo lo que necesitas para dominar tu propia naturaleza pecadora? ¡Dale gracias por su divino poder y su gracia!

La Cena habla

Y habiendo dado gracias, lo partió, y dijo: Tomad, comed; esto es mi cuerpo que por vosotros es partido; haced esto en memoria de mí (1 Co. 11:24).

 UNO DE LOS MOMENTOS MÁS SAGRADOS que cualquiera de nosotros experimenta en el término de una semana, un mes o un año, es cuando celebramos la Santa Cena y participamos de los símbolos de su cuerpo y su sangre. Cada uno de los elementos que tenemos en nuestras manos, nos recuerdan que nuestra propia vida depende de lo que estos elementos representan. Los pecados de la semana pasada —tal vez aun los de hace un par de horas— desfilan por nuestros pensamientos. Cosas que nos parecían tan justificadas, tan convincentes, tan válidas en ese momento, ahora, en este entorno sagrado, nos parecen totalmente insensatas. Vergonzosas. *¿En qué estábamos pensando?*

Pero en cierto momento de este proceso de arrepentimiento, bajo el peso de nuestra caída que nos envuelve densa y horriblemente, la esperanza vuelve a despertar en nuestra alma. *No* estamos irremediablemente afectados por esos pecados para siempre. ¡De hecho, ya han sido perdonados! La sublime declaración de Jesús: *"Consumado es"* (Jn. 19:30) tiene validez para nosotros también. Por medio de su muerte y resurrección, somos libres de la culpa, el peso, el castigo de nuestro pecado. *¡Gracias, Señor!*

En este preciso momento —este momento de "agradecimiento"— se resume el objetivo total de lo que estamos haciendo aquí. La palabra *eucaristía* (el término más litúrgico para lo que muchos de nosotros llamamos participar de la Cena del Señor) viene de la palabra griega *eucharistia*, que significa "acción de dar gracias". De modo que cuando participamos de la Santa Cena, participamos activamente del agradecimiento. Agradecimiento a Dios. Agradecimiento por el evangelio. De la culpa, a la gracia, al agradecimiento… todo esto celebramos cuando nos reunimos en su mesa.

Aun en este día común y corriente, tal vez lejos de la mesa de la Santa Cena, celebra la gloriosa libertad de tus pecados con una oración contrita de agradecimiento.

El lugar de encuentro

Y Moisés tomó el tabernáculo, y lo levantó lejos, fuera del campamento, y lo llamó el Tabernáculo de Reunión… Cuando Moisés entraba en el tabernáculo… Jehová hablaba con Moisés (Éx. 33:7, 9).

EL INCIDENTE DEL BECERRO DE ORO al pie del monte Sinaí había creado una grave división en la relación entre Dios y su pueblo. El trabajo de Moisés era mucho más arduo con la separación causada por el pecado. A pesar de dicha separación, del pesado traslado del tabernáculo "lejos, fuera del campamento", de las increíbles tensiones de su vida como gobernante de una nación, Moisés no dejaba de hacer un alto en lo que estaba haciendo para aventurarse a entrar a la presencia de Dios. No nos da la impresión de que Moisés estuviera realizando múltiples tareas mientras estaba en el tabernáculo. "La columna de nube descendía y se ponía a la puerta del tabernáculo, y Jehová hablaba con Moisés" (Éx. 33:9). Me lo imagino sentado en el borde de su silla prestando su total atención. O tal vez estaba de pie, firme y estático, en total respeto y silencio. Quizás estaba postrado en el suelo delante del Señor. No lo sé.

Pero sí sé que cuando entraba a ese tabernáculo de reunión, no estaba simplemente tachando algo de su lista de asuntos pendientes: "Ya hice mi devocional"; sino que llegaba a ese momento expectante y con la vivencia de un encuentro con Dios.

Podemos hablar todo lo que queremos de nuestra relación con Cristo y de cuánto significa para nosotros. Pero así como los israelitas se paraban a la puerta de su tienda y observaban cómo Moisés entraba y salía del tabernáculo (v. 10), los demás ven lo que realmente valoramos.

Para ser transformados por la presencia de Dios, no debemos conformarnos tan solo con un conocimiento teórico de Dios, o con mantenerlo en la periferia de nuestra vida. Debemos tomar la determinación de salir del bullicio de nuestra vida diaria, para tener comunión con Él, escucharlo y cultivar una relación íntima con Él.

¿Cuánto tiempo permaneces en la presencia del Señor, sin distraerte con las tareas de tu lista de "asuntos pendientes", correos electrónicos, redes sociales, etc.? ¿En qué momento de las próximas veinticuatro horas puedes apartar tiempo para reunirte con Él?

Sacrificio de alabanza

Y dijo: Desnudo salí del vientre de mi madre, y desnudo volveré allá. Jehová
dio, y Jehová quitó; sea el nombre de Jehová bendito (Job 1:21).

 Ningún entendimiento de la gratitud puede ser completo
sin reconocer algo más —*lo que cuesta*— y cómo pueden ambos
sobrevivir y proliferar en medio del dolor, la pérdida y la adversidad.

Pienso en mi viejo colega Charles Archer, cuya vida fue sacudida un
verano con la alarmante noticia de que su esposa de treinta y ocho años de
edad, sufría de ALS: la enfermedad de Lou Gehrig [esclerosis lateral amio-
trófica]. En muy poco tiempo, Joann perdió sus fuerzas y sus capacidades.
Perdió su capacidad de hablar, de alimentarse por sí misma, de acostarse o
levantarse de la cama.

Después de treinta y un meses de deterioro de su salud y fortaleza, el
Señor, finalmente, la liberó de la prisión de su cuerpo ¡y se la llevó a su hogar
celestial (acompañada por sus ángeles, desde luego)!

A lo largo de su difícil prueba, Charles enviaba mensajes regulares por
correo electrónico, para poner al tanto de la condición de Joann a amigos y
compañeros de trabajo. A pesar de las muy pocas noticias positivas que tenía
para informar, me impresionaba la manera en que a menudo firmaba al pie
de su correo: *"Con gratitud, Charles"*. Su confianza en la bondad y sabiduría
de Dios —para darle y quitarle a su preciosa esposa— le permitió bendecir
al Señor y expresar gratitud cuando tuvo que enfrentar circunstancias que
podrían haberlo llevado a la amargura y a la desesperación.

No, los días no siempre son fáciles. Las noches pueden alargarse hasta
que finalmente logras quedarte dormido, totalmente exhausto, por un par
de horas. Pero aquellos que le dicen que no al resentimiento y sí a la gratitud, aun frente a un terrible dolor, una incomprensible pérdida y una constante adversidad, son aquellos que hacen más que simplemente sobrevivir.
Son los que se levantan contra una ola de recuerdos, amenazas, pérdidas y
tristeza, y reaccionan.

Con gratitud.

¿Qué circunstancias estás enfrentando en donde la respuesta natural no sería
precisamente la gratitud? ¿Qué sabes de los preceptos y los caminos de Dios que
podrían ayudarte a bendecirlo en medio de tu prueba?

_____

_____

_____

_____

Todo lo que necesitamos

Era Abram de edad de noventa y nueve años, cuando le apareció Jehová y le dijo: Yo soy el Dios Todopoderoso; anda delante de mí y sé perfecto. Y pondré mi pacto entre mí y ti, y te multiplicaré en gran manera (Gn. 17:1-2).

EL NOMBRE *EL* ES UNA FORMA ABREVIADA DEL NOMBRE DE DIOS —*Elohim*—, el nombre que habla de su poder, omnipotencia, fuerza y potestad. Nos dice que Dios puede hacer lo que Él quiera.

Pero Dios no es solo *El*; también es *El Shaddai*, que se traduce como "Dios Todopoderoso" en Génesis 17:1. *Shaddai* es una palabra tierna y compasiva que muchos eruditos creen que deriva de la palabra hebrea para "pecho". Tiene la connotación de una madre que amamanta y sostiene a su bebé junto a ella y lo satisface de todo lo que el niño necesita.

En este pasaje Dios le asegura a Abraham que todavía es su voluntad darle una descendencia. ¡Pero en ese momento Abraham tenía noventa y nueve años! Romanos 4:19 dice que su cuerpo "estaba ya como muerto". Habían pasado veinticuatro años desde la primera vez que Dios le había hecho esa promesa increíble, y ahora su cumplimiento parecía mucho más imposible que nunca. Pero en vez de desesperarse en su propia insuficiencia y debilidad, Abraham puso su fe en la naturaleza de Aquel que le había dado la promesa: El Shaddai.

El Shaddai es el Todopoderoso que suple, alimenta y satisface a sus hijos. Cuando un bebé se despierta inquieto e irritable, expresando la necesidad de alimentarse, su madre puede ponerlo a su pecho y calmar al niño indefenso hasta que esté tranquilo y satisfecho.

Qué imagen de la relación que Dios quiere que tengamos con Él: como nuestro Dios Todopoderoso, Todo-Suficiente. A Él le agrada cuando no podemos suplir nuestras propias necesidades y debemos confiar totalmente en El Shaddai.

Él nos quiere en una posición en la que reconozcamos cuán desesperadamente necesitamos de Él, donde descubramos que solo Él puede —y suplirá— nuestras necesidades.

Descansa en esta verdad hoy, no importa cuales sean tus sentimientos o tus circunstancias. Sabe que Él cumplirá sus promesas, que El Shaddai suplirá todas y cada una de tus necesidades.

¿Víctima o vencedor?

Estas cosas os he hablado para que en mí tengáis paz. En el mundo tendréis aflicción; pero confiad, yo he vencido al mundo (Jn. 16:33).

ES UN HECHO DE LA VIDA: mientras vivamos en este mundo caído, las pruebas, las heridas y el sufrimiento son inevitables. Nuestra experiencia se diferenciará de la de otros en los detalles y el grado. Pero todos sufrimos daños de alguna especie… y es probable que muchas veces en la vida. Encontraremos situaciones que proporcionan el terreno fértil para que el resentimiento y la falta de perdón echen raíces y broten en nuestro corazón.

Pero hay otro hecho de la vida que podría no ser tan obvio: El resultado de nuestra vida no está determinado por lo que nos sucede o cómo nos tratan los demás, sino por cómo *respondemos* a esas "dificultades".

Seremos afectados, desde luego, por esas circunstancias dolorosas que son parte de la naturaleza de nuestra vida. Pero por muy horrendas que sean, esas dificultades no tienen el poder de controlar el resultado de quiénes somos. No poseen la autoridad de declararnos *víctimas*.

Sé que esto podría no ser una buena noticia, porque parece volvernos a poner la carga de la responsabilidad sobre nuestros hombros y dejarnos sin nadie a quien culpar por nuestros problemas. Pero te aseguro que aceptar esta verdad es vital para nuestra vida espiritual.

Cuando, como hijos de Dios, nos damos cuenta de que su gracia es suficiente para cada situación, en ese momento, ya no somos víctimas. Somos libres para superar y dejar atrás cualquier cosa que podrían habernos hecho, hacer libres a quienes nos han ofendido y ser instrumentos de la gracia, reconciliación y redención en la vida de otras personas heridas, incluso en la vida de nuestros ofensores.

Sí, podemos ser libres, si decidimos serlo.

Dile a tu corazón esta verdad: No tengo que ser una víctima o un prisionero de las circunstancias o de las personas que me han herido. Por la gracia de Dios, puedo caminar en paz, entereza y gozo, aun en medio de las tribulaciones de este mundo.

Palabras nocivas

Así también la lengua es un miembro pequeño, pero se jacta de grandes cosas. He aquí, ¡cuán grande bosque enciende un pequeño fuego! (Stg. 3:5).

 Un día caluroso de agosto en las Colinas Negras de Dakota del Sur, una mujer de mediana edad se detuvo al costado del camino para encender un cigarrillo. Después de arrojar al suelo el fósforo todavía encendido, vio cómo prendía fuego un matorral que estaba cerca. Instintivamente, escapó a toda velocidad. Cuando se pudo contener el fuego originado —ahora conocido entre los residentes y ecologistas de la zona como el incendio de Jasper— había quemado casi treinta y cinco mil hectáreas de bosque y destruido árboles cultivados para madera en un valor de cuarenta millones de dólares. Finalmente, ella fue acusada de cargos estatales y federales y sentenciada a más de treinta años de prisión.

Es fácil escuchar esta historia y pensar: ¿Cómo se atreve alguien a arrojar un fósforo encendido a un bosque árido? Sin embargo, ¿cuántas veces arrojamos nuestras palabras con la misma negligencia? Igual que esta fumadora irresponsable, podríamos marcharnos después de decir cosas que hirieron profundamente a otros, sin molestarnos a mirar el enorme daño que hemos causado.

Demasiadas veces hablo sin pensar, especialmente cuando estoy bajo presión o quizás cuando estoy relajada, en compañía de familiares, amigos cercanos o colegas. No pienso en cómo tomarán mis palabras, aunque no tenga intención de herir a otros. Puedo decir palabras irreflexivas e impacientes que lastiman en vez de sanar, palabras que destruyen en vez de edificar.

Sin embargo, aunque nuestras palabras pueden provocar un gran daño y dejar atrás un bosque chamuscado que debe ser restaurado, las Escrituras dicen que "la lengua apacible es árbol de vida" (Pr. 15:4), el comienzo de algo fuerte y duradero.

Que nuestras palabras estén bajo el control de su Espíritu, y fluyan llenas de gracia, bendición y esperanza para aquellos que nos rodean.

Pídele hoy a Dios que guarde tu corazón y tu lengua, y te de conciencia del efecto de tus palabras en aquellos que te rodean.

Cambio de precio

Digo: ¿Qué es el hombre, para que tengas de él memoria, y el hijo del hombre, para que lo visites? Le has hecho poco menor que los ángeles, y lo coronaste de gloria y de honra (Sal. 8:4-5).

 PARTE DEL PENSAMIENTO TERGIVERSADO de la condición humana caída es la tendencia a cambiarle el precio a la creación de Dios: a devaluar la vida humana y aumentar la importancia de otras cosas creadas. A veces podemos preocuparnos más por nuestros animales domésticos o por las flores de nuestro jardín, que por las personas que Dios ha elegido para poblar nuestra vida. Aunque, naturalmente, los animales y las flores son importantes para Él —tan importante que Él alimenta a "las aves del cielo" y viste a "los lirios del campo" (Mt. 6:26, 28)— su extraordinario cuidado por la humanidad supera al resto de sus afectos.

Incluso en el mismo acto de la creación, vemos que Dios creó muchas cosas con la *palabra*: los árboles, las plantas, los animales, los peces, la luna, el sol y las estrellas. Pero cuando creó la vida humana, se arremangó, puso sus manos a la obra y "formó al hombre del polvo de la tierra" (Gn. 2:7). Después dio forma a la mujer de una costilla que tomó del hombre (vv. 21-22).

Es por esto que no nos sorprendemos cuando posteriormente vemos el corazón tierno y afectuoso de Jesús por el pobre, el débil, el oprimido y el desvalido; muchos considerarían de mucho menos valor que Él se ensuciara las manos con las personas, comparado a otras "cosas" de sus vidas.

Sabemos al observar a nuestro Dios en las Escrituras, que cada vida es preciada para Él. Digna de ser tratada con gran cuidado, afecto y compasión. Que las prioridades más importantes para Dios rijan nuestro afecto y nuestras acciones.

¿Se ha enfriado tu amor por otros en comparación con otros de tus intereses y preocupaciones? Pídele a Dios que ajuste tus valores conforme a sus propios valores.

El cántico de los redimidos

Y sacrificaron aquel día numerosas víctimas, y se regocijaron,
porque Dios los había recreado con grande contentamiento... y el
alborozo de Jerusalén fue oído desde lejos (Neh. 12:43).

 ALGUNOS COMENTARISTAS BÍBLICOS CREEN que antes que Lucifer se enalteciera y se rebelara contra Dios, y finalmente fuera expulsado del cielo, podría haber desempeñado una importante función a cargo de la música y la adoración: "los primores de tus tamboriles y flautas estuvieron preparados para ti en el día de tu creación" (Ez. 28: 13).

Una cosa sabemos con certeza de él: como una criatura caída, seguramente conoce el poder de la música como medio de alabanza. Sabe cuánto le agrada a Dios escuchar las alabanzas musicales de sus criaturas. Sabe que el poder de la alabanza exalta a Dios y nos hace libres de las preocupaciones egoístas y terrenales. Por lo tanto, se esfuerza por impedirnos cantar.

En un par de ocasiones, tuve el privilegio de participar de las reuniones semanales de oración de los martes por la noche, en el Tabernáculo de Brooklyn de la ciudad de Nueva York. Una de las cosas que particularmente me conmovieron en esos servicios, fue el canto congregacional: muy ferviente, genuino y sin inhibiciones.

¡Y con razón! Muchos de esos hombres y esas mujeres han llegado a Cristo con un pasado de drogadicción, alcoholismo, violencia delictiva y promiscuidad sexual. Saben qué significa ser esclavos del pecado, no tener esperanza, estar sin Cristo. Saben de qué están cantando. Y cantan con conocimiento de causa. Porque lo han experimentado.

Desaliento, temor, ansiedad, depresión, aflicción; en muchos casos, estos sentimientos huyen cuando cantamos al Señor. Cuántas veces he visto al Señor alejar esas nubes negras que ensombrecen mi espíritu mientras le canto, aunque me tiemble la voz y me emocione; y después, avivar mi corazón y desplazar las tinieblas con la luz de su paz y su gracia.

Cualquiera que sea tu situación, canta al Señor. ¡Vamos, hazlo, ahora mismo!
Deja que el Señor avive tu espíritu y triunfe sobre el intento de Satanás de
desmoralizarte.

Aceite fresco

Ni mi palabra ni mi predicación fue con palabras persuasivas de humana
sabiduría, sino con demostración del Espíritu y de poder (1 Co. 2:4).

 CUANDO LAS PERSONAS ME PREGUNTAN cómo pueden orar por mí, mi respuesta más acostumbrada es: "Ora por 'aceite fresco'; que Dios derrame la unción de su Espíritu sobre mi vida y mi ministerio". Esta es, quizás, la oración que más hago por mi vida; porque sé que soy incapaz, impotente e incompetente lejos de la obra fortalecedora y capacitadora de su Espíritu.

En las Escrituras a menudo se usa el aceite como símbolo del Espíritu Santo. Los profetas, sacerdotes y reyes del Antiguo Testamento eran ungidos con aceite, como símbolo de haber sido apartados y facultados para el ministerio. La Biblia dice que cuando Samuel ungió al joven pastor como rey de Israel "el Espíritu del Señor vino con poder sobre David, y desde ese día estuvo con él" (1 S. 16:13 NVI)

El apóstol Pablo reconocía la importancia de la unción del Espíritu en su ministerio: "nuestro evangelio no llegó a vosotros en palabras solamente, sino también en poder, en el Espíritu Santo y en plena certidumbre" (1 Ts. 1:5).

Esta capacitación divina del Espíritu no está reservada para algunos pocos santos selectos. Todo creyente del Nuevo Testamento ha sido "ungido" por Dios, quien "nos dio el Espíritu" (2 Co. 1:21-22 LBLA).

No importa si eres líder de grupo hogareño o líder del equipo de adoración de tu iglesia, padre de niños o adolescentes, o estás sirviendo a Dios en algún otro departamento de tu iglesia, seguramente sabes qué es sentirse débil, incapaz de llevar a cabo aquello que Dios te ha encomendado. ¡Así es como Dios te quiere! Ora por un derramamiento de la gracia y la preparación de su Espíritu. Pídele que te capacite para servirle de una manera que sea inexplicable si no fuera por su acción y su poder sobrenatural. Y por fe, cree que Él derrama sobre ti la unción que deseas y necesitas.

¿Cuál será el resultado de nuestra vida y nuestro ministerio si seguimos conformes
simplemente con hacer las cosas lo mejor posible como de costumbre?

Ropa para la nieve

No tiene temor de la nieve por los de su casa, porque todos los de su casa llevan ropa escarlata (Pr. 31:21 LBLA).

 LOS INVIERNOS EN ISRAEL, por lo general, son bastante templados; pero las temperaturas pueden bajar en algunas regiones del país y en ocasiones incluso nevar; no a menudo, pero sucede, lo cual hace a esta declaración de Proverbios 31 aún más reveladora e instructiva. Aquí vemos a una mujer que no es tomada desprevenida incluso frente a una crisis inusual e inesperada; porque pensó de antemano, se adelantó a lo que necesitaría e hizo los preparativos necesarios para que su familia no pasara necesidad.

En otras palabras, ella es *previsora*, no actúa a posteriori. Toma en el presente la clase de decisiones que le permitirán enfrentar el futuro sin temor, preocupación o pánico.

Curiosamente, la palabra "escarlata", que describe las ropas que ella prepara para su familia, en realidad, podría traducirse "de doble capa". Algunas versiones de la Biblia dicen "ropas dobles", lo cual habla de la protección adicional para el frío. Pero, tal vez "escarlata" es la traducción más común, porque refleja el hecho de que la tintura de color escarlata era exótica en el Medio Oriente antiguo y las ropas teñidas con tintura eran las más finas, más costosas y más difíciles de conseguir.

Esta mujer ilustra la importancia de la previsión y la preparación adecuada para las necesidades de aquellos que Dios nos ha confiado, ya sean familiares u otras personas a quienes servimos y por quienes somos responsables de alguna manera.

Así como pensamos en sus necesidades físicas y temporales, ¿cuánto más deberíamos preocuparnos por sus necesidades espirituales eternas? Cuando llenamos sus mentes con la Palabra de Dios, les enseñamos a pensar bíblicamente en las circunstancias de la vida y cuando les testificamos de Cristo y su evangelio, los estamos preparando para cualquier cosa que les depare el futuro; ya sea para este tiempo y para la eternidad.

¿Cómo puedes preparar mejor tu propia vida y la vida de aquellos que amas para cualquier cosa que suceda... en esta vida y en la venidera?

Solución de lo alto

Vio que no había nadie, y se asombró de que no hubiera
quien intercediera (Is. 59:16 LBLA).

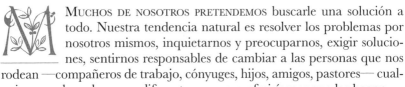 MUCHOS DE NOSOTROS PRETENDEMOS buscarle una solución a todo. Nuestra tendencia natural es resolver los problemas por nosotros mismos, inquietarnos y preocuparnos, exigir soluciones, sentirnos responsables de cambiar a las personas que nos rodean —compañeros de trabajo, cónyuges, hijos, amigos, pastores— cualquiera que haga las cosas diferente a como preferiríamos que las hagan.

Sin embargo, en el proceso, a menudo pasamos por alto la manera más eficaz de ejercer influencia en sus vidas. Tengo una pequeña placa en mi oficina como recordatorio constante y muy necesario: "¿Oraste por eso?". Lamentablemente, demasiadas veces ignoro esa simple pregunta hasta después de agotar mis otras ideas y de acosar a las personas con mis "sugerencias" de cómo pueden mejorar.

A veces me imagino que Dios está sentado en el cielo, mirando cómo tratamos desesperadamente de ocuparnos de la vida de todos los que nos rodean y de resolver sus problemas. Casi puedo escucharlo decir: "¿Realmente quieres hacerte cargo tú mismo de esto?". Entonces, hazlo. ¡Ah! ¿En cambio quieres que yo me encargue? Bueno, eso está mejor. ¡Ahora, relájate y déjame mostrarte qué puedo hacer!".

Estoy convencido de que si tú y yo pasáramos en intercesión una fracción del tiempo que pasamos preocupados por los demás, hablando de ellos y tratando de corregirlos a nuestro antojo, veríamos muchos más resultados positivos.

Por qué no entrar en la presencia de Dios hoy y orar: "Señor, no puedo ocuparme de la necesidad de esta persona o cambiar su manera de pensar. No puedo resolver este problema o corregir estas cosas de su vida. Pero sé que nada es demasiado difícil para ti. Te pido que por favor me muestres cómo ser la persona que ellos necesitan que yo sea. Atráelos a ti, así como me atraes a mí cada vez más a ti".

¿Por qué nos cuesta tanto creer lo que Dios puede hacer? ¿Por quién necesitas orar hoy?

Por lo que vale

*Acercándoos a él, piedra viva, desechada ciertamente por los hombres,
mas para Dios escogida y preciosa, vosotros también, como piedras
vivas, sed edificados como casa espiritual (1 P. 2:4-5).*

 CONOZCO MUCHAS PERSONAS que se desesperan por recibir reconocimiento, obsesionadas por la aprobación de los demás. Es como si estuvieran tratando de equilibrar la balanza desestabilizada por los comentarios negativos que recibieron en la vida. Pero en muchos casos, no hay cantidad de palabras positivas que puedan pesar más que la pila de expresiones hirientes que les han hecho creer que no valen nada. Podrían recibir cientos de cumplidos acerca de lo bien que se ven o el buen trabajo que han hecho; pero que una persona los critique, y se les viene el mundo encima. ¿Por qué? Porque están dejando que los demás determinen lo que valen.

Jesús sabía qué era ser "desechad[o] ciertamente por los hombres"; los mismos hombres que había creado para sí, aquellos que amaba y por quienes había dado su vida. Pero la opinión de ellos no determinaba su valor. Lo que determinaba su valor era que para Dios era "escogid[o] y precios[o]". Y en definitiva, ¡esa es la única opinión que realmente importa!

Es concebible que alguien que no aprecia o no reconoce el valor de las bellas artes pueda arrojar una obra maestra a la basura. Pero ¿hace eso a la pintura menos valiosa? No. Su verdadero valor lo ve el coleccionista de arte que observa la pintura y dice: "Es una obra de valor incalculable. Estoy dispuesto a pagar lo que sea para adquirirla".

Cuando Dios envió a su único Hijo a la tierra para llevar nuestros pecados sobre la cruz, nos puso precio al declarar el valor de nuestra alma por sobre el valor de todo el mundo. Entonces ¿qué opinión vas a aceptar? ¿La opinión de Él... o la de ellos?

*¿Has permitido que las palabras y las opiniones de otros determinen lo que vales?
¿Cómo cambiarían las cosas si aceptaras realmente el valor que Dios le ha dado
a tu vida?*

A orar

*De lo profundo, oh Jehová, a ti clamo. Señor, oye mi voz; estén
atentos tus oídos a la voz de mi súplica (Sal. 130:1-2).*

HE LLEGADO A PENSAR que uno de los principales motivos por los
cuales no oramos más es que *no estamos desesperados*. No somos
realmente conscientes de nuestra necesidad de Dios. Como escribió el pastor puritano William Gurnall: "El hombre hambriento
no necesita que le enseñen a pedir".

En comparación a la vida de muchas personas, mi vida ha transcurrido
sin mayores problemas. Humanamente hablando, la mayoría de los días
podría estar convencida de poder actuar en mis propias fuerzas y con mis
propios recursos, sin necesidad de la gracia y la intervención de Dios.

Sin embargo, tengo una amiga querida, cuyo tercer hijo nació con
múltiples defectos congénitos incluso con la penuria de no tener esófago. Por
años su hijo ha estado en estado crítico, con constantes visitas a hospitales,
sometido a intervenciones quirúrgicas con riesgo de muerte, con la necesidad de un respirador artificial por las noches, con la posibilidad de ahogarse
y, con frecuencia, sin poder respirar. ¿Piensas que alguien tenía que decirle a
esa madre que orara por su hijo? Nadie podía *impedir* que ella orara.

Ella estaba desesperada. Sabía que la única esperanza de sobrevivencia
de su hijo era que Dios interviniera y salvara su vida. Y sabía que la única
manera de atravesar esos largos días e incluso largas noches sin dormir era
que Dios derramara de su gracia sobre su vida, que le diera fuerzas y poder
sobrenatural.

Aunque mi instinto natural es desear una vida sin sufrimientos, problemas o adversidad, estoy aprendiendo a aceptar todo aquello que me hace
ser consciente de mi necesidad de Él. Si la oración surge de la desesperación, entonces todo aquello que me provoca desesperación por Dios es una
bendición.

*¿Cuándo fue la última vez que estuviste realmente desesperado por Dios? ¿Cómo
podrías mantener ese nivel de sed y dependencia de Dios aunque no tengas una
necesidad tan evidente?*

_____

_____

_____

_____

_____

_____

Libres para servir

Vosotros sabéis cómo me he comportado entre vosotros… sirviendo al Señor con toda humildad, y con muchas lágrimas, y pruebas (Hch. 20:18-19).

 Nos DEMOS CUENTA O NO, cada uno de nosotros participa de algún ministerio. Podría ser la enseñanza bíblica u otras formas de las que, típicamente, se piensan como "ministerio". Pero ser un padre, un cónyuge, un amigo, un vecino, no es menos "ministerio". Nuestra vida está llena de oportunidades constantes de "servir al Señor" al servir a otros.

La palabra para "servicio" que Pablo usó para referirse a su ministerio entre los efesios en Hechos 20, podría traducirse literalmente "ser esclavo". Él entendía que lo que parecía servir a otros, en realidad, era "ser esclavo" de Jesús, ser su siervo fiel y trabajar incansablemente para Él, de manera que produzca el beneficio extra de dar fruto en la vida de otros. Servir a Cristo era su principal y verdadero apremio por el ministerio.

Cuando reconocemos que somos esclavos de Jesús, somos libres de servirle como Él mismo sirvió, ya sea que recibamos recompensa o reconocimiento, retribución o elogios. "Siervos inútiles somos, pues lo que debíamos hacer, hicimos" (Lc. 17:10) gozosamente, con agrado y con amor. Alegres de servir. De servirle a *Él.*

Para nuestros oídos modernos, el pensamiento de ser un "esclavo" de Cristo podría parecer degradante. Pero en realidad, es la única manera de poder seguir siendo útiles para los demás con el transcurso del tiempo, ya sean familiares, personas que discipulamos y aconsejamos u otras personas de nuestro círculo de influencia. Si estamos sirviendo a cualquiera menos a Cristo, simplemente no tendremos el poder y la resistencia para soportar las inevitables etapas de oposición, rechazo y adversidad.

Solo cuando servimos a *Dios* —"somos esclavos" de *Él*— podemos hacer con fortaleza, dignidad y gozo lo que Él nos ha llamado a hacer al servir a otros.

¿Has notado que tu motivación o energía disminuyen cuando sirves a otros? Recuerda que estás sirviendo al Señor; recibe de su gracia para seguir sirviendo, aunque sea con muchas lágrimas y pruebas.

Conciliar diferencias

Nadie ha visto jamás a Dios. Si nos amamos unos a otros, Dios permanece en nosotros, y su amor se ha perfeccionado en nosotros (1 Jn. 4:12).

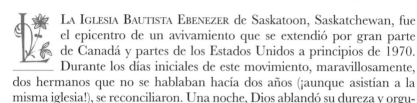 LA IGLESIA BAUTISTA EBENEZER de Saskatoon, Saskatchewan, fue el epicentro de un avivamiento que se extendió por gran parte de Canadá y partes de los Estados Unidos a principios de 1970. Durante los días iniciales de este movimiento, maravillosamente, dos hermanos que no se hablaban hacía dos años (¡aunque asistían a la misma iglesia!), se reconciliaron. Una noche, Dios ablandó su dureza y orgullo, y ambos se abrazaron llorando. La iglesia estaba maravillada del cambio drástico en los dos hombres, y Dios usó enormemente su testimonio para propagar y resaltar la obra del avivamiento.

Las buenas relaciones —especialmente en la familia de Dios— constituyen uno de nuestros medios de comunicación del evangelio más poderosos. "Porque él es nuestra paz, que de ambos pueblos hizo uno, derribando la pared intermedia de separación" (Ef. 2:14). Por medio de la cruz de Cristo, aquellos que una vez estaban separados de Dios ahora pueden acercarse a Él. Y por medio de esa misma cruz, la "pared intermedia de separación" que tan fácilmente se levanta entre nosotros, es derribada y hace posible que nos reconciliemos, que vivamos en paz unos con otros como quienes una vez estaban enemistados pero ahora se han humillado delante de Él.

El avivamiento y la reconciliación son inseparables. Cuando los creyentes no podemos llevarnos bien unos con otros, cuando no resolvemos los conflictos bíblicamente, en realidad estamos desacreditando el evangelio. Pero cuando los hijos de Dios nos reconciliamos unos con otros, demostramos el poder de la cruz y lo hacemos creíble para los demás. ¿Cuál podría ser tu próximo testimonio de la obra conciliadora de Dios si le pidieras su gracia para restaurar una relación en tu vida?

Si has hecho todo lo posible para componer una relación dañada, no dudes en pedirle a Dios un milagro. Sigue orando. Sigue mostrando amor. Hasta donde te sea posible, sigue buscando la reconciliación. ¡Dios lo desea mucho más que tú!

Perdido sin amor

Y si tuviese profecía, y entendiese todos los misterios y toda ciencia, y si tuviese toda la fe, de tal manera que trasladase los montes, y no tengo amor, nada soy (1 Co. 13:2).

 PODRÍAS DECIRLO DE ESTA MANERA: Aunque mantenga mi casa impecable, aunque asista fielmente a la iglesia, aunque trabaje en la guardería infantil un domingo al mes, aunque esté al frente de un grupo de estudio bíblico y aunque escolarice a mis hijos en el hogar, si lo hago sin amor, no soy *nada*.

Si cuido a los hijos de mi hermana mientras ella se recupera de una cirugía, y si hago sacrificios enormes por mi familia, pero lo hago como si fuera una obligación o con el deseo de impresionar —en vez de hacerlo por amor— no sirve de *nada*.

Si hace cincuenta años sigo casado con la misma persona, pero no tengo el amor de Dios por mi pareja, y si traigo a mis padres ancianos a vivir a mi casa para cuidar de ellos en sus años de vejez, pero no lo hago con un corazón de amor ¿de qué me sirve? De *nada*.

Y aunque testifique de mi fe a otros, aunque lea la Biblia y memorice las Escrituras, aunque dé generosamente al pobre y a los misioneros, y aunque trabaje como voluntario en los esfuerzos locales de mi comunidad —pero lo hago sin amor— es como si *nada*.

La mayoría de nosotros hace sacrificios de una u otra especie en cada cosa que hacemos. Damos de nuestro tiempo, nuestra energía, nuestras habilidades, nuestros recursos. Muchos de estos sacrificios no son valorados ni reconocidos. Pero amor genuino implica dar de nosotros mismos para suplir la necesidad de otros sin esperar nada a cambio. Amor no es solo la acción; es la motivación con que llevamos a cabo la acción.

¿Dónde sueles dar y servir con una motivación equivocada y no por amor genuino? Pídele a Dios que haga del amor por Él y por otros la fuente de la cual fluya tu servicio.

Cuanto más alto, más bajo

Mas el publicano, estando lejos, no quería ni aun alzar los ojos al cielo, sino que
se golpeaba el pecho, diciendo: Dios, sé propicio a mí, pecador (Lc. 18:13).

 CON LOS AÑOS, me he dado cuenta de que cuánto más arriba nos
sentimos en términos de poder, influencia y riqueza —en otras
palabras, cuantas más personas nos admiran— más susceptibles
somos al orgullo y al autoengaño, y más propensos somos a no
ver nuestras necesidades y faltas espirituales.

Una vez que alcanzamos una posición de influencia, tenemos que mantener una reputación. Y tenemos más para perder si somos sinceros sobre
nuestra verdadera condición espiritual: ¡¿Qué pensarían los demás?! Para
aquellos de nosotros que hace muchos años que estamos en el camino del
Señor y somos respetados por la gente, un sutil abuso de orgullo podría ser
más peligroso que cualquier otra clase de falta, y muy probablemente nos
deje inutilizables para Dios y los hombres.

Nuestro orgullo nos hace ser más conscientes de los pecados y las faltas de los demás y no de nuestras propias faltas. Pero ¿podría ser que Dios
se disguste más por nuestro orgullo y nuestra falta de un espíritu enseñable
—a pesar de parecer muy respetables y espirituales— que por los adúlte-
ros o los bebedores que no fingen ser personas piadosas? La realidad, que
nos invita a pensar, es que los cristianos orgullosos, no quebrados, hacen
mucho más daño a la iglesia que el que podrían provocar los pecadores
incrédulos.

Cuando nos enfocamos en las necesidades y faltas de aquellos que consideramos menos espirituales que nosotros y nos esforzamos por proteger
nuestra imagen, pasamos por alto el corazón y el evangelio de Cristo. El
mensaje de arrepentimiento no es tan solo para los pródigos y disolutos; sino
también para los hermanos mayores (Lc. 15:25-30) y fariseos. Sin embargo,
las buenas nuevas son estas: la gracia de Dios siempre está disponible para
aquellos que dejan su orgullo y le ofrecen a Dios el sacrificio que Él más
desea: un corazón contrito y humillado.

¿Cuánto tiempo ha pasado desde que clamaste a Dios por misericordia, como
hizo el recaudador de impuestos? Pídele a Dios que te ayude a ser más consciente
de su santidad y tu pecado, para que puedas sumergirte en su gracia.

En toda tu manera de vivir

Habla a toda la congregación de los hijos de Israel, y diles: Santos seréis, porque santo soy yo Jehová vuestro Dios (Lv. 19:2).

 SI ALGUNA VEZ HAS TRATADO DE LEER el libro de Levítico, puede que te hayas preguntado: *¿Por qué Dios dio tantas instrucciones detalladas sobre la limpieza y la ceremonia de purificación? ¿Por qué tantas instrucciones explícitas sobre los sacrificios?*

Lo hizo para que fuera una lección práctica para el pueblo de Israel... y para nosotros. Él quiere que entendamos que Él es santo y que esa santidad no es una opción para aquellos que le pertenecen. Él quiere que sepamos que Él se interesa por cada detalle y dimensión de nuestras vidas. Él quiere que lleguemos a comprender las bendiciones de la santidad así como las consecuencias de la falta de santidad.

El libro de Levítico nos recuerda que la santidad es algo serio. Y es integral.

Y, contrario a lo que algunos creen, no cambia en el Nuevo Testamento. Como Jesús instruyó a sus discípulos —y a nosotros— "Sed, pues, vosotros perfectos, como vuestro Padre que está en los cielos es perfecto" (Mt. 5:48). Todos. En todo.

Por lo tanto, la santidad no es solo para un pequeño grupo selecto de santos piadosos que están todo el día de brazos cruzados sin ninguna otra cosa que hacer que "ser santos". La santidad es para madres que se sienten inútiles y desanimadas, tentadas a refugiarse en la autocompasión y las novelas románticas. Es para estudiantes constantemente bombardeados por la presión de conformarse al mundo y enredarse en su decadencia. Es para personas viudas, divorciadas y solteras, que se sienten solas y luchan con la abstinencia sexual. Es para esposos y esposas que lidian con la amargura hacia un cónyuge difícil. Es para hombres tentados a mentir en su informe de gastos o a ceder el liderazgo espiritual de su hogar.

"Todo aquel que invoca el nombre de Cristo" (2 Ti. 2:19) debe vivir una vida santa. No tan solo en el Antiguo Testamento, sino incluso mucho más ahora, bajo el nuevo pacto de la gracia: gracia que nos permite ser santos, como Dios manda.

¿De qué manera la muerte sacrificial de Cristo como el Cordero de Dios alumbra tu pecado? ¿Cómo te motiva y te permite vivir una vida santa?

Escucha y aprende

Da al sabio, y será más sabio; enseña al justo, y aumentará su saber (Pr. 9:9).

 ¿CUÁN A MENUDO ESCUCHAS A ALGUIEN QUE DICE: "Estaba equivocado"? ¿Cuán a menudo salen de tu boca esas palabras? Recuerdo recibir un correo electrónico de una oyente radial que escribió: "Dios ha estado usando a mi jefe y a otras personas a mi alrededor para mostrarme cuán prejuiciosa, crítica, impaciente y obstinada soy". Esta es una persona con un espíritu enseñable, que en vez de responder a la defensiva ante la crítica, dice: "Si todas estas personas me están diciendo esto, quizás tengan razón".

¿Pides y aceptas consejos de otros? ¿Cuentas con personas que te dicen la verdad? ¿Aceptas la corrección? ¿Tienes un espíritu enseñable? La mayoría de nosotros tiene la tendencia a rechazar las aparentes intromisiones y opiniones de los demás. Puede que en realidad no *digamos* que no necesitamos sus consejos, pero en nuestro corazón ¿preferiríamos que se los guarden? La Biblia tiene una palabra para describir a aquel que responde así: "El camino del *necio* es derecho en su opinión; mas el que obedece al consejo es sabio" (Pr. 12:15).

Puedes aprender por las malas, a través de tu experiencia personal dolorosa, o puedes aprender de la experiencia de otros. Una manera es la del "escarnecedor", que "aborrece" la idea de ser corregido. La otra es la manera del "sabio" que "ama" a quienes están dispuestos a retarlo, marcarle sus puntos débiles y protegerlo con corrección y consejos piadosos (9:8). Ser sabio es descubrir que quienes se preocupan por nosotros sin que les importe lo que podamos pensar de ellos por decirnos lo que necesitamos escuchar, son nuestros verdaderos amigos.

¿Han estado tratando de mostrarte asuntos de tu vida que necesitan tu atención? ¿Le has pedido humildemente al Señor que te muestre si hay algo de cierto en lo que te han dicho y qué quiere enseñarte Él a través de sus comentarios?

_____

_____

_____

_____

_____

_____

_____

_____

La vida sobre el altar

Envía tu luz y tu verdad; éstas me guiarán; me conducirán a tu santo monte, y a tus moradas. Entraré al altar de Dios, al Dios de mi alegría y de mi gozo (Sal. 43:3-4).

 TAL VEZ EL SÍMBOLO MÁS APROPIADO para la vida de Abraham sea un altar. En cuatro distintas ocasiones, en diferentes etapas de su peregrinaje, respondió a Dios con la edificación de un altar. Primero en Siquem (Gn. 12:7), después entre Bet-el y Hai (12:8), después en Hebrón (13:8), Abraham edificó altares; símbolos silenciosos de entrega y fe.

Luego, en una montaña llamada Moriah, edificó aún otro altar (22:9), sobre el cual colocó a su propio hijo en respuesta a una inconfundible, pero incomprensible, instrucción de Dios. Fue su máxima demostración de entrega, una renuncia a todo lo que más apreciaba en su vida.

En un acto no muy diferente a la resurrección, Dios salvó al hijo de Abraham. Su prueba había pasado. Dios sabía que cuando Abraham puso a su preciado hijo de la promesa, tan esperado, sobre el altar y se preparaba para clavar el cuchillo en su corazón, Abraham mismo estaba sobre el altar. Todo lo que él era y todo lo que tenía eran de Dios.

Cada uno de esos altares anteriores lo había preparado para este momento, en que sería llamado a hacer un sacrificio supremo. Con cada acto de entrega, Abraham había estado estableciendo en su corazón la confianza en Dios y sus promesas.

Lo mismo sucede con nosotros. Cada "pequeño" paso de entrega que damos confirma otra vez que Dios es digno de nuestra confianza, y cada acto de entrega nos prepara para confiar en Él aun en los actos de entrega más importantes que podrían ser necesarios en otro momento de nuestra vida. Cuánto más estamos dispuestos a ser consumidos en el altar, aun en las "pequeñas" cosas, más estamos entregando toda nuestra vida a Aquel para quien edificamos el altar: a Aquel que sobre un altar llamado Calvario "no escatimó ni a su propio Hijo, sino que lo entregó por todos nosotros" (Ro. 8:32).

¿Te está llamando Dios a "levantar un altar" y entregar algo hoy? ¿De qué manera un acto de entrega que realizas hoy desarrolla mayor confianza en Él y produce en ti una vida totalmente consagrada?

La luz del sol celestial

¡Oh, si rompieses los cielos, y descendieras, y a tu presencia
se escurriesen los montes (Is. 64:1).

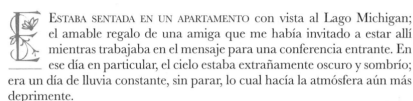 Estaba sentada en un apartamento con vista al Lago Michigan; el amable regalo de una amiga que me había invitado a estar allí mientras trabajaba en el mensaje para una conferencia entrante. En ese día en particular, el cielo estaba extrañamente oscuro y sombrío; era un día de lluvia constante, sin parar, lo cual hacía la atmósfera aún más deprimente.

Después, poco antes del anochecer, la lluvia amainó. Un rayo de luz del sol, que apareció en el cielo del oeste, empezó a atravesar las pesadas nubes bajas y a brillar sobre la superficie del agua. Durante los minutos siguientes, observé cómo el fulgor del sol atravesaba las oscuras nubes en una gloriosa exhibición de luz. Aunque gran parte del cielo del atardecer seguía oscuro y siniestro, la ventana abierta por los rayos del sol me mostró una ilustración de lo que creo que Dios quiere hacer en nuestros días.

Espiritualmente hablando, el tiempo afuera está oscuro y sombrío; con un pronóstico de aún más lluvia. Hay muchos días en los que es difícil ver una evidencia de la presencia de Dios en nuestra tierra, incluso en nuestra propia vida. Pero más allá de las amenazantes nubes, más allá de las tinieblas, el dominio y el imperio de Dios son tan seguros como la mañana. En este momento, las condiciones podrían parecer difíciles, frías y grises como el acero, pero Aquel que hizo los cielos y la tierra vive para siempre. Y Él tiene la palabra final.

Al estar sentada allí aquella noche y observar cómo el sol poniente dominaba sobre las imponentes nubes, me puse a orar: "Oh, Señor, que tu gloria y la luz de tu presencia brille a través de mi vida y la vida de tus hijos y disperse las tinieblas de nuestra tierra". ¡Con todo mi corazón, creo que Dios quiere hacer esto y puede hacerlo!

Pídele a Dios que irrumpa en la oscuridad de tus días (o de tu vida) y brille a través de ella con la gloria de su presencia.

Una palabra para todo tiempo

En tus mandamientos meditaré; consideraré tus caminos. Me regocijaré en tus estatutos; no me olvidaré de tus palabras (Sal. 119:15-16).

EL SALMO 22 FUE ESCRITO mil años antes de la crucifixión de Cristo, cientos de años antes que la práctica fuera inventada por los persas. Sin embargo, en este salmo mesiánico, vemos una descripción precisa y maravillosamente detallada de los sufrimientos que Cristo soportó en la cruz, así como una predicción profética de las palabras que Él pronunció al morir.

Versículo 1: "Dios mío, Dios mío, ¿por qué me has desamparado?". Versículo 31: "Él hizo esto", similar a su grito triunfante: "Consumado es" (Jn. 19:30). De principio a fin, este salmo de David profetiza el momento supremo en la vida del Hijo de David: la redención del hombre pecador a través del sacrificio del Cordero de Dios sin pecado y sin mancha.

Parece, entonces, que Jesús estaba realmente meditando en este salmo cuando colgaba de la cruz. De hecho, puede que haya recitado todo el pasaje de principio a fin en su mente. Después de todo, responder a la vida con las Escrituras parecía ser el patrón de su vida. Sabemos que Él citó las Escrituras cuando fue tentado en el desierto, al responder las preguntas de sus adversarios y al enseñar a sus discípulos. ¿Por qué no al sufrir por los pecados de su pueblo perdido y agonizante?

Qué vívido recordatorio de la importancia de la memorización y meditación de las Escrituras, particularmente, para los tiempos de extrema crisis y sufrimiento. Al llenar nuestro corazón con su Palabra y preservar sus verdades en nuestra mente, cuando nos encontremos en medio de realidades dolorosas, su Palabra estará allí para ministrarnos el consuelo y la perspectiva de sus realidades más grandes y eternas.

Cuando estás enfrentando situaciones difíciles o dolorosas ¿piensas instantáneamente en la Palabra de Dios? ¿Cómo puedes ser hoy determinante en la meditación de su Palabra?

Contra Él

Contra ti, contra ti solo he pecado, y he hecho lo malo delante de tus ojos; para que seas reconocido justo en tu palabra, y tenido por puro en tu juicio (Sal. 51:4).

 SI CRECISTE EN LA IGLESIA COMO YO, probablemente aprendiste desde pequeño que la esencia del pecado es violar la ley de Dios. En el Antiguo Testamento, el vocablo hebreo principal para "pecado" significa "errar el blanco". Otros vocablos que se usan para definir el pecado indican la falta del hombre en cumplir una norma o expectativa divina. Esta definición legal o judicial de pecado ciertamente es importante y útil. Sin embargo, en los últimos años me sorprendí al descubrir que pecado no es tan solo un "errar el blanco" objetivo, una falta de conformidad a una norma impersonal. Pecado es también sumamente personal; contiene profundas implicaciones relacionales. Lo que hace al pecado —a *todo* pecado— tan aborrecible y penoso es que es contra Dios. Sí, el pecado daña a otros, y, sí, hay consecuencias para aquellos que pecan. Pero por sobre todo, el pecado viola el carácter santo de Dios. Es *contra Él.*

Después de ganarse cierto grado de confianza y respeto en Egipto, José se negó a ser presa de las insinuaciones de la esposa de su jefe. Él reconocía que si cedía, no solo estaría ofendiendo a la mujer y al esposo; no estaría violando tan solo su propia conciencia y manchando su propia reputación. Él se sentía inhibido por esta lógica convincente: "¿cómo, pues, haría yo este grande mal, y pecaría *contra Dios*?" (Gn. 39:9).

Tú y yo nunca estaremos realmente contritos y quebrantados por nuestro pecado hasta que veamos cuánto contristamos el corazón de Dios cuando decidimos ignorar su instrucción que nos da vida.

Pídele a Dios que te ayude a ponerle "rostro" a tu pecado, que te ayude a entender el costo extremo de darle la espalda a la comunión con Él en busca de tus propios placeres.

Aún más abajo

El eterno Dios es tu refugio, y acá abajo los brazos eternos (Dt. 33:27).

EL 23 DE ENERO DE 1960, un teniente de la marina de guerra de los Estados Unidos y un científico suizo descendieron en una nave sumergible de inmersión profunda, también conocida como batiscafo, al lugar más profundo de la corteza terrestre: la fosa de las Marianas, un abismo en el Pacífico, cerca de la isla de Guam. Llegaron a 11 km de profundidad bajo la superficie del océano; una enorme hazaña récord. Les llevó casi cinco horas, pero finalmente pudieron localizar el fondo del lecho marino. Fue una hazaña extraordinaria. No podían ir más abajo.

Sin embargo, no sucede esto con las profundidades de Dios. Cinco horas, cinco años, cinco vidas no serían suficientes para sondear las profundidades de sus riquezas, sabiduría y conocimiento. Él es inagotable, ilimitado, inconmensurable.

Aunque nunca podemos llegar al fondo de los caminos insondables de Dios, sabemos qué es llegar al fondo de nuestras propias fuerzas. Tal vez tú has estado allí, donde todo parece irreparable e imposible de resistir. Aquí es donde muchos se rinden y se dan por vencidos, o se escabullen y se hunden en un pozo de amargura, o descargan sus frustraciones en aquellos que están más cerca... *cualquier cosa* para lidiar con la vida en el fondo.

Sin embargo, más profunda que tus propias limitaciones y problemas está la roca de fondo de la fidelidad, el poder y el conocimiento de Dios. Sus propósitos desconocidos, soberanos y eternos yacen en el fondo de todo, sustentando todas las cosas; incluso a ti. Tus problemas podrían ser más profundos que nunca. Puede que tus inconvenientes y tus retos nunca hayan llegado a estar tan abajo como ahora. Pero no importa cuán abajo te hayan llevado, siempre hay algo —siempre hay Alguien— que está aún más abajo.

¿Has comprobado alguna vez que la capacidad de Dios de sustentarte y sostenerte es más profunda que los problemas que amenazan con hundirte? ¿A quién podrías animar con esta verdad y con tu testimonio personal de su fidelidad?

El Padre ejemplar

Y seré para vosotros por Padre, y vosotros me seréis hijos
e hijas, dice el Señor Todopoderoso (2 Co. 6:18).

 NUESTROS PADRES A MENUDO INFLUYEN en nuestra perspectiva de Dios, ya sea de manera positiva o negativa. Estoy bendecida y profundamente agradecida de haber tenido un padre presente, fiel y amoroso. Esto ha hecho que sea mucho más fácil para mí confiar en mi Padre celestial y recibir su amor en toda mi vida. Sin embargo, muchas personas han tenido justamente la experiencia opuesta. Puede que tu padre haya sido distante, ausente, severo o abusivo, o incapaz de expresar amor. Si es así, la idea de que Dios sea tu "Padre" podría aterrarte. Si tu padre te ha herido, podría ser sumamente difícil confiar en Dios. Podrías sentir temor, desilusión o incluso enojo hacia Él.

Pero debes creerme cuando te digo que Dios no es como ningún padre que hayas conocido. El padre terrenal más sabio y bueno no es más que un pálido reflejo de nuestro Padre celestial. El Dios de la Biblia es definitivamente más maravilloso, puro y amoroso, incluso que el padre más admirable. Él es tierno, compasivo, misericordioso.

Esto no significa que Dios nos da todo lo que queremos. (Ningún padre sabio lo haría). No significa que siempre entendemos sus decisiones. (Es demasiado grandioso para eso). No significa que nunca nos permite sufrir dolor. En realidad, a veces nos *impone* dolor y sufrimiento para corregirnos y enseñarnos. Pero eso se debe a que nos ama y sabe qué es lo mejor para nosotros.

A pesar de lo que sientes o lo que piensas, el hecho sigue siendo que Él es un Padre bueno, que ama entrañablemente a sus hijos; un Padre en quien puedes confiar… si realmente eres su hijo.

¿En qué sentido la relación con tu padre terrenal ha afectado lo que sientes en la relación con tu Padre celestial? ¿De qué manera las Escrituras renuevan tu manera de pensar sobre el corazón paternal de Dios?

Leyes celestiales

… y él hace según su voluntad en el ejército del cielo, y en los habitantes de la tierra, y no hay quien detenga su mano, y le diga: ¿Qué haces? (Dn. 4:35).

 UNA VEZ, HENRY DRUMMOND, un evangelista y profesor de ciencia del siglo XIX escribió sobre un libro de niños llamado, *The Chance World* [El mundo impredecible], en el que nada era predecible de un día para el otro. El sol podía salir a la mañana, o no. Que una persona diera un salto al aire y volviera a caer a la tierra hoy, no significaba que mañana sucedería lo mismo. En otras palabras, no había leyes. Todo podía suceder. Eso era así, porque sin la estabilidad de una autoridad y planificador soberano, el desenlace no sería más libertad sino más caos.

La mayoría de nosotros tiene un espíritu tan independiente que le cuesta aceptar de manera natural la idea de la soberanía de Dios: Aquel que gobierna sobre todo lo creado y tiene el derecho absoluto de regir su mundo y determinar nuestro propósito conforme a su sabio designio original y magnífico.

Podríamos aceptar este concepto con respecto a las cosas *buenas* que suceden en nuestra vida; pero ¿qué hay de las cosas difíciles e inexplicables, esas cosas a las que no les encontramos ninguna razón o respuesta?

Las buenas nuevas son que este no es un "mundo impredecible". ¡Este es el mundo de mi Padre! Todo el consejo bíblico nos deja una conclusión inevitable: *leyes celestiales.*

Por lo tanto, cuando tu vida parece sucumbir y todo se te va de las manos, el hecho sobre el cual puedes poner tu corazón, tu mente y tus emociones es en la realidad de que Dios es soberano, que está en el trono y que ha establecido no solo las leyes de la naturaleza, sino la duración y el desenlace de tus días.

¿Qué circunstancia estás enfrentando hoy que no puedes entender ni sobrellevar? Él recibirá la gloria, y tú experimentarás paz, cuando confíes en su gobierno soberano sobre este mundo, incluso sobre cada circunstancia de tu vida.

¿Es suficiente?

Mi Dios, pues, suplirá todo lo que os falta conforme a sus
riquezas en gloria en Cristo Jesús (Fil. 4:19).

 MUCHOS DE NUESTROS TEMORES a ceder el control total de nuestra vida a Dios se clasifican en cuatro amplias categorías. En los próximos días, veremos cada una de estas categorías, tanto las preguntas que surgen como las respuestas que Dios nos da en su Palabra. El primer temor es de *provisión*: "¿Tendré lo necesario?".

¿Qué pasa si pierdo mi trabajo? ¿Estoy en condiciones económicas de tener más hijos? ¿Cuánto pagaremos por su educación? ¿Qué pasa si mi cónyuge se enferma o se muere? ¿Qué pasa si Dios nos llama al ministerio vocacional? ¿Tendremos lo suficiente para subsistir?

Dios sabía que por naturaleza nos preocuparíamos por estas cosas, sin embargo, su Palabra nos exhorta frecuentemente a no preocuparnos por nuestras futuras necesidades. En cambio, su Palabra dice: "Mas buscad primeramente el reino de Dios y su justicia, y todas estas cosas os serán añadidas" (Mt. 6:33). Podemos estar "contentos con lo que [tenemos] ahora; porque él dijo: No te desampararé, ni te dejaré" (He. 13:5).

Confiar en Dios en materia de provisión práctica no es un asunto sin importancia. Si no estamos dispuestos a hacerlo, podemos vernos afectados de cosas como codicia, estafa, preocupación, avaricia, falta de generosidad y todos los desórdenes que vienen de centrar nuestra vida en el dinero.

Sin embargo, su Palabra nos ofrece un buen fundamento seguro para una vida libre de ansiedad al prometernos que Él "suplirá todo lo que [nos] falte" (aunque no necesariamente todo lo que *queremos*). En vez de preocuparnos, afanarnos o manipular, podemos simplemente pararnos en sus promesas y pedirle confiadamente que supla nuestras necesidades.

¿Estás preocupado o afanado por la provisión de tus necesidades materiales?
¿Qué muestra este tipo de respuestas a quienes te rodean sobre la confiabilidad de
Dios y sus promesas?

Es un placer

Serán completamente saciados de la grosura de tu casa, y tú los
abrevarás del torrente de tus delicias (Sal. 36:8).

UN SEGUNDO TEMOR que hace dudar a muchas personas a la hora
de rendirse totalmente a Dios es a perder el *placer*: "¿Seré feliz?".
¿Podré seguir haciendo las cosas que disfruto? ¿Qué pasa si
Dios me pide que deje mi carrera, o deportes, o mi pasatiempo
favorito, o mi mejor amigo, o las comidas que realmente me gustan? ¿Me
pedirá que siga adelante con este matrimonio infeliz? ¿Me sentiré realizado
si le obedezco?

Es verdad que el dolor es inevitable en este mundo caído y que el sufrimiento es un instrumento que Dios usa para formar y santificar a aquellos
que ama. Pero también es cierto que Dios nos creó para que experimentemos un profundo placer y gozo. De hecho, uno de los "deberes" sagrados
del pueblo de Dios es "[alegrarte] delante de Jehová tu Dios de toda la obra
de tus manos" (Dt. 12:18).

El problema es que somos propensos a buscar placer en cosas y personas
que, al final, no pueden satisfacer los profundos anhelos de nuestro corazón.
Es que nuestro corazón nunca podrá estar verdaderamente satisfecho con
algo inferior a Él. Los placeres que busca el corazón que no quiere rendirse
son mezquinos, comparados a los placeres puros e infinitos que Dios quiere
darnos: "la senda de la vida", la "plenitud de gozo" y las "delicias" que
vienen de su amorosa y generosa "diestra" (Sal. 16:11).

Si no estamos dispuestos a confiar en Dios en materia de nuestra felicidad y bienestar, si insistimos en buscar placeres temporales, finalmente,
podríamos llegar a estar dominados y obsesionados por deseos atractivos,
pero destructivos, como lo son el comer en exceso, la bebida, la promiscuidad sexual, la pornografía, la irresponsabilidad o vivir por encima de
nuestras posibilidades.

Pero si ponemos nuestra confianza en el gozo que solo Cristo ofrece,
Él nos levantará por sobre nuestras circunstancias y nos dará un anticipo,
por demás gratificante, de los placeres celestiales eternos, aun en medio del
dolor, el sufrimiento y las adversidades.

¿Cómo ves la superficialidad de los placeres temporales de la tierra? ¿Cómo ves
los placeres que se experimentan al conocer y caminar con Dios?

En guardia

En paz me acostaré, y asimismo dormiré; porque solo tú,
Jehová, me haces vivir confiado (Sal. 4:8).

EL TEMOR EN RELACIÓN A LA *PROTECCIÓN* podría impedirte confiar totalmente en Dios: "¿Estaré fuera de peligro?". ¿Se ocupará Dios de aquellos que amo?".
¿Qué pasa si mi hijo nace con una incapacidad física o mental? ¿Qué pasa si tengo un accidente y quedo lesionado para toda la vida? ¿Qué pasa si contraigo cáncer? ¿Qué pasa si entran ladrones a mi casa? ¿Y si Dios se lleva a mi cónyuge o a mis hijos? Si mi hija va a servir al campo misionero, ¿estará fuera de peligro? ¿Estará protegida?".

Nuestro Dios se describe como un "refugio", una "fortaleza", Aquel que nos "libra" del peligro y las amenazas que nos asechan (Sal. 91:1-3 NVI). Él no promete que nunca enfrentaremos peligro, pero promete que aquellos que confían en Él estarán protegidos "bajo sus alas" (v. 4).

Sin embargo, aquellos que se niegan a confiarle su seguridad a Dios, que exigen una garantía humana de protección y seguridad, están sujetos al temor, la preocupación y la desconfianza de los demás. Puede que también sean personas renuentes a estar en una situación de vulnerabilidad, con temor a la intimidad y con tendencia a los resquemores, el prejuicio y la paranoia.

Sin embargo, Dios afirma que no solo puede defender nuestra vida y la vida de aquellos que amamos; sino que también puede librarnos del temor en cualquier circunstancia de la vida. Con confianza en sus promesas, no hay nada que temer, ni siquiera "el terror de la noche, ni la flecha que vuela de día, ni la peste que acecha en las sombras ni la plaga que destruye a mediodía (vv 5-6).

Nuestro Protector tierno y fuerte puede vencer a cualquier enemigo. Puede librarnos *de* la batalla o darnos fuerza *en* la batalla. Pero podemos estar seguros de que aquellos que le confían el cuidado de su vida a Dios, nunca se arrepentirán.

Puede que algunos piensen que es necesario y saludable tener una mentalidad de autoprotección: su manera de estar seguros. Pero ¿cuál fue el costo de tu preocupación, que la fe podría haberte evitado?

Solo jamás

¿A quién tengo yo en los cielos sino a ti? y fuera de ti
nada deseo en la tierra (Sal. 73:25).

 UN TEMOR FINAL, que puede amenazar nuestra entrega total a Dios —además de las inquietudes con respecto a la *provisión*, el *placer* y la *protección*—, es el temor a cómo podría amenazar nuestras *relaciones personales*: "¿Afectará mi necesidad relacional?". ¿Qué pasa si el Señor quiere que siga soltero toda mi vida? ¿Cómo hago para vivir sin sexo o romance? ¿Qué pasa si mi pareja me deja? ¿Qué pasa si Dios no nos da hijos? ¿Cómo enfrento el rechazo de mis padres? ¿Qué pasa si mi mejor amiga se muda? ¿Qué pasa si las personas nos desaíran a mí y mi familia a causa de nuestro compromiso con los principios bíblicos?

Es cierto que Dios podría llevarnos a estar solos por un tiempo. Pero su Palabra revela que la relación íntima con Él constituye la verdadera base de las relaciones humanas más ricas. Tener "comunión… con el Padre, y con su Hijo Jesucristo" hace posible que disfrutemos de una auténtica "comunión unos con otros" (1 Jn. 1:3, 7).

Si no valoramos a Dios como nuestra relación principal, siempre viviremos con el temor de perder relaciones humanas, y tendremos la predisposición de ser posesivos, controladores, manipuladores y celosos, quizás, con un potencial de cometer adulterio e incluso de ser objeto (o responsable) de abuso.

A lo largo de todas las Escrituras, cada vez que uno de los hijos de Dios tenía temor de dar un paso solo, sin el apoyo humano, la simple respuesta de Dios era: *Mi presencia irá contigo.* Y la implicancia era: *Yo soy suficiente. Si tienes mi presencia, tienes todo lo que necesitas.* El hombre, o la mujer, que confía en sus promesas jamás estará verdaderamente solo. Esta persona dice: "Mi carne y mi corazón desfallecen; mas la roca de mi corazón y mi porción es Dios para siempre" (Sal. 73:26).

Si hoy te sientes solo, rechazado o incomprendido, entrégale tu necesitado corazón a Dios en oración y alabanza. Encontrarás en Él a un Amigo fiel y verdadero.

La verdadera bendición

Bueno me es haber sido humillado, para que aprenda tus estatutos. Mejor me es la ley de tu boca que millares de oro y plata (Sal. 119:71-72).

 LA IDEA DE DIOS DE BENDICIÓN y nuestra idea de bendición no siempre son las mismas. Nosotros pensamos que bendición significa tener lo que queremos y cuando lo queremos, experimentar la satisfacción de todos nuestros deseos sin la intrusión del dolor, los problemas y las presiones. Pero Dios siempre tiene en mente una perspectiva a largo plazo. Él podría traer a nuestra vida situaciones y circunstancias que no parecen bendiciones y, sin embargo, al final, redundan para nuestro bien y nuestro gozo.

Las bendiciones más ricas son espirituales e internas. La verdadera bendición implica que el Espíritu Santo obre en nuestra vida, ser adoptados en la familia de Dios, disfrutar de la seguridad de recibir cada una de las bendiciones espirituales en Cristo, haber sido escogidos desde la eternidad para pertenecerle a Él.

La verdadera bendición significa recibir lo que Dios nos ha dado, tener el poder de su Espíritu para vivir con una conciencia limpia y experimentar un verdadero contentamiento, porque Él ha prometido darnos todo lo que necesitemos para nuestra paz y felicidad presente.

Como verás esto es bendición.

Y puesto que Dios sabe quiénes somos, comprende que a menudo solo aprendemos a aceptar su presencia y sus bendiciones cuando estamos desprovistos de otras bendiciones temporales. Nuestro corazón está mejor predispuesto a desapegarse de la tierra y apegarse al cielo cuando estamos privados de las cosas que podríamos querer, pero que en el fondo no necesitamos.

La verdadera bendición no es la ausencia de dificultades, sino la presencia de Cristo en medio de las dificultades; la gracia para habitar con la dificultad y, aun así, saber que Él nos concede la mayor de todas las bendiciones: *la dádiva de su misma presencia.*

Porque su presencia es todo lo que realmente necesitamos.

¿Mides y defines a veces la bendición de Dios en términos temporales en vez de eternales? ¿Cómo ha probado Dios tu dependencia en Él al exponer tu dependencia en otras cosas inferiores?

Selección del vestuario

Y Jehová Dios hizo al hombre y a su mujer túnicas de pieles, y los vistió (Gn. 3:21).

 COMO EL TENTADOR HABÍA PROMETIDO, cuando Adán y Eva comieron del fruto prohibido, sus ojos se abrieron; pero lo que vieron no fue agradable. Se dieron cuenta de que estaban desnudos; por primera vez, sintieron vergüenza y culpa.

En un deseo de cubrir su desnudez, intempestivamente, "cosieron hojas de higuera, y se hicieron delantales" (Gn. 3:7). Trataron de buscar, por su cuenta, un remedio para su culpa y se hicieron "delantales" para poder cubrir de alguna manera su cuerpo.

Al darse cuenta de que las hojas de higuera eran insuficientes para cubrir su vergüenza "se escondieron de la presencia de Jehová Dios entre los árboles del huerto" (v. 8). Pero en una asombrosa manifestación de gracia y misericordia, Dios no dejó que se escondieran en temor y vergüenza; sino que se acercó a ellos y los ayudó.

"¿Quién te enseñó que estabas desnudo? —preguntó Dios—. ¿Has comido del árbol de que yo te mandé no comieses?" (v. 11). La principal preocupación de Adán y Eva era su desnudez; la principal preocupación de Dios era que ellos habían desobedecido su instrucción y que su relación con Él se había roto.

Cuando, finalmente, Dios llega al asunto de la ropa, el texto hebreo sugiere que Él cubrió no solo sus partes íntimas, sino su cuerpo, y, como muchos comentaristas creen, les hizo ropa de la piel de animales sacrificados para tal propósito. Y de esta manera, tenemos una sombra del evangelio, en el cual Cristo, el Cordero de Dios sin mancha, fue sacrificado para cubrir y expiar nuestros pecados.

El intento de Adán y Eva de vestirse por sí mismos muestra los esfuerzos del hombre para cubrir el pecado con su propia justicia. En la provisión de la ropa de parte de Dios, vemos la necesidad de la justicia que solo puede venir de Dios y nos recuerda que esta misericordiosa provisión requiere el sacrificio de un sustituto inocente, que es totalmente suficiente para vestir nuestra alma pecadora.

¿En qué confías a la hora de afrontar tu pecado y vergüenza? ¿En tu propia justicia? ¿O en la que Dios te proveyó a través de la muerte sacrificial de Cristo?

_____

_____

_____

_____

_____

Un anticipo del hogar

Y el efecto de la justicia será paz; y la labor de la justicia, reposo y seguridad para siempre. Y mi pueblo habitará en morada de paz, en habitaciones seguras, y en recreos de reposo (Is. 32:17-18).

 WILLARD WIGAN ES UN ESCULTOR BRITÁNICO que esculpe obras de arte microscópicas en simples granos de arena o azúcar, que a menudo monta en el ojo de una aguja o en la cabeza de un alfiler. Con el uso de herramientas como pinceles hechos de una pestaña humana, minuciosamente, da forma a diseños complejos que no pueden verse a no ser a través de un microscopio.

Su asombroso talento artístico es un extraordinario recordatorio de que las pequeñas cosas pueden producir grandes impresiones: pequeñas cosas como *tu* hogar. Puede que tu hogar te parezca diminuto e insignificante desde una perspectiva global. Y sin embargo, puede decir mucho sobre el evangelio que crees y el Dios que sirves.

Tu hogar importa. Ya seas casado o soltero, ya sea que vivas en una suntuosa mansión o en la celda de una prisión, en la habitación de una residencia estudiantil o en una casa rodante doble, Dios puede transformar cualquier lugar en el que vivas en una "obra de arte microscópica" que refleje la asombrosa maestría de Dios al mundo.

Como verás, si tú eres su hijo o hija, en este momento Él te está preparando "un lugar" para que vivas para siempre con Él (Jn. 14:2). Mientras tanto, nuestro hogar aquí en la tierra puede mostrar un anticipo de lo que será nuestro hogar celestial. Él quiere que tu hogar y el mío reflejen su gracia y su sentir. Que sea un lugar donde se sienta la realidad y la presencia de Cristo. Un lugar donde se honre su Palabra. Un lugar que tenga una atmósfera de amor, bondad y verdad auténticos. Un lugar donde todos los que vivan allí y quienes lo visitan encuentren a Cristo.

¿Qué transmite tu hogar? ¿Cuán bien expresa el corazón hospitalario y amable de Dios? Pídele a Dios que te dé la gracia de mostrar a Cristo en tu hogar.

Una alternativa prometedora

Cuanto está lejos el oriente del occidente, hizo alejar de nosotros nuestras rebeliones (Sal. 103:12).

Si bien se podrían decir muchas otras cosas sobre el perdón, esta verdad lo define muy bien: *el perdón es una promesa*; la promesa de no volver a mencionar jamás el pecado de esa persona. No mencionárselo a Dios, ni a la persona que lo cometió ni a nadie más. Es la decisión deliberada a pasar por alto el pecado de esa persona, pulsar la tecla de "eliminar" y hacer borrón y cuenta nueva.

A veces viene una mujer y me dice: "He perdonado a mi esposo" o "he perdonado esto y aquello", y después empiezo a escuchar todas las cosas hirientes que ha hecho esa persona. Aunque la felicito por reconocer que necesita perdonar, sus propias palabras revelan que realmente no ha perdonado por completo; porque el perdón es una promesa.

Es una promesa que Dios nos hizo a nosotros.

Lo que nosotros le hicimos a Él fue real. Lo que le seguimos haciendo es real. Pero por medio de la sangre expiatoria de su Hijo, Dios ha decidido no recordar nuestras ofensas. Él ha "[echado] tras [sus] espaldas todos [nuestros] pecados" (Is. 38:17); no porque nos lo merecíamos o por haber cumplido todos los requisitos para ser perdonables, sino porque el perdón es la esencia del evangelio, una promesa de Dios que podemos aceptar para toda la eternidad.

Todos deberíamos apreciar el gozo que fluye del perdón. Sabemos lo valioso que es ser perdonados totalmente y para siempre. Y cuando perdonamos a otros como Cristo nos perdonó en la cruz, reflejamos su misericordia y su gracia a un mundo que también necesita desesperadamente ser perdonado.

¿Podría la promesa de perdonar a alguien que te ofendió asemejarse al costo que tuvo que pagar Cristo por su promesa? ¿De qué manera te habla y te inspira a perdonar a otros el perdón de Cristo?

A su imagen

Amados, ahora somos hijos de Dios, y aún no se ha manifestado lo
que hemos de ser; pero sabemos que cuando él se manifieste, seremos
semejantes a él, porque le veremos tal como él es (1 Jn. 3:2).

 DISFRUTO ARMAR ROMPECABEZAS. Sin embargo, apenas abro la caja
es difícil creer realmente que todas esas piezas de formas curiosas
contengan una imagen. De modo que sigo mirando la imagen
de la caja, que me muestra cómo debe quedar el rompecabezas
cuando esté terminado. Sin esa imagen, estaría perdida.

Cuando miramos el revoltijo de piezas de nuestra vida, a veces es difícil
imaginar que alguna vez puedan llegar a formar algo atractivo. Pero Dios
nos ha dado una imagen que muestra cómo debería quedar nuestra vida
cuando esté terminada su obra de santificación y transformación en nosotros. *Es una imagen de Jesús:* la relación con su Padre, su relación con otros,
sus valores y principios. Sus palabras y carácter.

En Cristo vemos un reflejo perfecto de nuestro Dios santo, por "el cual,
[es] el resplandor de su gloria, y la imagen misma de su sustancia" (He. 1:3).

Claro está que por más que nos esmeremos y nos esforcemos no podemos ser santos. Solo Cristo puede hacerlo. Pero Él es el patrón para nuestra
vida. Jesús es la santidad con rostro. Por eso debemos seguir mirando su
imagen a lo largo de todo el proceso de armado, debemos poner nuestros
ojos en Él para recordar constantemente cómo debe quedar el producto
terminado. Solo entonces, lo desearemos por completo —su hermosura y
su justicia— en vez de desear las propuestas atractivas de este mundo.

Con el tiempo, nos veremos como la imagen de la caja. Seremos transformados a semejanza de Cristo.

¿Qué aspectos de Cristo quisieras que más caractericen tu vida? ¿Qué podría estar
haciendo Dios en este momento para transformarte a su semejanza?

_____

_____

_____

_____

_____

_____

_____

_____

El pecado consumado

Entonces la concupiscencia, después que ha concebido, da a luz el pecado;
y el pecado, siendo consumado, da a luz la muerte (Stg. 1:15).

 EL PECADO ES PLACENTERO, no hay duda al respecto. Si no fuera así ¿por qué nos parecería tan tentador? Sin embargo, debemos recordar que esos placeres son "temporales" (He. 11:25) y que, al final de cuentas, cualesquiera que sean los supuestos beneficios que podrían derivar del pecado, nunca podrán superar su costo final.

Tengo un amigo que guarda en su billetera una lista de consecuencias del pecado, que contiene cosas como por ejemplo: *el pecado nos roba el gozo* (Sal. 51:12); *el pecado nos quita la confianza* (1 Jn. 3:19-21); *el pecado contrista el corazón de Dios* (Ef. 4:30); *el pecado le abre la puerta a otros pecados* (Is. 30:1). Su lista contiene una docena o más de estas consecuencias. Todas son cosas terribles. Cada vez que es tentado a desobedecer a Dios de alguna manera, mi amigo saca esa lista y la lee, y después se pregunta: "¿Realmente quiero pagar este precio? ¿Me puedo dar el lujo de pagar este precio?".

A veces, las consecuencias de nuestro pecado no se ven hasta que pasan meses o años; a veces, no aparecen hasta la generación siguiente. Pero no nos equivoquemos: *el pecado tiene consecuencias*. El día del juicio final vendrá. Y cuando llegue, cada hijo de Dios deseará con todo su corazón haber elegido el camino de la obediencia.

No podemos persistir en pensar neciamente, que de alguna manera nos libraremos del castigo de nuestro pecado. Antes bien, debemos reconocer que uno de los propósitos de Dios en retardar las consecuencias del pecado es darnos tiempo para arrepentirnos.

Tras años de jugar con el pecado y disfrutar de sus "placeres", el rey Salomón finalmente llegó a esta convicción: "Aunque el pecador haga mal cien veces, y prolongue sus días, con todo yo también sé que les irá bien a los que a Dios temen... Porque Dios traerá toda obra a juicio, juntamente con toda cosa encubierta, sea buena o sea mala" (Ec. 8:12; 12:14).

Piensa en la tentación de un pecado que a menudo enfrentas. Repasa la lista de consecuencias anterior, y pregúntate: "¿Realmente quiero pagar este precio?". Recuerda que cualquier deleite o alivio temporal que pueda ofrecerte el pecado, nunca vale la pena el costo.

Si al menos

*Entonces María dijo: He aquí la sierva del Señor; hágase
conmigo conforme a tu palabra (Lc. 1:38).*

 HE LLEGADO A CREER que podemos conseguir casi todo lo que nos
proponemos. Si realmente queremos casarnos, podemos encontrar a alguien que se case con nosotros. Si un cónyuge infeliz
realmente quiere terminar con su matrimonio, puede terminar
con él. Si queremos un auto nuevo modelo o estudiar en la universidad,
podemos conseguir un préstamo.

Pero debemos recordar que es peligroso insistir en que Dios nos dé
nuestra propia voluntad. De hecho, ¡uno de mis temores es que Dios me de
todo lo que quiero! La historia de los israelitas es un vívido recordatorio de
que cuando Dios nos da lo que pedimos, también podría venir acompañado
de la "mortandad" del alma (Sal. 106:15).

Con el paso de los años, he llegado a darme cuenta de que el contentamiento es una decisión. El verdadero gozo no es resultado de tener todo lo
que queremos, sino de ser agradecidos de recibir, ni más ni menos, lo que
Dios nos ha dado. El enemigo nos ha robado a muchos el gozo al llevarnos
a vivir en ese reino absurdo en el que todo es: "si al menos".

"Si al menos tuviera un esposo". "¡Si al menos no tuviera un esposo!".
"Si al menos tuviéramos hijos". "Si al menos no tuviéramos tantos hijos".
"Si al menos tuviera otro empleo". "Si al menos viviera en otro lugar". "Si
al menos pudiera tener una casa". "Si al menos no tuviéramos un invierno
tan largo…".

El hecho es que si no estamos contentos con lo que tenemos, nunca
estaremos contentos con lo que pensamos que queremos. La clave para vivir
contentos es aceptar la voluntad de Dios y recibir con gratitud las dádivas
que Él decide darnos en cada etapa de la vida.

*¿Puedes identificar algún área de descontento que podría haber estado robándote
la capacidad de disfrutar plenamente de lo que Dios te ha dado?*

El Cristo compatible

Como está escrito: He aquí pongo en Sion piedra de tropiezo y roca de caída; y el que creyere en él, no será avergonzado (Ro. 9:33).

EN MUCHAS DE NUESTRAS IGLESIAS, parece que nos desvivimos para tratar de ser "relevantes" y poder atraer más atención y más gente. No queremos parecer demasiado diferentes o extremos, por temor a desagradar a los incrédulos o que nos vean desfasados con la cultura. Nos hemos conformado al mundo en vez de convocar al mundo a conformarse a Cristo.

Pero ¿cuándo nos daremos cuenta de que el mundo no se deja impresionar por una versión religiosa de sí mismo? Nuestra mayor eficacia no radica en ser igual a los que nos rodean, sino en ser distintos, ¡en ser como Jesús!

Tenemos más medios variados de alcanzar a la gente con nuestro mensaje —conciertos cristianos, conferencias, estrategias, actividades de los medios de comunicación, libros, transmisiones radiales/televisivas, blogs y transmisiones iPod— que cualquier generación en la historia. ¿Podría ser que la ausencia de un verdadero avivamiento y de una profunda y duradera influencia en los incrédulos no se deba a la falta de creatividad o metodologías de vanguardia, sino a la falta de una evidencia irrefutable de la presencia de Cristo entre nosotros?

El líder de un ministerio me dijo en medio de una reunión de oración: "Muchas personas oran y reciben, pero muy pocas cambian su estilo de vida". La verdad es que si no estamos cambiando nuestro estilo de vida, no nos estamos arrepintiendo. Y si no nos estamos arrepintiendo, entonces todas nuestras canciones, nuestra alabanza, nuestra oración y nuestras obras son inútiles —tal vez *peor* que inútiles—, porque todo el ruido y la actividad podrían engañarnos y llevarnos a pensar que estamos bien como estamos sin el poder transformador del evangelio. Y el mundo que nos rodea seguirá sin interesarse en lo que tenemos para ofrecerle.

Nuestra cualidad distintiva es nuestro mensaje. Nuestras vidas cambiadas son nuestro testimonio. Lo que hace a Cristo irresistible a otros es su singularidad, no cuán compatible lo hacemos con la cultura.

¿Qué motivaciones erróneas podrían empañar nuestros esfuerzos de parecer atractivos para los incrédulos? ¿De qué manera una adecuada perspectiva de Cristo y confianza en su Palabra pueden inspirarnos a buscar la santidad y mantener un testimonio distintivo en el mundo?

Ora por la voluntad de Dios

Mas el que escudriña los corazones sabe cuál es la intención del Espíritu,
porque conforme a la voluntad de Dios intercede por los santos (Ro. 8:27).

 TODOS SABEMOS QUE DEBEMOS ORAR "conforme a la voluntad de Dios". Pero ¿cómo sabemos cuál es su voluntad? Hay muchos asuntos sobre los cuales su plan y deseo específico podrían ser difíciles de determinar. Pero podemos estar seguros de una cosa: la Palabra de Dios es la voluntad de Dios. Cuando confesamos su Palabra, estamos orando conforme a su voluntad.

Por ejemplo, tengo algunos buenos amigos con problemas graves en su matrimonio. Muchas veces siento que no sé cómo orar por ellos. Pero sé que puedo orar confiadamente cuando oro conforme a la voluntad de Dios, revelada en su Palabra.

Sé, por ejemplo, que la voluntad de Dios para este esposo es amar a su esposa de la misma manera abnegada y sacrificial en la que Jesús ama a su iglesia (Ef. 5:25). Sé que la voluntad de Dios para esta esposa es honrar a su esposo, a pesar de sus errores y faltas, y someterse a su liderazgo en el hogar (vv. 22-23). Sé que la voluntad de Dios es que caminen en amor (v.2), en unidad (Col. 3:14) y en verdad (3 Jn. 3). Por lo tanto, puedo confesar estos y otros pasajes en la vida de ellos, y pedirle a Dios que cumpla su voluntad en sus vidas.

Lo mismo sucede con nuestras necesidades. Cuando pedimos conforme a su voluntad como Él ha expresado en su Palabra, podemos orar con gran denuedo y confianza, porque sabemos que Dios no solo nos escucha sino que "tenemos las peticiones que le hayamos hecho" (1 Jn. 5:14-15).

Al leer y meditar hoy en la Palabra de Dios, pídele que te muestre cómo orar
conforme a su voluntad en relación a tu propia situación o la de otros que podrías
tener en tu corazón.

¿Opresión o bendición?

Y no engañe ninguno a su prójimo, sino temed a vuestro Dios;
porque yo soy Jehová vuestro Dios (Lv. 25:17).

HOY DÍA, ESCUCHAMOS A MUCHAS PERSONAS en nuestra cultura, incluso dentro de la iglesia, que hablan de cómo han sido ofendidos y victimizados, heridos y agraviados. Y, en muchos casos, esta es una triste y completa verdad. Pero el hecho es que no solo nos han tratado mal y oprimido a nosotros, sino que nosotros también hemos sido opresores. Todos nosotros.

Lo hemos hecho con nuestra lengua, al desacreditar y rebajar a otros y decirles cosas para lastimarlos. Lo hemos hecho con la murmuración, al divulgar cosas desagradables, a menudo no ciertas, sobre otras personas. Incluso lo hemos hecho en silencio, con nuestras actitudes: tan solo con una mirada o un gesto que expresa la dureza de nuestros sentimientos hacia otra persona, nuestra insensibilidad a sus necesidades.

Y por esta razón es un asunto muy grave: Cuando pecamos contra otros, pecamos contra Dios. Cuando pecamos contra otro miembro del cuerpo de Cristo, pecamos contra Cristo mismo.

Al reconocer y arrepentirnos de esta maldad en nuestro corazón, encontramos motivación para cambiar cuando aprendemos a temer al Señor, vivimos en la constante y sensata conciencia de la presencia de Dios. Él ve. Él sabe cómo le estás hablando a esa persona. Él sabe cómo estás tratando a tu hijo de tres años. Él sabe cómo le hablas a (o de) esa suegra o jefe o compañero de habitación que te lastimó.

Dejamos de ser opresores y de agravar el dolor en la vida de otros cuando comprendemos que Dios mismo es consciente de, y se preocupa por, cómo tratamos a aquellos que nos rodean. Al no querer ofender a Dios, estaremos bendiciendo en vez de oprimir a aquellos que nos rodean.

¿Has estado tratando a alguien de una manera que no refleja honra y respeto por Dios? Primero pídele perdón a Dios; luego humíllate y pídele perdón a la persona que has ofendido.

Las bendiciones de cada día

Bendito el Señor; cada día nos colma de beneficios El
Dios de nuestra salvación (Sal. 68:19).

CHARLES SPURGEON DIJO UNA VEZ: "Alabemos diariamente a Dios por los favores comunes. "Comunes", como los llamamos frecuentemente, pero, sin embargo, tan inapreciables que cuando nos vemos privados de ellos estamos propensos a perecer".

Sinceramente, si damos por descontados estos "favores comunes", si pensamos que en la vida ya vienen incluidas estas dádivas, si nos engañamos al creer que los enseres domésticos diarios provienen del supermercado y no de un Dios misericordioso, estamos pasando por alto infinidad de razones para adorarle sin siquiera saberlo.

Cosas como el dentífrico y el jabón de baño. El agua caliente y el detergente para lavar los platos. El aire acondicionado y las plantas de interior. Las puestas de sol y los anteojos de sol. Los bolígrafos y anotadores. La fauna y la flora silvestre. Las carreteras pavimentadas y el seguro del automóvil. Las hojas de otoño y el espacio en el ático. El cielo azul, las frazadas y las tarjetas de cumpleaños. La fruta fresca, las linternas y las fotos familiares. Los talonarios de papel para notas y las palomitas de maíz. Las tazas medidoras y una bella música. Los libros y las estanterías para libros. La ropa abrigada y las sábanas limpias.

No solo es bueno tener estas cosas. Sino que son parte de las buenas dádivas y "todo" don perfecto que "desciende de lo alto, del Padre de las luces" (Stg. 1:17). Todo esto está incluido en la instrucción bíblica de "[dar] siempre gracias por todo al Dios y Padre" (Ef. 5:20).

Las personas que se quedan en blanco cuando se les pregunta por qué cosas están agradecidas —después de recitar casi automáticamente la lista interminable de su fe, familia y buena salud— nunca podrán ser aquellas que más cerca están de Dios, no cuando Él nos da tantas maneras de responder esta simple pregunta. Pero los que se acuerdan de agradecerle por todo, desde un alicate y una podadora hasta los platos desechables, son aquellos que saben qué incluye ese "todo".

¿Y por qué no ser tú esa persona?

Al mirar hoy a tu alrededor, tal vez con más conciencia de lo habitual, las
múltiples maneras en que Dios cuida de ti y suple tus necesidades, agradécele
de manera fuera de lo común por estos "favores comunes".

Morir a los derechos

*El cual, siendo en forma de Dios, no estimó el ser igual a Dios
como cosa a que aferrarse, sino que se despojó a sí mismo, tomando
forma de siervo, hecho semejante a los hombres (Fil. 2:6-7).*

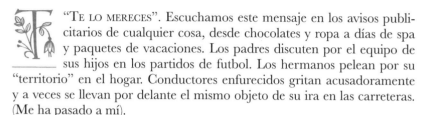 "TE LO MERECES". Escuchamos este mensaje en los avisos publicitarios de cualquier cosa, desde chocolates y ropa a días de spa y paquetes de vacaciones. Los padres discuten por el equipo de sus hijos en los partidos de futbol. Los hermanos pelean por su "territorio" en el hogar. Conductores enfurecidos gritan acusadoramente y a veces se llevan por delante el mismo objeto de su ira en las carreteras. (Me ha pasado a mí).

Está tan arraigada en nuestra mente —esta mentalidad del derecho, esta exigencia de los derechos— que no siempre nos detenemos a pensar que es totalmente contraria al Espíritu de Cristo.

Recuerdo escuchar un mensaje radial de Warren Wiersbe, una mañana en la que me encontraba nerviosa e irritable, por insistir en mis derechos y caprichos. Sentí una penetrante convicción en mi corazón al escuchar su llamado a dejar nuestro propio trono, como lo hizo Cristo, y considerarnos siervos, lo cual me llevó a escribir la siguiente anotación en mi diario personal:

He estado pensando y actuando como una autoridad soberana, cuya voluntad y cuyos deseos deben prevalecer o "te cortan la cabeza". Inclínense todos ante la "reina Nancy" y complázcanme. Cuando siento que mis "derechos" y expectativas han sido violadas o no se han cumplido, me vuelvo petulante, malhumorada e imposible de conformar. Perdóname, Señor. Tú tomaste una toalla y te arrodillaste para servir a tus criaturas. Por eso también me has llamado a servir a mis semejantes.

Al volver a mirar a Cristo, vemos la esencia del evangelio: que se humilló a sí mismo, tomó forma de siervo y dio su vida por nosotros.

¿Acaso ven los demás, al mirar nuestra vida, un ejemplo de orgullosa presunción y delirio de grandeza, o ven el claro reflejo del humilde corazón de siervo de Cristo?

¿De qué manera práctica podrías tomar una "toalla" hoy y servir a otros como Cristo te ha servido a ti?

Hallados fieles

No las encubriremos a sus hijos, contando a la generación venidera las alabanzas de Jehová, y su potencia, y las maravillas que hizo (Sal. 78:4).

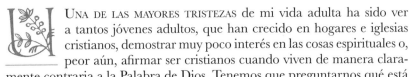 UNA DE LAS MAYORES TRISTEZAS de mi vida adulta ha sido ver a tantos jóvenes adultos, que han crecido en hogares e iglesias cristianos, demostrar muy poco interés en las cosas espirituales o, peor aún, afirmar ser cristianos cuando viven de manera claramente contraria a la Palabra de Dios. Tenemos que preguntarnos qué está causando esta falta de pasión por seguir fielmente a Cristo.

¿Qué está pasando o *no* está pasando? Sí, cada individuo es responsable de sus propias decisiones. Pero pienso que los que somos de la generación de sus padres tenemos que preguntarnos si tenemos alguna responsabilidad por esta tendencia. Cada generación de creyentes es la encargada de dejar una herencia piadosa a la siguiente. Somos responsables por las semillas que sembramos, y tenemos que vivir con la cosecha resultante. No podemos plantar semillas de vidas indiferentes, indisciplinadas y mundanas, y luego esperar que esto no afecte la generación siguiente.

Nuestro enemigo está determinado a reclamar a los hijos de Dios para sus propósitos. Su plan cobra impulso cuando no seguimos a Cristo deliberadamente o no exhortamos a nuestros hijos a hacer lo mismo.

No estoy sugiriendo que los hijos de padres fieles siempre decidirán seguir a Cristo, o que todos los hijos infieles son producto de padres infieles. Sabemos que no es así en las Escrituras o en nuestra propia experiencia. Es acertado decir que la próxima generación sigue nuestro ejemplo, en cuanto a lo que realmente importa y para quién decidirán (o no decidirán) vivir.

¡Oh! Por una generación de padres que se propongan vivir delante de sus hijos en la verdad, y de instruirlos y formarlos en los caminos de Dios, con la confianza de que Él, con su gracia, cautivará sus corazones, y ellos no dejarán caer la posta de la fe sino que la pasarán intacta a sus hijos.

Ya sea que tengas hijos propios o no, ¿qué estás haciendo para traspasar a la siguiente generación el mensaje de la naturaleza y los caminos de Dios y de su gracia y amor redentor?

Sobrecarga emotiva

*Enséñame a hacer tu voluntad, porque tú eres mi Dios; tu buen
espíritu me guíe a tierra de rectitud (Sal. 143:10)*

 DIOS NOS HIZO PARA QUE SEAMOS criaturas emocionales. Imagínate no poder sentir gozo y euforia, o incluso dolor y tristeza. Los sentimientos y las emociones son dádivas del Señor. Sin embargo, demasiadas veces nos dejamos llevar por lo que yo llamo "emociones pícaras": pensamientos y sentimientos que sabemos que son indebidos, pero que sencillamente parece que no podemos controlar. Nos sentimos irritables, enojados, estresados o frustrados. Y aunque sabemos qué deberíamos hacer o cómo deberíamos reaccionar, estos sentimientos incontrolados nos dicen otra cosa.

Pero el hecho es que —por la gracia de Dios— *podemos* poner esas emociones bajo el control de su Espíritu. *Podemos* aclarar nuestros pensamientos y recibir el poder de disciplinar nuestra carne, aun cuando lo que realmente queremos es estar enojados o resentidos.

He descubierto dos claves vitales para dominar nuestras emociones en vez de dejarnos dominar por estas. *Primero, la Palabra de Dios.* Cada vez que mis emociones están fuera de lugar, generalmente, es en momentos en que no he estado meditando fielmente en las Escrituras, y no he podido "[llevar] cautivo todo pensamiento a la obediencia a Cristo" (2 Co. 10:5). La verdad de Dios, que el Espíritu nos revela y nos ayuda a poner en práctica, tiene la capacidad de estabilizarnos, al atemperar y nivelar nuestras emociones y darnos la perspectiva y la autoridad que necesitamos para decirles a nuestros sentimientos quién manda.

Segundo, los hijos de Dios. Cuando nos sentimos molestos y desanimados, podríamos sentirnos tentados a retraernos y aislarnos. No queremos estar expuestos. Queremos abrigar nuestras emociones. Pero es importante que en esos momentos dejemos entrar a otros a nuestro corazón. No necesitamos huir de aquellos que pueden reorientarnos, ni de aquellos que, al ministrar a sus necesidades, hacen que nuestro corazón se renueve.

Permanece arraigado en la Palabra de Dios y unido a sus hijos.

 Puede que no siempre sientas deseos de meditar en la Palabra de Dios y de tener trato con sus hijos. Pídele a Dios que te dé la gracia de hacer lo correcto, en base a la fe, y poner tus sentimientos bajo el control de su Espíritu.

Hasta las lágrimas

Y dense prisa, y levanten llanto por nosotros, y deshágase nuestros ojos
en lágrimas, y nuestros párpados se destilen en aguas (Jer. 9:18).

 LOS ESTRAGOS DEL PECADO SON EVIDENTES en todas partes. Pistoleros desquiciados entran a las escuelas y a los centros comerciales y cometen asesinatos al azar. Millones y millones de niños van y vienen entre dos padres que han roto sus votos matrimoniales; en muchos casos, también son víctimas de violación en manos de miembros de la familia mezclada. Completos extraños se conocen por medio de la Internet y proceden a separarse de su cónyuge y abandonar su familia. Los jóvenes —incluso en hogares cristianos— adoptan un estilo de vida libertino y quedan atrapados en fortalezas de pecado de las cuales pasan el resto de sus vidas tratando de ser libres.

Y ¿cómo respondemos a estas calamidades? Apenas parpadeamos. Cambiamos de canal. Revisamos el resultado del juego de pelota de la otra noche. Nos abstraemos emocionalmente, y finalmente nos volvemos insensibles e indiferentes al bombardeo de este tipo de realidades.

Los profetas de la antigüedad nos recuerdan que hay un tiempo para llorar y lamentar lo que está pasando en nuestro mundo, nuestro hogar e incluso nuestra iglesia. Y tenemos muchos motivos para llorar, cuando consideramos la inmoralidad y la rebeldía desafiante de nuestros días, la mundanalidad de muchas congregaciones, así como nuestros propios pecados "respetables" de creernos con derechos y de nuestra autosuficiencia, falta de perdón, falta de oración y falta de compasión.

Reconozco, por supuesto, que las lágrimas no son algo que podemos fabricar. Pero cuando estamos en la presencia de Dios —cuando esperamos allí suficiente tiempo para escuchar su sentir y su Espíritu— Él quebrantará nuestra complacencia, cambiará nuestra risa fácil en lloro y nuestro gozo en tristeza por los estragos que el pecado ha provocado en nuestro mundo (Stg. 4:9).

Sí, el consuelo y el gozo son parte de nuestra herencia en Cristo: dadivas del Padre, la plenitud de lo que experimentaremos por toda la eternidad en su presencia. Pero primero viene el lloro. Señor, ¿dónde están los que lloran?

Aun cuando disfrutes de las dádivas de la gracia y la misericordia de Dios, pídele
que inquiete y conmueva tu corazón con las cosas que entristecen su corazón.

El analgésico

*Entonces su señor, enojado, le entregó a los verdugos, hasta
que pagase todo lo que le debía (Mt. 18:34).*

INVESTIGACIONES MÉDICAS han mostrado consistentemente, que las personas que reprimen sus emociones tales como enojo, angustia, amargura y rencor interno, a menudo manifiestan estos problemas en su cuerpo físico. Estos individuos frecuentemente muestran una propensión a tener presión alta, un deterioro en la función inmunológica, espasmos musculares, cambios hormonales, pérdida de la memoria, incluso un elevado riesgo de ataques cardíacos. Curiosamente, ambas palabas *angustia* y *angina* provienen de la misma raíz griega.

Por favor, escúchame. No estoy diciendo en absoluto que toda enfermedad o dolencia es causada por la amargura y la falta de perdón. No quiero que aquellos que sufren de enfermedades biológicas se sientan condenados ni sugerir que no deberían someterse a un tratamiento médico para sus dolencias físicas. Pero estoy convencida de que mucho más de lo que nos imaginamos, algunos de los desórdenes mentales, emocionales e incluso físicos que las personas padecen, están enraizados en el enojo que no quieren soltar. Dios nunca quiso que nuestro cuerpo tuviera que soportar el peso de los conflictos no resueltos.

En la parábola del siervo no dispuesto a perdonar de Mateo 18, Jesús asoció la negativa a perdonar con la idea de que Dios nos entrega a los ("verdugos" [RVR-60]; "carcelero" [NVI]). Cuando experimento síntomas físicos persistentes e inexplicables, pienso que es importante al menos preguntarle al Señor si está tratando de llamar mi atención sobre algún enojo o amargura residual que podría estar afectando mi cuerpo.

Ser una persona que perdona no nos garantiza una vida libre de dolor. Pero no puedo dejar de preguntarme cuánto dolor podríamos evitarnos (y cuánto dinero podríamos ahorrar en cuentas de médicos y terapias) si nos negáramos a dejar que la amargura haga raíces en nuestro corazón.

¿Hay algún asunto sin resolver en tu salud que podría estar teniendo un efecto adverso en ti: físicamente, mentalmente o emocionalmente?

El principal

Acercándose uno de los escribas, que los había oído disputar,
y sabía que [Jesús] les había respondido bien, le preguntó:
¿Cuál es el primer mandamiento de todos? (Mr. 12:28).

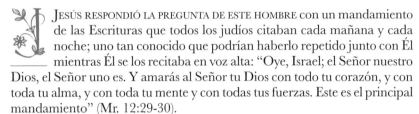 Jesús respondió la pregunta de este hombre con un mandamiento de las Escrituras que todos los judíos citaban cada mañana y cada noche; uno tan conocido que podrían haberlo repetido junto con Él mientras Él se los recitaba en voz alta: "Oye, Israel; el Señor nuestro Dios, el Señor uno es. Y amarás al Señor tu Dios con todo tu corazón, y con toda tu alma, y con toda tu mente y con todas tus fuerzas. Este es el principal mandamiento" (Mr. 12:29-30).

La mayoría de nosotros conoce este mandamiento también. Y sabemos que si amamos a Dios, todas las demás cosas que Él nos pida fluirán naturalmente de esa fuente. El amor por Dios redundará en el abandono de todos los ídolos y en el amor genuino por el prójimo. "El amor no hace mal al prójimo; así que el cumplimiento de la ley es el amor" (Ro. 13:10).

Pero también sabemos que nuestro amor por Dios es mucho menos incondicional de lo que debería ser y menos intenso de lo que desearíamos que fuera; por lo general, no por una falla o interrupción total, sino más bien por pérdidas leves y desapercibidas.

No está en nosotros fabricar un amor profundo y auténtico por Dios. Pero, como con todas las relaciones humanas, podemos eliminar los impedimentos para la intimidad, y podemos implementar medidas prácticas que ayuden a cultivar un amor cada vez más profundo.

¿Quieres realmente amar más a Dios? Yo sí. Y si tú eres un hijo o una hija de Dios, también lo querrás. Entonces dejemos de ignorarlo día tras día. Rodeémonos de personas cuya influencia en nosotros profundice nuestro amor por Él. Apartemos tiempo para estar a solas con Él. Y *recibamos* de su gracia el amor con el que Dios quiere que lo amemos.

¿Cuáles son algunas de las cosas que compiten por tu amor, y que quieren el lugar en tu vida reservado solo para Dios? Menciónalas. Proponte eliminarlas de tu vida. ¡Él es digno!

¿Cómo?

*Y sabemos que a los que aman a Dios, todas las cosas les ayudan a bien,
esto es, a los que conforme a su propósito son llamados (Ro. 8:28).*

¿CÓMO PUEDE SER VERDAD? ¿Cómo puede algo tan malo y grave
como lo que podrías estar enfrentando hoy (tú o alguien que
amas) ser redimido o redundar en algo valioso?

La respuesta, al menos en parte, se encuentra en el versículo
siguiente: "Porque a los que antes conoció, también los predestinó para
que fuesen hechos conformes a la imagen de su Hijo" (v. 29). Si tú eres un
hijo o una hija de Dios, Él usará la prueba que estás pasando —con todo lo
mala, injusta y despiadada que sea—, en su providencia y expertas manos,
para llevarte al lugar más profundo de su corazón, a un lugar de mayor
dependencia y confianza, un lugar donde seas más refinado y conformado
a la semejanza de Cristo.

En verdad, bastante bueno.

Reflexiona en la cruz y en sus implicaciones para aquellos que sufren
las consecuencias más espantosas de la vida en un mundo caído. Sin lugar a
dudas, esta es la injusticia más atroz cometida en el universo. ¿Quién podría
haber planeado el calvario? ¿Quién podría haber visto un buen resultado
de semejante atrocidad? Solo el Dios que había orquestado toda la historia
y podía ver más allá, a la resurrección.

Y Él es el mismo que mide el alcance de tu dolor e injusticia, que
monitorea de cerca la profundidad, la duración y la altura de cada prueba
que soportas y que no permitirá que atravieses una sola circunstancia que
estorbe o haga fracasar su plan amoroso y eterno para tu vida.

Si el azote de la cruz no pudo impedir que Dios cumpla el plan que
tenía para su hijo, ¿cómo podría cualquier adversidad de tu vida vencer su
deseo y capacidad de cumplir el plan que Él tiene para ti?

*Por cada cosa de tu vida que hoy parece mala o grave, hay un Dios que "todo lo
hizo hermoso en su tiempo" (Ec. 3:11). Confía en Él.*

Inclina tu cabeza

Yo pongo mi vida, para volverla a tomar. Nadie me la quita,
sino que yo de mí mismo la pongo (Jn. 10:17-18).

EL RELATO DE JUAN SOBRE LA CRUCIFIXIÓN ofrece importantes detalles que no se incluyen en los otros Evangelios. Se nos dice que después que Jesús bebió vinagre "habiendo inclinado la cabeza, entregó el espíritu" (Jn. 19:30). No se desplomó. En ese momento final de su vida, ejecutó un último acto poderoso y volitivo. Eligió el camino de la sumisión para que tú y yo pudiéramos heredar la vida eterna.

Inclinó su cabeza.

Y así como la sumisión de Cristo lo llevó a una cruz, nuestra sumisión también nos llevará a una cruz. Cada vez que decididamente "inclinamos nuestra cabeza" en sumisión a la voluntad de Dios, nuestra carne es crucificada y Cristo es exaltado como Señor.

Cada vez que nuestra carne quiere mirar ese programa obsceno. Cada vez que queremos estallar de ira. Cada vez que queremos criticar a alguien. Cada vez que sentimos la tentación a quejarnos por nuestras circunstancias. Cada vez que queremos sublevarnos contra una autoridad que consideramos irracional. Cada vez que queremos decir algo que nos haga quedar bien. Cada vez que queremos entregarnos a las fantasías sexuales. Cada vez que queremos comer en exceso. Cada vez que queremos acumular recursos financieros por temor. Cada vez que queremos ocultar la verdad para proteger nuestra reputación...

Cada vez que inclinamos nuestra cabeza en aceptación y sumisión a la voluntad de Dios, estamos aceptando la cruz. Estamos manifestando al mundo el corazón de Cristo, que inclinó su cabeza ante la voluntad del Padre.

¿De qué manera cambiaría el resto de este día para ti si te decidieras a "inclinar tu cabeza"? ¿Qué podría significar ceder o dejarlo pasar?

_____

_____

_____

_____

_____

_____

_____

_____

_____

A la luz

Porque nada hay encubierto, que no haya de descubrirse;
ni oculto, que no haya de saberse (Lc. 12:2).

 UNA VEZ, ESTABA EN UN GRUPO en el que todos debían contar algo de su vida que nadie del grupo sabía. Yo conté que solía tocar el violoncelo en la escuela secundaria. Totalmente verdad. Algo que nadie más sabía.

Desde luego que solo revelamos cosas de nuestra vida que no nos importa que nadie más sepa. Todos tenemos parte de nuestra historia que no revelaríamos en un círculo.

¿Hay algo de tu vida pasada o presente que los demás no conocen? Tal vez sea un hijo que ha elegido un estilo de vida desviado y destructivo. Tal vez sea una lucha personal con el pecado o una delicada situación financiera. ¿Cuál es el área de tu vida que quieres mantener oculta para que nadie más vea?

Es verdad, hay momentos y entornos apropiados para contar algunas de estas cosas. Estos no son temas casuales de conversación. Pero me viene a la mente la mujer junto al pozo que quería mantener su sórdido pasado (y presente) oculto de Jesús. Para poder recibir el "agua viva" que Jesús quería darle (Jn. 4:10), ella tenía que estar dispuesta a que Él supiera todo.

Si anhelas que Cristo satisfaga tu sed, tú también debes estar dispuesto a exponerte a la luz y abrir ese lugar escondido de tu corazón.

Al humillarnos delante de Dios y, según sea necesario, delante de otros, recibiremos una infusión de su gracia restauradora, sanadora y facilitadora. Él no solo redimirá esos puntos quebrados de nuestra vida, sino que hablará a través de nosotros a otros, para revelar a un Salvador que puede transformar sus vidas también.

¿Hay algo que debas exponer a la luz? Comienza por decírselo al Señor. Luego pregúntale si debes decírselo también a otra persona para poder tener una conciencia limpia, para ser libre de la esclavitud del secreto o para animar a otra persona que podría necesitar exponerse a la luz.

¿Te has convertido en Mesala?

Bienaventurados los pacificadores, porque ellos serán
llamados hijos de Dios (Mt. 5:9).

"ES COMO SI TE HUBIERAS CONVERTIDO EN MESALA". Si has visto la clásica película *Ben-Hur*, recordarás esas agudas palabras de Ester, el amor de la niñez de Judá Ben-Hur, después de escuchar su deseo de venganza hacia su, una vez inseparable, amigo Mesala, quien lo había traicionado y delatado a los romanos. Falsamente acusado de atacar al centurión romano, Judá vio confiscar el hogar y las posesiones de su familia. Su madre y su hermana fueron encarceladas en una celda subterránea donde ambas contrajeron lepra. Él mismo había sido azotado como un galeote en el interior de una galera romana antes de escapar y finalmente regresar a su hogar en ruinas.

El mismo día que pasó esto, Ester había quedado muy conmovida al escuchar las enseñanzas de un hombre llamado Jesús en la ladera de un monte cercano. Ella le imploró a Judá que respondiera de otra manera —la manera de Jesús— a su enojo y su odio. Cuando él se burla de su pedido de que tomara la decisión radical de perdonar y amar a su enemigo, ella le responde llorando: "¡Era a Judá Ben-Hur al que amaba! ¿Qué pasó con él? Ahora te pareces a aquel que te has propuesto destruir... *Es como si te hubieras convertido en Mesala*".

Medita en esto por un momento. Si hace tiempo que luchas para poder perdonar una ofensa que han cometido contra ti, ¿es posible que inconscientemente hayas llegado a ser como aquel que te ofendió?

Dios quiere, en cambio, que seas como su Hijo; que estés lleno de su Espíritu y manifiestes sus actitudes y características, y expreses el corazón misericordioso de tu Padre celestial.

La falta de perdón te convertirá en una persona diferente, alguien que nunca quisiste ser y manifestarás el espíritu, las actitudes y las características que detestas en otros. Solo a través del perdón puedes llegar a ser la clase de persona que Dios creó y redimió.

¿Por qué dar a otros el poder de hacer de ti una persona que no quieres ser?
¿Seguirás permitiendo que lo que ellos te hicieron determine tu actitud y tus
reacciones?

El alto costo de la queja

*Ni tentemos al Señor, como también algunos de ellos le tentaron, y
perecieron por las serpientes. Ni murmuréis, como algunos de ellos
murmuraron, y perecieron por el destructor (1 Co. 10:9-10).*

SEGÚN LOS PRIMEROS CAPÍTULOS DE NÚMEROS, más de seiscientos mil
hombres salieron de Egipto durante el éxodo. Sumado a las esposas
podemos fácilmente estimar que al menos un millón de adultos fueron testigos de la liberación de la esclavitud egipcia. Sin embargo,
unos cuarenta años después, un nuevo censo (Nm. 26) reveló que de los
hebreos originales, solo unos pocos sobrevivieron a los años de desierto para
entrar a la tierra prometida.

En realidad, tres.

Y algo de lo que les sucedió a todo el resto —con un promedio de *setenta
funerales* por día durante sus cuarenta largos años errantes en el desierto— es
un "ejemplo", que ha sido "[escrito] para amonestarnos a nosotros" (1 Co.
10:11) y para que no repitamos sus errores.

Algunos de sus pecados fueron obvios y evidentes: idolatría, inmoralidad sexual y un incesante deseo de maldad. Pero además de estas horribles
iniquidades hubo otro patrón de pecado digno de mencionar, y no menos
mortal: la murmuración y la queja.

Sí, uno de los males por los que "perecieron" los israelitas, e impidió que
toda una generación entrara a la tierra prometida, fue el flagelo del descontento; querer algo que Dios no les había dado, aunque les había dado mucho:
libertad, liberación, demostraciones repetitivas de su presencia y poder.

Pablo insistió en que prestemos atención a esto, a fin de evitar que la
misma enfermedad infecte nuestro corazón con sus propiedades mortales.
Porque Dios ha prometido darnos "la salida" (v. 13) si nos encomendamos
a Él para ser libres de la queja.

*¿Acaso se ha deslizado el descontento en tus pensamientos, en tus palabras y en
tus respuestas habituales a la vida? ¿Qué ha comenzado a "perecer" en ti debido
a esto?*

Una intercepción en la cuesta

*En el camino de la justicia está la vida; y en sus
caminos no hay muerte (Pr. 12:28).*

ES SORPRENDENTE CON CUÁNTA FACILIDAD puede deslizarse la ingratitud en el patrón de nuestros hábitos. Pero en realidad no debería ser ninguna sorpresa, porque la ingratitud es la raíz principal de la cual crecen muchísimos otros pecados. Si no la arrancamos de raíz, le ofrecemos a Satanás un lote amplio y vacío sobre el cual levantar su pequeño taller de horrores en nuestro corazón.

¿Piensas que estoy exagerando un poco? Pues bien, cuando piensas en el primer capítulo de Romanos, ¿qué se te viene a la mente? Puede que recuerdes cómo habla Pablo de la "ira de Dios" revelada "contra toda impiedad e injusticia de los hombres" (v. 18). Estos ejemplos incluyen "toda" clase de injusticias, como "homicidios, contiendas, engaños y malignidades" (v. 29); así como una multitud de otros pecados, incluida la perversión homosexual y su aceptación y aprobación en nuestra cultura, casi todo lo horrible que te puedas imaginar.

Pero ¿cuál es el punto de partida en este amplio surtido de actividades viles? ¿Qué hizo que las personas y las civilizaciones iniciaran este camino hacia pecados aún más graves? La respuesta se encuentra en el versículo 21: "Pues habiendo conocido a Dios, no le glorificaron como a Dios, *ni le dieron gracias*". Este problema de la ingratitud, insignificante e inocuo, resulta ser la fuente de numerosos otros males que Pablo enumera en este capítulo.

Realmente hay infinidad de otros males que pueden crecer de la raíz de la ingratitud. Cuando sucumbimos ante la queja, la murmuración y el rezongo, iniciamos el camino de una cuesta destructiva que nos lleva a profundidades en las que nunca nos hubiéramos imaginado estar. Sin duda, la ingratitud es nuestro primer paso lejos de Dios.

¿Puedes identificar algunos pecados recurrentes en tu vida asociados con la falta de gratitud? ¿Cómo podría ayudarte a vencer este pecado en particular tener un corazón agradecido?

_____

_____

_____

_____

_____

_____

Llanto de victoria

Porque así dijo el Alto y Sublime, el que habita la eternidad, y cuyo nombre es el Santo: Yo habito en la altura y la santidad, y con el quebrantado y humilde de espíritu, para hacer vivir el espíritu de los humildes, y para vivificar el corazón de los quebrantados (Is. 57:15).

 CUANDO ENSEÑO SOBRE EL TEMA DEL QUEBRANTAMIENTO, a menudo pregunto para finalizar: "¿Cuántos de ustedes saben que hay un paso de quebrantamiento que Dios quiere que den, pero tienen una batalla interior, y el orgullo les está impidiendo dar ese paso?". Regularmente, se levantan muchas manos en el auditorio.

En ese momento, les digo lo mismo que quiero decirte hoy a ti: *La batalla interior cesará en el momento que agites la bandera blanca de rendición y digas: "Sí, Señor".* De la misma manera, cuanto más te demores, cuanto más te resistas, más difícil será humillarte y obedecer a Dios.

¿Hay una batalla en tu corazón? ¿Te está impidiendo el orgullo o el temor hacer algo que Dios quiere que hagas? Tal vez haya un pecado secreto que debes sacar a la luz y confesar; tal vez necesites acercarte a un miembro de tu familia con el que estás distanciado… o quizás haya algo que Él te está inquietando a revelar… o un problema que Él quiere que le cuentes a otro cristiano para que te supervise y ore por ti…

Sea lo que sea; por favor, no demores otro día. Si quieres avivar tu corazón y tu relación con Dios, enfrenta sin rodeos todo aquello que tu orgullo te está diciendo que no hagas *(¿qué pensarán los demás?).* ¡Humíllate, da un paso de fe y obedece a Dios! Cuando des ese primer paso, el orgullo será aplastado y Él te dará la gracia para dar el paso siguiente.

No puedes imaginar el gozo que te espera del otro lado del verdadero quebrantamiento; el poder de su resurrección que se liberará a través de la muerte de tu yo, la entereza que nacerá de tu quebrantamiento. Lo mejor de todo es que otros verán, magnificarán, amarán y adorarán a Cristo.

¿Has estado "negociando" con Dios en relación a un paso de humillación y quebrantamiento que debes dar? Su Espíritu no te está inquietando para lastimarte, sino para ayudarte y sanarte.

Ir contra la corriente

Porque todo el que quiera salvar su vida, la perderá; y todo el que pierda su vida por causa de mí, la hallará (Mt. 16:25).

 CUANDO AMY CARMICHAEL VIAJÓ A LA INDIA en 1895 era una mujer soltera de veintiocho años. Allí descubrió que una infinidad de niñas y mujeres jóvenes —incluso bebés— eran tomadas cautivas y vendidas bajo la tutela de los padres de la religión hindú, que las criaban para que fueran prostitutas del templo. Le dolió el corazón ver eso. Y se quedó allí durante cincuenta y cinco años. Sin vacaciones. Junto a su pequeño grupo de colaboradores rescataban a las niñas, una a la vez, de los templos en los que estaban cautivas. Era un trabajo difícil y peligroso. Ella tenía que mantenerse firme ante las perspectivas religiosas y culturales que estaban firmemente enraizadas en siglos de tradición y superstición. Pero vio una necesidad. Escuchó el llamado del Señor. Y siguió adelante contra la corriente.

Cuando considero su vida sacrificial, pienso en el salmón que nada contra la corriente para depositar los huevos que contienen su cría. El recorrido puede dejarlo ensangrentado y golpeado por las rocas y otros obstáculos que enfrentó en el camino. Pero está determinado a dar a luz, dar vida. Entonces, una vez que cumple su misión, muere.

Te preguntarás *¿quién elegiría ese camino?* Pues es una gran ilustración del corazón de Cristo: que fue contra la corriente, golpeado y ensangrentado de camino a dar vida espiritual, aun a costa de su propia vida física.

Igual que Amy Carmichael, a nosotros, sus seguidores, se nos ha encomendado la tarea de rescatar a aquellos que el enemigo ha tomado cautivos. Puede ser un trabajo difícil y peligroso. Una batalla tortuosa. Es ir contra la corriente.

Pero ¿acaso Cristo no lo merece? Y ¿acaso las almas que Él redimió al morir no lo merecen? Es muy costoso entregar la vida por otros; pero cualquier sacrificio que hagamos en esta vida, sin duda, redundará en gran beneficio para la vida venidera.

¿Puedes ver cómo las tinieblas consumen el corazón y la vida de las personas que te rodean? Empieza a orar para que Él te muestre cómo alcanzar a aquellos que Él ha colocado en tu camino.

Decir la verdad

Por lo cual, desechando la mentira, hablad verdad cada uno con su prójimo; porque somos miembros los unos de los otros (Ef. 4:25).

 NO SIEMPRE ME HE MANEJADO CON LA VERDAD. Como una joven soltera que quería causar buena impresión en los demás, a veces "exageraba" la verdad (es decir, mentía). De hecho, con el tiempo, esto llegó a convertirse en un patrón en mi vida; un patrón que era incapaz de vencer.

Todavía puedo recordar lo mal que me sentí hace muchos años bajo la fuerte convicción del Espíritu en un servicio de mi iglesia. Había mentido en una cantidad de informes semanales que debía entregar en el departamento de música de mi universidad, y sabía que si quería estar bien con Dios, tenía que volver atrás y rectificarme.

Al mismo tiempo, también sentí que el Espíritu me exhortaba revelar esta fortaleza de mi vida a dos creyentes maduras y a pedirles que oraran por mí. Fue una de las cosas más difíciles que alguna vez tuve que hacer. Pero para mi gozo y asombro, tan pronto como me propuse humillarme delante de Dios y de otras personas, la influencia oculta del engaño en mi vida se cortó, y fui libre.

Aunque muchas veces parece que las personas que mienten prosperan, Proverbios dice que "el testigo falso no quedará sin castigo, y el que habla mentiras no escapará" (19:5). Además, aquellos que engañan no permanecen, pero el efecto de la verdad permanece para siempre (12:19).

Debido a mi deseo de ser totalmente veraz en mis palabras, hice el siguiente compromiso durante todos esos años: (1) decir la verdad a todos, en cualquier situación, cualquiera que sea el costo, y (2) cada vez que no digo la verdad, volver atrás y rectificarme. En ocasiones, a lo largo de los años, he tenido que confesar, tanto en público como en privado, no haber dicho la verdad. Pero como resultado, he experimentado la libertad y el gozo de tener una conciencia limpia delante Dios y de otras personas, y decir la verdad ha llegado a ser una pasión profundamente enraizada en el patrón de mi vida, ¡por lo cual alabo a Dios!

¿Has propuesto en tu corazón decir la verdad a todos en cualquier situación? Esta es una manera de que nuestra vida muestre al mundo que Cristo es la verdad.

Canta en la penumbra

*Y cuando hubieron cantado el himno, salieron
al monte de los Olivos (Mt. 26:30*

SABEMOS POR LA TRADICIÓN HEBREA, que los Salmos 113-118 (conocidos como el *Hallel*) se cantaban tradicionalmente en las fiestas judías nacionales, tales como la pascua. Vuelve a leer esas páginas de los Salmos y no tendrás que esforzarte para notar el tema predominante de triunfo, alabanza y liberación. "No a nosotros, oh Jehová, no a nosotros, sino a tu nombre da gloria" (115:1). "Pues tú has librado mi alma de la muerte, mis ojos de lágrimas, y mis pies de resbalar" (116:8). "Alabad a Jehová, porque él es bueno" (118:29).

Pero imagina ahora que no estás cantando estos salmos para celebrar el espectacular rescate de Dios, al ver las aguas del Mar Rojo, todavía espumantes, volver a juntarse delante de ti sin poder creerlo. Imagina que, en cambio, estás cantando estos salmos como es probable que Jesús los estuviera cantando: en la tenue luz del aposento alto, apenas instantes antes de tu captura y arresto violento, apenas horas antes de tu juicio, tortura y muerte.

Poder cantar un himno de alabanza en ese momento: eso es paz mental. Eso es "bendita seguridad". Eso es reconocer que tu Padre es sabio y bueno y que es digno de toda tu confianza. Es negarse a tener en cuenta tus sentimientos en tus decisiones de fe. Es valorar su gran plan redentor por sobre tu propia comodidad y seguridad. Y es decidirse a ver rastros de vida, esperanza y gloria, y gozarse en las mismas situaciones donde la mayoría puede ver solo temor, duda, ansiedad y autocompasión.

Pero eso es lo que su amor sufrido nos ha dado el derecho a experimentar. Debido al sacrificio de Cristo, el mismo himno que iluminó la sombra de la cruz puede proyectar la luz de su paz a la habitación en la que hoy te encuentras. El reposo del corazón de Cristo puede ser música para tu alma deprimida y preocupada.

¿Qué clase de circunstancias es probable que te provoquen estrés y te quiten la paz? ¿Cuáles son las primeras señales que muestran que has cruzado la línea del temor y el pánico?

El silencio habla

Como cordero fue llevado al matadero; y como oveja delante de sus trasquiladores, enmudeció, y no abrió su boca (Is. 53:7).

DE TODAS LAS COSAS QUE SABEMOS que Jesús dijo a lo largo de su ministerio terrenal, aprendemos una de nuestras lecciones más importantes de lo que *no dijo*. Ridiculizado y ensangrentado delante de sus acusadores, con evidencias más que suficientes para refutar cada acusación injusta hecha en su contra, la autodefensa de Jesús a lo largo de cada una de sus pruebas se caracterizó marcadamente por su extraordinario silencio.

Sí, el silencio: una respuesta que tiene un marcado contraste con nuestras reacciones típicas. Es sabio sentarnos a meditar por qué somos tan poco cristianos en la manera en que a menudo reaccionamos ante la amenaza, el reto o la exigencia a rendir cuentas por nuestras acciones.

Estoy convencida de que el silencio de Jesús no fue motivado por un simple estoicismo o para guardar la compostura. Ni fue porque estaba resentido y enojado, deprimido y desahuciado. Creo que el silencio que "escuchamos" de Jesús viene de su sentido de absoluta y plácida sumisión a la voluntad del Padre; una fortaleza que nosotros también podemos tener en medio de nuestras propias pruebas y circunstancias injustas.

Igual que Jesús, no seríamos tan propensos a contraatacar a aquellos que nos malinterpretan y nos calumnian si tuviéramos la confianza de que Dios todavía está en su trono y que nada ni nadie puede impedir sus propósitos eternos. No levantaríamos un dedo acusador hacia el Padre si ya le hubiéramos entregado nuestras preocupaciones y hubiéramos optado por una firme confianza en su voluntad y sus planes.

Desde luego, hay momentos en los que es adecuado (y cristiano) hablar frente a la injusticia y la oposición. Pero cuando tú estás seguro de quién eres y a quién perteneces y de la sabiduría, bondad y amor de Cristo, no tienes que hablar mucho. Puedes dejar que tu propio silencio refleje el corazón y el espíritu de Jesús.

¿Estás enfrentando una situación en la que tu inclinación natural es defenderte a ti mismo verbalmente o dar una dura y apresurada réplica? Pídele al Espíritu Santo que reine en tu lengua y tu corazón. Y recuerda que a veces el silencio es más poderoso que las palabras.

Bendición por maldición

Bendecid a los que os persiguen; bendecid, y no maldigáis (Ro. 12:14).

SECUESTRADOS POR UN GRUPO TERRORISTA FILIPINO, los misioneros Gracia Burnham y su esposo, Martin, soportaron más de un año de tortura, penurias y maltrato en las regiones salvajes de una selva tropical. Finalmente, ella fue liberada en una operación de rescate realizada por las fuerzas armadas nacionales. Sin embargo, Martin fue asesinado en medio del tiroteo.

Como puedes imaginar, la idea de expresar palabras llenas de gracia y bendición a sus captores, en vista de sus recuerdos y su pérdida irremediable, constituyó un reto abrumador para Gracia.

Gracia recuerda a uno de esos hombres en particular, un joven siempre malhumorado, gruñón y contencioso. Nunca sabían qué podía exacerbarlo o qué era capaz de hacer. Pero un día descubrieron que sufría de jaquecas severas (que quizás eran en parte las culpables de sus reacciones irritables). De modo que Martin empezó a ofrecerle analgésicos de su pequeña reserva de medicinas y suministros rudimentarios. "Desde ese momento en adelante —recuerda ella — mi esposo fue un amigo para él".

Una acción muy simple. Un observador atento. Una aspirina. Sin embargo, para hacer eso Martin tuvo que dejar de lado millones de razones para no preocuparse por ese hombre, ¡sino secretamente desearles a todos sus captores una severa jaqueca!

Ahora, de este lado de su horrenda prueba, Gracia mira atrás y dice: "Hasta este día, guardo un cálido recuerdo en mi corazón por ese hombre debido a lo que Martin hizo por él".

Dios puede darte un cambio total de corazón hacia aquellos que te han hecho un daño irreparable. Pero debes tomar en serio —y literal— lo que Dios espera, lo cual incluye algo que podría parecer impensado y solo es posible por su gracia: *bendecir a tus malhechores.*

¿Qué paso de bendición, positivo y dispuesto, podrías dar hoy hacia alguien que te ha hecho mucho daño?

Palabras de perdón

Y Jesús decía: Padre, perdónalos, porque no saben lo que hacen (Lc. 23:34).

 DESPUÉS DE LA LECTURA DE AYER, quiero llevarte otra vez al lugar donde se dio el ejemplo más poderoso y sacrificial de bendecir a los malhechores. Después de un horrible juicio injusto y de experimentar los rigores de una tortura extrema, el Señor Jesús cuelga desnudo de una cruz de madera y sufre un dolor atroz expuesto delante de una multitud de escarnecedores bulliciosos.

Y en esta condición de tormento inimaginable —soportando un castigo tan severo que se sabe que los soldados romanos les cortaban la lengua a sus víctimas para acallar sus fuertes maldiciones— Jesús pronuncia sus primeras palabras en la cruz. No fue un grito de odio y venganza, sino más bien...

Una oración.

Siglos antes, el profeta Isaías había dicho que el Mesías llevaría el "pecado de muchos" y "[oraría] por los transgresores" (Is. 53:12). Y aquí en la oración de Jesús, no detectamos enojo o amargura, ni súplica por su propio rescate. Frente a un horrible rechazo, injusticia y maltrato, escuchamos palabras que son aún más poderosas que la crueldad humana.

Una oración de perdón.

Esa oración fue por los soldados romanos que se reían de él y lo atormentaban. Fue por Pilatos y Herodes, cuya frialdad y cobardía lo habían sentenciado. Fue por la muchedumbre desenfrenada que gritaba "¡Crucifícale!".
Fue por sus discípulos más cercanos; en su mayor parte, ausentes en estas horas finales de su vida terrenal.

Y fue por ti. Y por mí. Lo único que nos guarda de experimentar la tormenta de la justa ira de Dios, es el hecho de que Jesús nos cubrió con el escudo de su gracia en ese día espantoso, ese día glorioso, cuando oró con un dolor hecho aún más penetrante debido a nuestros alevosos pecados: "Padre, perdónalos". Y somos perdonados.

¿Has llegado a comprender alguna vez tu parte en la crucifixión de Cristo? ¿Has experimentado el perdón que pagó al morir? Puede ser tuyo, por su asombrosa gracia.

Palabras de seguridad

Entonces Jesús le dijo: De cierto te digo que hoy estarás
conmigo en el paraíso (Lc. 23:43).

 BANDIDOS. PLURAL. El día que nuestro Señor fue clavado en la cruz para morir entre dos ladrones, la Biblia dice que ambos "lo mismo le injuriaban" (Mt. 27:44) y dejaban que su agonía y su dolor se derramara en blasfemias al que llamaban "Hijo de Dios". Y entonces, sucedió algo inexplicable. Uno de ellos de repente reprendió al otro (Lc. 23:40-41). Ya lo había escuchado bastante. Su corazón había cambiado. Pudo ver sus propios pecados por lo que eran y a este Hombre junto a él por lo que Él era. Había recibido la capacidad, aun en ese breve espacio de tiempo frente a su inminente muerte, de arrepentirse de sus muchas faltas y de clamar desesperadamente en fe y decir: "Jesús: Acuérdate de mí cuando vengas en tu reino" (v. 42).

En este relato, vemos cómo obra la gracia. Vemos la exposición de la maravilla del evangelio. Para ladrones y criminales. Para médicos y abogados. Para ti y para mí. Nosotros no elegimos a Dios; Él nos eligió a nosotros. Y por esa razón —y no por otra— podemos enfrentar la muerte con esta confianza: "De cierto te digo que hoy estarás conmigo en el paraíso".

Si te preocupa qué pasará contigo cuando mueras, esta palabra te asegura que tu destino eterno no está determinado por la vida que has vivido o por los pecados que has cometido, sino por la simple confianza en Cristo y en su gracia. Si no tienes la seguridad de que un ser amado pasará la eternidad con el Señor, esta palabra te da la esperanza de que en los últimos momentos de la vida es posible pedir y recibir misericordia.

Jesús les había dicho a sus discípulos que volvería a buscarlos para llevarlos al hogar con Él, "para que donde yo estoy, vosotros también estéis" (Jn. 14:3). Y ahora esta promesa incluía incluso a un ladrón moribundo sin una sola obra buena en su haber. El cielo es la dádiva de Dios para todos los que creen en la muerte de Cristo en la cruz y lo reciben.

¿Tienes amigos y seres amados que siguen rechazando el perdón de Cristo? Pídele
a Dios que te dé la oportunidad de contarles la gran historia del evangelio.

_____

_____

_____

_____

_____

_____

Palabras de devoción

Cuando vio Jesús a su madre, y al discípulo a quien él amaba, que estaba presente, dijo a su madre: Mujer, he ahí tu hijo. Después dijo al discípulo: He ahí tu madre. Y desde aquella hora el discípulo la recibió en su casa (Jn. 19:26-27).

SABEMOS QUE EL PROPÓSITO SUPREMO de la muerte de Jesús fue para la salvación de nuestras almas, para salvarnos de la ira de Dios que merecíamos por nuestros pecados. Y sin embargo, en su tercera declaración en la cruz, vemos que Jesús murió para darnos más que nuestra salvación eterna; murió para redimir todo lo desintegrado y disfuncional de este mundo. No solo atiende nuestras necesidades espirituales; sino que cuida también de nuestras necesidades físicas, emocionales y relacionales.

Tenemos un Salvador que cuida de nosotros; Uno que se ocupó de que alguien cuidara de su madre, Uno que todavía se ocupa de que nuestras necesidades relacionales y prácticas sean satisfechas en Él y a través de sus hijos.

La vida nos lleva por etapas y temporadas donde carecemos de la presencia de fuentes de provisión y consuelo. La historia sugiere que cuando Jesús fue crucificado, María ya había enviudado tras la temprana muerte de José. Ahora estaba siendo separada de su amado Hijo, quien debía hacerse cargo de sus necesidades.

Y sin embargo, mientras se preparaba para dejar esta tierra, Cristo se ocupó de que alguien cuidara de ella y la protegiera; no alguien de sus parientes consanguíneos, como se esperaba que fuera, sino alguien de la familia de la fe, cuyos lazos son más fuertes y duraderos.

Puede que te preocupe quién se hará cargo de ti en la vejez, si tendrás suficiente dinero para mantenerte, si tus hijos estarán a tu lado para ayudarte. Puedes estar seguro de que en Cristo, no tendrás ninguna necesidad. A través de sus hijos, nunca te faltará una verdadera "familia".

Al mirar a tu alrededor, ¿de qué quisiera Cristo que te ocupes, particularmente, en la vida de otros creyentes que necesitan lazos "familiares"?

Palabras de desamparo

Cerca de la hora novena, Jesús clamó a gran voz, diciendo: Elí, Elí, ¿lama sabactani? Esto es: Dios mío, Dios mío, ¿por qué me has desamparado? (Mt. 27:46).

 LAS PRIMERAS TRES DECLARACIONES DE CRISTO en la cruz, que hemos estado viendo en los últimos días, acontecieron a la mañana, durante la primera parte de su suplicio de todo ese día. Al medio día, oscuras tinieblas cayeron sobre la tierra. Durante las tres horas siguientes, experimentó la parte más dolorosa y difícil de su obra redentora; no solo estaba sufriendo a manos de los hombres, sino que ahora estaba sujeto a la mano de Dios.

Algunos han sugerido que, en realidad, Jesús no fue desamparado por Dios; sino que simplemente *sintió* que Dios lo había desamparado. Pero las Escrituras indican que Jesús *fue* desamparado por su Padre, que *tenía* que ser desamparado, separado de Dios, para redimirnos de nuestros pecados. La intimidad que Él siempre había disfrutado con su Padre fue interrumpida. Y experimentó todas las consecuencias y todo el peso del juicio que nosotros merecíamos por nuestros pecados.

Sabemos que "Jehová quiso quebrantarlo, sujetándole a padecimiento" (Is. 53:10) y que "al que no conoció pecado, por nosotros lo hizo pecado" (2 Co. 5:21). Cuando Jesús clamó "Dios mío, Dios mío, ¿por qué me has desamparado?", el Padre estaba imputando nuestros pecados enérgica, intencional y directamente sobre su Hijo y ejecutando nuestro juicio sobre Cristo.

Y sin embargo, aun a tal grado de santa agonía, el grito de angustia de Jesús no fue un grito de desconfianza. El rostro del Padre había sido eclipsado —sí— pero Jesús sabía que Él todavía estaba allí, a la distancia, en ese momento oscuro, no solo para ayudarle a sobrellevar ese tormento; sino satisfecho por el buen trabajo que estaba haciendo su Hijo amado.

Puede que te encuentres en el punto más bajo de tu vida. Por momentos podrías sentirte abandonado por Dios y algunas personas. Pero si crees que Cristo cargó con tus pecados, nunca estarás realmente desamparado; porque tu Salvador fue desamparado por ti.

Si tú no lo estás, es probable que haya alguien en tu vida hoy que esté tocando fondo. Háblale del Salvador que tocó fondo y ascendió.

Palabras de agonía

Después de esto, sabiendo Jesús que ya todo estaba consumado, dijo,
para que la Escritura se cumpliese: Tengo sed (Jn. 19:28).

 Dios no tiene sed. Que nuestro Señor y Salvador dijera estas palabras en la cruz solo puede significar que en verdad era totalmente hombre, y asimismo totalmente Dios. Sin embargo, aunque esta confesión de su necesidad física habla de su humanidad, también revela algo aún más profundo y más digno de respeto: Su reverencia por la Palabra de Dios.

Jesús ya había cumplido muchas profecías y predicciones concernientes a su vida y su muerte. Claro está que faltaban más, hasta que *todo* se cumpliera. Pero hasta tenía en mente esta profecía relativamente incidental —una declaración que expresaba su sed— a medida que se acercaba el final de este momento culminante.

"Mi garganta se ha enronquecido" había dicho el salmista David en una profecía mesiánica (Sal. 69:3). "En mi sed me dieron a beber vinagre" (v. 21). "Como un tiesto se secó mi vigor, y mi lengua se pegó a mi paladar" (22:15).

Jesús conocía estos versículos de las Escrituras. Estaba familiarizado con ellos. Probablemente, había estado meditando en ellos, incluso mientras luchaba con las intensas demandas de su cuerpo, la lucha por cada aliento, cada doloroso esfuerzo por respirar. Y tan resuelto estaba en cumplir completamente la Palabra de Dios concerniente a su muerte, que no pasó por alto ni siquiera este detalle menor.

¿Qué pasaría si tu propio sufrimiento fuera una oportunidad de honrar la Palabra de Dios? Cuando Él dice "echando toda vuestra ansiedad sobre él, porque él tiene cuidado de vosotros" (1 P. 5:7), ¿tienes cuidado de manejar las presiones de la vida de esta manera para que otros puedan ver el cumplimiento de las Escrituras? Cuando Él dice: "Dad gracias en todo" (1 Ts. 5:18), ¿eres consciente de que hacer eso les muestra a quienes te rodean que tú crees y honras la Palabra de Dios?

Al leer las Escrituras en los próximos días, considera si tu vida está confirmando o desacreditando la Palabra de Dios.

_____

_____

_____

_____

_____

_____

Palabras de triunfo

Cuando Jesús hubo tomado el vinagre, dijo: Consumado es (Jn. 19:30

DEPENDIENDO DE CÓMO LEEMOS el matiz de la voz de Jesús, este grito en la cruz podría interpretarse de varias maneras. Podríamos escuchar a Jesús decir: "¡Oh! Consumado es", aliviado de que toda esa pesadilla haya terminado. O, sí, "consumado es"; pero el extenso suplicio lo dejó destruido y desecho. O podría incluso tomarse como un reconocimiento de derrota, vencido por un enemigo más fuerte. Pero aquel no fue el gemido de un guerrero vencido o una víctima acabada. Aquel fue el grito de un vencedor, que anunciaba que la batalla había terminado, y que ya había cumplido su misión en la tierra. Cuando Jesús "habiendo otra vez clamado a gran voz, entregó el espíritu" (Mt. 27:50), estaba declarando que aquel era un momento de triunfo. ¡Era un grito de júbilo!

Entonces, ¿qué se había consumado? Por un lado, se habían cumplido las profecías sobre su nacimiento, vida, ministerio y sacrificio expiatorio. Además, Jesús había cumplido todo lo que se le había encomendado. La tormenta de la ira de Dios se había derramado sobre él, y ahora el plan eterno de la redención se había cumplido totalmente. Todas las figuras y sombras del antiguo pacto habían encontrado su cumplimiento en Cristo. La batalla contra el pecado y Satanás se había librado y ganado. Como se había prometido en el huerto del Edén, a cambio de un calcañar herido, el Señor Jesús había herido la cabeza de la serpiente (Gn. 3:15). Y ahora nuestro Salvador declara triunfante la victoria final: *"Consumado es"*.

Lo que nos queda ahora a los redimidos por la sangre del Salvador es celebrar la cancelación de "el acta de los decretos que había contra nosotros"; nuestra monstruosa lista de pecados que Él ha "[quitado] de en medio y [clavado] en la cruz" (Col. 2:14). Su grito de victoria es ahora nuestro, tan definitivo hoy, como cuando resonó por primera vez sobre el monte Calvario. Nosotros, también somos libres, pues "consumado es".

"Ahora, pues, ninguna condenación hay para los que están en Cristo Jesús" (Ro. 8:1). Medita en lo que significa esto para ti hoy.

Palabras de confianza

Entonces Jesús, clamando a gran voz, dijo: Padre, en tus manos encomiendo mi espíritu. Y habiendo dicho esto, expiró (Lc. 23:46).

ESTOS ÚLTIMOS SEIS DÍAS, hemos meditado en las seis horas de Cristo en la cruz; al llegar al final de su sufrimiento, mi mente regresa a la escena del Getsemaní la noche anterior. Jesús está allí, con sus discípulos soñolientos que luchan por mantenerse despiertos, mientras Él enfrenta su angustia solo. Cuando vuelve por tercera vez para despertarlos, Jesús les dice: "He aquí ha llegado la hora, y el Hijo del Hombre es entregado en manos de pecadores" (Mt. 26:45).

"En manos de pecadores…".

Qué admirable que nuestro Señor, creador de los cielos y la tierra, se ofreciera voluntariamente a caer en las altaneras y despreciables manos de su propia creación, para ser torturado, perseguido, vituperado y finalmente ejecutado. Sin embargo, allí, con su aliento final, deja en claro que no ha muerto como un mártir en manos de los hombres. Su vida —como la nuestra— está en las "manos" de Dios.

A menudo nos exasperamos por causas secundarias: esas personas, circunstancias y hechos que parecen destruir nuestra vida y hacer las cosas tan difíciles e intolerables para nosotros. Pero al fin de cuentas, no estamos en las manos de otras personas ni de sus planes malignos. No estamos en las manos de la casualidad o de las circunstancias. Como hijos de Dios, salvados por su sacrificio perfecto, nuestra vida está a salvo resguardo y cuidado de nuestro Padre celestial, y nadie puede "arrebatarnos" de esas manos (Jn. 10:28).

Encuentra hoy descanso en su seguridad. Encuentra esperanza en medio de la oposición, la oposición y la desesperación. Hay vida en esas manos. Vida eterna. Incluso en la muerte.

Jesús murió como vivió, confiando totalmente en su Padre. Piensa que tus horas finales también revelarán dónde has puesto verdaderamente tu confianza.

Llevado por los ángeles

Murió el mendigo, y fue llevado por los ángeles
al seno de Abraham (Lc. 16:22).

 LOS ÁNGELES APARECEN EN LAS ESCRITURAS más de lo que imaginas; ellos desempeñan muchos roles maravillosos en nuestras vidas como "espíritus ministradores, enviados para servicio a favor de los que serán herederos de la salvación" (He. 1:14).

Una de sus responsabilidades más reconfortantes para con nosotros me retrotrae a mis veintitantos años, cuando dirigía una colonia infantil de verano para niños de escuela primaria. Nos habíamos tomado el día libre para celebrar el día de la Independencia, y varios de los consejeros de nuestra colonia decidieron pasar el día de excursión en las montañas de Blue Ridge. Nunca olvidaré cuando me llamaron para avisarme que una de esas estudiantes universitarias —una muchacha joven— se había resbalado y había caído trágicamente cuarenta y cinco metros o más hasta morir.

Puedes imaginar nuestra angustia, no solo por esa pérdida desgarradora, sino también para tratar de explicarles a los niños al día siguiente por qué la señorita Vicki no vendría más. El Señor me trajo a la mente este pasaje del evangelio de Lucas donde Jesús habló de los ángeles que llevaron a un hombre al cielo cuando murió. Les expliqué a los niños que cuando parecía que la señorita Vicki se había resbalado y caído al escalar la montaña, lo que no pudimos ver fue que Dios había enviado sus ángeles para que fueran a buscar a la señorita Vicky y la llevaran a Jesús.

Lo que podría haber parecido una ingenua ilusión para la fantasía de niños pequeños, en realidad, es una dulce realidad para cada verdadero creyente en Cristo, frente a su propia muerte y la muerte de sus seres amados y amigos. Cuando nos sobreviene el temor ante tales pensamientos e incertidumbre, debemos saber que ninguno de los hijos de Dios dejará de estar acompañado hasta la otra vida. Sus poderosos ángeles, después de servirnos, protegernos y ministrarnos fielmente en la tierra, nos escoltarán hasta la presencia de Dios para vivir con Él para siempre.

Agradece a Dios por el ministerio de sus ángeles en tu vida como creyente; de manera invisible mientras estás aquí en la tierra y hasta el viaje final a su presencia.

Diga lo que diga

*Padre mío, si es posible, pase de mí esta copa; pero no sea
como yo quiero, sino como tú (Mt. 26:39).*

 UNO DE LOS DULCES RESULTADOS de pasar tiempo con Dios en su
Palabra y en oración es que nuestra vida está sujeta a Dios y a su
voluntad. Sí, *sujeción.*
Ahora bien, soy la primera en admitir que la palabra "sujeción" no es una de las más populares en nuestra era de espíritu libre. La
idea de sujetarnos al control o a la voluntad de otro es totalmente contraria
a nuestra naturaleza humana pecadora.

Sin embargo, cuando nos convertimos en hijos de Dios, recibimos una
nueva naturaleza, una que reconoce el derecho de Dios de gobernarnos.
No obstante, aunque nuestro *espíritu* ahora quiere obedecerle, nuestra *carne*
(nuestra tendencia natural) batalla contra nuestro espíritu e insiste en querer
salirse con la suya.

En consecuencia, hay veces en que nos resentimos, nos resistimos o
huimos de lo que Dios ha traído a nuestra vida. Vemos a las personas y
las circunstancias intolerables como un problema, nos resentimos contra
la presión que imponen sobre nosotros. De esta manera, terminamos por
oponernos a Dios mismo y resistir sus decisiones soberanas y propósitos
para nuestra vida.

Pero cuando nos colocamos bajo el ministerio y el microscopio de su
Palabra, nuestra resistencia queda expuesta. Vemos la mano sabia de Dios
que está obrando para nuestro bien. Nos damos cuenta de que es insensato
tratar de "boxear" con Dios.

Ya sea que el problema sea algo catastrófico o simplemente pasajero, el
verdadero problema es básicamente: "¿Confío que Dios es sabio y bueno?
¿Me sujetaré a su mano y propósitos en mi vida?".

*¿Tienes algún problema en tu vida (grande o pequeño) donde tu carne se está
resistiendo a la voluntad de Dios? Cuando estés delante de Él, pídele que te
permita llegar a un punto de total sujeción y confianza, hasta que puedas decir:
"¡Sí Señor! Pero no sea como yo quiero, sino como tú".*

Lavados en su Palabra

En mi corazón he guardado tus dichos,
para no pecar contra ti (Sal. 119:11).

 DIOS NOS HA DADO DIVERSOS "medios de gracia" para ayudarnos en el proceso de ser "santos, porque [Él es] santo" (1 P. 1:16); actividades y provisiones que nos ayudan a recibir y experimentar su gracia santificadora y transformadora en nuestra vida. En los próximos días, quiero resaltar seis de estos "medios de gracia", que han sido particularmente significativos en mi propia vida cristiana.

La primera es *la Palabra de Dios*. Su Palabra tiene el poder no solo de protegernos del pecado, sino también de purificarnos cuando pecamos. Cuando leo las Escrituras, a menudo oro y le pido al Señor que me lave con su Palabra (Ef. 5:26), que la use para purificar mi mente, mis deseos y mi voluntad.

Además de sus propiedades purificadoras, la Palabra también tiene el poder de renovar nuestra mente, transformarnos a la imagen de Cristo e impregnarnos con la gracia de Cristo. Cuando Pablo se despide de los líderes de la iglesia de Éfeso, los encomienda "a Dios, y a *la palabra de su gracia*, que tiene poder para sobreedificaros y daros herencia con todos los santificados" (Hch 20:32).

La Palabra de Dios es un medio de gracia vital en la vida de cada creyente. Ninguno de nosotros puede resistir el ataque de la tentación y la invasión del mundo sin un consumo constante de la Palabra de Dios. Ni podemos alimentarnos en base a una dieta de búsquedas terrenales y entretenimientos profanos, y luego esperar desarrollar o mantener un corazón puro. Pero la lectura, el estudio, la memorización y la meditación de las Escrituras nos ayudarán a guardar nuestro corazón del pecado y estimular nuestro crecimiento en la gracia.

Grábalo en tu memoria: Tu progreso en la santidad nunca excederá tu relación con la santa Palabra de Dios.

¿Cómo describirías tu relación con la Palabra? ¿Qué medidas prácticas puedes tomar para que sea una influencia más constante en tu vida?

_____
_____
_____
_____
_____
_____
_____

¿Encubrir o confesar?

*El que encubre sus pecados no prosperará; mas el que los
confiesa y se aparta alcanzará misericordia (Pr. 28:13).*

 No PODEMOS PECAR CONTRA Dios y seguir adelante como si nada
hubiera pasado, sin que nuestro crecimiento espiritual se obs-
truya. No podemos prosperar espiritualmente hasta que reconozcamos con humildad nuestro pecado delante de Dios y, si
fuera necesario, delante de otras personas. Debido a esto, la confesión es un
medio de la gracia muy importante en nuestra vida.

David sabía, por su dolorosa experiencia, cómo era vivir bajo el peso
del pecado no confesado: "Mientras callé, se envejecieron mis huesos en mi
gemir todo el día. Porque de día y de noche se agravó sobre mí tu mano;
se volvió mi verdor en sequedades de verano" (Sal. 32:3-4). No fue hasta
que estuvo dispuesto a exponerse a la luz y confesar su pecado, que David
experimentó el gozo de ser perdonado y lavado una vez más.

Seguramente, sabes cómo es estar agobiado bajo la pesada carga de
una conciencia culpable, con todas sus consecuencias físicas, emocionales,
mentales y espirituales; desde luego que yo sí. Igual que David, puedes ser
libre de esa carga —hasta el último gramo— mediante la confesión de tu
pecado a Dios.

Debido al sacrificio de Cristo en la cruz por nuestros pecados, Dios está
dispuesto a cubrir con su misericordia cada pecado que estemos dispuestos a
confesar. Pero, al final, Él descubrirá todo pecado que no estemos dispuestos
a exponer a la luz.

Qué provisión maravillosa que Dios ha hecho para que apliquemos la
sangre purificadora de Jesús a nuestra conciencia manchada y recibamos
misericordia al humillarnos y confesar nuestro pecado a Dios, así como a
las personas contra las que hemos pecado y a otros que podrían ser parte
del proceso de restauración de Dios en nuestra vida: "Confesaos vuestras
ofensas unos a otros". Su Palabra dice: "orad unos por otros, para que seáis
sanados" (Stg. 5:16)… para que puedas experimentar la gracia.

 *Aprovecha ahora la oportunidad de sacar a la luz cualquier pecado que aún no
hayas confesado, de intercambiar el peso de plomo de la culpa por la libertad
liberadora de una conciencia limpia.*

La mesa del Señor

Así, pues, todas las veces que comiereis este pan, y bebiereis esta copa,
la muerte del Señor anunciáis hasta que él venga (1 Co. 11:26).

 EL TERCER MEDIO DE GRACIA en la vida de un creyente es la práctica vital y sagrada de la Santa Cena: la Cena del Señor. Participar de este tiempo de conmemoración y proclamación de la muerte de Cristo nos da una oportunidad regularmente programada —sin mencionar el incentivo poderoso— de examinarnos a nosotros mismos. Las Escrituras nos advierten "pruébese cada uno a sí mismo" antes de participar de los elementos (1 Co. 11:28), para asegurarnos de que nuestra conciencia esté limpia delante de Dios y otros, y juzgarnos a nosotros mismos para no caer bajo la mano correctiva de Dios.

Recuerdo llegar a la iglesia un domingo a la mañana y notar que celebraríamos la Santa Cena durante el servicio. Apenas había tomado asiento cuando el Señor me trajo a la mente una situación ocurrida hacía unos meses, que involucraba a uno de los miembros más antiguos de nuestra iglesia. Había manejado un asunto en particular de una manera que sentía que podría haber herido el espíritu de este hombre mayor. Y aunque nunca habíamos discutido al respecto, desde entonces, cada vez que lo veía me sentía incómoda.

Cuando empezamos a cantar en preparación para la Santa Cena, me levanté sigilosamente de mi asiento, me crucé del otro lado del santuario donde él estaba sentado y me arrodillé a su lado. Sabía que antes de poder participar libremente de los elementos, necesitaba limpiar mi conciencia con este hermano y expresarle mi pesar por lo que había hecho, así como mi deseo de arreglar cuentas con él.

La Santa Cena nos ofrece un momento sagrado para vernos como realmente somos y luego recibir la infinita misericordia de Cristo que cubre todo pecado. Experiméntala como un instrumento de la gracia.

Permite que Cristo haga su obra purificadora y restauradora al presentarte delante de Él con humildad y sinceridad. Y piensa cómo podrías experimentar una mayor medida de gracia al conmemorar a Cristo en una futura celebración de la Cena del Señor.

Sanos en el Cuerpo

Antes exhortaos los unos a los otros cada día, entre tanto que se dice: Hoy; para que ninguno de vosotros se endurezca por el engaño del pecado (He. 3:13).

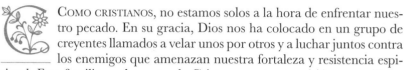 COMO CRISTIANOS, no estamos solos a la hora de enfrentar nuestro pecado. En su gracia, Dios nos ha colocado en un grupo de creyentes llamados a velar unos por otros y a luchar juntos contra los enemigos que amenazan nuestra fortaleza y resistencia espiritual. Esta familia —el cuerpo de Cristo— es otra provisión maravillosa, un medio de gracia vital, que Dios nos ha dado para ayudarnos en nuestra búsqueda de la santidad.

Por esto es tan esencial que cada creyente tenga una relación estable con una iglesia local cristocéntrica. Porque aunque cada uno de nosotros es responsable ante Dios por nuestra santidad personal, su intención nunca fue que peleáramos nuestras batallas sin ayuda de nadie.

¿Es esto admitir que somos débiles y vulnerables? Sí, lo es. Yo soy débil. Igual que tú. Y la independencia orgullosa que nos impide sacarnos la máscara y ser auténticos delante de los demás es el mismo orgullo que inevitablemente provoca que caigamos en el pecado. Humillarnos al dejar que otros entren a nuestra vida y permitirles que nos ayuden y nos supervisen disparará la gracia purificadora y transformadora de Dios en nuestro corazón. Necesitamos esta clase de ayuda de otros, y ellos necesitan nuestra ayuda también.

Y no solo los domingos. Pues el versículo de hoy de Hebreos 3 sugiere que hace falta menos de veinticuatro horas para que nuestro corazón —para cualquiera de nosotros— se endurezca por el engaño del pecado. Ninguno de nosotros puede permitirse el lujo de estar sin la supervisión diaria de nuestros hermanos y hermanas en Cristo.

Tú y yo necesitamos el apoyo de nuestra familia cristiana cada día de la semana, si queremos ser espirituales. ¿Cómo puedes sacarle provecho a este indispensable recurso en las próximas veinticuatro horas?

Medidas redentoras

El tal sea entregado a Satanás para destrucción de la carne, a fin de que el espíritu sea salvo en el día del Señor Jesús (1 Co. 5:5).

EN LOS ÚLTIMOS DÍAS, hemos estado enfocados en algunos de los diversos "medios de gracia" que Dios ha colocado en nuestra vida para ayudarnos en nuestra búsqueda de la santidad. Hemos visto la función purificadora de su Palabra, la confesión de pecados, la participación de la Cena del Señor, y el compromiso diario con otros creyentes como parte de la iglesia, el cuerpo de Cristo.

Puede que un aspecto importante de nuestra relación con su cuerpo parezca severo o intrusivo para algunos, pero en realidad es una bendición preventiva y purificadora. Estoy hablando de la práctica de la disciplina en la iglesia: destituir a supuestos creyentes impenitentes de la comunión y la protección espiritual de la iglesia. Cuando un creyente se niega a tratar con su pecado en privado, finalmente llega a ser un asunto público que requiere la participación y la intervención de otros miembros del cuerpo.

Recuerdo asistir a una iglesia que estaba ejecutando las etapas finales de la disciplina a dos miembros de su congregación. Mientras abordaban esta situación desde el púlpito, volví a recordar la seriedad de las consecuencias del pecado: el pecado de *todos*, mi pecado. Mientras la iglesia se lamentaba por el corazón endurecido e impenitente de dos de sus miembros, recuerdo llenarme de un fresco y sano temor del Señor, así como de un anhelo renovado de que Él guarde mi corazón y lo mantenga sensible y contrito.

El hecho de que tan pocas congregaciones practiquen el proceso bíblico de la disciplina en la iglesia (como se describe en 1 Co. 5, Mt. 18 y en otros pasajes) ha permitido la proliferación de toda forma habitual de pecado, inmoralidad e impiedad en la iglesia. Por desagradable que nos parezca la disciplina en la iglesia y por doloroso que sea verla, necesitamos este medio de gracia, por nuestro propio bien, por el bien de los creyentes que caen en pecado, por la pureza de todo el cuerpo y para la gloria de Dios.

¿Cómo podría el concepto de la disciplina corporativa y la exposición pública ser una bendición y un medio de gracia para el cuerpo? ¿Para aquellos que viven en flagrante indiferencia a la Palabra de Dios? ¿Para ti?

No hay beneficio, sin suplicio

Antes que fuera yo humillado, descarriado andaba; mas
ahora guardo tu palabra (Sal. 119:67).

 NADIE QUIERE INSCRIBIRSE en la escuela del sufrimiento. Pero el sufrimiento puede ser un poderoso instrumento de crecimiento espiritual; otro de los medios de gracia muy eficaz. De hecho, cabe decir que el camino de la santidad siempre conlleva sufrimiento de alguna u otra clase. No hay excepciones o atajos.

Cuando en nuestra vida todo es un lecho de rosas sin espinas, todos son días soleados sin nubes, tendemos a volvernos complacientes e indiferentes en nuestra vida espiritual y dejamos de examinarnos a nosotros mismos y confesar nuestros pecados. Pero la aflicción tiene una enérgica, casi ineludible, cualidad que elimina los rebeldes depósitos del egoísmo y la mundanalidad que pueden acumularse en el transcurso de la vida diaria.

El sufrimiento sucede por diferentes razones. A veces es la *disciplina* de Dios en respuesta a nuestro pecado, pues Él nos disciplina "para lo que nos es provechoso, para que participemos de su santidad" (He. 12:10). También podría venir en la forma de *poda*, y eliminar las ramas y tallos innecesarios o improductivos de nuestra vida para que podamos "llevar más fruto" para su gloria y para que podamos cumplir nuestro propósito en la vida (Jn. 15:2). A menudo nuestro sufrimiento es simplemente el pago inevitable asociado con vivir en un mundo caído que espera con "anhelo ardiente" nuestra liberación final de la maldición del pecado (Ro: 8:19).

Sea cual sea su causa —y a pesar de lo doloroso que sea— la aflicción sigue siendo una buena dádiva de la mano de Dios, que nos ama y disciplina a fin de purgarnos de nuestros pecados y santificar nuestro corazón. Como el apóstol exhorta: "Puesto que Cristo ha padecido por nosotros en la carne, vosotros también armaos del mismo pensamiento; pues *quien ha padecido en la carne, terminó con el pecado*" (1 P. 4:1). Y por esto vale la pena cada uno de los "medios de gracia". Incluso este.

¿Qué has aprendido en la adversidad que no podrías haber aprendido de otra manera? Agradece a Dios por el fruto que ha producido en tu vida a través del sufrimiento.

Cuidado

Mirad que nadie os engañe por medio de filosofías y huecas
sutilezas, según las tradiciones de los hombres, conforme a los
rudimentos del mundo, y no según Cristo (Col. 2:8).

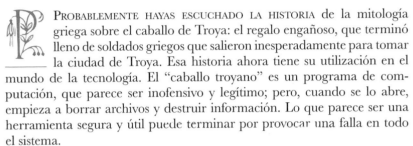

PROBABLEMENTE HAYAS ESCUCHADO LA HISTORIA de la mitología griega sobre el caballo de Troya: el regalo engañoso, que terminó lleno de soldados griegos que salieron inesperadamente para tomar la ciudad de Troya. Esa historia ahora tiene su utilización en el mundo de la tecnología. El "caballo troyano" es un programa de computación, que parece ser inofensivo y legítimo; pero, cuando se lo abre, empieza a borrar archivos y destruir información. Lo que parece ser una herramienta segura y útil puede terminar por provocar una falla en todo el sistema.

Engaño. Peligro. La infección de una unidad sana, una vez intacta y funcional. Esta amenaza aplica a más que un software informático; es una de las advertencias constantes del Nuevo Testamento, como vemos en las diversas cartas de los apóstoles a las iglesias primitivas que estaban bajo su cuidado. Ellos entendían que el potencial de que el corazón y la mente de los creyentes se vieran afectados por errores doctrinales y espirituales, no solo era grande, sino extremadamente traicionero. Sigiloso, siniestro y a menudo imperceptible para la mayoría.

Lo mismo ocurre hoy. La "infección" espiritual en la vida de un creyente o de la iglesia puede venir a través de las tradiciones, los amigos o la gota continua del sistema del mundo secular que constantemente nos presenta un "evangelio diferente" (Gá. 1:6). A Satanás no le importa cómo te engaña —si apelar a tus emociones, tu intelecto o tu profundo respeto por lo sobrenatural— siempre y cuando al final no *creas* en la verdad, no *actúes* en la verdad y no *difundas* la verdad a otros.

Por lo tanto, ten cuidado. Discierne. Sé enseñable. Arráigate a la Palabra de Dios. Acércate cada día más a Cristo. Mantente alerta. No pienses que esto no te puede pasar a ti.

¿Puedes pensar en algún ejemplo de error doctrinal o espiritual que resultan atractivos para muchos hoy? ¿Cómo puedes no solo estar alerta contra el engaño espiritual en tu propia vida sino proteger a tus hijos y a otros de su influencia?

Un paso más

Pero a vosotros los que oís, os digo: Amad a vuestros enemigos,
haced bien a los que os aborrecen; bendecid a los que os maldicen,
y orad por los que os calumnian (Lc. 6:27-28).

 MUCHAS PERSONAS CONSIDERAN el proceso del perdón completo una vez que identificaron al individuo que las hirió y le dijeron para su satisfacción personal que lo perdonaron por su pecado, que lo hicieron libre de su deuda. Pero creo que las Escrituras nos enseñan a ir más allá, como Jesús claramente nos instruye en Lucas 6: hacer algo más profundo, algo aún más sanador y más valiente.

Al pensar en aquellos que te han herido u ofendido, pregúntate si en realidad les has hecho bien, les has expresado amor, has orado por ellos... si los has bendecido.

¿O sería más sincero decir, incluso después de considerarte indulgente hacia ellos, que te has negado a mostrarles amor, te has resentido con ellos y has estado enojado con ellos? ¿Has estado hablando mal de tu ex cónyuge con tus hijos, por ejemplo? ¿Has estado tratando de evitar a ese vecino molesto o a ese compañero de trabajo que te ridiculiza por tus creencias? ¿Has estado diciendo cosas negativas de esa persona que te hizo quedar mal frente a tus amigos? ¿Te has estado vengando sutilmente de un hermano/a o cuñado/a que te ha hecho la vida imposible? ¿Le has retirado la palabra a tu cónyuge, con lo cual te has distanciado emocionalmente de él o ella en vez de insistir en la restauración de la unidad?

Sin duda, hay ciertas circunstancias en las que no sería sabio o conveniente acercarse o establecer una relación con el ofensor. Pero el proceso del perdón no está completo hasta que no permites que Dios te dé su amor por aquellos que han pecado contra ti, hasta que no estés dispuesto a ser un canal de la gracia que Él te ha concedido a ti a través de Cristo.

¿Cómo has actuado con aquel o aquellos que necesitas perdonar? Pídele a Dios que te muestre cómo dar un paso de fe y bendecirlos por amor a Cristo, como Él te ha bendecido a ti.

Listo para un cuadro

Tributad a Jehová, oh familias de los pueblos,
dad a Jehová la gloria y el poder (Sal. 96:7).

MI REFRIGERADOR SIRVE COMO TELÓN DE FONDO para las fotos de mis amigos y sus familias. Montadas en marcos de acrílico con imán en el reverso, a veces, las fotos cubren casi cada centímetro cuadrado del espacio disponible. Por curiosidad, una vez las conté y encontré casi noventa familias representadas, con la presunción de un total de unos trecientos niños (sin contar los nietos).

De vez en cuando, me detengo a contemplar el "panorama completo". Casi todos los rostros en esas fotos están sonriendo. Sin embargo, detrás de algunas de las poses casi perfectas, sé que hay algo más en cada familia. Algunas llevan la carga de una grave condición física o espiritual de un miembro de la familia. Algunas están en el proceso de reubicarse geográficamente o de hacer una transición a una nueva etapa de la vida. Algunas están soportando circunstancias profundamente dolorosas o desagradables.

Sin embargo, mientras contemplo el panorama, no puedo dejar de reconocer la maravilla y la importancia de la *familia*... para bien o para mal. Si las cosas no están bien en el hogar, cualquier otra área de la vida se ve afectada. Dios usa la dádiva y, a veces, el torno de las relaciones familiares para sacar a la luz quiénes somos en verdad, para humillarnos, para enseñarnos, para moldearnos y transformarnos, para profundizar nuestra capacidad de relacionarnos con Él y para prepararnos a nosotros y al resto de nuestra familia para nuestro Hogar final.

Al pensar en *tu* familia y en *tu* hogar, recuerda que con cada acto de servicio, cada palabra alentadora que digas, cada sacrificio que hagas, estás poniendo el fundamento, edificando un recuerdo que perdurará después que tú mueras. Lo que es más importante, estás edificando un hábitat para la presencia de Dios, un lugar donde Él sea adorado y amado y a través del cual pueda manifestarse su gloria.

A pesar de lo bien que pueda salir en las fotos, ninguna familia es "perfecta".
¿Cómo puedes ser hoy un instrumento de la gracia en tu hogar?

La vida en el campo de batalla

Porque no tenemos lucha contra sangre y carne, sino contra principados, contra potestades, contra los gobernadores de las tinieblas de este siglo, contra huestes espirituales de maldad en las regiones celestes (Ef. 6:12).

 LA PRIMERA VEZ QUE LEEMOS EN DETALLE acerca de los amalecitas, están en un ataque no provocado contra Israel (Éx. 17:8), poco después de la liberación de los israelitas de Egipto. Esta pelea sería solo la primera de una larga serie de continuas batallas que persistirían hasta los días de Ester, cuando exterminaron a los últimos descendientes de los amalecitas en Persia.

En 1 Corintios 10 leemos acerca de varios sucesos del Antiguo Testamento y nos recuerda que "estas cosas sucedieron como ejemplo para nosotros" (v. 6). Los crueles y despiadados ataques de los amalecitas a Israel son una ilustración (una figura) de la adversidad espiritual que enfrentamos hoy día. Estos antiguos enemigos nómadas del pueblo de Dios son una representación de las fuerzas del mal (el mundo, la carne y el diablo), que siguen lanzando sus ataques contra nosotros; a menudo no provocados, imprevistos e implacables.

Estoy segura de que tú puedes dar fe de esto. Tú sigues tu camino, sin meterte en lo que no te incumbe, haces lo que piensas que Dios quiere que hagas y tratas de ser un obediente seguidor de Cristo, cuando de repente te viene un pensamiento opuesto a la voluntad y a la autoridad de Dios. Aparece un obstáculo en tu camino. Aparece una persona que te desanima y te desalienta. En ese momento, muchos sufren una derrota innecesaria, simplemente, porque ese incidente los tomó por sorpresa.

Puede que hayas escuchado decir que "la vida cristiana no es un campo de juego, sino un campo de batalla". Sí, nos sobran motivos para estar seguros de que "mayor es el que está en [nosotros], que el que está en el mundo" (1 Jn. 4:4), pero esto no nos exime de tener que pelear en la batalla. La victoria es nuestra, pero no la inmunidad.

¿De qué manera estar a la espera del ataque del enemigo puede ayudarte a estar preparado para pelear y obtener la victoria en la batalla?

Intenta orar por un cambio

*También les refirió Jesús una parábola sobre la necesidad
de orar siempre, y no desmayar (Lc. 18:1).*

 UNA MUJER QUE HACÍA VARIOS AÑOS QUE NO VEÍA se acercó a mí en
un casamiento y me dijo: "¡Tú has salvado mi matrimonio!". Me
recordó que en una ocasión me había contado una preocupación
concerniente a la condición espiritual de su esposo, y yo le había
dicho: "No es tu responsabilidad cambiar a tu esposo; es responsabilidad
de Dios. Dile a tu esposo lo que hay en tu corazón, luego haz un paso al
costado y deja que Dios haga el resto".

Durante *dieciséis largos años* ella había orado y esperado, sin ver mucha
evidencia de que Dios estuviera escuchando sus oraciones o le estuviera
respondiendo. Aunque su esposo profesaba ser cristiano, no había fruto que
indicara que tenía una genuina relación con el Señor.

Luego "inexplicablemente", dijo ella —después de todos esos años— el
Espíritu encendió una luz y produjo un cambio drástico en su esposo. Fue
como si hubiera salido de un estado de coma. De repente, no se saciaba
de leer la Palabra. Empezó a llevar un anotador con él para escribir lo que
estaba aprendiendo de la lectura de la Biblia. Y hasta empezó a hablar de
vender su empresa para dedicarle más tiempo al ministerio.

"En el pasado —dijo la mujer—, apenas podía sacarlo de la cama para
el desayuno. ¡Ahora asiste a reuniones de oración para hombres a las 6:30
de la mañana cada día! No hay explicación humana para el cambio de este
esposo, excepto por un Dios fiel y una esposa perseverante que decidió orar
en vez de atosigarlo y provocarlo.

¿Te sientes tentado a "desanimarte" sobre una situación por la que has
estado orando por años? ¡No dejes de orar! El resultado podría no ser idén-
tico en tu vida. Pero el mismo Dios que sostuvo a esta mujer e intervino en
la vida de su esposo, a su manera y a su tiempo, puede obrar para tu bien y
para glorificarse en tu circunstancia más "imposible".

*¿Quiénes te preocupan más de aquellos que te rodean con respecto a su apertura o
interés espiritual? ¿Con cuanta insistencia has estado orando por ellos?*

Exposición extrema

De oídas te había oído; mas ahora mis ojos te ven. Por tanto me aborrezco, y me arrepiento en polvo y ceniza (Job 42:5-6).

Cuanto más nos acercamos a Dios, más nos vemos tal cual somos. Cuando nos comparamos con los demás, siempre encontramos a alguien que nos hace sentir bien con nuestra condición. Pero cuando nos paramos delante de la luz de la santidad de Dios, nuestra vida queda totalmente expuesta. Lo que una vez podría haber parecido limpio y puro, de repente, parece sucio y manchado. La luz pura de su santidad expone los recovecos y las inconsistencias de nuestro más íntimo ser.

Job, por ejemplo, fue un hombre temeroso de Dios. Su forma de vida era irreprochable. Su sufrimiento no era el resultado de algún pecado en particular, como le recalcaban insistentemente sus amigos. Sin embargo, el sufrimiento sacó a la superficie lo que había en su corazón y expuso un nivel más profundo de depravación, que de otra manera nunca hubiera visto. Además lo llevó a tener un encuentro transformador con Dios. En consecuencia, Job dejó de ser tan solo un hombre bueno, un hombre religioso; sino un hombre quebrantado.

El profeta Isaías tuvo una experiencia similar. Deslumbrado por una visión de la santidad de Dios —una santidad tan intensa que hasta las columnas del templo tenían el sentido común de temblar—, ya no se comparaba con todas las personas depravadas que lo rodeaban. A partir de entonces, ya no actuaba en base a su fortaleza natural o su sentido de superioridad moral; sino por una profunda percepción de su propio pecado y su propia necesidad. Isaías también era un hombre quebrantado.

Conocer a Dios, vivir en su presencia y estar cautivado por la visión de su santidad es saber cuán necios y frágiles somos apartados de Él; es dejar de preocuparnos por nosotros mismos; es experimentar el poder purificador y restaurador de Cristo, quien fue quebrado en la cruz por nosotros.

¿Qué evita que el llamado al arrepentimiento y al quebrantamiento sea un mensaje deprimente? ¿Cómo podría un mayor grado de quebrantamiento en tu vida abrirte nuevos horizontes de gracia y productividad?

_____

_____

_____

_____

_____

Herbicidas

*Desechando toda inmundicia y abundancia de malicia, recibid con mansedumbre
la palabra implantada, la cual puede salvar vuestras almas (Stg. 1:21).*

LAS ESCRITURAS DESCRIBEN un doble proceso de santificación, que
implica "desechar" la antigua manera de vivir corrupta y pecadora y "recibir" la nueva vida, que es nuestra a través de Cristo.
Otra palabra para "desechar" es *mortificar*, derivada del latín, que
significa "matar" o "hacer morir". Esto implica más que eliminar cosas que
son intrínsecamente pecaminosas, sino también aislarse de influencias que
incitan pensamientos y conductas perversas.

Hubo una etapa, hace muchos años, cuando la televisión llegó a ser una
de esas influencias en mi vida. Aunque muchos considerarían que era mode-
rada en mis hábitos de mirar TV, empecé a darme cuenta de que la TV
era una "maleza" que estaba asfixiando la santidad, apagando mis sentidos
espirituales y disminuyendo mi amor y anhelo por Dios. El Espíritu estuvo
inquietando mi corazón con respecto a este asunto durante (me avergüenza
admitirlo) meses, pero me resistía a hacer algún cambio.

Un día, finalmente dije: "*Sí, Señor*", y acepté "mortificar" mi carne en
esta área. Para mí, esto significaba hacer el compromiso de no mirar TV
continuamente cuando estaba sola. El resultado fue sorprendente. Al poco
tiempo, mi amor por Dios se avivó, mi deseo de su santidad se renovó y mi
espíritu empezó a florecer una vez más.

Entiendo que esto podría parecer extremo y legalista para algunos. Y
no quiero establecer una regla absoluta a partir de una norma personal.
Pero cada vez que hice excepciones en este compromiso —como ver la
cobertura de noticias de una tragedia o crisis de gran envergadura—, descubrí cuán fácil es hacer grandes concesiones y volver a caer en antiguos
patrones que resultaron ser dañinos para mi alma. Para mí, esta es una
actividad que debo "mortificar" si quiero buscar la santidad. ¿Y tú? ¿Qué
actividades debes desechar?

*¿Por qué somos tan propensos a defender elecciones que nos llevan a estar al filo
del pecado, sin embargo, somos tan reacios a tomar decisiones radicales para
proteger nuestra mente y nuestro corazón?*

El tesoro secreto

Muéstrame, oh Jehová, tus caminos; enséñame tus sendas.
Encamíname en tu verdad, y enséñame (Sal. 25:4-5).

 UNO DE LOS MAYORES DESEOS DE MI CORAZÓN y una de mis oraciones más frecuentes año tras año es poder conocer los caminos de Dios. Conocer sus pensamientos, sus sentimientos, su corazón e incluso sus "secretos". Tener su perspectiva de este mundo, de la historia, de los sucesos de la actualidad, del futuro, del trabajo, del ministerio, de las relaciones, de mi familia, de la iglesia... de todo. Saber qué le da gozo y qué le causa tristeza. ¡Quiero conocer sus caminos!

No creo que Él me *deba* una explicación, y hay aspectos de sus caminos que seguirán ocultos para nosotros en esta vida presente (Dt. 29:29). Pero quiero saber todo lo que Dios me quiera revelar acerca de Él.

Es por esto que antes de empezar a leer la Palabra de Dios por la mañana, a menudo confieso en oración las palabras de David que se encuentran en el Salmo 25. Este salmo nos habla de la clase de hombre o de mujer a quien Dios le mostrará sus caminos: Al *humilde*: "Encaminará a los humildes por el juicio, y enseñará a los mansos su carrera" (v.9); así como al *que teme al Señor*: "Él le enseñará el camino que ha de escoger" (v.12); "la comunión íntima de Jehová es con los que le temen, y a ellos hará conocer su pacto" (v.14). Qué pensamiento increíble: que el Dios del universo nos confíe sus secretos y aspectos de su carácter y sus caminos ocultos para aquellos que no tienen temor de Él.

¿Estás ávido por conocer más del Señor? ¿Deseoso de conocer su voluntad y sus propósitos? La disposición de Dios de revelar sus secretos a sus criaturas es evidencia de su deseo de tener una íntima relación y amistad con nosotros. Acércate con humildad y reverencia, y permite que Él te muestre sus caminos.

Al menos durante los próximos días, confiesa en oración las palabras de Salmos 25:4-5 antes de comenzar con tu lectura bíblica diaria.

¿Dispuesto a cualquier cosa?

¿Por qué me llamáis, Señor, Señor, y no hacéis lo que yo digo? (Lc. 6:46).

 MUCHOS CRISTIANOS PROFESANTES toman decisiones y responden a las circunstancias de su vida, pero raras veces se preguntan: "¿Qué quiere *Dios* que haga? ¿Qué dicen las Escrituras de esto?". Pero llamarlo "Señor" significa elegir su voluntad, su Palabra y sus caminos por sobre los nuestros. No podemos llamarlo Señor y después seguir con nuestra propia vida.

Puede que digas: "Si vivo una vida de entrega como esta ¿quiere decir que terminaré por ir a servir al campo misionero? ¿O tendré que dejar mi trabajo? ¿O tendré que traer a mis padres a vivir a mi casa? ¿O tendré que vivir sola toda mi vida?". Tal vez sí. Tal vez no. En cierto sentido, realmente no importa, porque cuando dices: "Sí, Señor", recibes la gracia de hacer su voluntad —sea cual sea— ¡y el gozo de hacer su voluntad!

Rendirse a la voluntad de Dios, no a todos les parece lo mismo. Para algunos, podría ser estar felizmente casado durante medio siglo. Para otros podría ser permanecer fieles en un matrimonio difícil con un incrédulo. O ser viudo y tener que criar solo a sus hijos pequeños. O *nunca* haberse casado.

Podría ser criar a muchos hijos, o pocos hijos o ningún hijo. Podría ser ganar mucho dinero y usarlo para la gloria de Dios. O tener solo para las necesidades básicas, pero estar contento con poco. Podría ser tener tu propia casa grande y bonita y usarla para bendecir y servir a otros. O podría significar vivir en un departamento de dos habitaciones en un país en desarrollo.

No importan los detalles, lo que importa es decir: "Sí, Señor" y luego hacer lo que me pida. La total entrega a Cristo como Señor significa, simplemente, someter cada detalle y dimensión de tu vida a su guía y control soberano. Y no hay un lugar más seguro ni más bendecido para estar.

Tú que lo llamas "Señor", ¿Puedes decir que estás tratando de conocer y cumplir todo lo que sabes que es verdad de su voluntad y su Palabra?

_____

_____

_____

_____

_____

_____

_____

La recompensa de un siervo

Considera los caminos de su casa, y no come el pan de balde (Pr. 31:27).

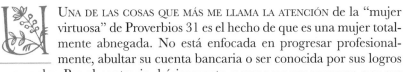 UNA DE LAS COSAS QUE MÁS ME LLAMA LA ATENCIÓN de la "mujer virtuosa" de Proverbios 31 es el hecho de que es una mujer totalmente abnegada. No está enfocada en progresar profesionalmente, abultar su cuenta bancaria o ser conocida por sus logros personales. Por el contrario, básicamente, parece no preocuparse por sus propios intereses, sino, en cambio, de suplir las necesidades prácticas de su esposo y de sus hijos así como la de otras personas de su comunidad. Podríamos estar tentados a decir que es de una casta oprimida, como se califica a muchas amas de casa de hoy. Y sin embargo, mírala otra vez. Está bien vestida, tiene suficientes alimentos para comer y disfruta de una vida bien ordenada y emocionalmente estable. No se queda de brazos cruzados preocupada por el futuro o con temor de que algo les vaya mal. En cambio, es segura y está contenta. Su esposo está loco por ella y le sigue siendo totalmente fiel. Cuando él no le recuerda que es "una en un millón" o hace alarde de ella con sus amigos, se dice que sus hijos la honran y la alaban. ¿Quién no estaría lleno de alegría con la misma recompensa?

Pero ¿cómo obtiene todos estos beneficios? No es al insistir que su esposo se arremangue y que colabore con ella con los quehaceres domésticos (¡aunque en realidad no hay nada malo con que los hombres ayuden en el hogar!), sino al elegir el camino del servicio, de hacer que las necesidades de su familia sean su máxima prioridad, solo después de su relación con Dios.

Nunca somos más semejantes a Cristo que cuando le servimos a Él y a nuestro prójimo. No hay llamado más importante que el llamado a ser un siervo.

¿Sueles pensar que los demás no te valoran, no te aprecian y no te ayudan? Si tuvieras un verdadero corazón de siervo, ¿qué pensarías en cambio?

Proyecto de restauración

Confortará mi alma (Sal. 23:3).

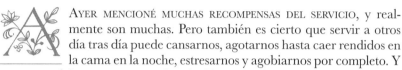 AYER MENCIONÉ MUCHAS RECOMPENSAS DEL SERVICIO, y realmente son muchas. Pero también es cierto que servir a otros día tras día puede cansarnos, agotarnos hasta caer rendidos en la cama en la noche, estresarnos y agobiarnos por completo. Y aunque podríamos pensar que la solución es dar descanso a nuestro cuerpo cansado o salir de vacaciones, probablemente todos hemos tenido la experiencia de tomarnos un tiempo de descanso solo para volver más exhaustos de cómo nos fuimos.

Por muy importante que sea el descanso físico y las vacaciones, estoy convencida de que una de las principales razones por las que luchamos por poder cumplir con el rigor de las responsabilidades diarias es que nuestro *espíritu* está rendido y nuestra *alma* necesita una restauración. Y el remedio para esto se encuentra al pasar tiempo en la presencia de Dios.

La restauración de nuestra alma es el ministerio del Buen Pastor. La palabra hebrea traducida "confortará" en el Salmo 23 es una palabra a menudo traducida como "volver" en el Antiguo Testamento. Habla del pueblo de Dios que vuelve a Dios y de Dios que vuelve a su pueblo. La palabra sugiere "volver al punto de partida". La implicancia es que Él restaura nuestra alma y la vuelve a su lugar de descanso original —en Él— por medio de su Palabra y su Espíritu. "Para que vengan de la presencia del Señor tiempos de refrigerio" (Hch. 3:19).

De modo que si en este momento estás "echando chispas", funcionando en tus propios recursos ya agotados, viendo que las exigencias más pequeñas son más de lo que puedes manejar, reaccionando a las menores molestias con frustración y enojo, alza tus ojos al cielo y pídele a Dios que restaure tu alma. Permite que Él te llene de su presencia y recibe una nueva provisión de su gracia; luego deja que Él te haga volver a servirle con gozo... de la sobreabundancia de su vida que fluye de ti.

¿Has estado descuidando el tiempo esencial que necesitas pasar a solas con Dios? Vuelve a tu Pastor, y deja que Él restaure tu alma.

¿Canicas o uvas?

*Si el grano de trigo no cae en la tierra y muere, queda solo;
pero si muere, lleva mucho fruto (Jn. 12:24).*

HACE AÑOS, CUANDO ERA UNA ESTUDIANTE UNIVERSITARIA, escuché al pastor Ray Ortlund decir: "La mayoría de las iglesias son como una bolsa de *canicas*: llena de personas endurecidas que chocan una contra la otra. En cambio, deberíamos ser como una bolsa de *uvas*: exprimidas una junto a la otra para que el jugo de su Espíritu pueda fluir a través de nosotros". La verdadera comunidad cristiana es algo que pocos creyentes experimentan, porque hace falta que cada individuo deje de pensar en sí mismo y ponga su vida por sus hermanos.

Una semilla debe caer a la tierra y *morir* para producir fruto. ¿Qué significa esta clase de "muerte" para nosotros? Significa la disposición a morir a nuestros propios intereses, a nuestra propia reputación, a nuestros propios derechos, a nuestra propia manera de hacer las cosas, a nuestra propia comodidad, conveniencia, esperanza, sueños y aspiraciones. Morir significa rendir todo. Entregar todo. Renunciar a todo.

Esto podría parecer difícil, tal vez incluso inconcebible, para nuestra mente autoprotectora, individualista, orientada a los derechos. Pero como siguió diciendo Jesús a sus discípulos en este pasaje: "El que ama su vida, la perderá; y el que aborrece su vida en este mundo, para vida eterna la guardará" (Jn. 12:25).

¿Qué estaba diciendo Jesús? La única manera de ganar tu vida es entregarla. La única manera de ganarla es perderla. Nosotros pensamos que estamos entregando muchas cosas al morir. Pero en realidad, son aquellos que no quieren morir los que entregan todo lo que realmente importa. Cuando elegimos el camino del quebrantamiento y la humildad, optamos por recibir vida nueva —su vida abundante sobrenatural— que fluya en nosotros y a través de nosotros.

¿Hay algún área de tu vida en la cual te estés aferrando a tus derechos? Según Juan 12:24-25, ¿cuál es el costo de aferrarte a tu vida y cuáles son las recompensas de rendir tu vida?

Luz en las tinieblas

La exposición de tus palabras alumbra;
hace entender a los simples (Sal. 119:130).

 ME ASOMBRO CONTINUAMENTE por el profundo manantial de la Palabra de Dios: cómo nos habla y nos enseña de manera nueva, oportuna y significativa, y a veces de manera totalmente inesperada.

Kathy Ferguson se quedó viuda de buenas a primeras sin poder explicárselo a los cuarenta y tantos años de edad, como resultado de un trágico accidente automovilístico que se cobró la vida de su esposo y pastor, Rick. La pérdida, naturalmente, fue más cruel de lo que se pueda describir con palabras, ni mencionar la pérdida de dirección que pronto empezó a invadirla mientras se atrevía a tratar de imaginar cómo sería la segunda mitad de su vida. "El atardecer —decía ella— no sería como la mañana".

Un día, varios meses después, el Espíritu le trajo a la mente esta famosa frase del Padrenuestro: "Hágase tu voluntad, como en el cielo, así también en la tierra" (Mt. 6:10). Fue como si Dios le estuviera diciendo —con su manera tierna y amorosa, en el momento en que ella estaba preparada para oírlo—: "Rick está haciendo mi voluntad en el cielo; tú vas a hacer mi voluntad en la tierra".

La voluntad de Dios para ella, en este tiempo, no sería igual a la que experimentaron con su esposo cuando recién se casaron, ni en los veinticinco años que sirvieron juntos como pastores. Pero Dios aún tenía un plan para ella. Él no la había abandonado a la soledad o a la inutilidad. Ella todavía debía buscar, encontrar, explorar y experimentar su voluntad "en la tierra".

Este es el poder de la Palabra de Dios: ministrarnos su gracia en nuestro momento de mayor necesidad, fortalecernos con su verdad y guiar y sustentar nuestro corazón en las etapas más difíciles de la vida. Cuando escuchamos su Palabra, escuchamos su voz. Y recibimos la luz que necesitamos para enfrentar otro día.

Espera que Él te hable al abrir las Escrituras hoy. Resalta una oración o frase que reconforte tu corazón.

El juego de la culpa

Así que, cada uno someta a prueba su propia obra...
porque cada uno llevará su propia carga (Gá. 6:4-5).

 HE ESCUCHADO A CIENTOS DE MUJERES hablar de su matrimonio destruido. Casi siempre, describen cómo las ofensas de su ex esposo destruyeron la relación. Pero si hago memoria, no puedo recordar más de unas cuantas ocasiones en las que una mujer haya dicho: "Yo contribuí a la ruptura de mi matrimonio con mis actitudes y respuestas equivocadas".

Infinidad de otras mujeres me han explicado las circunstancias que "provocaron" cosas como su endeudamiento, trastorno alimentario, inmoralidad o una relación distanciada con sus padres. Solo en raras ocasiones escucho que alguien asume la responsabilidad personal de sus propias decisiones, que empeoraron esos problemas en su vida.

Es por esto que cuando estamos enojados, deprimidos, amargados o temerosos, nuestra respuesta natural es transferir al menos algunas de las responsabilidades a las personas o las circunstancias que nos "hicieron" estar así.

Nunca olvidaré el día que una mujer de mediana edad vino a la plataforma para dar un testimonio durante una de nuestras conferencias de avivamiento. Se presentó como una terapeuta que había estado ejerciendo durante veintidós años. Sus palabras siguientes fueron mucho más directas y profundas: "Me quiero arrepentir delante de ti, mi Dios, y delante de ustedes, mis hermanas, por llevarlas por mal camino y mentirles, porque nunca les he dicho: 'Solo tú eres la única y personal responsable de tu propia conducta, no importa qué te haya hecho otra persona'. Lo siento".

El enemigo nos dice que si asumimos la total responsabilidad de nuestras decisiones, estaremos llenos de una culpa innecesaria. (No estoy hablando de asumir la responsabilidad de los pecados y los errores de *otros*) Pero la verdad es que solo al aceptar la responsabilidad de nuestras acciones y actitudes podemos experimentar su abundante misericordia y ser completamente libres de la culpa.

 ¿De qué problemas y dificultades en tu vida sueles culpar a otros? ¿Cómo cambiaría tu perspectiva si aceptaras tu responsabilidad y te arrepintieras de tus propias acciones y reacciones equivocadas?

El tierno oyente

Me ha enviado a vendar a los quebrantados de corazón, a publicar libertad
a los cautivos, y a los presos apertura de la cárcel (Is. 61:1).

 CASI EN CUATRO DÉCADAS DE MINISTERIO, he encontrado más dolor en el corazón y las relaciones humanas que lo que hubiera pensado. Desde el extremo de escuchar a una madre hablar del cruento asesinato de su hija adulta en manos de un acosador, a escuchar circunstancias más comunes, pero no menos dolorosas, que dejan a muchos sumidos en la traición, el maltrato, el enojo y el conflicto, mi corazón —igual que el tuyo— se duele al pensar en tanta injusticia y sufrimiento. Podemos entender la tendencia natural de los que han sido heridos de desear que sus ofensores reciban al menos una medida de lo que se merecen.

Pero si queremos ser verdaderos instrumentos de misericordia en la vida de los demás, debemos actuar en base a la verdad: la verdad de *Dios.* No podemos consentirnos unos a otros y fomentar nuestro resentimiento, al apoyar nuestra determinación de pagar con la misma moneda a aquellos que han pecado contra nosotros.

Las Escrituras dicen claramente que el costo de la falta de perdón es alto. Ninguno de nosotros puede esperar vivir en paz con Dios o experimentar su bendición en nuestra vida si no perdonamos a nuestros deudores. Hacer esto es obstruir su gracia y permitir que Satanás "gane ventaja alguna sobre nosotros" (2 Co. 2:11).

Las heridas que nos han causado nunca sanarán si permitimos que se infecten. De hecho, podrían empeorar si se infectan. Una afectuosa compasión puede dar *alivio* temporal, pero solo el verdadero perdón puede producir *consuelo* duradero, ya que Dios hace posible la reconciliación en las relaciones rotas, a la vez que restaura, redime y (finalmente) hace nuevas todas las cosas.

¿Cómo te puedes beneficiar de amigos que no solo se compadecen de tu dolor, sino que te aman lo suficiente para animarte a elegir el camino del perdón? ¿Necesitas animar de la misma manera a un amigo que ha sido herido?

Vayamos más despacio

*En lugares de delicados pastos me hará descansar; junto
a aguas de reposo me pastoreará (Sal. 23:2).*

¿HAS NOTADO ALGUNA VEZ que Jesús nunca parecía estar apurado? Nunca lo vemos ir de prisa de un lugar a otro o duplicar sus horas de trabajo por estar retrasado. Nunca lo vemos *correr* a alguna parte por tal motivo. Pero lo vemos caminar. Lo vemos sentado junto a un pozo en Samaria y sentado mientras les enseña a sus discípulos. Leemos que se sentó a la mesa y que se durmió en la parte posterior de una barca azotada por una tormenta.

Cuando pensamos en esto, vemos que la prisa no es de Cristo. Y la mayoría de las veces, la prisa es enemiga de la intimidad spiritual. Es un ritmo de vida que raras veces contribuye a la piedad, a las relaciones, al matrimonio, a algo que finalmente nos importa.

De modo que no nos sorprende —a pesar del mundo y el comportamiento frenético y acelerado que a menudo exhibimos— saber que el Señor quiere llevarnos a "delicados pastos" y "aguas de reposo" (literalmente, aguas de descanso). Porque como ovejas, no sabemos cuándo necesitamos descansar. Por nosotros mismos, seguiremos caminando hasta caer agotados. Y sin embargo, cuanto más acelerado sea nuestro ritmo de vida, menos experimentaremos verdaderamente a nuestro "pastor". Él sabe que no podemos cultivar un carácter y afectos piadosos cuando estamos constantemente corriendo, en rojo, a altas revoluciones por minuto. La intimidad con Dios (y con otros) requiere tiempo, quietud, espera y especial atención.

Por lo tanto espera que Él te lleve a esos lugares de descanso —con regularidad y constancia— no para que seas menos productivo, sino para renovar tu perspectiva, recordarte lo que realmente importa, confortar tu alma y disminuir tu pulso acelerado, así Él podrá enviarte y tú le servirás con gozo. Aunque haya comida que preparar, mandados que hacer y trabajos que realizar, hay pastos delicados y aguas de reposo a tu disposición. Permite que Él te lleve allí hoy.

*Él quiere llevarte a pastos delicados y aguas de reposo. ¿Qué podría estar
impidiendo que disfrutes ese lugar de paz interior y descanso?*

_____

_____

_____

_____

_____

La relación segura

Y te afligió, y te hizo tener hambre, y te sustentó con maná, ...
para hacerte saber que no sólo de pan vivirá el hombre, mas de
todo lo que sale de la boca de Jehová vivirá el hombre (Dt. 8:3).

 ESTOY CONVENCIDA DE QUE CADA SER HUMANO —ya sea casado o soltero, joven o viejo, rico o pobre— tiene anhelos sin cumplir. Parte del propósito de esos anhelos es ayudarnos a comprender que la máxima satisfacción y la verdadera seguridad nunca pueden encontrarse en personas, cosas o lugares. De hecho, cuando buscamos en algo o en alguien, más que en Cristo, nuestra satisfacción, nos exponemos a una desilusión segura.

Entre mis veinte y principios de mis treinta años, pasé doce años viajando y desarrollando un ministerio itinerante a tiempo completo; estaba de viaje todo el año. Mi "hogar" era el lugar donde dormía cada noche. Me encantaba lo que hacía, pero a menudo anhelaba un estilo de vida más estable y "normal" para poder echar raíces y tener un "refugio" con relaciones que no fueran a la distancia. A medida que pasaron los años, ese anhelo fue creciendo. En ocasiones, cuando me quedaba sola en la noche, en otra habitación más de hotel, lloraba de autocompasión.

Pero una y otra vez, el "amigo... más unido que un hermano" (Pr. 18:24) me venía a visitar y me recordaba su amor y la seguridad de su presencia. Entonces recordaba que Él es mi "refugio" (Sal. 90:1), y que Aquel que "no tiene dónde recostar la cabeza" (Lc. 9:58) entendía las demandas peculiares de mi estilo de vida "gitano", porque Él mismo vivió así. Pude ver que era un privilegio resignar temporalmente el cumplimiento de mis deseos, para poder seguir a Jesús y hallar realización eterna en Él.

Jesús conoce y entiende las necesidades y los anhelos más profundos de tu corazón. Aprende a dejar que esos anhelos no cumplidos te acerquen a su corazón. Y reconoce que esos anhelos, en realidad, pueden llegar a convertirse, como decía Amy Carmichael, en "material para el sacrificio": algo que puedes ofrecer a Aquel que lo dio todo por ti.

¿Lo buscarías con tanto afán si no tuvieras algunos anhelos no incumplidos?
¿Estás más decidido a lograr el cumplimiento de esos anhelos o a buscar al Único
que verdaderamente puede satisfacer tu corazón?

Dios en el banquillo

¿Hasta cuándo, Jehová? ¿Me olvidarás para siempre?
¿Hasta cuándo esconderás tu rostro de mí? (Sal. 13:1).

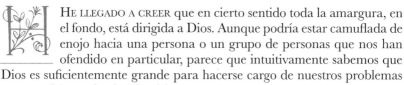 HE LLEGADO A CREER que en cierto sentido toda la amargura, en el fondo, está dirigida a Dios. Aunque podría estar camuflada de enojo hacia una persona o un grupo de personas que nos han ofendido en particular, parece que intuitivamente sabemos que Dios es suficientemente grande para hacerse cargo de nuestros problemas y que podría resolverlos si quisiera.

Experimentar esto va en contra de todo lo que nos han hecho creer de su bondad y su justicia, de todo lo que hemos retratado en nuestra mente sobre un Dios justo que al final siempre hace justicia. Pero el enojo o el resentimiento hacia Dios, creo yo, proviene de tener una perspectiva defectuosa de Él.

Por ejemplo, puede que sientas que Dios se ha escondido de ti o que tú no estás dentro de su radar: que no le importa lo que estás atravesando. Es ahí cuando necesitas aconsejar tu corazón con la verdad de su Palabra, sin importar lo que tus sentimientos te quieran hacer creer.

La verdad es que Él está atravesando eso *contigo* y *por* ti.

Me encanta la manera tierna en que Isaías describe el trato de Dios con los israelitas, aun cuando estaban cosechando las consecuencias de sus propias malas decisiones: "En toda angustia de ellos él fue angustiado" (Is. 63:9). Y en tus sufrimientos, Él también sufre.

Sí eres un hijo de Dios, ¡Él no se ha olvidado de ti! Él está contigo, no contra ti. Está en medio de tus circunstancias y tu dolor, para ayudarte, para amarte, para sufrir contigo y para que llegues a ser más dependiente de su gracia y su poder. Tu Dios está totalmente comprometido en resolver sabiamente tus dificultades y en convertir tus circunstancias más angustiosas en oportunidades que te perfeccionen y te purifiquen, para que puedas ser más útil para su servicio y Él sea exaltado a través de tu vida.

¿Qué ha revelado Dios de sí mismo —su corazón, sus caminos y sus propósitos— en su Palabra que puede tranquilizar y sustentar tu corazón en tiempos de adversidad?

_____

_____

_____

_____

_____

¿Qué tan impresionante?

Cuando Jesús salía del templo ese día, uno de sus discípulos
le dijo: "Maestro, ¡mira estos magníficos edificios! Observa las
impresionantes piedras en los muros" (Mr. 13:1 NTV).

EL TEMPLO DE HERODES todavía estaba en construcción en Jerusalén cuando Jesús pasó por delante de él en aquellos últimos días antes de su juicio y crucifixión. Y aunque no se terminaría hasta después de otros treinta años, cualquier transeúnte ya podía decir: Este templo es una maravilla arquitectónica del mundo antiguo.

¡Cuánto nos impresionan los grandes edificios, los excelentes espectáculos y las magníficas exhibiciones! Nuestro corazón se deslumbra demasiado ante las demostraciones externas del éxito, en vez de fijarnos en lo que realmente importa: la condición que yace debajo del lujo externo.

Por eso los pasajes y los hechos que preceden a este primer versículo de Marcos 13 son tan instructivos para nosotros, pues nos revelan las cosas que más le importan a Dios. Jesús acababa de definir el sello distintivo de la ley en dos puntos concisos: amor devoto por Dios y amor sacrificial por el prójimo (12:28-31). Él había reprendido a los líderes religiosos que querían "las primeras sillas en las sinagogas, y los primeros asientos en las cenas" (12:39). Y había elogiado a la viuda pobre que depositó sus últimas dos monedas en la caja de las ofrendas, con lo cual superó con sencillez las presuntuosas prácticas de las ofrendas de aquellos que eran personas pudientes, pero insolventes de espíritu (12:41-44).

Y sin embargo, a pesar de saber todas estas verdades, ¿por qué —al igual que ese discípulo locuaz del versículo 1 antes mencionado— nos sigue cautivando lo que ostenta a nuestro alrededor como "impresionante", cuando en realidad alberga hipocresía y avaricia? Y ¿por qué nos preocupamos diligentemente en mantener una apariencia externa "impresionante", a menudo, más de lo que procuramos mantener la pureza y la integridad interna de nuestro corazón?

Jesús le explicó a su discípulo que los magníficos edificios del templo que él tanto admiraba serían destruidos y que no quedaría "piedra sobre piedra" (13:2). Un recordatorio para que nos gloriemos solo en lo que es puro y duradero.

¿Qué causan en ti la mayor admiración y el mayor deslumbramiento: aquellas
cosas visiblemente impresionantes o aquellas cualidades internas que honran y
agradan al Señor?

Hijos del Señor

Pero quiero que seáis sabios para el bien, e ingenuos para el mal (Ro. 16:19).

BAJO CUALQUIER CRITERIO, tuve una educación sumamente conservadora. Lo creas o no, no recuerdo haber escuchado jamás una palabra vulgar antes de terminar la escuela secundaria. Debido a algunas decisiones premeditadas que mis padres tomaron para nuestra familia, no conocía casi ninguna de las películas o programas de televisión populares del momento.

Pero por la gracia de Dios y la influencia de mis piadosos padres, cuando empecé a estudiar en la universidad, tenía la bendición de contar con una extraña facilidad: Conocía la diferencia entre lo bueno y lo malo. Había recibido una sólida enseñanza bíblica. Había guardado extensos pasajes de las Escrituras en mi corazón, tenía un básico entendimiento de las doctrinas principales de la fe cristiana y podía cantar de memoria todas las estrofas de muchos de los himnos teológicamente valiosos.

Mucho más importante que "conocer" todas estas cosas, era la relación vital y creciente que tenía con el Señor Jesús; una relación que me sustentaría cuando estuviera sola y me motivaría a tomar decisiones que honren a Dios una vez que estuviera fuera de las paredes protectoras de mi hogar. La "fe de nuestros padres" había llegado a ser mi propia fe.

No me jacto de ninguna de estas cosas. No puedo recibir ningún mérito por ellas. Pero las cuento para recordarte que a menudo los hijos cultivarán el apetito por aquello con lo que fueron alimentados en sus primeros años de formación y por aquello que saben que constituyen los verdaderos afectos de sus padres.

Solo la gracia de Dios puede hacer que la luz continúe en el corazón de los hijos criados incluso en las familias más piadosas. Sin embargo, estoy convencida de que no se puede subestimar el valor de los hijos que crecen en un entorno donde los padres aman a Dios fervientemente y donde valoran lo que es puro, bueno y eterno.

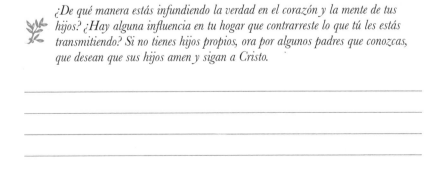

¿De qué manera estás infundiendo la verdad en el corazón y la mente de tus hijos? ¿Hay alguna influencia en tu hogar que contrarreste lo que tú les estás transmitiendo? Si no tienes hijos propios, ora por algunos padres que conozcas, que desean que sus hijos amen y sigan a Cristo.

Una persona de pocas palabras

El necio da rienda suelta a toda su ira, mas el sabio al fin la sosiega (Pr. 29:11).

 RECUERDO HABER LEÍDO acerca de un adolescente de Nueva Jersey, Brett Banfe, quien se embarcó en un voto de silencio durante todo un año. Él y sus amigos se estaban preguntando cómo sería no hablar durante todo un día, y Brett decidió extender el experimento a un año entero. Se ingenió una manera de comunicarse racionadamente con un par de dispositivos electrónicos y —suponiendo que los informes sean ciertos— *lo logró* y rompió su silencio con una cita de Shakespeare en una conferencia de prensa programada ¡(seguida por veinte minutos de discurso ininterrumpido)! Puedes estar seguro de que no fue fácil. De hecho, después de leer sobre la hazaña de Brett, decidí hacer mi propio voto de silencio durante tan solo cuarenta horas. (Estuve sola todo el tiempo, ¡aunque confieso haber hablado con mí misma un par de veces!).

Se dice que hubo un monje que ingresó a un monasterio donde solo se le permitía decir dos palabras cada diez años. Al final de los primeros diez años, exclamó: "¡Cama dura!". Después de los segundos diez años, declaró: "¡Comida mala!". Finalmente, diez años después, dijo abruptamente: "¡Yo renuncio!", a lo cual su superior respondió: "No me sorprendo. Todo lo que has hecho durante los últimos treinta años fue quejarte".

Refrenar nuestra lengua no es un reto pequeño. Solemos decir fácilmente lo que se nos viene a la cabeza, espetamos todo lo que pensamos o sentimos. Nos sentimos justificados de expresar nuestra opinión, desahogar nuestra frustración o nuestro enojo o descontento o... Pero según la Palabra de Dios, decir abruptamente cualquier cosa que se piensa o se siente es característico de un necio.

Proverbios 10 lo explica de esta manera: "En las muchas palabras no falta pecado; mas el que refrena sus labios es prudente" (v. 19). Desde luego que ningún esfuerzo es suficiente para refrenar nuestras palabras. Necesitamos la presencia poderosa del Espíritu.

Pídele al Señor hoy que ponga un "regulador" en tu lengua, y que te permita hablar solo palabras que reflejen el corazón de Cristo. Si sientes que necesitas "desahogarte", dile al Señor lo que hay en tu corazón, en vez de hablar sin pensar con otros.

Bienaventurados los mendigos

Bienaventurados los pobres en espíritu, porque de ellos es el reino de los cielos (Mt. 5:3).

 Si ALGUIEN NOS PIDE QUE DESCRIBAMOS quiénes son las personas "bendecidas", dudo que comencemos con las primeras palabras que Jesús dijo en su "sermón del monte". Pero Él vino a presentarnos una economía de bendición totalmente nueva; una manera radicalmente nueva de pensar en la vida.

El idioma griego, en el cual se escribió originalmente el Nuevo Testamento, tiene dos vocablos diferentes, que Jesús podría haber elegido para referirse a alguien "pobre". El primer vocablo sugiere a alguien que vive justo por debajo de la línea de pobreza, que siempre tiene que escatimar y privarse de cosas para sobrevivir, que de alguna manera suple sus necesidades, pero escasamente. *Este no es el vocablo que Jesús eligió.* Él usó otro vocablo, que significa "mendigo": una persona que es total y completamente indigente y que no tiene esperanza de sobrevivir a menos que alguien le extienda una mano y lo ayude.

"Bienaventurados" son los *mendigos*, dijo Jesús, los quebrados, aquellos que reconocen que son indigentes e insolventes espirituales, que saben que no tienen chance de sobrevivir a no ser por la misericordia y la gracia interviniente de Dios. En respuesta a su desesperante necesidad, Él les prodiga las riquezas de su reino.

Tú y yo nunca conoceremos la restauración de Dios ni experimentaremos la plenitud de sus bendiciones en nuestra vida, hasta que primero no conozcamos a Dios en el *quebrantamiento* y reconozcamos nuestra pobreza espiritual: que no tenemos nada y que no somos nada a no ser por Él. Nuestras familias nunca serán íntegras hasta que esposos y esposas, madres y padres y jóvenes se hayan quebrantado. Nuestras iglesias nunca serán el testimonio vivo que Dios diseñó que fueran, hasta que sus miembros —pastores y laicos por igual— hayan experimentado un verdadero quebrantamiento. Entonces —y solo entonces— vendrá la verdadera bendición.

¿Cuándo has sido más consciente de tu pobreza espiritual y de tu total dependencia de la gracia de Dios? ¿Cómo puedes mantener esa percepción aunque no estés en medio de circunstancias desesperantes?

La ayuda viene en camino

Consolaos, consolaos, pueblo mío, dice vuestro Dios. Hablad
al corazón de Jerusalén; decidle a voces que su tiempo es ya
cumplido, que su pecado es perdonado (Is. 40:1-2).

ISAÍAS 40 MARCA UN CAMBIO en el mensaje del profeta: de un mensaje de advertencia e inminencia de juicio por los pecados de la nación, a uno de consuelo, esperanza y promesas de liberación.

Al ver este cambio con la ventaja de la retrospectiva y nuestro conocimiento de la historia, todas las piezas encajan. Aproximadamente un siglo después, los babilonios irrumpirían súbitamente en Jerusalén y se llevarían cautivo al pueblo de Judá, donde permanecerían durante setenta años antes que fueran libres y se les permitiera volver a su tierra. Isaías tenía razón.

Pero para aquellos que originalmente escucharon su mensaje, ninguna otra predicción podría haberles parecido más descabellada. El reino de Israel del *norte* era el que estaba en problemas, porque había sido tomado por los asirios. Judá, el reino del sur, estaba bien. El pueblo de Judá era especial. ¿Qué les podría pasar? Sin embargo, aquí estaba Dios, hablando a través de su profeta y prometiendo consuelo a un pueblo que todavía no había sido afligido.

Qué imagen impresionante recibimos de la maravillosa providencia de Dios: su capacidad de anticiparse al futuro, de saber exactamente lo que viene y tomar medidas precautorias para proporcionarnos lo que necesitemos antes que llegue ese momento. Él no solo es un Dios que puede ayudarnos a enfrentar nuestros problemas y nuestras presiones presentes, sino Aquel que ya ha preparado el consuelo, la ayuda y las bendiciones para problemas que ni siquiera se ven en el horizonte.

Tal vez las cosas te vayan bien en este momento. ¡Dale gracias a Dios! Ten la seguridad de que sea cual sea la dificultad que podrías enfrentar más adelante, no lo tomará a Dios por sorpresa; Él ya ha planificado de antemano la provisión de tus necesidades. A través de la obra redentora de Cristo en la cruz, Él ha ido hasta donde tú no puedes ver para darte el consuelo que todavía no sabes que necesitarás.

¿Estás agotando energía emocional con temor del futuro o al tratar de imaginar tu propio plan de rescate? Tu Dios ya ha tomado medidas precautorias para darte consuelo, perdón y total liberación, tanto en el presente como en todo aquello que te acontezca en el futuro.

Estrujados por las circunstancias

Por tanto, no desmayamos… porque esta leve tribulación
momentánea produce en nosotros un cada vez más
excelente y eterno peso de gloria (2 Co. 4:16-17).

 RECUERDO HABER HABLADO HACE ALGUNOS AÑOS con una joven madre, que tenía un niño de dos años y mellizos de un año, y que suspiró al decir: "Nunca fui una persona impaciente, ¡hasta que tuve a los mellizos!".

Ella creía lo que la mayoría de nosotros ha creído en uno u otro momento: Que somos como somos porque alguien o algo nos hizo ser así. Si nuestras circunstancias fueran diferentes —nuestra educación, nuestro entorno, las personas que nos rodean— nosotros seríamos distintos. Más pacientes, más amorosos, más contentos y sería más fácil convivir con nosotros.

Pero si nuestras circunstancias nos hacen ser como somos, entonces todos somos víctimas. Y eso es justo lo que el enemigo quiere hacernos creer. Porque si somos víctimas, entonces no somos responsables; no podemos evitar ser como somos. Sin embargo, Dios dice que *somos* responsables, no de las faltas de los demás, sino de nuestras propias respuestas y nuestra propia vida.

Lo cierto es que nuestras circunstancias no nos *hacen* ser como somos; simplemente revelan lo que somos. Nos "estrujan" y fuerzan a salir lo que tenemos dentro. Como le dije delicadamente a esa madre exasperada: "La realidad es que tú *eras* una persona impaciente antes de tener mellizos. Solo que no sabías cuán impaciente eras hasta que Dios trajo algunas circunstancias en tu vida para mostrarte cómo eras realmente; ¡para que Él pudiera transformarte en alguien más semejante a Él!".

Nos han engañado y nos han hecho pensar que seríamos más felices si algunas circunstancias de nuestra vida fueran diferentes. Pero podemos confiar en que nuestro Dios soberano, en su sabiduría y su amor, llevará a cabo su plan en nuestra vida usando esas mismas circunstancias para mostrarnos nuestra necesidad y llevarnos a estar desesperados por su gracia.

 ¿Culpas a las personas, los problemas y las incertidumbres que te rodean, en
vez de aceptar tu propia responsabilidad? Pídele a Dios que te ayude a ver tu
corazón y que te lleve a un lugar de mayor dependencia de Él en medio de las
circunstancias que Él quiere usar en tu vida.

Un sano balance

Golpeo mi cuerpo, y lo pongo en servidumbre, no sea que habiendo sido heraldo para otros, yo mismo venga a ser eliminado (1 Co. 9:27).

 NATURALMENTE, A POCOS LES GUSTA LA IDEA de ser disciplinados, aunque podríamos desear los resultados positivos que produce la disciplina. Pero no hay atajos; debemos aceptar la disciplina si queremos experimentar su dulce fruto. Cristo está buscando *discípulos*; aquellos cuyo cuerpo, alma y espíritu se disciplinen a darle la espalda al mundo y seguirle a Él.

Esto incluye *disciplina física*, la cual algunos consideran relativamente poco importante, pero que necesitamos para ser eficientes en el servicio espiritual. Nunca he sido una persona muy atlética y nunca me gustó hacer ejercicio físico. Mi idea de ejercicio es leer un libro o hablar por teléfono, ¡y después ir a comer! Pero he descubierto que si no soy disciplinada en mis hábitos físicos diarios —dieta, ejercicio y descanso— me vuelvo vulnerable en otros aspectos de mi vida. Si no estoy dispuesta a ser disciplinada en los aspectos más básicos de mi cuerpo, ¿qué me hace pensar que seré disciplinada en otros aspectos, que conllevan aún mayores implicaciones y consecuencias, como la pureza sexual?

Cuando mi cuerpo no está bajo control, tampoco podré tener el control de otras cosas: mis actitudes, mi lengua, cómo uso mi tiempo y cómo trato a los demás. Por otro lado, cuando le digo no a mi cuerpo y le hago hacer lo que no quiere hacer —como ejercicio físico y moderación en mis hábitos alimentarios— experimento mayor libertad para ser una sierva de Cristo en otros asuntos.

Consentir nuestra carne hace a nuestro espíritu torpe e insensible al Espíritu de Dios. Pero cuando nos negamos a nuestra carne, desarrollamos un apetito cada vez mayor por Dios y nuestro espíritu se fortalece de manera que es más perceptivo, más sensible y está más atento a su Espíritu.

¿Cómo ves esta relación entre tu bienestar físico y tu salud espiritual? ¿Qué cosa puedes hacer hoy para darle a Dios mayor control sobre tu cuerpo?

Busquemos el verdadero amor

Y ante todo, tened entre vosotros ferviente amor; porque el
amor cubrirá multitud de pecados (1 P. 4:8).

 NANCY LINCOLN ERA UNA MUJER JOVEN "ENAMORADA", que al poco tiempo quedó embarazada, y estaba feliz por el vínculo más fuerte que pensaba que el bebé engendraría entre ella y su novio, un bohemio de Manhattan. Pero cuando la noticia no produjo el mismo efecto en él —cuando él le dio el ultimátum y le dijo: "Elige entre *eso* o yo"—, ella hizo lo que pensó que debía hacer. Optó por un aborto.

Al final, desde luego —como casi siempre sucede—, ella se quedó sin el bebé y *sin* su novio. Solo después de haber caído en un estilo de vida de fiestas y drogadicción, finalmente, buscó a su Salvador y recibió su gracia y su perdón.

Poco después de eso, contrajo matrimonio con un buen hombre que conoció en el ministerio, pero no fue capaz de contarle sobre el aborto. Él sabía que ella había tomado muchas decisiones equivocadas en su joven vida, pero ella no quería que él se enterara del aborto. Sin embargo, una noche, después de haber intentado contarle su secreto entre sollozos, finalmente, pudo hablar con él. Y oró para que comprendiera.

Pero no tuvo que esperar mucho. Él la tomó en sus brazos, le aseguró que la perdonaba y le prometió que siempre la amaría. "Fue la primera vez en mi vida —me dijo ella— que sentí amor incondicional. Fue como si él fuera Jesús encarnado en ese momento".

La necesidad de ser amados motiva a muchos a tomar decisiones desesperadas y erradas. La disposición de los hijos de Dios de demostrar su amor y su gracia puede impedirles caer y restaurarlos después de haber caído.

Tal vez *tú* eres esa persona herida; te has confesado y te has arrepentido de tu pecado, pero todavía llevas una pesada carga de vergüenza. Puede que revelarle tu secreto a un padre, tu pareja u otro creyente maduro te permita experimentar la gracia restauradora de Dios de una manera totalmente nueva.

¿Cómo puedes ser un canal de su amor y su gracia para alguien que vive con vergüenza y un profundo remordimiento por sus pecados pasados?

Adoración por amor

Por lo cual te digo que sus muchos pecados le son perdonados, porque amó mucho; mas aquel a quien se le perdona poco, poco ama (Lc. 7:47).

 ¿HAS VISTO ALGUNA VEZ A ALGUIEN adorar al Señor sin ninguna inhibición, inusualmente libre de expresar su amor por Dios? Tal vez envidias esta clase de libertad. O quizás, por otro lado, reconoces que criticas y cuestionas los motivos, así como la pertinencia de esta clase de comportamiento.

¿Por qué es tan difícil para algunos de nosotros expresar nuestro amor en la adoración? Tal vez sea porque (como dice un escritor) no queremos "dar un espectáculo" ni "hacer el ridículo". No estamos quebrantados con Dios (vertical) ni con el hombre (horizontal). El orgullo hace que levantemos barreras entre nosotros y Dios, así como entre nosotros y otros. Hace que nos preocupemos tanto por lo que pensarán los demás de nosotros, que somos prisioneros de nuestras inhibiciones.

"Pero esta es mi personalidad —alguien podría rebatir—. Soy tímido por naturaleza". A lo cual yo respondería: ¿Es realmente una cuestión de personalidad o en realidad podría ser más una cuestión de orgullo? Cuando rendimos nuestra personalidad al Espíritu Santo, Él expresa el sentir de Dios en y a través de nosotros. Ya no tenemos conciencia de nosotros mismos, sino únicamente de Dios.

La verdadera adoración empieza con nuestro *quebrantamiento* y *humillación* por lo que Dios nos revela en su Palabra, lo cual nos lleva a un genuino arrepentimiento y, a su vez, al *perdón*, la *libertad* de la culpa y la esclavitud, y entonces tenemos una mayor capacidad de amar y adorar a Dios. Y desde luego, el verdadero *amor* y la verdadera *adoración* nos llevan otra vez a un nuevo nivel de quebrantamiento, y de esta manera todo este ciclo sobrenatural sigue en funcionamiento y en marcha.

Pídele a Dios que te llene de amor por Él; un amor que fluya de una profunda conciencia de cuánto has sido perdonado, y que te permita expresarle tu gratitud en adoración auténtica y sincera.

Preparados para recibir visitas

*Manteniendo buena vuestra manera de vivir entre los gentiles; para que en
lo que murmuran de vosotros como de malhechores, glorifiquen a Dios en el
día de la visitación, al considerar vuestras buenas obras (1 P. 2:12).*

UNA FAMILIA QUE CONOCÍ —con seis hijos en la casa— hacía un
año que estaba tratando de vender su casa. A veces pasaban
semanas sin que nadie fuera a verla. Un día, de repente, el agente
inmobiliario llamó y dijo: "¿Podemos mostrar su casa en treinta
minutos?". Puedes imaginarte la carrera de locos que emprendieron para
hacer que el lugar quedara presentable.

¡En esos momentos de desesperación, mis amigos llegaron a ser expertos en transformar una casa "habitada" en un una casa de exhibición en
tiempo record! La madre aprendió a esconder la ropa sucia, los platos sucios
y varios otros artículos del hogar en lugares, que era improbable que los
posibles compradores miraran: como el secarropa o la parte trasera de la
furgoneta que estaba en el garaje.

¿Cómo te sentirías si ahora sonara el timbre de la puerta y descubrieras
que tienes una visita sorpresa de parientes lejanos? ¿Tendrías que bregar
para evitar la vergüenza? Si tú eres como yo, probablemente tengas algunos
closets y cajones que no quisieras que abran. A menos que hayas acabado
de hacer tu limpieza de primavera, es probable que esperes que tus invitados
no sean muy observadores y no vean el polvo acumulado, las vetas en las
ventanas o las telarañas en los rincones.

Si nos sentimos así con respecto a nuestra casa, ¿qué podemos decir
de nuestro *corazón*? Como cristianos, somos llamados a mantener una vida
que los extraños puedan "recorrer" en cualquier momento sin que pasemos
vergüenza, siempre "preparados para las visitas" y abiertos a la inspección.
Un compromiso con la santidad nos llama a tener una vida que, por la
gracia de Dios, pueda soportar el escrutinio inesperado —ya sea de Dios
o de otros— aun en lugares ocultos donde los extraños podrían no mirar.

*¿Están los "closets y rincones" de tu vida preparados para recibir "visitas"?
¿Cómo son tus momentos fuera de servicio, esos momentos en que no eres la
persona pública, estás a puertas cerradas y nadie (humanamente hablando) está
mirando?*

Casting de actores

Jesús le dijo: ¿No te he dicho que si crees, verás la gloria de Dios? (Jn. 11:40).

 MARTA ESCUCHÓ LA PROMESA DE JESÚS; ella quería creer. Pero hacía cuatro días que su hermano estaba muerto. ¿Cómo era posible ver la gloria de Dios en medio de una pérdida tan enorme e irreversible?

A veces los caminos de Dios en nuestra vida parecen incongruentes con lo que leemos en su Palabra. Leemos que la obediencia a Él nos hará "sobreabundar en bienes" (Dt. 28:11). Leemos que podemos cambiar el desierto en "estanques de aguas" (Sal. 107:35). Leemos que la mujer estéril "se goza en ser madre de hijos" (Sal. 113:9). Sin embargo, la historia no siempre parece ser así.

Eso se debe a que no conocemos toda la historia y pensamos que la historia solo trata acerca de nosotros. Sabemos cómo queremos que sea la historia en *nuestro* hogar y en *nuestra* vida. Pero esta es la historia que Dios está escribiendo y desarrollando —su grandiosa epopeya de la redención— y Él nos está llamando a representar un pequeño papel, a participar en la difusión de su gloria en toda la tierra.

Esto no significa que debemos simular que no nos afecta el dolor o que debemos negar la realidad de los anhelos sin cumplir. Sino que podemos persistir en fe, porque sabemos que nuestro Dios bueno, sabio y amoroso ha ideado una trama, y sabemos que nuestro papel en su historia contribuye al propósito global de revelar su gloria.

¿Vas a representar el papel que Él ha escrito para ti en su libreto? ¿Estás dispuesto a sufrir demoras, trastornos o contrariedades a causa de esto? Porque cuando se haya contado toda la historia, podrás sentarte en una butaca del teatro celestial y verás exactamente cómo el desarrollo de tu propia historia tenía total sentido y contribuyó a un plan global. Sabrás que Dios tenía un propósito deliberado para todas las cosas. Y entenderás que hubieras elegido exactamente su voluntad si hubieras sabido lo que Él sabe.

¿Qué circunstancia de las que estás enfrentando quisieras cambiar si estuvieras "escribiendo el libreto" de tu vida? Por fe, agradece a Dios porque su libreto es perfecto y porque a su manera y a su tiempo verás su gloria revelada.

Cambios de humor y de actitud

Y el mismo Dios de paz os santifique por completo; y todo vuestro ser, espíritu, alma y cuerpo, sea guardado irreprensible para la venida de nuestro Señor Jesucristo (1 Ts. 5:23).

 MI RECUERDO DE CUANDO TENÍA DOCE AÑOS es que lloraba todo el tiempo, sin razón aparente. Recuerdo que a veces era inusitadamente ultraconservadora y temperamental. Al mirar atrás, ahora entiendo mejor algunos de los cambios hormonales que estaban ocurriendo mientras me convertía en mujer. Pero también he aprendido que esos cambios no eran una excusa para el mal humor y las malas contestaciones que fue parte de mi patrón durante ese año.

Y hoy tampoco es excusa.

Como con otros aspectos de la naturaleza, Dios ha diseñado nuestro cuerpo para que pase por etapas y ciclos. Indudablemente, cada etapa de la vida tiene sus retos. Pero ¿acaso no creó Dios nuestro cuerpo? ¿No entiende Él cómo funciona? ¿Acaso lo toman por sorpresa los ciclos menstruales, las hormonas, el embarazo, la menopausia y la vejez?

Conforme voy creciendo, me sigo recordando que es inconcebible que Aquel que "[formó] mis entrañas" y "me [hizo] en el vientre de mi madre" (Sal. 139:13) no haya previsto lo que necesitaría en cada etapa de mi vida. Dios no nos garantiza una vida fácil, libre de problemas, pero ha prometido suplir todas nuestras necesidades y darnos gracia para responder a los retos y las dificultades de cada etapa de la vida.

La oración de Pablo al final de 1 Tesalonicenses no era tan solo para los creyentes del primer siglo. Es una oración para cualquiera de nosotros en nuestra batalla por no justificar nuestra conducta egoísta y falta de amor debido a nuestro cuerpo, nuestras emociones, nuestro estado de ánimo y nuestra condición. "Fiel es el que os llama, el cual también lo hará" (5:24).

¿Qué respuestas malas y carnales has estado excusando al pensar: "¡Es más fuerte que yo!"? Agradece a Dios por la gracia y el poder que Él te ha concedido para que puedas agradarle en todo sentido y en cada etapa.

Sacrificios de cualquier magnitud

Así que, hermanos, os ruego por las misericordias de Dios, que presentéis vuestros cuerpos en sacrificio vivo, santo, agradable a Dios, que es vuestro culto racional (Ro. 12:1).

 UN DESTACADO PREDICADOR sugirió que la mayoría de las personas piensan que rendirse totalmente a Cristo es el equivalente a colocar un billete de $ 1.000 sobre la mesa y decir: "Aquí está mi vida, Señor, te la entrego". Pero en realidad, dice él, es más como si Dios nos llevara al banco a cambiar nuestro billete de $ 1.000 en monedas de 25 ¢ y después nos enviara a distribuir nuestros sacrificios cada día, 25 ¢ a la vez.

Puede que Dios te esté pidiendo simplemente que sacrifiques los próximos treinta minutos para llamar a tu suegra, que es una mujer viuda muy negativa. O que sacrifiques un sábado en la tarde para ayudar a una familia vecina a empacar sus pertenencias para su mudanza. O a sacrificar tres tardes esta semana para ayudar a tu hijo con un proyecto de ciencias: 25 ¢ aquí y 25 ¢ allí.

A veces las ofrendas podrían ser más grandes: cambiar unas costosas vacaciones o una importante compra por un viaje misionero o donación en la iglesia. Y a veces el Señor podría pedirte un sacrificio, que en comparación con todos los demás parece insignificante, como por ejemplo, renunciar a tu trabajo, criar a un hijo minusválido, desprenderte de un hijo o una hija para que vaya a servir a Cristo en un país subdesarrollado.

Pero ya sea que estas ofrendas caigan en la categoría de monedas de 25 ¢ o billetes de cien dólares, los sacrificios que Dios nos pide nunca carecen de sentido. Cada uno, sea cual sea el tamaño, sirve al propósito eterno y supremo de Dios para nuestra vida y al avance de su reino. Y saber que todos son para *Él* significa que reúnen todas las condiciones para no pensar más que en su gozo y propósito; ninguno es demasiado pequeño para que no tenga sentido, ninguno es demasiado grande para no hacerlo.

¿Qué sacrificio de 25 ¢ podrías hacer para la gloria de Cristo en las próximas veinticuatro horas? ¿Hay algún sacrificio más grande que Él te haya llamado a hacer? ¿Cuál podría ser el precio de no hacerlo?

Unidos en oración

Vosotros, pues, sois el cuerpo de Cristo, y miembros
cada uno en particular (1 Co. 12:27).

LEE DETENIDAMENTE EL PADRENUESTRO (que se encuentra en Mateo 6 y Lucas 11 con leves diferencias de énfasis entre uno y otro), y notarás que no usa ni un pronombre singular; no hace mención de *mío, me* o *yo*. En cambio, encontrarás las palabras *nuestro, nos* y *nosotros*; palabras inclusivas y colectivas que indican que no se trata de una oración egocéntrica. Eso se debe a que Jesús no solo nos está enseñando cómo orar, sino cómo vivir, tanto en nuestra relación con Él como con otros.

Imagina que tienes un adolescente en tu hogar que se acerca a ti y te pide algo, un pedido que por sí solo no tiene nada de malo ni incorrecto. Pero tal vez este adolescente no es tu único hijo, y entonces no puedes responder a ese pedido de manera aislada sin considerar cómo afectará a toda la familia.

De la misma manera, cuando vamos a Dios, no solo nos estamos acercando a Él por nosotros mismos, independientemente de otros. Nos acercamos a Él como uno de muchos de sus hijos, unidos substancialmente a hermanos y hermanas de todo el mundo —de todo su reino—con quienes compartimos un Padre. *Nuestro* Padre.

De modo que cuando oramos por provisión, deberíamos ser conscientes de las necesidades de otros. Cuando oramos por perdón, deberíamos acongojarnos por los pecados de toda la iglesia y darnos cuenta de que su misericordia se extiende aun a aquellos que nosotros no tendríamos ganas de perdonar. Cuando oramos por nuestra protección espiritual, deberíamos reconocer que otros dependen de que también llevemos su causa delante del trono de Dios, donde somos uno, unidos en nuestra gran necesidad de la preservación de su poder y su gracia.

Cuando vamos a Dios en oración, no vamos solos. Eso hace de la oración un gran privilegio así como una gran responsabilidad.

¿Cómo podría esta perspectiva afectar tu manera de orar regularmente? Cuando ores hoy, en vez de usar solo el pronombre singular, trata de recordar la necesidad de incluir a todo el cuerpo, ya sea al alabar, al confesar o al pedir.

_____

_____

_____

_____

_____

Una nota de agradecimiento

*Por lo cual, ¿qué acción de gracias podremos dar a Dios
por vosotros, por todo el gozo con que nos gozamos a causa
de vosotros delante de nuestro Dios (1 Ts. 3:9).*

 JEFF, EL HIJO ADULTO DE UNOS AMIGOS, tuvo un grave accidente auto-movilístico, en el que sufrió lesiones de las cuales la gente no suele recuperarse tan fácilmente. Sin embargo, en respuesta a las fervientes oraciones de decenas de familiares y amigos, Dios intervino milagrosamente con sanidad y una pronta recuperación.

En el largo viaje desde el hospital de St. Louis hasta la casa de sus padres en Indiana, donde estarían cuidando de él mientras continuaba con su recuperación, Jeff les pidió que le contaran lo que había pasado la noche del accidente y los días posteriores. Entre lágrimas, le contaron que habían reunido apoyo de oración por teléfono mientras viajaban para estar cerca de él, que su hermana y sus dos hermanos se habían abrazado a su cuerpo sin vida y habían orado para que Dios salvara su vida, que sus amigos habían dejado todo para ir a verlo al hospital y ofrecer ayuda práctica.

Jeff los interrumpió mientras hablaban y le pidió a su padre que se desviara hasta un Wal-Mart que estaba al costado de la carretera para que le fuera a comprar tarjetas de agradecimiento, las cuales empezó a escribir en el resto del camino de regreso. Y siguió por varios días más, hasta que finalmente llegó a escribir más de cien tarjetas de agradecimiento para aquellos que habían orado por su recuperación física y —más importante aún— por su restauración espiritual.

He descubierto que expresar gratitud es un poderoso antídoto para no caer en el desánimo o "creerse con derechos". Tomarnos tiempo para escribir una nota de agradecimiento nos hace recordar cuánto hemos sido bendecidos y que estamos en deuda con el Señor y con quienes nos hayan extendido su gracia. Y para el beneficiario, una tarjeta de agradecimiento puede ser un medio maravilloso para ministrar gracia a aquellos que lo han bendecido.

Puede que nunca podamos agradecer suficientemente a todos los que han tenido que ver con nuestra salud física o espiritual. Pero, sin dudas, podemos intentarlo a partir de hoy.

¿Sientes el impulso del Espíritu de escribir una nota de agradecimiento a alguna persona en particular? Si es posible, hazlo antes que pase el día.

No sientes que has perdonado

Pues si nuestro corazón nos reprende, mayor que nuestro corazón es Dios, y él sabe todas las cosas (1 Jn. 3:20).

 MUCHAS PERSONAS, que sinceramente quieren perdonar, han aceptado mitos y falsas ideas que han hecho fracasar sus mejores intentos de perdonar. En los próximos días, me gustaría tratar de despejar cuatro obstáculos comunes que fácilmente pueden frustrarnos en nuestro camino hacia la libertad en nuestras relaciones.

Primero existe la suposición de que el *perdón* y los *buenos sentimientos* deberían ir de la mano. Puede que hayas confiado genuinamente que Dios te ayudó a perdonar a tu ofensor. Pero entonces suena el teléfono. Se acerca su cumpleaños. Surge repentinamente una situación en la que esa persona se comporta con la misma insensibilidad que en otra circunstancia similar, y tú sientes que tus emociones comienzan a avivarse otra vez.

Es entonces cuando concluyes: "Creo que no perdoné realmente, porque si lo hubiera hecho, ya no me sentiría así". Pero no podemos demostrar el perdón con nuestros sentimientos, así como tampoco podemos motivarnos o valernos de ellos para perdonar. El perdón es una decisión. Y normalmente los sentimientos no. De modo que es muy posible perdonar a alguien correctamente —como Dios manda— y todavía tener ráfagas de pensamientos que parecen contradictorios a la decisión tomada.

El perdón no es como sembrar bulbos de tulipanes, que una vez plantados no hace falta volver a pensar en ellos y que cuando llega la primavera nacen con natural hermosura y belleza. No, la vida continúa y, a veces, cuando menos lo esperas, aparecen viejos sentimientos que debes dominar y volver a sembrar. Pero eso no niega lo que has hecho. Simplemente te da una nueva oportunidad de dejar que el Señor gobierne tus emociones. Cuando no *sientes* que has perdonado, es ahí cuando simplemente puedes *persistir* en el perdón por la fe.

¿Qué te ayuda a perdonar cuando tus emociones se resisten a dar ese paso?

_____

_____

_____

_____

_____

_____

_____

_____

¿Perdonar y olvidar?

Dios estaba en Cristo reconciliando consigo al mundo, no tomándoles en cuenta a los hombres sus pecados, y nos encargó a nosotros la palabra de la reconciliación (2 Co. 5:19).

 UNA SEGUNDA IDEA FALSA, que complica nuestra capacidad de perdonar, es la que afirma que *perdonar significa olvidar*. Pero consideremos cómo Dios nos ha perdonado. ¿Cómo un Dios omnisciente puede olvidar algo? La Biblia no dice en ninguna parte que Dios se *olvida* de nuestros pecados, aunque los aleja "cuanto está lejos el oriente del occidente" (Sal. 103:12). Él simplemente ha decidido no "acordarse" de ellos (He. 10:17), no volver a traerlos a la memoria y no volver a acusarnos ni a condenarnos por ellos.

Decidir no recordarlos no es lo mismo que olvidarlos. El hecho de no haber podido *olvidar* la ofensa no significa necesariamente que no has *perdonado*.

Pero ¿por qué no hizo Dios que esto fuera más metódico? ¿No podría Él borrar esos pensamientos negativos y recuerdos dolorosos de nuestra mente? Sí, desde luego que podría. Pero no siempre decide hacerlo. Una razón es que el recuerdo de las heridas del pasado puede ofrecernos una poderosa plataforma para ministrar a otras personas heridas. Si no pudiéramos recordar qué se siente cuando los golpes del pecado y la injusticia nos hieren, ¿cómo podríamos identificarnos con el dolor que sienten las personas que nos rodean?

Esos recuerdos nos ayudan a saber cuán fácil puede ser para alguien dar lugar al enojo y al resentimiento. Nos dan la capacidad de mirar a los demás a los ojos y decirles: "Yo pasé por lo mismo. Sé que duele terriblemente. Pero también sé que su gracia es suficiente para ti".

Agradece a Dios, por supuesto, de que en su misericordia decida borrar algunas heridas de tus recuerdos. Pero agradécele también cuando te deja recuerdos suficientes para que seas más útil para ministrar a otros.

¿Acaso pensar que debes "perdonar y olvidar" te ha hecho vivir con ciertas cargas que no te corresponden llevar? ¿Cómo ha usado Dios el recuerdo de experiencias dolorosas para darte más compasión por otros?

_____

_____

_____

_____

_____

Ahora y siempre

Porque también Cristo padeció una sola vez por los pecados, el justo por los injustos, para llevarnos a Dios (1 P. 3:18).

 HE ESCUCHADO QUE LAS PERSONAS DICEN: "Voy camino al perdón", con lo que dan a entender que aceptan un tercer mito sutil: *el perdón es un proceso*. No hay dudas de que enfrentar una ofensa (u ofensas), que a veces puede ser horrible, es un proceso dificultoso y largo. Pero he observado que algunas personas "preparan el camino" para llegar al perdón durante años y años, pero nunca llegan a perdonar. De hecho, podría llegar a decir que cuando se cree que el perdón es un proceso, raras veces se lleva a la práctica.

Por la gracia de Dios, tú puedes decidir perdonar conforme al nivel de entendimiento que tengas en un momento determinado. Y aunque podrías necesitar más tiempo y esfuerzo para vivir lo que esa decisión implica, puedes dar por hecho que la realidad de ser libre de la cárcel de tu propia falta de perdón puede ocurrir hoy mismo.

La decisión de perdonar, en realidad, no es un proceso lento, en el que hay que esperar y ver qué pasa, como tampoco lo fue el perdón de Dios por ti. Así como en un momento has recibido la gracia de Dios, ahora puedes extender esa gracia a otros como una expresión instantánea de tu voluntad.

Así es como empieza el proceso. En vez de seguir hasta llegar a la fase final de un prolongado período de sanidad, en realidad, tu disposición a perdonar es el punto de partida de la verdadera sanidad. Perdonar es lo que te permite entrar al proceso de restauración, no al revés. De modo que aunque realmente hagas *progresos* en perdonar a medida que pasa el tiempo, no se trata de un *proceso*, en el que debes prepararte para poder perdonar. El perdón ocurre y luego crece en ti. Tú lo siembras y luego empieza a dar fruto.

¿Has pensado que tenías el derecho a seguir con falta de perdón en tu corazón por alguna ofensa recibida hasta que experimentaras una completa sanidad? ¿Cómo puede la muerte de Cristo por los pecadores motivarte y capacitarte para decidir perdonar a aquellos que te han ofendido?

¿Cuáles son tus expectativas?

Acordaos de la palabra que yo os he dicho: El siervo no es mayor que su señor.
Si a mí me han perseguido, también a vosotros os perseguirán (Jn. 15:20).

HEMOS ESTADO VIENDO varios conceptos erróneos con respecto al perdón: que no es un *sentimiento*, que no es lo mismo que *olvidar* y que no requiere un *proceso* interminable. Otro mito con respecto al perdón es la idea de que siempre debería *"solucionar"* las cosas, o al menos *mejorarlas*.

Es inherente al ser humano esperar que la vida transcurra de menor a mayor, que sea cada vez más abundante, plena y satisfactoria con el paso del tiempo. Por eso los cineastas traman historias que crecen en intensidad hasta llegar a un clímax emocionante. Por eso los creadores de parques de diversiones diseñan montañas rusas que empiezan despacio y terminan a toda velocidad. Por eso los conciertos y los espectáculos de fuegos artificiales terminan su presentación con un "gran final".

Pero, normalmente, la vida no es así en nuestro mundo caído. Sí, los creyentes en Cristo sabemos que los años que pasamos en la tierra no son más que una pequeña fracción de nuestra vida eterna y que nos espera un grandioso final en la gloria. Pero mientras tanto, no todos los que ofenden se van a arrepentir; no todas las relaciones van a mejorar. Y así como nos han ofendido en el pasado, seguiremos enfrentando situaciones donde nos volverán a ofender, difamar y tratar injustamente. Ni el poder del perdón puede prevenir que eso suceda.

Esperar lo contrario es exponerse a la decepción y a vivir con el horrible fruto de la amargura. Debido a eso, si queremos vivir en paz con Dios y con nuestros semejantes, el perdón debe ser una forma de vida continua.

De modo que la próxima vez que te enfrentes a una ofensa dolorosa, incluso quizás repetida —en tu matrimonio, con tus hijos, en tu lugar de trabajo, en la iglesia— ¿albergarás resentimiento o perdonarás… de todas formas?

¿Tratarías de otra manera a tus semejantes hoy si no te motivara la idea de simplificar tu vida, sino sencillamente de honrar a Cristo por medio de un estilo de vida de humildad, obediencia y amor?

El hilo escarlata

Al que nos amó, y nos lavó de nuestros pecados con su sangre, y
nos hizo reyes y sacerdotes para Dios, su Padre; a él sea gloria e
imperio por los siglos de los siglos. Amén (Ap. 1:5-6).

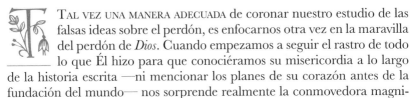TAL VEZ UNA MANERA ADECUADA de coronar nuestro estudio de las falsas ideas sobre el perdón, es enfocarnos otra vez en la maravilla del perdón de *Dios*. Cuando empezamos a seguir el rastro de todo lo que Él hizo para que conociéramos su misericordia a lo largo de la historia escrita —ni mencionar los planes de su corazón antes de la fundación del mundo— nos sorprende realmente la conmovedora magnitud de su historia de redención.

Y la redención de los pecadores es costosa. De hecho, siempre hizo falta el derramamiento de sangre.

Desde los abrigos de piel de animal hechos para cubrir la desnudez de Adán y Eva, hasta el carnero provisto a Abraham mientras su hijo todavía estaba atado sobre el altar, hasta la sangre del cordero pascual que salvó a los israelitas en Egipto, hasta la sangre expiatoria salpicada y derramada una y otra vez sobre el altar sacerdotal en el Antiguo Testamento, hasta el momento en que Cristo participó de la copa pascual en el aposento alto, hasta el máximo sacrificio que todos estos otros sacrificios representaban —la muerte de Cristo en la cruz del Calvario—, hay un "hilo escarlata" que va desde un extremo al otro de las Escrituras, que satisface la justa ira de Dios contra el pecado y cubre la vergüenza y la culpa de los pecadores con la sangre de un substituto inocente.

Si todavía estás buscando motivación para perdonar a tu cónyuge, un padre, un familiar —cualquiera que te haya herido profundamente—, encuentra tu lugar en el hilo escarlata de las Escrituras. Mira tus pecados añadidos allí en toda su vergüenza y egoísmo. Trata de imaginar la brecha que su gracia ha unido entre tú y la ira de Dios. Y con la ráfaga de alivio que inundará tu alma al verlo, comprenderás lo que le debes a aquellos que merecen el perdón tan poco como tú. Sigue el rastro del hilo que te lleva al Padre.

Maravíllate del amor y la misericordia de Dios hacia ti y pídele que su amor sea
la fuente, la substancia y la medida de tu manera de tratar a otros.

Oposición habitual

Jehová está conmigo; no temeré lo que me pueda hacer el hombre (Sal. 118:6).

 DESDE EL PUNTO DE VISTA HUMANO, los hijos de Dios han tenido motivos para alarmarse y sentirse inseguros en nuestros días, ya sea en frentes nacionales o internacionales, o simplemente como familias, iglesias e individuos. Como siempre ha sucedido, las fuerzas de Satanás y del mal han estado formadas en contra del reino de Dios y sus hijos.

Sin embargo, Dios ha demostrado ser más que poderoso para fortalecer, sustentar y sostener a sus hijos, y lograr sus propósitos eternos, aun en medio de gran caos y convulsión.

Pienso cómo Dios levantó a Sifra y Fúa: dos parteras hebreas cuya historia se encuentra en Éxodo 1. Cuando faraón promulgó un decreto en el que exigía que todas las parteras mataran a todo hijo varón que naciera de mujer hebrea, estas dos "temieron a Dios, y no hicieron como les mandó el rey de Egipto, sino que preservaron la vida a los niños" (v. 17).

Al considerar a estas dos mujeres en comparación al Imperio egipcio en toda su extensión, vemos que eran mujeres totalmente insignificantes. Y sin embargo, así como faraón hizo su mejor obra para limitar el crecimiento y la expansión de los hebreos, Dios usó a estas mujeres, a quienes consideraríamos "actrices secundarias" para llevar adelante su plan inalterable. Obró a través de estas mujeres fieles para preservar la línea judía al bendecir a los hebreos con hijos. Les dio valor para retar la tendencia cultural y seguir confiando en sus promesas.

Por mucho que lo intenten, no hay edicto, monarca o esfuerzos terrenales que puedan impedir que Dios cumpla su voluntad. Y cuando Dios quiere usar a alguien como tú para suplir una necesidad o tomar una postura impopular, no hay oposición que pueda derribarte. Cuando te sientes débil y agobiado por fuerzas que se oponen a ti y a tu familia, sabe que una fiel y valiente minoría en las manos de Dios puede hacer oír su voz en el cielo y ser instrumento de la voluntad de Dios aquí en la tierra.

¿Te has sentido alguna vez impotente y frustrado, al tratar de vivir para Dios en esta cultura licenciosa? ¿Cómo puedes encontrar fortaleza y valor para seguir adelante?

El legado de una madre

Le da ella bien y no mal todos los días de su vida (Pr. 31:12).

 Poco después que Arthur DeMoss y Nancy Sossomon intercambiaran sus votos matrimoniales, la reciente esposa de diecinueve años quedó embarazada de su primer hijo. En sus primeros cinco años de matrimonio, mis padres tuvieron seis hijos. (Un séptimo hijo llegó algunos años más tarde). Aunque ese no fue su plan original (¡habían planeado esperar cinco años para tener hijos!), alegremente aceptaron cada hijo como un regalo de Dios.

Al ir creciendo, no me daba cuenta de que la perspectiva de mi madre con respecto a su llamado como esposa y madre ya era totalmente de otra época. En vez de adoptar el ideal, que empezaba a emerger, de mujer liberada de su esposo y el hogar para buscar su propia vida, ella escogió seguir el ejemplo de Aquel que vino a servir. Aunque, a su manera, era una mujer extraordinariamente dotada, mi madre dejó alegremente de lado una carrera prometedora como sacra vocalista para ser una ayuda idónea para su esposo.

En el mundo competitivo de los negocios, a mi padre no le faltaban detractores, pero siempre podía contar con mi madre como su mayor admiradora. Hasta el día de hoy, nunca recuerdo haberla escuchado hablar mal de él con nosotros ni con nadie. No es que él no tuviera debilidades y falencias (¡aunque a veces ella lo da a entender!), sino más bien que era mucho menos consciente de sus puntos negativos debido a su profunda y genuina admiración por él.

Su ejemplo me ha hecho procurar, incluso como mujer soltera, ser una motivadora de los hombres que Dios ha puesto en mi vida. Me ha ayudado a aconsejar a mujeres de esposos difíciles a enfocarse en sus cualidades positivas y permitir que Dios trate con sus falencias. Por sobre todo, su vida me ha dado más deseos de honrar y servir al Señor Jesús y dar mucho fruto como resultado de una íntima comunión con Él.

Ya seas casado o soltero, ¿cómo puede tu vida demostrar la clase de relación que nosotros como iglesia, la novia de Cristo, debemos tener con nuestro Novio celestial?

Clavemos los colores de nuestra enseña al mástil

Pelea la buena batalla de la fe, echa mano de la vida eterna,
a la cual asimismo fuiste llamado, habiendo hecho la buena
profesión delante de muchos testigos (1 Ti. 6:12).

 HISTÓRICAMENTE, cuando fuerzas navales estaban en combate y uno de los bandos había llegado a un punto de rendición, la práctica común era bajar la bandera ("los colores de la insignia") que identificaba al barco. Bajar la bandera era equivalente a admitir la derrota.

Pero a veces el capitán del barco declaraba que no tenía intención de rendirse. A fin de formalizar ese compromiso de una manera visible, daba la orden de *"clavar los colores de la enseña al mástil"*. En otras palabras, estaba eliminando cualquier posibilidad de bajar la bandera. En cambio, se clavaba a la misma estructura del barco, imposible de quitar. Debían pelear y ganar la batalla o, todos los que estaban a bordo, perecerían en el intento.

C. T. Studd, un misionero británico de finales del 1800 y principios del 1900, usaba esta ilustración para instar a los creyentes a consagrarse sin reservas al llamado de Cristo, sin importar cuán difícil fuera el trabajo o qué obstáculos podrían encontrar:

¡Clavar los colores de nuestra enseña al mástil! Eso es lo que correcto, por lo tanto, lo que debemos hacer, y hacer ahora. ¿Qué colores? Los colores de Cristo, la obra que Él nos ha encomendado. Cristo no quiere roedores de lo posible, sino acaparadores de lo imposible, por fe en la omnipotencia, fidelidad y sabiduría del Salvador todopoderoso.

Como creyentes en Cristo Jesús, hoy es hora de tomar una decisión. "Clavar los colores de nuestra enseña al mástil" contra toda oposición e impopularidad para declarar nuestra lealtad a Dios y su Palabra, y reafirmar nuestro sincero compromiso de vivir para su gloria y cumplir su llamado. Sin volver atrás.

¿Qué ámbito o ámbitos de reserva o resistencia en tu vida serían eludidos por esta clase de compromiso?

Una influencia tranquilizadora

Y bendito sea tu razonamiento, y bendita tú, que me has estorbado hoy de ir a derramar sangre, y a vengarme por mi propia mano (1 S. 25:33).

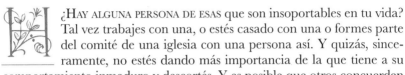 ¿HAY ALGUNA PERSONA DE ESAS que son insoportables en tu vida? Tal vez trabajes con una, o estés casado con una o formes parte del comité de una iglesia con una persona así. Y quizás, sinceramente, no estés dando más importancia de la que tiene a su comportamiento inmaduro y descortés. Y es posible que otros concuerden en que tienen muchas de las características bíblicas de una persona "necia".

¿Cómo respondes a esa clase de individuos? ¿Acaso terminas por actuar tan neciamente como ellos, cuando al provocarte pierdes el control y les respondes con su misma rudeza?

Abigail era una mujer "de buen entendimiento y de hermosa apariencia" del Antiguo Testamento (1 S. 25:3), que se encontraba entre dos hombres que estaban actuando mal por igual: su maleducado esposo, Nabal, y un David exasperado. Nabal había ofendido a David, y David le había respondido furiosamente con bravas amenazas.

Entonces Abigail se interpuso entre los dos con tranquilidad e ingenio para intentar mediar en su polémica controversia. En consecuencia, esta tierna mujer demostró una vez más que "mejor es el que tarda en airarse que el fuerte; y el que se enseñorea de su espíritu, que el que toma una ciudad" (Pr. 16:32). Ella no podía controlar a Nabal, no podía controlar a David, pero podía controlarse a sí misma. Y en vez de exacerbar el drama o avivar el altercado, calma las tensiones e impide que una mala situación empeore.

Recuerdo que cuando éramos niños mi papá nos decía: "Tú no eres responsable de cómo actúan los demás o qué hacen; sino solo de cómo tú respondes". Por la gracia de Dios puedo responder a las personas insoportables con gracia, discernimiento y sabiduría.

¿Hay alguna persona difícil o de mal genio —un Nabal o un David— en tu vida? Aunque no veas beneficios inmediatos, ¿qué es posible que suceda si respondieras a esa persona con humildad, bondad y paciencia?

Envejecer maravillosamente

Las ancianas asimismo sean reverentes en su porte; no calumniadoras,
no esclavas del vino, maestras del bien (Tit. 2:3).

 ¿QUÉ SIGNIFICA para las mujeres mayores ir contra la corriente del mundo, contra la corriente del grandioso y santo propósito de Dios para sus vidas? Significa decidir no jubilarse espiritualmente. Significa no conformarse con una vida dedicada a jugar al golf, al *bridge*, ir de compras o redecorar nuestro hogar.

Hay muchas mujeres jóvenes que necesitan el consejo y aliento de una mujer mayor, muchas hermanas en dificultades que se podrían inspirar con el amor y las oraciones de alguien que pasó por lo mismo. Ser esta clase de mujer no requiere que tengas un título de consejera o de un seminario. Simplemente requiere estar dispuesta a buscar y recibir tu lugar en el reino de Dios, y dedicar tu vida en servicio a Dios y a tus semejantes.

Por muchos años, una de mis compañeras de oración más fieles fue una mujer mayor que conocía como "mamá Johnson". Viví con su familia cuando estaba estudiando en la Universidad de California del Sur, y a pesar del paso del tiempo nos mantuvimos en contacto. Yo veía cómo mamá J seguía buscando a Cristo y creciendo en su amor por Él y su Palabra. Envejecía con gracia, cada vez más compasiva, piadosa, sabia y enfocada en los demás. Aun a sus noventa y tantos años, en los días finales de su vida, seguía invitando a las mujeres más jóvenes a su corazón y su hogar para animarlas y discipularlas para la gloria de Dios.

Necesitamos más mamás Johnson en nuestro mundo y en nuestras iglesias hoy. Los índices de desempleo pueden ser altos, y las opciones disponibles para personas mayores podrían ser difíciles de conseguir. Pero nunca habrá escasez de vacantes a ser ocupadas por mujeres mayores que deseen cumplir el mandato de Tito 2.

Puede que no te veas como una mujer "mayor", ¡pero cada mujer es una "mujer mayor" para alguna! ¿A quién podrías discipular, animar y edificar en su vida cristiana?

Un mandamiento (y una promesa) para la vida

Honra a tu padre y a tu madre, que es el primer mandamiento con promesa;
para que te vaya bien, y seas de larga vida sobre la tierra (Ef. 6:2-3).

 CONTRARIO A LO QUE EL MUNDO NOS DICE, el mandamiento de honrar a nuestros padres no tiene fecha de expiración ni ninguna condición. Cualquiera que sea tu edad, casado o soltero, ya sea que tus padres están vivos o no, Dios espera que los honres.

A diferencia de muchos, he sido bendecida con una herencia de padres piadosos y devotos. Sin embargo, ellos serían los primeros en admitir sus faltas. Como el resto de nosotros, ellos estaban (están) en el proceso de ser conformados a la imagen de Cristo.

Tu trasfondo podría ser muy diferente al mío. Pero a pesar de cómo haya sido tu niñez y de la condición espiritual de tus padres, aun así puedes buscar la manera de honrarlos.

Honramos a nuestros padres cuando hablamos bien de ellos con otros y valoramos su consejo. Los honramos cuando, en vez de llamar la atención a aquellas áreas de su vida donde no fueron todo lo que podrían haber sido, expresamos gratitud por cómo Dios los ha usado para bendecirnos y formar nuestras vidas. Los honramos cuando no los hacemos prisioneros de nuestras expectativas o cuando no les reprochamos sus errores. Los honramos cuando nos tomamos tiempo para hablar con ellos, escucharlos, entenderlos y ser sensibles a sus necesidades. Más que nada, honramos a nuestros padres cuando decidimos imitar aquellas áreas de sus vidas donde nos dieron un buen ejemplo. Si quieres experimentar la bendición de Dios a lo largo de tu vida, toma en serio y personalmente este mandato de las Escrituras. Es un "mandamiento con promesa" y un mandamiento para la vida.

¿Cómo podrías hoy honrar a tus padres? En vez de enfocarte en sus faltas (reales y graves como es posible que sean), pídele a Dios que te muestre de qué manera pudiste haberlos deshonrado, de lo cual debes arrepentirte.

Bienvenido a casa

Hospedaos los unos a los otros sin murmuraciones (1 P. 4:9).

 LA "HOSPITALIDAD" NO ES UN DON ESPECIAL o un llamado para algunos pocos creyentes a quienes les encanta hacer fiestas. No es una cuestión de "recibir" invitados. Ni se requiere de una casa lujosa, un gran presupuesto o una mesa llena de manjares. De hecho, cuando hacemos demasiado énfasis en la decoración, el aspecto de la casa, los aperitivos o la vajilla de porcelana, podríamos estar alimentando un espíritu de orgullo, complejo y comparación con otros.

El objetivo de la hospitalidad es servir humildemente a Cristo al servir a otros, ser un canal del amor y corazón hospitalario de Dios en un mundo lleno de personas desesperadamente necesitadas de encontrar su verdadero hogar en Él. No se trata de impresionar o de tener un buen desempeño, sino simplemente de recibir amigos, antiguos y nuevos por igual, a un hogar donde el evangelio esté presente en la atmósfera, la conducta y la conversación de aquellos que viven allí.

La hospitalidad cristiana es una manera de participar de la transformación espiritual de otros a un nivel práctico y tangible al contribuir con Dios y ser canales de su gracia, sin importar el nivel de ingresos o las habilidades culinarias. Es un mandamiento que surge de ser receptores de su gracia y de haber sido invitados a un banquete y a vivir para siempre en el hogar que Cristo está preparando para nosotros.

Invitar a las personas a nuestro hogar para una comida sencilla, una taza de café o simplemente una fuente de palomitas de maíz, junto a una generosa ración de conversación, oración y amor es recordar cuál es el objetivo de nuestro hogar; no es un lugar para almacenar cosas, sino una herramienta que Dios nos ha dado para el servicio y el ministerio, a fin de cultivar la vida y compartir la gracia.

Aunque la hospitalidad no sea tu don natural o tu manera preferida de servir, pídele al Señor que te muestre una o dos maneras creativas de poder cumplir la exhortación bíblica de "[hospedarse] los unos a los otros".

Lista de regalos

Bendito sea el Dios y Padre de nuestro Señor Jesucristo, que nos bendijo con toda bendición espiritual en los lugares celestiales en Cristo (Ef. 1:3).

UNA DE LAS FECHAS QUE MÁS FESTEJO cada año es mi "cumpleaños espiritual" —14 de mayo de 1963—, el día cuando, como una joven muchacha, acepté conscientemente al Señor Jesús como mi Salvador. Con los años, he confeccionado una lista de "regalos de cumpleaños espiritual"; cosas que Dios me ha dado en Cristo, regalos que Él les ha dado a todos sus hijos, conforme a su Palabra.

Esa lista incluye tesoros como: paz con Dios, ser adoptada en su familia, ser salva de su ira eterna y tener un propósito en la vida. Esta describe cómo Dios ha restaurado mi alma al darme una herencia con los santos, me da poder para servirle y me ayuda a no caer antes de llegar a la meta final. Me recuerda que Él me ha dado un Abogado que me defiende de las denuncias y acusaciones de Satanás.

Y la lista continúa. Le doy gracias por su *cercanía* a través de su Espíritu que mora en mí, que me capacita y me alienta a estar firme en la batalla. Le doy gracias por su *santidad*, que a pesar de mis pecados, Él siempre sigue siendo santo y fiel. Le doy gracias por su *misericordia*, su disposición a acercarse a mí y salvarme, no solo de mis pecados; sino incluso de mis grandes esfuerzos por agradarle, que distan mucho de ser realmente buenos si no fuera por la justicia que Cristo me imputa.

Cada vez que pienses en tus motivos para dar gracias, procura ver más allá de la variedad animal, vegetal y mineral de los regalos de Dios. Considera también sus bendiciones espirituales. Solo la gratitud cristiana, formulada y encuadrada dentro de la incomparable gracia de Dios, puede ayudarte a contener un paquete de regalo tan grande.

¿Qué agregarías a esta lista de bendiciones espirituales? ¿Cuál o cuáles de los regalos que Dios te ha hecho hace tiempo que no abres ni disfrutas?

Una imagen impecable

Y seré santificado en vosotros a los ojos de las naciones (Ez. 20:41).

EL PROBLEMA CON EL MUNDO DE HOY no es tanto la obscuridad predominante de la cultura incrédula. Sin la luz de Cristo, el mundo no puede estar más que inmerso en las tinieblas. El problema es que los hijos de Dios, que deberían ser hijos de luz, han adoptado muchas características de las tinieblas que los rodean. Si los hijos de Dios comenzáramos a vivir como las personas redimidas que somos, creo que los pecadores perdidos se desvivirían por arrepentirse y creer en el evangelio, atraídos a Cristo al ver el reflejo de un Dios santo en nuestra conducta y carácter.

Poco después que mi padre falleciera, mi madre nos dio a cada uno de sus hijos una foto de él en un hermoso marco de plata de 20 x 25 cm. Lamentable en una mudanza posterior, guardé ese cuadro con algunas otras pertenencias y no lo saqué hasta varios años después. En ese momento, el marco, una vez brilloso, se había vuelto opaco, negro y feo. Ahora su deslucida condición sería lo primero que una persona notaría cuando mirara la foto. Puesto que quería exhibir otra vez la foto de mi padre, compré un paño para pulir plata y me puse a restaurar el marco descolorido.

Pulirlo no fue fácil. Las manchas eran resistentes y requirieron de mucho esfuerzo para quitarlas. Pero cuando terminé, el marco ya no llamaba la atención por sí mismo; solo servía para resaltar y complementar la foto de mi padre.

Los demás nos observan para ver cómo respondemos a la vida, cómo manejamos los conflictos, cómo resolvemos los problemas, cómo cumplimos con nuestros compromisos; cosas que no son fáciles de hacer. Pero cuando las hacemos para su gloria, atraen la mirada de un mundo en tinieblas al santo Dios, cuya vida y luz brillan a través de nosotros.

¿En qué condiciones está el "marco" de tu vida hoy? ¿Qué manchas necesitarían un buen pulido? ¿De qué manera la perspectiva de que Dios sea glorificado a través de tu vida te motiva a ser un marco pulido en el cual pueda verse claramente su imagen?

No detiene su mano

Que en grande prueba de tribulación, la abundancia de su gozo y su profunda pobreza abundaron en riquezas de su generosidad (2 Co. 8:2).

 POCO DESPUÉS QUE EL HURACÁN KATRINA azotara los estados que rodean el Golfo de México, los directores de la Convención Bautista de Lousiana recibieron un sobre que contenía una donación de exactamente ochocientos cincuenta y cuatro dólares. Como puede que recuerdes, se hicieron abundantes donaciones para ayudar a la región gravemente afectada. Pero esta ofrenda inusual provenía de un grupo de veinte hombres de Sumatra, Indonesia, que hacía ocho meses habían visto sus hogares destruidos por un tsunami devastador. Durante su crisis, un equipo de ayuda humanitaria de la Iglesia Bautista del Sur había ido para ayudarlos, y las noticias de la histórica tormenta en Estados Unidos habían provocado en esos hombres indonesios el deseo de devolverles el favor con una ofrenda que representaba un gran sacrificio personal.

Mientras muchos de nosotros nunca hemos tenido que dejar nuestro hogar por un desastre natural, la mayoría puede identificarse con pasar por una grave situación financiera en algún punto. En momentos así, nuestro instinto podría ser recortar nuestras ofrendas.

Sin embargo, ese podría ser el momento de ser aún más intencional y sacrificial en nuestras ofrendas. Las ofrendas motivadas por el evangelio pueden ser un medio de santificación de nuestra vida y un medio para manifestar el corazón generoso de Dios con nuestros semejantes.

Cuando era adolescente, me conmoví mucho al ver a mis padres que siguieron ofrendando generosa y alegremente en medio de una crisis económica en la empresa que tanto les había costado levantar.

"El justo tiene misericordia, y da", dice la Palabra de Dios (Sal. 37:21), "pero el justo da, y no detiene su mano" (Pr. 21:26). Si quieres ser espiritualmente rico, entonces ayuda a otros a ser espiritualmente ricos. A veces, eso podría significar reducir tu estilo de vida y sacrificar la comodidad o la conveniencia personal, a fin de poder dar más. Pero estoy convencida de que en la eternidad nadie dirá: "Desearía haber dado menos". Creo que la mayoría, si no todos, dirá: "¡Desearía haber dado más!".

 ¿Cuándo fue la última vez que diste una ofrenda con sacrificio? Medita en todo lo que Dios te ha dado en Cristo, y pídele que su generosidad sea la fuente y la medida de tus ofrendas.

Oración + ¿Qué? = Paz

Esto haced; y el Dios de paz estará con vosotros (Fil. 4:9).

 SI ESTUVIÉRAMOS SENTADOS A UNA MESA frente a frente, probablemente me contarías qué te está robando la paz en este momento sin tener que pensar mucho. Puede que todavía estés llorando una pérdida de hace mucho tiempo, que nunca terminas de olvidar. Puede que una situación con un hijo o una hija, que escapa a tu control, te esté quitando el sueño; un fracaso matrimonial; un nieto que está siendo sometido a exámenes de diagnóstico; quizás una rebeldía abierta contra las decisiones de tus padres. Tal vez estés enfrentando algunos problemas de salud, o tus ingresos no alcancen a cubrir tus cuentas mensuales o tu iglesia esté pasando por un tiempo de desconcierto sobre un asunto delicado. (En mi caso, tuve un imprevisto mientras trabajaba en este libro, ¡y estoy luchando para poder controlar mis emociones!). Tú puedes (y deberías) orar por estos problemas, por supuesto.

Pero orar no es *todo* lo que puedes hacer. "Por nada estéis afanosos", escribió el apóstol Pablo en un dilecto pasaje de las Escrituras, "sino sean conocidas vuestras peticiones delante de Dios en toda oración y ruego, *con acción de gracias*" (Fil. 4:6). ¿Y después qué? "Y la paz de Dios, que sobrepasa todo entendimiento, guardará vuestros corazones y vuestros pensamientos en Cristo Jesús" (v. 7).

Cuando la oración se suma a la gratitud, cuando abres tus ojos bien grandes para buscar la misericordia de Dios en medio de tu dolor, Él acude a ti con su paz indescriptible. Es una promesa: *oración + acción de gracias = paz.*

La oración es vital, sí. Pero para experimentar realmente la paz de Dios en medio de los problemas, debes ir a Él con gratitud. Una costosa gratitud, aquella que confía que Él está obrando para tu bien aun en medio de las circunstancias difíciles. Aquella que llena tu mente y corazón turbados con su paz inexplicable.

¿Qué situación estresante te está turbando en este momento? ¿Has orado por eso? ¿Estás ofreciendo alabanza de acción de gracias junto a tus peticiones? Si es así, espera que la paz de Dios, que sobrepasa todo entendimiento, guarde tu corazón.

Nuestro corazón, su huerto

Venga mi amado a su huerto, y coma de su dulce fruta (Cnt. 4:16).

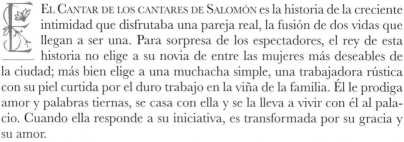 El Cantar de los cantares de Salomón es la historia de la creciente intimidad que disfrutaba una pareja real, la fusión de dos vidas que llegan a ser una. Para sorpresa de los espectadores, el rey de esta historia no elige a su novia de entre las mujeres más deseables de la ciudad; más bien elige a una muchacha simple, una trabajadora rústica con su piel curtida por el duro trabajo en la viña de la familia. Él le prodiga amor y palabras tiernas, se casa con ella y se la lleva a vivir con él al palacio. Cuando ella responde a su iniciativa, es transformada por su gracia y su amor.

La muchacha, una vez campesina, se convierte en reina. Desgastada por la rutina de su vida anterior, ahora tiene un propósito. Aunque antes le disgustaba tener que trabajar, ahora se desvive por servirle y centra su vida cada vez más en un solo propósito: deleitar y complacer a su Amado.

Él compara el corazón de su esposa con un huerto, el lugar de su encuentro amoroso donde halla gran gozo y satisfacción. Y, a cambio, ella procura que su corazón —su huerto—sea un lugar que siempre lo complazca, y lo cultiva como un lugar de belleza, fragancia y placer. El huerto que una vez era "de ella" ahora es de él. *De él.* La fragancia y el fruto del huerto —todo lo que ella es, todo lo que ella tiene— es para Él.

Y así es contigo. Aquel que te ha escogido y te ha redimido busca refugio y placer en el huerto de tu corazón. Él quiere encontrarse contigo allí. Quiere que esperes ansiosamente y recibas su presencia. Y cuando tengas comunión con Él en ese lugar especial, tu vida producirá la dulce fragancia y el dulce fruto de su Espíritu. Más en cada estación. Más que en la última. Tú serás bendecido; otros serán bendecidos.

Y todo, todo es para tu Amado.

¿Cuál es la condición del "huerto" de tu corazón? Ofrécelo hoy otra vez a Él y pídele que te dé gracia para que hagas de él un lugar digno de un Rey.

Abundancia de gozo en las dificultades

Lleno estoy de consolación; sobreabundo de gozo en todas nuestras tribulaciones (2 Co. 7:4).

 DOS ESTUDIANTES UNIVERSITARIOS, que hacían una obra de evangelismo en una comunidad rural, transitaron por un camino hasta llegar a una antigua casa campestre; el grito de los niños y el ladrido de los perros anunciaron su presencia. Al no obtener respuesta en la puerta, rodearon la casa hasta la parte trasera, donde encontraron a la madre fregando la ropa en un balde con agua y jabón y una antigua tabla de lavar. Al ver a los invitados inesperados, se despejó el cabello de su cara, se secó la transpiración de su frente y les preguntó qué necesitaban.

—Nos gustaría contarle cómo tener vida eterna —le respondió uno de los estudiantes.

El ama de casa vaciló un momento y dijo con un profundo suspiro de agotamiento:

—¡Gracias, pero no creo que lo pueda soportar!

A menudo las exigencias y las pruebas de la vida parecen que nunca acabarán, y nos cansamos de hacer frente a la desesperación y la falta de esperanza. Sin embargo, la Biblia nos ofrece una alternativa basada en la realidad de la presencia de Cristo; no nos rescata de las adversidades, pero permanece con nosotros en medio de estas. Dado que el Dios soberano, lleno de propósito y amor, nos sostiene, podemos tener un gozo sobreabundante que fluye de nuestra vida y desborda para bendecir a quienes nos rodean.

Al estudiar la vida de Pablo, vemos que atravesó presiones y persecuciones de todo tipo: azotes, vara, detractores, difamadores, encarcelamiento, hambre, viajes, amenaza de muerte. Y sin embargo, trece veces, solo en su carta a los filipenses —escrita desde la celda de una prisión romana—, exhortó a los creyentes y les dijo: "Regocijaos en el Señor siempre" (4:4).

Cuando no sabes cuánto más podrás soportar, recuerda a dónde te están llevando todas estas aflicciones. Recuerda qué papel desempeña la gracia aquí. Recuerda que hay un gozo que puede ayudarte a soportar y que puedes reflejarlo en este mundo carente de gozo.

 En medio de las dificultades de la vida, ¿puedes decir como el apóstol Pablo: "Lleno estoy de consolación; sobreabundo de gozo"? Si no, ¿qué podría cambiar tu perspectiva para poder mostrar el gozo del Señor en y a través de tu vida?

El hogar de Dios

*Porque así dijo el Alto y Sublime, el que habita la eternidad, y cuyo nombre
es el Santo: Yo habito en la altura y la santidad, y con el quebrantado
y humilde de espíritu, para hacer vivir el espíritu de los humildes, y
para vivificar el corazón de los quebrantados (Is. 57:15).*

CONFORME A ESTE VERSÍCULO de la profecía de Isaías, Dios tiene
dos "moradas". La primera no es ninguna sorpresa: el excelso
Dios del universo habita en "la altura y la santidad". Sin embargo,
me asombra su otra morada; según este versículo, Él habita también con el "quebrantado" y el "humilde" de espíritu.

La palabra quebrantado sugiere algo que ha sido triturado en pequeñas
partículas, molido y reducido a polvo, como una roca pulverizada. ¿Qué es
lo que Dios quiere "pulverizar" en nosotros? ¿Nuestro espíritu? ¿Nuestra
personalidad? No, Él quiere que estos permanezcan intactos; en realidad,
lo más intactos que puedan hasta que le permitamos quebrantar algo más.
Nuestra voluntad.

Cuando están domando un caballo, se dice que le están "quebrando"
su *voluntad* para que sea dócil y sumiso a los deseos de su jinete. Casi de la
misma manera, estamos hablando de quebrantar nuestra voluntad para
que la vida y el Espíritu del Señor Jesús puedan fluir a través de nuestro
quebrantamiento.

El Salmo 51 es la oración sincera y penitente que hizo el rey David
después de cometer su terrible pecado con Betsabé. Él se dio cuenta de que
no podía hacer nada para volverse a ganar el favor de Dios. Entonces dijo:
"Porque no quieres sacrificio, que yo lo daría" (v.16). Antes bien, "los sacrificios de Dios son el espíritu quebrantado; al corazón contrito y humillado
no despreciarás tú, oh Dios" (v. 17).

Igual que David, preferiríamos *hacer* algo para agradar a Dios: orar más,
leer más la Biblia, memorizar más las Escrituras, testificar más a las personas… pero lo que Él realmente quiere de nosotros es un espíritu contrito y
humillado: despojado de todo orgullo, voluntad propia y petulancia.

Este es el corazón en el Él hace su hogar.

*¿Crees que Dios puede sentirse "como en su hogar" en tu corazón? ¿De qué
maneras podemos cultivar un corazón contrito y humillado?*

"Sí, acepto"

Por esto dejará el hombre a su padre y a su madre, y se unirá a su mujer, y los dos serán una sola carne. Grande es este misterio; mas yo digo esto respecto de Cristo y de la iglesia (Ef. 5:31-32).

 CUANDO UN HOMBRE ELIGE A UNA MUJER y le pide que sea su esposa, Dios quiere que esta sea la figura de una relación de amor mucho más significativa.

Si la mujer está dispuesta, ambos hacen un pacto para toda la vida, en el que prometen amarse y consagrarse uno al otro. Él le da a la mujer su apellido y asume la responsabilidad de su bienestar, al colocarla bajo la cobertura de su amor y liderazgo y comprometerse a suplir todas sus necesidades. La esposa alegremente se coloca bajo su protección, al honrarlo y sujetarse a él. Luego, mediante su unión, si el Señor quiere, tienen hijos que llevarán su apellido y reproducirán su corazón.

Por lo tanto, el matrimonio es una figura visible y terrenal de una realidad espiritual más grande: que Jesús vino a buscar una esposa y nos ha elegido simplemente porque esa es su voluntad. Con el precio de su sangre, nos ha expresado el deseo de ser nuestro "esposo": de amarnos, cuidar de nosotros y tomarnos para sí. Cuando decimos "sí, acepto", hacemos un pacto eterno con Él y nos convertimos en parte de su esposa, la Iglesia. Él nos da su nombre y asume la responsabilidad de nosotros, su esposa, y nosotros lo honramos y nos sujetamos a su amorosa autoridad, con el objetivo de reproducirnos en otros que lleven su nombre y su semejanza.

¿Le has dicho "sí, acepto" al Señor Jesús? ¿Has renunciado a tu independencia a fin de llegar a ser uno con Él? ¿Te has colocado bajo su protección y cuidado y has recibido su nombre como tuyo propio? ¡Si no, hoy podría ser tu "día de bodas"!

Ninguna relación o interés en la vida podría ser más importante que recibir su amor sacrificial; para luego pasar el resto de tu vida celebrando y correspondiendo a su amor, y llevar fruto espiritual al vivir en unión y comunión con Él.

¿Qué evidencia hay en tu vida de que eres uno con Cristo?

_____

_____

_____

_____

_____

_____

El hijo de las lágrimas

Pero os ruego, hermanos, por nuestro Señor Jesucristo y por el amor del Espíritu, que me ayudéis orando por mí a Dios (Ro. 15:30).

 AGUSTÍN FUE UNO DE LOS TEÓLOGOS CRISTIANOS más influyentes de todos los tiempos. Sus escritos del siglo V, que apoyaban la ortodoxia bíblica y refutaban las herejías prevalentes de ese tiempo, dieron origen al pensamiento occidental en los siglos subsiguientes.

Es muy conocido por sus *Confesiones*, el relato personal de los primeros años de su vida, en el que predominaron una afición vanidosa al estudio, promiscuidad sexual y un persistente rechazo a la fe cristiana. Sin embargo, en medio de la historia de este vehemente joven, está su madre, Mónica; una mujer que oraba fervientemente por su hijo año tras año, aunque no hubiera evidencia visible de que sus oraciones fueran escuchadas o respondidas.

La historia cuenta que un día ella fue a ver al obispo de la ciudad, para preguntarle si había alguna manera de que él pudiera hacer recapacitar a su hijo pródigo. El obispo la miró a los ojos y le aseguró que un día Dios escogería su propia manera de llegar al corazón de su hijo. Ella le expresó: "No es posible que el hijo de tantas lágrimas perezca". Y así fue, a los treinta y dos años de edad, el hijo de las lágrimas de Mónica dejó de huir de Dios y se convirtió en un poderoso creyente de la fe cristiana.

Uno de los medios de gracia más poderosos en la vida de los hijos es la dádiva de padres que oran. Y aunque pueden pasar semanas y años incalculables sin recibir la respuesta que esperan, este proceso, a menudo penoso, es parte de lo que Dios usa para santificar a los padres creyentes, atraerlos más a Él y asombrarlos con la distancia que está dispuesto a recorrer para rescatar a sus hijos.

¿Estás afligido por un hijo o una hija (u otro ser amado) rebelde contra Dios? No dejes de orar. Sigue aferrándote a Dios. Aún no se ha escrito el último capítulo. Él aún está tramando detalles de su historia, compuesta de tus fieles y entrañables oraciones, que cuente la vida de ese ser amado.

¿En qué sentido podría ser un medio de gracia en tu vida las oraciones de hace tiempo, que al parecer aún no han tenido respuesta? ¿Y en la vida de otros?

Alerta máxima

Dije: Confesaré mis transgresiones a Jehová; y tú perdonaste
la maldad de mi pecado (Sal. 32:5).

 ROBOAM HEREDÓ EL TRONO DE ISRAEL de manos de su padre, Salomón. Pero su corazón estaba lejos de Dios y gobernó al pueblo en consecuencia. Dios levantó a Egipto como enemigo para castigar a Roboam por su rebelión y envió al profeta Semaías para amonestarlo. Las Escrituras dicen que en respuesta al escarmiento de Dios "los príncipes de Israel y el rey se humillaron" (2 Cr. 12:6). Roboam reconoció que el Señor había sido justo en su disciplina, y Dios salvó a Jerusalén del camino a la destrucción a manos de Egipto.

Un reto similar ocurrió años más tarde durante el reinado de Asa, nieto de Roboam. Amenazas enemigas produjeron temor y caos en la ciudad, y Asa acudió al pueblo vecino de Siria en busca de ayuda; una acción que disgustó al Señor. De modo que envió al profeta Hanani para que lo amonestara. La respuesta de Asa fue muy diferente a la de su abuelo: "Entonces se enojó Asa contra el vidente y lo echó en la cárcel, porque se encolerizó grandemente a causa de esto" (16:10). Al poco tiempo, Asa se enfermó gravemente "y en su enfermedad no buscó a Jehová, sino a los médicos" (v. 12).

Ambos hombres pecaron. Ambos fueron confrontados por sus pecados. Uno aceptó la reprensión como una manera de purificación y restauración de Dios; el otro lo recibió como un ataque a su reputación. Uno fue restaurado por su humildad; el otro fue destruido por su orgullo.

Esta misma decisión nos espera a cada uno de nosotros, cada vez que, en su misericordia, el Señor nos da conciencia de que nos hemos descarriado de sus caminos y que corremos peligro. ¿Lo escucharemos y aceptaremos, o lo ignoraremos y nos escudaremos?

Cuando Dios envía a alguien para que te señale tus errores —ya sea un amigo
preocupado o simplemente la convicción de la presencia del Espíritu Santo—,
¿cómo respondes normalmente? ¿Con un corazón arrepentido? ¿O te pones a la
defensiva y te resistes?

Misericordia y verdad

Por cuanto todos pecaron, y están destituidos de la gloria de Dios, siendo justificados gratuitamente por su gracia, mediante la redención que es en Cristo Jesús (Ro. 3:23-24).

 WILLIAM COWPER fue uno de los escritores ingleses más destacados del siglo XIX. Pero llegó a la adultez con una gran carga y confusión emocional. Cuando tenía unos treinta años, experimentó una crisis nerviosa, intentó suicidarse y lo internaron en un asilo para enfermos mentales durante dieciocho meses. En su confinamiento, comprendió las palabras de Romanos 3:25, un versículo que cambió su vida para siempre:

"... a quien Dios puso como propiciación por medio de la fe en su sangre, para manifestar su justicia, a causa de haber pasado por alto, en su paciencia, los pecados pasados".

Cowper, quien se sentía condenado y sin esperanza, dijo: "Vi la suficiencia de la expiación que Cristo había hecho... al instante creí y recibí el evangelio". Años más tarde, expresó su perpetua admiración en un himno que ha dado esperanza a débiles pecadores por más de cien años: "Hay un precioso manantial, la sangre de Emanuel, que purifica a cada cual, que se sumerge en él".

"Mis pecados no son tan malos", alguien podría pensar y encogerse de hombros ante su necesidad de la misericordia de Dios. Por otro lado, algunos luchan al sentir: "Dios no puede perdonarme por lo que hice". Pero en un monte llamado Calvario, el amor de Dios por los pecadores estableció un punto de encuentro con su santa aversión por el pecado.

La cruz revela el increíble precio que Dios pagó para redimirnos de pecados que a menudo trivializamos. Sin embargo, también muestra el amor de Dios hacia lo peor de nosotros, no importa qué pecados hayamos cometido. El evangelio es la respuesta de Dios a cada negación de nuestra necesidad y cada duda de su amor.

 ¿Te has llegado a insensibilizar de tu necesidad del perdón de Dios? ¿Estás permitiendo que el remordimiento te robe el gozo? En la cruz encontrarás la misericordia y la verdad que traerá humildad a tu corazón y te hará libre del peso de tu pecado.

Santo y alegre

Has amado la justicia y aborrecido la maldad; por tanto, te ungió Dios, el Dios tuyo, con óleo de alegría más que a tus compañeros (Sal. 45:7).

¿QUÉ PALABRAS asocias con santidad? ¿Sería la *alegría* una de esas palabras? Piénsalo en el sentido inverso. Cuando piensas en las cosas que te *alegran*, ¿piensas en la santidad? ¿O acaso la idea de la santidad te da una sensación de tristeza, intolerancia y ansiedad?

¿Por qué hacemos de la santidad una especie de obligación austera o una carga obligada, cuando en realidad ser santo es ser limpio y libre del peso innecesario de la carga del pecado? ¿Por qué nos aferramos al placer de la culpa? ¿No sería disparatado que un leproso se negara a ser sano de sus llagas supurantes si le dieran la oportunidad de ser libre de su enfermedad?

El mundo nos dice que las emociones más intensas se encuentran en dar rienda suelta a la impureza y despreciar la justicia. Pero en realidad, amar lo que es puro y aborrecer profundamente el pecado es tener verdadero gozo; un gozo infinitamente mayor que cualquier deleite terrenal pueda ofrecer. Por otro lado, resistir la santidad o ser indiferente a ella, es perder el verdadero gozo y conformarnos con algo mucho menor que la plenitud absoluta de la presencia de Dios en nuestra vida, para la cual fuimos creados.

Tarde o temprano, el pecado te robará y te despojará de todo lo verdaderamente hermoso y deseable. Lo has sentido. Sabes de qué se trata. Desearías no saberlo, desearías no haber pecado, desearías no haber sido así. Pero si eres un hijo de Dios, has sido redimido para disfrutar el dulce fruto de la santidad —caminar en unidad con tu Padre celestial, deleitarte en su presencia, regocijarte en su misericordia, experimentar la libertad de tener las manos limpias, un corazón puro y una conciencia tranquila—, la promesa de que un día llegarás a estar delante de Él sin avergonzarte.

¿Por qué conformarnos con menos? ¿Menos que la *alegría*?

¿Por qué a veces elegimos la culpa y no la alegría? Considera el placer y el gozo de amar lo que Dios ama y aborrecer lo que Él aborrece.

No hay sacrificio demasiado grande

Y de hacer bien y de la ayuda mutua no os olvidéis; porque
de tales sacrificios se agrada Dios (He. 13:16).

 EL LLAMADO DE DIOS A RENDIR NUESTRA VIDA sobre el altar del sacrificio implica entregarle todo lo que somos —nuestros derechos, nuestra reputación, nuestros deseos, nuestros planes futuros, todo lo que concierne a nosotros— primero, para toda la vida, y después, cada día, a cada instante, en cada decisión.

¿Parece pedir demasiado? Sinceramente, hay momentos que —sí— me siento como si Dios me estuviera pidiendo algo irracional. Podría ser que escuche y atienda a otra mujer más que quiere hablar conmigo, cuando estoy física y emocionalmente agotada al final de un largo día de ministerio. Podría ser que le ofrezca ayuda económica a una pareja para ayudar a costear la educación cristiana de sus hijos. Podría ser mantener una relación con una persona difícil y demandante. Podría ser tener que estar en mi oficina por las noches y fines de semana cuando los demás están pasando tiempo con su familia.

En esos momentos, a veces mis emociones gritan: "¡Ya he dado mucho! No puedo dar nada más". Pero ahí es cuando necesito ir al Calvario y mirar a los ojos al Cristo que derramó su sangre y dio todo para reconciliarme con Él. Con esa perspectiva, cualquiera de mis sacrificios, es mi "culto *racional*" (Ro. 12:1) —"racional" que proviene del vocablo griego *logikos*—; es decir, que la única respuesta *lógica* que puedo tener es el sacrificio total y absoluto de mi vida.

Dios nos pide que ofrezcamos nuestra vida y nuestras circunstancias diarias como un sacrificio vivo; es decir, nuestra consagración y rendición incondicional a Aquel que dio su vida por nosotros. ¿Le ofreceremos a este Salvador solo nuestras ofrendas razonables y nuestros fines de semana libres, o todo lo que somos y tenemos?

¿Cuándo fue la última vez que sentiste que Dios te estaba pidiendo que hicieras algo que parecía humanamente irracional? ¿Cómo afecta el sacrificio de Cristo en la cruz tu perspectiva de lo que Él te está pidiendo?

Dios está obrando

¡Cuán grande es tu bondad, que has guardado para los que te temen! (Sal. 31:19).

 SI ALGUNA VEZ HUBO UNA SITUACIÓN que parecía imposible, fue la de la reina Ester. Huérfana desde niña; parte de un harén persa; casada con un esposo alcohólico, arrogante y cruel; además tuvo que hacer frente a un edicto que intentaba exterminar a toda su raza. Era una situación desesperante, tanto para ella como para su pueblo. Su situación parecía imposible.

Pero en la historia de Ester, encontramos un recordatorio poderoso de que el reino de los cielos gobierna sobre todos los reinos de la tierra. Cuando vemos cómo Dios actuó a su favor, al hacer justicia y preservar la vida de su pueblo, vemos que podemos confiar que Dios obra en el momento perfecto, y siempre conforme a su buena voluntad soberana y eterna.

Cuando estamos en medio de nuestros dramas terrenales, debemos seguir recordando esta importante realidad. Por más que empujemos, presionemos, insistamos, manipulemos, lloremos y fastidiemos, no resolveremos nuestros problemas. Estas tácticas podrían ayudarnos a conseguir lo que queremos en un sentido inmediato, pero son contraproducentes para los propósitos grandiosos del Señor. Es responsabilidad de *Dios* orquestar los sucesos y los detalles de nuestra vida. Nuestra tarea es esperar y colaborar con cualquier plan que Él nos revele.

Tendemos a justificar nuestra impaciencia, tal vez al considerarla necesaria en vista de la naturaleza desesperante de nuestra situación. Pero cuando Ester se enfrentó a una maquinación diabólica, que amenazaba su vida junto a la de toda la raza judía, mantuvo un notable control de su lengua y sus emociones. Sin apuros, sin histrionismo, sin arrebatos de histeria. Su ejemplo es el reflejo de alguien que entendía que "el cielo gobierna" (Dn. 4:26); la misma razón que debería motivarnos a responder, incluso ante nuestros dilemas más amenazadores, con valor, fe y serena confianza.

Recuerda que, a pesar de cuán complicada o imposible parezca tu situación, "el cielo gobierna". Puedes descansar en el hecho de que Dios tiene un plan y que nada puede impedir que Él lo cumpla.

Una historia de amor

Con amor eterno te he amado; por tanto, te prolongué mi misericordia (Jer. 31:3).

A TODOS NOS GUSTAN LAS HISTORIAS DE AMOR. Por eso fuimos creados para dar y recibir amor. Fuimos creados para tener intimidad. Sin embargo, la mayoría de nosotros sabe más de *ausencia* de intimidad, que de la realidad de esta. Desde que somos niños buscamos llenar ese vacío, anhelamos sentir cercanía, calidez y afecto. Anhelamos saber que le importamos a alguien, que alguien se interesa por nosotros, que alguien nos sigue amando a pesar de conocernos como realmente somos. Sin embargo, aun en las mejores familias y relaciones humanas, en cierto sentido, lo máximo que podemos conseguir es aliviar ese anhelo, ya que nadie en esta tierra podrá llenar por completo ese vacío.

La razón es que dado que Dios es el que creó ese vacío en nuestro corazón, es el único que puede llenarlo. En las Escrituras, vemos que Dios se acerca a nosotros, quiere que nosotros nos acerquemos a Él, nos conoce íntimamente y nos invita a conocerlo de la misma manera.

Así se puede ver, de principio a fin, que la Palabra de Dios es una increíble historia de amor. Y, sorprendentemente, es una historia con tu nombre y el mío. Ya sea que hayas crecido, como yo, en la iglesia o que no tengas ningún trasfondo religioso; ya sea que tengas un pasado "respetable" o que sea cuestionable; ya sea que tengas un gran conocimiento de la Biblia o que apenas la hayas abierto una vez, puedes formar parte de esta historia de amor.

Aquellos que bebieron del profundo manantial de ese amor divino siempre han encontrado en Él la intimidad que su alma anhela. Que cada día que pases en su Palabra y en su presencia calme tu sed de intimidad con el Amante-Creador, Aquel que llena el vacío de nuestro corazón con su misma presencia.

¿Has experimentado la incapacidad de las relaciones humanas de satisfacer los anhelos más profundos de tu alma? Agradece a Dios por su intimidad, su fidelidad y su amor eterno. Pídele que satisfaga tu corazón con su amor.

Una diferencia que se puede ver

En aquel tiempo los sordos oirán las palabras del libro, y los ojos de los ciegos verán en medio de la oscuridad y de las tinieblas (Is. 29:18).

 LA MAYORÍA DE NOSOTROS NO PUEDE IMAGINAR cómo es no ver; no poder describir el color amarillo o distinguir el rostro de un ser amado en la multitud o cruzar fácilmente una calle. La dádiva de la vista es una bendición maravillosa por la cual a veces nos olvidamos de dar gracias.

Sin embargo, Fanny Crosby (1820-1915), escritora de más de ocho mil himnos, suficientes para llenar quince himnarios completos y para que su casa editorial tuviera que asignarle diferentes seudónimos a fin de que su producción fuera más creíble, veía las cosas de otra manera.

Ella estaba *agradecida* por la bendición de la ceguera.

A las seis semanas, el médico de su familia había usado compresas calientes en sus ojos para intentar curar una infección. Ese tratamiento solo sirvió para dañar su tejido ocular y dejarla definitivamente ciega. Sin embargo, ella se negó a deprimirse por su imposibilidad de ver. A los ocho años de edad, compuso una estrofa que describía la "niña feliz" que era a pesar de su limitación física.

Más tarde, escribió en su autobiografía que nunca podría haber escrito todos esos miles de himnos si hubiera tenido la distracción constante de poder ver las cosas interesantes de este mundo. "Parece que la bendita providencia de Dios dispuso que me quedara ciega para toda la vida, y le agradezco a Dios por su designio". "Le agradezco a Él", dijo ella, por la ceguera.

Hay dos clases de individuos en este mundo: los agradecidos y los desagradecidos. Es la diferencia entre desperdiciar la vida y saber aprovecharla, entre estar cegado a la gloria y "A Dios sea la gloria", entre una amargura segura y la "Bendita seguridad". Es una diferencia que se puede ver.

¿Qué razón para estar agradecido podrías encontrar en tus propias debilidades o limitaciones personales si decides verlas con esta perspectiva?

Vida sana

Pero tú habla lo que está de acuerdo con la sana doctrina (Tit. 2:1).

 ¿QUÉ PROPORCIÓN DE ARSÉNICO tolerarías en tu comida o bebida? ¿Sólo una mínima proporción? ¿Te molestaría? El hecho es que muchos cristianos toleran residuos de contaminantes en sus creencias, lo cual contagia su perspectiva de todo, desde cuestiones familiares a cuestiones financieras y temas de interés público.

Por eso la Palabra de Dios nos exhorta tanto en cuidar la "sana doctrina". La Palabra "sana" en el original griego es *hugiaino*, un término estrechamente relacionado con nuestra palabra castellana higiene. Ser sano es ser saludable, ingerir solo alimentos nutritivos y beneficiosos para nuestro cuerpo. Insistir en la sana doctrina es parecido a la práctica de leer atentamente las etiquetas de información nutricional o comprar en las tiendas de productos naturales o elegir productos orgánicos que están libres de pesticidas y conservantes perjudiciales.

¿Cuántas personas conoces que harían cualquier cosa para asegurarse de la fiabilidad y calidad de los alimentos que consumen? Y sin embargo ¿cuántas personas conoces que son igual de cuidadosas a la hora de guardar su corazón y su mente de las creencias que pueden debilitar toda su perspectiva de la vida y el fiel desempeño de sus funciones en el hogar, el lugar de trabajo e incluso en su iglesia local o ministerio?

No es difícil distinguir o evitar la doctrina abiertamente falsa, así como tampoco nos tientan ni nos atraen las botellas llenas de veneno. Lo que debemos cuidar es que nuestros alimentos espirituales no estén salpicados con errores provenientes de personalidades con mucho carisma, historias emocionales y chistes graciosos que, con el tiempo, terminan por hacernos creer cosas que lentamente adormecen nuestra percepción espiritual.

Debes conocer muy bien la Palabra de Dios y guardarla en tu corazón para que puedas discernir si lo que estás escuchando es una enseñanza realmente sana y saludable.

¿Qué le dirías a alguien que dice que no necesita la doctrina, que solo necesita a Jesús? ¿Cómo afecta la falsa doctrina a nuestra relación con Cristo y nuestra manera de vivir la fe?

Cara a cara

*Y hablaba Jehová a Moisés cara a cara, como habla
cualquiera a su compañero (Éx. 33:11).*

CUANDO PASA ALGO ENTRE DOS AMIGOS, podría ser difícil y emba-
razoso encontrarse cara a cara. Recuerdo haber escuchado a
una esposa describir un desacuerdo que había tenido con su
esposo la noche anterior. "¡Me acosté —dijo ella—, me di vuelta
hacia la pared y le di la espalda a mi esposo!". No hace falta un terapeuta
para saber que hay una barrera en esa relación.

Habrás visto suceder este mismo principio en la vida de tus hijos.
Cuando uno de ellos hace algo que no debería, ¿qué es lo último que desea
hacer? Mirarte a los ojos. Algo ha sucedido entre ustedes, y la comunión
está rota.

Si hace tiempo que estás en los caminos de Dios, sabes cómo es experimentar una brecha en tu relación con Él y que te resulte difícil mirarlo "a
los ojos" por algo que permitiste que se interponga entre ustedes.

Uno de los propósitos de los devocionales bíblicos es acercarnos a Él,
indagar qué ha causado la separación y experimentar la restauración de
la comunión, para que puedas volver a mirarlo a los ojos sin vergüenza ni
temor; el dulce fruto de poner en práctica el evangelio en tu corazón.

Cuando busques a Dios hoy —y cada día— no olvides que el propósito
principal no es simplemente conocer más acerca de Él, sino *conocerlo a Él* y
disfrutar una comunión íntima con Él. De hecho, podemos experimentar la
misma comunión profunda y real que Moisés tuvo, gracias a la obra reconci-
liadora de Cristo en la cruz y la presencia del Espíritu Santo en nuestra vida.

Puede que seas un avezado estudiante de las Escrituras. Puede que
incluso seas un líder de estudio bíblico. Pero si tu tiempo con Él no te lleva
a conocerlo más profundamente, estás omitiendo lo más importante. Vuelve
a mirarlo a los ojos hoy. Y no apartes tu vista de Él.

*¿Qué impedimentos o distracciones te impiden desarrollar una amistad
íntima con Dios?*

¿Tienes orgullo?

Humillaos delante del Señor, y él os exaltará (Stg. 4:10)

UN MISIONERO QUE HABÍA SIDO LLAMADO a cierta región de África recordaba que cuando les mencionaba (incluso como una rápida referencia) el nombre de otro cristiano a cualquiera de los creyentes de aquél país, a menudo le preguntaban: "¿Es un cristiano quebrantado?". Sorprendentemente, la pregunta no era: "¿Es un cristiano comprometido?" o "¿Es muy conocedor?" o "¿Es disciplinado?". "¿Está quebrantado?".

¿Cómo puedes saber si eres un cristiano quebrantado? Una manera sería considerar las diferencias entre una persona *quebrantada* y una persona *orgullosa*:

Las *personas orgullosas* desean que se les reconozca como exitosas. Las *personas quebrantadas* están motivadas a ser fieles y asistir a otros a obtener el éxito.

Las *personas orgullosas* se entusiasman con los halagos y se desalientan con la crítica. Las *personas quebrantadas* saben que los halagos que reciben por sus logros le pertenecen a Dios y que la crítica puede ayudarles a ser más semejantes a Cristo.

Las *personas orgullosas* mantienen a los demás a distancia. Las *personas quebrantadas* están dispuestas a correr el riesgo de acercarse a los demás.

Las *personas orgullosas* se preocupan por las consecuencias y los problemas causados por su pecado. Las *personas quebrantadas* se afligen porque su pecado ha contristado y deshonrado a un Dios santo.

Las *personas orgullosas* se sienten dignas de respeto. Las *personas quebrantadas* se sienten desesperadamente necesitadas de la misericordia de Dios.

Si afirmaciones como estas revelan la presencia de orgullo en tu corazón, no te desesperes. Dios ha tenido la misericordia de mostrarte tu necesidad. El primer paso hacia el quebrantamiento y la humildad es ser sincero sobre estas cosas y reconocer la verdadera condición de tu corazón. No trates de ocultarlo, justificarte, razonar, compararte con los demás o simular estar mejor de lo que realmente estás. Las riquezas y las bendiciones de la gracia de Dios les pertenecen a aquellos que reconocen su pobreza espiritual.

Si alguien les preguntara a tus amigos o a tus familiares sobre ti: "¿Es un/a cristiano/a quebrantado/a?". ¿Cuál sería su respuesta?

Fiel en el viaje

Guarda el buen depósito por el Espíritu Santo que mora en nosotros (2 Ti. 1:14).

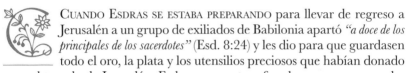

CUANDO ESDRAS SE ESTABA PREPARANDO para llevar de regreso a Jerusalén a un grupo de exiliados de Babilonia apartó *"a doce de los principales de los sacerdotes"* (Esd. 8:24) y les dio para que guardasen todo el oro, la plata y los utensilios preciosos que habían donado para el templo de Jerusalén. Esdras puso estas ofrendas en sus manos y les dijo: "La plata y el oro, ofrenda voluntaria a Jehová Dios de nuestros padres. *Vigilad y guardadlos*, hasta que los peséis delante de los príncipes de los sacerdotes… en los aposentos de la casa de Jehová" (vv. 28-29).

En el viaje de mil cien kilómetros, estos hombres tuvieron luchas y oposición, incluso un "acechador en el camino" (v. 31). Pero al pensar en su peregrinación, dijeron "la mano de nuestro Dios estaba sobre nosotros, y nos libró" (v. 31).

Entonces llegó el día cuando llegaron al destino tan esperado y entregaron sus objetos preciosos a los sacerdotes del templo: "Por cuenta y por peso se entregó todo, y se apuntó todo aquel peso en aquel tiempo" (v. 34).

Nosotros estamos de viaje hacia la Jerusalén celestial. Dios ha puesto en nuestras manos tesoros preciosos —el evangelio de Cristo, los dones y el llamado que nos ha dado, la vida de aquellos que hemos sido llamados a servir— y se nos ha encomendado que los vigilemos y los administremos cuidadosamente. El camino que tenemos por delante está lleno de peligros y dificultades; a no ser por la mano de Dios sobre nuestra vida, no podremos lograrlo. Pero la mano de nuestro Dios *está* sobre nosotros, y Él nos librará de cada uno de los enemigos que encontremos a lo largo del camino.

Pronto estaremos en el templo celestial ante la presencia de nuestro gran Sumo Sacerdote, y qué grande gozo tendremos cuando le entreguemos los tesoros que nos ha confiado y le digamos: "Señor, por tu gracia, aquí te entrego todo; no falta nada".

¿Qué te hace sentir que no eres apto para la tarea que se te ha encomendado? Agradece a Dios porque te dará todo lo que necesitas para lograrlo. Pídele que te dé gracia para poder ser fiel en el viaje y poder rendir cuenta con gozo el día cuando, finalmente, llegues al hogar.

Santa manera de vivir

Pero fornicación y toda inmundicia, o avaricia, ni aun se nombre entre vosotros, como conviene a santos (Ef. 5:3).

 A VECES ESCUCHAMOS que se usa la palabra *santo* para referirse a alguien extraordinariamente piadoso o virtuoso. Algunas tradiciones religiosas veneran particularmente a ciertos individuos que han sido reconocidos oficialmente como "santos". Incluso, cuando el apóstol Pablo escribía a las iglesias del Nuevo Testamento, a menudo se refería a *todos* los creyentes como "santos" (literalmente, "santos" o "apartados").

Sin embargo, irónicamente, muchas de las personas a las que Pablo escribía se estaban comportando de cualquier forma, *menos* como santos. Eran culpables de muchos pecados que también vemos hoy en los creyentes: divisiones, amargura, inmoralidad, egoísmo, amor al mundo.

Entonces, ¿por qué Pablo llama "santos" a estos creyentes de la iglesia primitiva? *¡Porque eso eran!* Sus corazones pecaminosos habían sido lavados con la sangre de Jesús, y Pablo quería que vieran cuán incoherente era su comportamiento con su verdadera naturaleza. De hecho, les estaba diciendo (y a nosotros): "¡Puesto que *son* santos, vivan *como* santos!".

Cuando un pecador se convierte en un hijo de Dios, nace de nuevo. Se aparta de Satanás y el mundo y le pertenece completamente a Dios. *Se convierte en un santo*. Recibe un nuevo corazón, y el Espíritu Santo que mora en él comienza el proceso de transformación a semejanza de Cristo. No es perfecto —ninguno de nosotros lo somos— pero su deseo es agradar a Dios. Por consiguiente, cuando peca, niega su nueva identidad y actúa de manera contraria a la naturaleza a la cual está siendo transformado.

¿Eres santo? Si eres un hijo de Dios, la respuesta es *sí*. La pregunta es: ¿estás viviendo como un santo? Este debería ser nuestro gran anhelo y fiel profesión, posible por la gracia de Dios y el poder del Espíritu Santo que mora en nosotros.

¿De qué manera saber y aceptar esta verdad sobre ti arroja luz sobre la característica enfermiza y esclavizadora del "hábito de pecar"?

Disco roto

No te inclinarás a sus dioses, ni los servirás, ni harás como ellos hacen; antes los destruirás del todo, y quebrarás totalmente sus estatuas (Éx. 23:24).

 LA ABUELA DE BRENDA tenía muy mal genio, y nunca había podido corregirlo en toda su vida. Su madre (la de Brenda) también fue una mujer malhumorada e irascible, que solía atacar verbalmente a sus hijos. Brenda siempre detestó la manera en que su madre la había tratado desde niña.

Después de casarse y tener su primer hijo, un día, Brenda se horrorizó cuando su pequeño hijo hizo algo que no debía y ella le gritó con la misma ira. En realidad, el sonido la asustó. Le asustó escuchar palabras, que había prometido nunca decir a sus propios hijos, y que ahora salían de su boca con gran facilidad y volumen. Brenda se arrodilló y le imploró perdón a Dios. Sin embargo, todavía se sentía "atrapada" en los patrones que, al parecer, había heredado de previas generaciones.

Algunos meses después, Brenda escuchó al orador de una conferencia retar a la audiencia a tomar los agravios del pasado como si fueran un "disco". (¿Recuerdas los discos de larga duración, antes que llegaran los casetes, los discos compactos y las descargas digitales?). "En vez de escuchar esas voces todo el tiempo en tu mente —dijo el orador— toma ese disco de los agravios recibidos y rómpelo sobre tus rodillas". Y eso es justamente lo que hizo Brenda. En un acto de obediencia y fe, "rompió el disco" de los arrebatos de ira de su madre hacia ella; las palabras hirientes y humillantes que le había dicho cuando era niña, y perdonó a su madre por haberle repetido siempre la misma "letra" en su cabeza.

En consecuencia, un patrón pecaminoso, que había atormentado a tres generaciones, llegó a un final definitivo; porque una persona se decidió a ponerle punto final. ¿Qué características impías heredadas podrían desplomarse en tu propia vida si les hicieras frente de la misma manera?

¿Necesitas romper algún "disco" de agravios recibidos en el pasado? ¿Qué patrones en tu vida podrían llegar a su fin si te negaras a seguir siendo cautivo de tu pasado y en cambio decidieras perdonar a quienes te hayan hecho daño?

¡Qué reconfortante!

Tenga el Señor misericordia de la casa de Onesíforo, porque muchas veces
me confortó, y no se avergonzó de mis cadenas (2 Ti. 1:16).

Sí, PABLO ESTABA EN LA CÁRCEL y en circunstancias desesperantes cuando escribió estas palabras. De hecho, estaba condenado a muerte, bajo extrema seguridad, privación y encierro. Pero aun así, era el apóstol Pablo; inquebrantable, piadoso y lleno de fe. Un hombre común y corriente, como Onesíforo podría haber concluido fácilmente que alguien de la estatura espiritual de Pablo, seguramente, no necesitaba consuelo ni ayuda de alguien como él. Además, si Pablo necesitaba de los demás, debía tener varios otros amigos ansiosos por ayudarlo.

Tal vez sientas lo mismo con respecto a algunas personas. Tu pastor y su esposa, por ejemplo, o un líder de estudio bíblico, que difícilmente parezca necesitar una palabra de aliento de tu parte. Sin embargo, aunque ni lo imagines, esas personas podrían necesitar un Onesíforo en su vida; alguien que ore, les muestre interés, les ministre en sus necesidades reales.

Tú no sabes realmente qué situación podrían estar atravesando otros o las dificultades que podrían estar enfrentando. Tal vez, a pesar de su imagen, se sienten solos o desmoralizados. Unas palabras de aliento o un sencillo acto de bondad podrían significar mucho para ellos.

Sabemos que Pablo estaba en una situación donde pocas personas habían tomado la iniciativa de ayudarle en su necesidad (2 Ti. 1:15; 4:16). Algunos estaban demasiado asustados para implicarse. Otros tenían sus propias razones para mantener distancia. Pero esto hizo que Pablo apreciara aún más el apoyo de Onesíforo.

Cuánto agradezco al Señor por personas como Onesíforo en mi vida; queridos amigos, cuyas acciones y palabras de aliento han ministrado a mi corazón la gracia que tanto necesitaba y me han ayudado a perseverar y resistir en la batalla. Pensar en esas personas me motiva a acercarme a otros que podrían necesitar que Cristo los consuele y los reconforte.

Piensa en alguien que haya bendecido tu vida a tal punto que te gustaría
agradecerle y animarle de alguna manera práctica. ¿Qué te está deteniendo?
Nunca es un mal momento para reconfortar a alguien.

Todo o nada

Así, pues, cualquiera de vosotros que no renuncia a todo lo
que posee, no puede ser mi discípulo (Lc. 14:33).

 EN LA ÚLTIMA PARTE DE LUCAS 14, encontramos a Jesús rodeado de una gran multitud. Pero a diferencia de lo que tú y yo podríamos haber estado tentados a hacer, Él nunca trató de ganarse a la audiencia. A él no le preocupaban los índices de audiencia. No se estaba presentando como candidato a elecciones ni estaba tratando de atraer a la mayor multitud de la ciudad. Él sabía muy bien que cuando algunos escucharan su mensaje, perderían interés en su movimiento. Pero eso no le impedía ser directo.

Jesús miró a la multitud de posibles discípulos y les dijo, en realidad, "si quieren seguirme, tienen que entender lo que esto implica". Él no les habló a grandes rasgos; más bien se refirió a asuntos específicos que aquellos que dicen ser sus seguidores deben rendir; cosas como sus *relaciones*, su *cuerpo físico*, sus *derechos*, sus *posesiones* "y aun también su propia vida". Después Jesús les dijo: "el que no lleva su cruz y viene en pos de mí, no puede ser mi discípulo" (vv. 26-27).

Una cosa es tener una experiencia emocional en una reunión cristiana donde eres inspirado y exhortado a cederle el control de todo a Dios. Otra cosa es vivir esa rendición una vez que la emoción del momento ha pasado; cuando llegas a tu casa después de la reunión, cuando pierdes tu empleo y las cuentas llegan, cuando te enteras de que estás esperando el quinto hijo en siete años, cuando a tu cónyuge le diagnostican una enfermedad terminal.

La medida de tu discipulado se determinará en el laboratorio de la vida, en las decisiones y respuestas de cada día y de cada momento, que revelan cuánto te has rendido realmente para seguir a Cristo.

¿Confías lo suficiente en Él para hacer esta oración? "Señor, hoy te vuelvo a rendir cada parte de mi ser. Te ruego que me ayudes a rendir mi vida cada día, en cada asunto, desde ahora hasta que esté delante de ti en la eternidad".

La perfecta libertad

Mas ahora que habéis sido libertados del pecado y hechos siervos de Dios, tenéis por vuestro fruto la santificación, y como fin, la vida eterna (Ro. 6:22).

ERAN JÓVENES, ESTABAN LLENOS DE VIDA y muy enamorados. Bill le había prometido a quien sería su esposa, que cuando se casaran, él se encargaría de que ella tuviera todos los deseos de su corazón. Sin embargo, dos años más tarde, mientras Bill estaba cursando su licenciatura y comenzando una próspera e incipiente empresa, la joven pareja despertó a la realidad de que conocer y servir a Cristo era mucho más importante que cualquier otra meta en la vida. Un domingo en la tarde, compungidos al sentir que Dios tenía derecho a poseer por completo y usar sus vidas para los propósitos de su reino, se arrodillaron juntos en la sala de su casa y le pidieron a Dios que afirmara cada gramo de su energía y recursos para su gloria.

Después, tomaron papel y lápiz, y redactaron y firmaron un contrato en el que renunciaban a los derechos de todo lo que poseían o tendrían alguna vez, y declararon que estaban a total disposición de Dios. "Ese domingo a la tarde —dijo él— nos convertimos en esclavos voluntarios de Jesús".

Cuando Bill Bright falleció a los ochenta y un años de edad, él y Vonette habían llegado a ser nombres muy conocidos en el ámbito cristiano, como fundadores y directores de Cruzada Estudiantil para Cristo y por enviar a cientos de miles de trabajadores para confesar el evangelio alrededor del mundo. Sin embargo, a pesar de sus muchos logros, el Dr. Bright a menudo insistía en que el único epitafio que quería en su tumba era esta simple descripción: "Un esclavo de Jesucristo". De esta manera quería ser conocido y recordado.

La búsqueda de prosperidad, éxito y significado que prescinde de Dios, finalmente, hará que te quedes vacío, como quien intenta atrapar el viento. Contrario a lo que podría parecer, convertirse en un esclavo de Cristo es el camino a la verdadera libertad. En su servicio encontramos nuestro privilegio, propósito y gozo eterno.

¿Has considerado alguna vez reconocerte como un esclavo voluntario de Cristo? Escribe una breve oración que exprese tu deseo de entregar tu vida a su total disposición.

_____

_____

_____

_____

_____

Convocado

Y dijo Moisés a Josué: Escógenos varones,
y sal a pelear contra Amalec (Éx. 17:9).

 A MI ENTENDER, Josué no había tenido entrenamiento militar antes que Moisés lo mandara a pelear. No había asistido a un campamento militar. No había tenido prácticas de simulacro. No había tomado cursos en estrategias de guerra ni había tenido ninguna experiencia como soldado. Era la primera vez que iba a la batalla y tuvo que ponerse el uniforme de comandante. Nos preguntamos qué probabilidades tenía de sobrevivir, mucho menos de triunfar.

Le formulé esta pregunta a un ex comandante del ejército, y me dijo que en la actualidad el oficial militar que recibe dicha posición tuvo que haber sido sometido a un intenso entrenamiento y requisitos instructivos, y al menos tener tres años de experiencia previa en la conducción de soldados en el campo. ¿Cuál fue la evaluación de mi amigo sobre las probabilidades de que Josué triunfara? "Sería suicida sin una intervención divina".

Tal vez te encuentres en una situación como la de Josué. Te mandaron a pelear sin experiencia ni preparación previa. Igual que Josué, estás aprendiendo el oficio, no en el salón de clases leyendo libros de textos y escuchando a instructores veteranos, sino directamente en el frente de batalla. Ya sea que estés enfrentando una difícil situación familiar, un ministerio nuevo o una enfermedad que no esperabas, no ves la manera de superar lo que Dios ha puesto sobre ti.

Sin embargo, es posible que el Señor supiera que la única manera de que realmente aprendas y crezcas es al ponerte en una posición en la que no sepas qué hacer, donde tengas que buscar su presencia y dirección, para luego intervenir sobrenaturalmente a tu favor cuando te rindas a Él.

¿Quieres ver a Dios obrar de manera ponderosa? Entonces no huyas del fragor de la batalla; tu desesperación e incapacidad constituyen la situación perfecta para que Dios obre a través ti y te dé la victoria.

¿Qué situación extrema has estado enfrentando últimamente en la cual no sabes qué hacer? ¿Cómo podrías atravesarla con gracia y fe en vez de hundirte en el pánico y las quejas?

Una cita siniestra

Y vio la mujer que el árbol era bueno para comer, y que era agradable a los ojos, y árbol codiciable para alcanzar la sabiduría; y tomó de su fruto, y comió; y dio también a su marido, el cual comió así como ella (Gn. 3:6).

 SATANÁS ENGAÑÓ A EVA para que tomara una decisión basada en lo que veía y en lo que sus emociones y razonamientos le dictaban que era bueno, aunque fuera contrario a lo que Dios ya le había dicho. Eva probó ese fruto. Pero en vez de recibir la recompensa prometida, se le llenó la boca de gusanos: vergüenza, culpa y temor, alienada de su esposo y de Dios. Satanás le había mentido, la había engañado.

Y desde ese momento hasta ahora, Satanás ha usado el engaño para captar nuestro interés, influenciar nuestras decisiones y destruir nuestra vida y nuestras relaciones. De una u otra manera, muchos de nuestros problemas son fruto del engaño; el resultado de haber creído algo que simplemente no es verdad. Satanás insiste en su deslumbrante promesa de una vida rica y gratificante si nos decidimos a seguir sus caminos; aunque sabe que "hay camino que al hombre le parece derecho; pero su fin es camino de muerte" (Pr. 14:12).

No importa si la fuente es cercana o lejana, cada vez que nos quieren convencer de algo que contradice la Palabra de Dios, podemos estar seguros de que el enemigo de nuestra alma está tratando de engañarnos y destruirnos. Lo que leemos o escuchamos podría parecer bueno y podríamos sentir que no tiene nada de malo; pero si no está de acuerdo a la Palabra de Dios, no es bueno.

Si tan solo Eva hubiera hecho una pausa para pensar en las consecuencias que seguramente tendría si aceptaba la oferta del tentador. Si tan solo hubiera mirado más allá del encanto de lo que Satanás le estaba ofreciendo en ese momento y hubiera visto el fruto mucho más dulce de la perfecta relación con Dios que estaba a punto de perder. Y sin tan solo nosotros pudiéramos ver que el fruto prohibido —fruto que parece tan atractivo y de sabor tan dulce al paladar— al final nos despojará de todo lo que realmente es bueno y deseable.

¿Qué te está ofreciendo el enemigo que parece hermoso y deseable, pero es contrario a la Palabra de Dios? Pídele a Dios que te ayude a decidirte por Él para poder "gusta[r], y ve[r] que es bueno Jehová" (Sal. 34:8).

Dios tiene el control

Como los repartimientos de las aguas, así está el corazón del rey en la
mano de Jehová. A todo lo que quiere lo inclina (Pr. 21:1).

 CUANDO LE DICES A TU HIJO de dos años que no puede cruzar la calle solo, no estás siendo tiránico o cruel. Tú sabes que hay autos "despiadados" en esa calle transitada, y que lo que le dices es para su bien. Estás usando tu autoridad para proteger a tu hijo (aunque él aun no tenga conciencia de su necesidad de protección).

De igual manera, cuando nos sometemos a la autoridad que Dios ha ordenado, nos estamos colocando bajo la protección y cobertura espiritual del mismo Dios. Por otro lado, cuando insistimos en hacer lo que queremos y nos salimos de esa cobertura y protección, nos exponemos a la influencia y al ataque del enemigo.

Creo que la cuestión fundamental con respecto a la sumisión (ya sea en el matrimonio, el lugar de trabajo o en otro contexto) realmente se resume en nuestra disposición a confiar en Dios y colocarnos bajo *su* autoridad. Cuando estamos dispuestos a obedecerle, vemos que no es tan difícil o amenazante como someterse a las autoridades humanas que Él ha colocado en nuestra vida.

La verdad es que una autoridad superior tiene el control de toda autoridad humana. A fin de cuentas, *ningún* ser humano tiene el control de nuestra vida; en realidad, la sujeción nos coloca en una posición en la que estamos cubiertos y protegidos por nuestro Padre celestial, que es sabio, tierno y todopoderoso, y que tiene en sus manos el "corazón del rey".

La pregunta es ¿creemos realmente que Dios es más grande que cualquier autoridad humana? ¿Suficientemente grande para cambiar el corazón de ese "rey" si fuera necesario? ¿Suficientemente grande para protegernos y suplir nuestras necesidades si tomáramos el lugar que nos corresponde bajo autoridad?

Colocarnos bajo la autoridad que Dios ha ordenado es la mayor evidencia de cuán grande creemos que es Dios.

¿Hay algún ámbito donde te estés resistiendo a las autoridades que Dios ha puesto en tu vida? ¿Cómo podría cambiar tu perspectiva si consideraras esta oportunidad de confiar en la sabiduría y soberanía de Dios?

Comienzos de quebrantamiento

Examíname, oh Dios, y conoce mi corazón; pruébame y conoce mis pensamientos; y ve si hay en mí camino de perversidad, y guíame en el camino eterno (Sal. 139:23-24).

 EL DR. C. L. CULPEPPER fue director de una gran misión denominacional en la provincia china de Shantung a finales de la década de 1920. Una noche, al regresar a su casa después de una reunión de oración, sintió que debía seguir buscando a Dios hasta altas horas de la noche y preguntarle: "¿Señor qué hay en mí?". Él sentía una gran necesidad y aridez espiritual en su vida, pero no podía distinguir cuál era el problema.

A la mañana siguiente, se volvió a reunir con sus compañeros de la misión para orar y les confesó el pecado de presunción espiritual, que Dios le había mostrado durante la larga noche anterior. El Dr. Culpepper reconoció que los elogios que recibía como "buen misionero" habían despertado el orgullo en él y le estaba robando la gloria a Dios. Más tarde, dijo: "Mi corazón se quebrantó tanto, que creí que no podría seguir viviendo".

Su confesión suscitó un quebrantamiento tan generalizado entre los líderes cristianos de la nación, que pronto toda aquella provincia experimentó un gran derramamiento y convicción del Espíritu. El avivamiento de Shantung resultante, que se extendió a todos los territorios de la provincia a principios de la década de 1930, tuvo una gran incidencia en la atmósfera espiritual de China en aquella época.

Por lo general, los avivamientos más emocionantes de la historia han comenzado con un puñado de creyentes quebrantados. Y es curioso saber que esos hombres y mujeres considerados los "más piadosos", generalmente, han sido los primeros en humillarse y admitir su necesidad. ¿Has estado esperando que tu cónyuge, tus hijos o líderes de tu iglesia se humillen delante de Dios? Dios podría estar esperando que tú —con tu quebrantamiento— provoques el quebrantamiento de aquellos que te rodean.

¿Cuándo fue la última vez que le pediste a Dios que examine tu corazón y te muestre si hay "camino de perversidad"? Pídele una renovación del Espíritu en tu vida, y que por su gracia puedas responder con quebrantamiento y humildad verdaderos.

Hay un aperitivo para eso

Huye también de las pasiones juveniles, y sigue la justicia, la fe, el amor y la paz, con los que de corazón limpio invocan al Señor (2 Ti. 2:22).

LA PIEDAD, LA MADUREZ ESPIRITUAL Y LA INTIMIDAD con el Señor no se cultivan solas. Son el fruto de decisiones y hábitos disciplinados y conscientes; disciplinas que son cruciales para cultivar los apetitos espirituales. Hace un tiempo escuché a una mujer soltera de treinta y tantos años, que me confiaba que seguía extrañando y deseando la "intimidad" que había experimentado en algunas de las relaciones inmorales de su pasado. Al mismo tiempo, admitía tener poco deseo de intimidad con Dios.

Le expliqué que nuestros apetitos están determinados y estimulados por las decisiones que tomamos y lo que permitimos que entre a nuestro corazón. Aquellos que llenan su mente con imágenes de películas sensuales y cosas por el estilo están cultivando un apetito por los placeres terrenales. Pero aquellos que llenan su mente con las Escrituras al memorizar la Palabra y consagrarse a la oración y la adoración experimentan un apetito creciente por una relación íntima con Dios.

Hace poco una amiga me dio un libro que recomendaba como una "novela muy dulce" que valía la pena leer. El libro era realmente conmovedor y estaba maravillosamente escrito. Sin embargo, después de algunos capítulos, apareció el personaje de una mujer que liberalmente usaba un lenguaje vulgar y empezaba a seducir a un amigo que vivía cerca. No seguí leyendo mucho más del libro ni para saber cómo terminaba la historia. Algunos podrían considerar que fue una decisión extrema, innecesaria o incluso legalista; pero fue una decisión nacida de un deseo de llenar mi mente con influencias que me despierten más hambre de Dios, y evitar aquellas que podrían adormecer o disminuir mi amor por Él.

Tales decisiones no siempre son fáciles de tomar, pero traerán bendiciones y beneficios en tu vida, que superarán con creces cualquier cosa que este mundo pueda ofrecer.

¿Tienes algún hábito o costumbre que esté alimentando en ti los deseos de la carne o disminuyendo tu apetito por Dios? ¿Qué decisiones profundizarían tu deseo de buscar a Dios y ayudarte a cultivar una firme devoción por Cristo?

Puesto en el ministerio

Doy gracias al que me fortaleció, a Cristo Jesús nuestro Señor, porque me tuvo por fiel, poniéndome en el ministerio (1 Ti. 1:12).

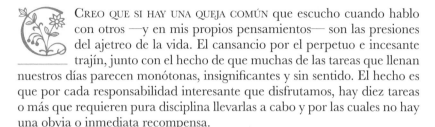

CREO QUE SI HAY UNA QUEJA COMÚN que escucho cuando hablo con otros —y en mis propios pensamientos— son las presiones del ajetreo de la vida. El cansancio por el perpetuo e incesante trajín, junto con el hecho de que muchas de las tareas que llenan nuestros días parecen monótonas, insignificantes y sin sentido. El hecho es que por cada responsabilidad interesante que disfrutamos, hay diez tareas o más que requieren pura disciplina llevarlas a cabo y por las cuales no hay una obvia o inmediata recompensa.

Es entonces cuando es bueno recordar que debemos ser agradecidos por lo que yo llamo "la bendición del servicio importante" y reconocer que todos los servicios, para los cuales Dios nos designe y nos fortalezca, son importantes.

En 1 Crónicas 1—9 encontramos mayormente listas y genealogías. Son esos pasajes que nos sentimos tentados a pasar por alto. Pero recientemente me detuve a meditar en un párrafo que detalla las responsabilidades de los levitas. A algunos se les asignaba contar los utensilios del templo cada vez que se usaban. Otros "hacían los perfumes aromáticos" (9:30). Y estaba Matatías, que "tenía a su cargo las cosas que se hacían en sartén" (v. 31).

¡No son exactamente descripciones de tareas con las que muchos de nosotros soñaríamos! Pero estos siervos fieles glorificaban a Dios al aceptar y llevar a cabo la tarea asignada, cada día, una tarea rutinaria tras la otra.

Aunque algunos servicios parezcan insignificantes y podríamos llegar a cansarnos, debemos recordar que es un privilegio que el Dios vivo nos designe para una responsabilidad en su reino. En medio de servicios que parecen interminables, cuya mayoría carece de encanto y que nunca recibirían galardones terrenales, la "carga" de nuestra cantidad de trabajo se alivia cuando la vemos como un llamado santo y supremo, una dádiva a recibir con gratitud.

¿Qué tareas comunes y "poco reconocidas" debes llevar a cabo? Si piensas que no tiene nada de gran valor realizar esas tareas, ¿cómo podría cambiar tu perspectiva con un espíritu de agradecimiento?

_____

_____

_____

_____

Motivos del sufrimiento

Por tanto, todo lo soporto por amor de los escogidos, para que ellos también obtengan la salvación que es en Cristo Jesús con gloria eterna (2 Ti. 2:10).

SEGÚN EL PASTOR JOHN PIPER, "el sufrimiento es una de las estrategias de Cristo para el éxito de su misión": el avance de su reino. Vi a una mujer vivir este principio en medio de una situación conmovedora en la que su esposo había sido infiel a sus votos matrimoniales, con lo cual había herido profundamente a su familia, justo cuando sus dos hijos estaban entrando a la adolescencia. A lo largo de toda aquella mala experiencia, ella mantuvo sus ojos en Cristo. Soportó los días dolorosos y las noches tortuosas por amor a Él y a sus hijos y su incipiente fe (aunque, así y todo, dio los pasos necesarios y sabios para confrontar las malas decisiones de su esposo).

Durante un tierno momento en medio de aquella prolongada pesadilla, su hijo de doce años le dijo: "Mamá, con todo lo que está pasando, tengo miedo de casarme, porque me asusta pensar que puedo lastimar a mi familia de la manera que papá nos ha lastimado. Pero tú le has mostrado tanto perdón y amor, que en realidad tu ejemplo me anima a querer casarme y tener esa misma clase de compromiso con la familia que tenga algún día. Tú me animas a querer ser de buen testimonio a otros, tal como tú".

Con el tiempo, el tesón y la paciencia de esta mujer no solo fortalecieron la fe de sus hijos, sino que también fue el medio que Dios usó para llevar a su esposo al arrepentimiento y a la restauración de su matrimonio.

El apóstol Pablo estaba dispuesto a soportar el sufrimiento "por amor de los escogidos", por el avance y la extensión del evangelio. Y nosotros también, aunque tengamos que enfrentar situaciones inmerecidas que parezcan insoportables, debemos recordar quién nos está observando y qué está en juego. Puede que Dios no "resuelva" todos nuestros problemas como desearíamos de este lado de la eternidad, pero seguramente nos dará la gracia de soportar la prueba al aceptar por fe los propósitos misteriosos y el motivo principal de nuestro sufrimiento.

¿Se ha fortalecido tu fe al ver cómo otro creyente sobrelleva el sufrimiento con gracia y firmeza? ¿De qué manera te habla la perspectiva de Pablo en este pasaje para la situación difícil que estás enfrentando?

Curso intensivo de estudios

María, la cual, sentándose a los pies de Jesús, oía su palabra (Lc. 10:39b).

 ¿NO SERÍA GRANDIOSO que hubiera un curso que nos enseñe todo lo que necesitamos saber y que nos brinde respuestas a todos nuestros problemas? Tal vez tengas un jefe que es imposible de complacer, un mal hábito que no puedes dejar, una iglesia donde nadie parece tener sed de Dios o un hijo que te ha empezado a mentir, y tú necesitas cierta ayuda para saber cómo manejar todos estos asuntos. En realidad, ese curso existe, y, actualmente, tú estás matriculado en él; un curso que aborda todos los asuntos que alguna vez enfrentarás. El mismo Maestro ha escrito el libro de texto. Y aunque no afirma resolver todos tus problemas, contiene todos los recursos que necesitas para *enfrentar* tus problemas. Algunas de las lecciones pueden ser difíciles de entender, pero el Maestro siempre está disponible —veinticuatro horas al día— para darte una clase individualizada en la que pueda adaptar el curso a tus necesidades y ayudarte a entender mejor.

Por lo tanto, te animo a que hoy apartes un tiempo para sentarte a los pies de Jesús. Deja de lado otras distracciones; abre tus oídos y tu corazón, abre su Palabra y deja que Él te enseñe. Él sabe qué necesitas exactamente, y está dispuesto a instruirte y guiarte en su verdad.

Cuando estaba estudiando ejecución de piano para obtener mi licenciatura, la universidad ofrecía "clases maestras" dictada por artistas de renombre, que enseñaban los secretos que habían adquirido a lo largo de todos sus años de estudio y actuación. Fue un gran honor y una gran oportunidad recibir sus enseñanzas. Pero nada se compara al gozo y el privilegio de aprender a los pies de nuestro Maestro celestial "en quien están escondidos todos los tesoros de la sabiduría y del conocimiento" (Col. 2:3).

¿Qué podría hacer que esta lectura pase de ser tan solo unos breves minutos de devocional a una verdadera experiencia de aprendizaje a los pies de Jesús? ¿No es eso lo que realmente necesitas?

El primer error

Por lo demás, hermanos, todo lo que es verdadero, todo lo honesto, todo lo justo, todo lo puro, todo lo amable, todo lo que es de buen nombre; si hay virtud alguna, si algo digno de alabanza, en esto pensad (Fil. 4:8).

 EN TÉRMINOS GENERALES, las personas no caen en la esclavitud de la noche a la mañana. No se levantan una mañana y descubren que son adictas a la comida o que no pueden controlar su carácter. Hay un proceso que conduce a la esclavitud, que comienza cuando empezamos a escuchar y pensar en todo lo que no es verdadero. Así es como comenzó todo en el huerto del Edén. Eva escuchó las mentiras de Satanás. Creo que ella no tenía idea de lo que esas mentiras provocarían en la vida de ella y de su familia. Quizás tampoco era tan peligroso escuchar a la serpiente, y saber qué quería decirle. El solo hecho de escuchar no implicaba desobediencia.

Pero aquí está la clave del asunto: Escuchar un punto de vista contrario a la Palabra de Dios llevó a Eva a una pendiente resbaladiza que la condujo a la desobediencia, que finalmente derivó en su muerte física y espiritual. Prestar oídos receptivamente a cosas que no están de acuerdo con la Palabra de Dios es el primer paso hacia la esclavitud y la destrucción.

Por eso es tan importante seleccionar lo que admitimos en nuestra mente y nuestro corazón, así como rechazar todo aquello que suscite pensamientos contrarios a Dios. Limitar estrictamente las influencias terrenales —como la televisión, las revistas, las películas, la música, los amigos, las novelas— determinará persuasivamente nuestra perspectiva de lo que es valioso, bello e importante en la vida.

Las mentiras inofensivas no existen. No podemos exponernos a las ideas falsas y engañosas del mundo y esperar salir ilesos. El primer error de Eva no fue comer el fruto; su primer error fue escuchar a la serpiente y considerar su punto de vista como una opción válida. Aceptar consejos o razonamientos contrarios a la verdad, irreflexivamente, desarrollará en nosotros creencias equivocadas, que finalmente nos conducirán a la esclavitud y levantarán barreras en nuestra comunión con Dios.

 ¿Recuerdas algo que hayas escuchado recientemente que te despertó el interés o el deseo, pero al pensar en eso te diste cuenta de que no concordaba con la Palabra de Dios? ¿Lo "escuchaste" (lo aceptaste irreflexivamente) o rechazaste conscientemente la mentira?

Sinceramente tuyo

Pues el propósito de este mandamiento es el amor nacido de corazón limpio, y de buena conciencia, y de fe no fingida (1 Ti. 1:5).

EN LA ANTIGÜEDAD, la alfarería era un negocio lucrativo, que invitaba la participación de artesanos mezquinos, más interesados en obtener una ganancia que en ofrecer calidad. Cuando estos artesanos inescrupulosos sacaban del horno una pieza de barro, por ejemplo, si veían que estaba rajada o manchada de alguna manera, a menudo, frotaban cera sobre la parte dañada para disimular la imperfección que constituía el problema. Por lo general, las personas no detectaban el defecto y hasta que calentaran la vasija no se enterarían de que no estaba entera y en buen estado.

Esta práctica habitual llevó a los artesanos más respetables a colocar en sus tiendas un letrero que dijera *sin cerus* —"sin cera" —, para indicar que sus productos estaban garantizados y eran auténticos. Si se detectaba alguna rajadura en el proceso de endurecimiento, desechaban la vasija y empezaban a trabajar con una vasija nueva en la rueda. Cuando sostenían algunas de sus piezas a la luz, aun el comprador más inexperto podía ver que no ocultaban imperfecciones. Eran *sin cerus*.

Sinceras.

Jesús es la luz del mundo, en quien "no hay ningunas tinieblas" (1 Jn. 1:5). Cuando nos exponemos al escrutinio de su mirada, todo sale a la luz. ¿Y qué ve Él? ¿Una vida emparchada y cosméticamente camuflada para que parezca genuina y entera? ¿O una persona que por la gracia y el poder de Dios en su vida no tiene miedo de pasar la inspección de rajaduras y manchas de carácter?

"Si andamos en luz, como él está en luz, tenemos comunión unos con otros, y la sangre de Jesucristo su Hijo nos limpia de todo pecado (1 Jn. 1:7). Sin fingimiento, sino de corazón limpio. Con sinceridad.

¿Qué parte de tu vida tratas de disimular para que parezca de "buena cualidad"? ¿Permitirás que la luz de Cristo pruebe tu vida y exponga cualquier imperfección o rajadura oculta? Entonces deja que su gracia redentora te purifique y te restaure para que seas sincero.

Preparativos para la boda

Así que, amados, puesto que tenemos tales promesas, limpiémonos de toda contaminación de carne y de espíritu, perfeccionando la santidad en el temor de Dios (2 Co. 7:1).

 MI META EN LA VIDA no es estar libre de problemas o sufrimientos; no es ser una exitosa escritora o una oradora solicitada, ni tener seguridad de mí misma, mis amigos, mi salud y mis finanzas. Mi mayor deseo es glorificar a Dios con una vida santa, y que la gloria de Dios se manifieste en una iglesia santa.

Cuánto espero ese día en el que tú y yo, junto a santos de todas las edades, caminemos juntos por el pasillo para encontrarnos con nuestro amado Novio. Quiero presentarme delante de Él con gozo —radiante y sin nada de qué avergonzarme— "sin mancha Él me presentará, pues su justicia vestiré", como lo expresa tan bien el antiguo himno.

Si tú eres un hijo de Dios, eres parte de la novia que ha sido prometida como esposa a su Hijo. ¿Estás listo y a la espera de esta boda? Si no, ¿qué necesitas hacer para estar listo? ¿Hay algún pecado que debes confesar y abandonar? ¿Un paso de obediencia que debes dar? ¿Un hábito que debes dejar o cultivar? ¿Una relación que debes cortar o acaso reconciliar?

¿Necesitas deshacerte de algunas de tus posesiones? ¿Tienes deudas que pagar? ¿Necesitas pedir perdón a algunas personas? ¿Debes hacer alguna restitución?

Sea lo que sea, por amor a Jesús, por amor a la humanidad, por amor al Cuerpo de Cristo, por amor a tu familia, por amor a ti, *hazlo*. A la luz de sus maravillosas promesas, por su gracia y por el poder de su Espíritu Santo, *hazlo*.

Nada podría ser más importante. Nada podría darle más gloria, y nada podría darle más gozo, tanto ahora como en toda la eternidad.

Pídele a Dios que te muestre lo que debes hacer a fin de estar listo para encontrarte con tu Novio celestial. Después pídele gracia para dar los pasos y hacer los cambios que sean necesarios.

Es como beber veneno

Bienaventurados los misericordiosos, porque ellos alcanzarán misericordia (Mt. 5:7).

 CUANDO LA ESTRELLA DE BÁSQUETBOL, Rudy Tomjanovich, corría rápidamente para separar una pelea en el medio campo de un partido de la NBA, en 1977, recibió un puñetazo de uno de los participantes directo a la nariz. El violento golpe no solo lo dejó inconsciente, sino que le quebró casi cada hueso de la cara. Casi lo mata. A veces pasan cosas así, ¿verdad? Es probable que recuerdes algún hecho de tu propia vida en que los ánimos se caldearon y empezaron a hervir y a desbordarse hasta que lo próximo que recuerdas es que el daño ha sido hecho. No hay vuelta atrás. Las palabras que alguien dijo, las reacciones que ocurrieron cambiaron tu vida para siempre.

No obstante, cuando le preguntaron a Tomjanovich si había perdonado al jugador contrario por el puñetazo que arruinó su carrera como jugador, respondió: "Alguien me dijo una vez que odiarlo sería como beber veneno y pretender que otro se muera".

Como tomar veneno y pretender que otro se muera. Esta es una ilustración poderosa de lo que representa la falta de perdón en el corazón humano. Aunque parezca justo, aunque parezca justificado, aunque parezca nuestra única opción, es destructivo y mortal; principalmente para aquel que lo bebe. La misma arma que usamos para hacer daño a nuestro ofensor se convierte en una espada que empuñamos contra nosotros mismos, que nos hace más daño a nosotros y a aquellos que amamos, que a aquellos que nos han herido.

Solo el consejo de Dios —la vía del perdón— nos ofrece esperanza de sanidad y libertad de los problemas inevitables que enfrentamos en esta vida. Y solo aquellos que atienden su consejo experimentarán la realidad de la gracia y la misericordia de Dios para con sus propios pecados.

¿Has bebido el veneno de la falta de perdón? ¿Qué esperabas lograr al aferrarte a tu resentimiento, al aferrarte al derecho de "castigar" a tu ofensor? ¿Qué bendiciones te podrías estar perdiendo por retener tu misericordia?

Consideremos a Jesús

Corramos con paciencia la carrera que tenemos por delante, puestos
los ojos en Jesús, el autor y consumador de la fe (He. 12:1-2).

 SEA CUAL SEA LA CRISIS o la dificultad que estés enfrentando hoy, lo que más necesitas es volver a mirar al Cristo incomparable. Sólo Él puede salvarnos del pecado, santificar nuestro corazón, satisfacer nuestra alma y sostenernos cuando nos cansamos de correr y somos tentados a tirar la toalla.

Él merece ser el objeto supremo de nuestro afecto y nuestra atención personal. Debemos poner nuestros ojos y nuestra esperanza persistentemente en Él. Solo al contemplarlo podemos ser transformados a su semejanza, ser como Él y cumplir el propósito por el cual fuimos creados.

El escritor de Hebreos nos sigue exhortando: "Considerad a aquel que sufrió tal contradicción de pecadores contra sí mismo, para que vuestro ánimo no se canse hasta desmayar" (He. 12:3).

Considerar a Jesús: Este es el consejo que más necesita nuestra generación y cada generación. Cristo es Tónico para el corazón cansado y desanimado. Es Riqueza para el alma pobre. Es Vida para aquellos que están aburridos y embotados por un sin fin de esparcimientos y búsquedas sin sentido. Es Sabiduría para el desconcertado, Salud para el herido, Libertad para el adicto y Gracia para el culpable. ¡Realmente es más que suficiente!

Para que hoy tu "ánimo no se canse hasta desmayar", mira a Jesús, que se levantó de la muerte, ascendió y se sentó a la diestra de Dios, triunfó sobre todo y está esperando en la línea de llegada por ti y por todos aquellos que ha redimido por su gracia. Él es el autor y consumador de nuestra fe, el que puede sostenernos para que no abandonemos la carrera.

Intenta hoy volver a conocerlo, adorarlo y confiar en Él. No pongas tus ojos en héroes inferiores. Pon tus ojos en Él. Y encuentra en Él la fortaleza, el valor y la gracia que necesitas para seguir en la carrera… hasta llegar a la línea de llegada.

¿En quién pones tus ojos cuando te cuesta seguir adelante? ¿Qué te ofrece Cristo
que no puede encontrarse en ninguna clase de desahogo o diversión?

.

_____

_____

_____

_____

_____

_____

_____

Adonde Él te guíe

Me guiará por sendas de justicia por amor de su nombre (Sal. 23:3).

 NUNCA OLVIDARÉ LA PRIMERA VEZ que me propusieron comenzar con un programa radial de enseñanza diario. Desde un principio, tuve muchas dudas sobre semejante compromiso y se las presenté inmediatamente al Señor y a otras personas. No sabía casi nada sobre radiodifusión y me sentía muy incompetente e incapaz de asumir tamaña responsabilidad. Más allá de estas preocupaciones reales, ya había pasado los cuarenta años y deseaba una vida más tranquila de la que había llevado por más de veinte años de ministerio itinerante. En mi mente, aceptar este reto significaría trabajar más que nunca y renunciar a cualquier idea de anonimato, privacidad o una vida "normal"; cosas que, egoístamente, deseaba disfrutar. Recuerdo que pensé: *¡Esto significaría despedirme de mi propia vida!*

Aun desde niña, sabía que mi vida le pertenecía a Dios. Hacía mucho que reconocía que no era dueña de mi propia vida; básicamente, había firmado un contrato en blanco donde le entregaba mi vida a Dios por completo para que Él la usara para sus propósitos. Sin embargo, ahora que Él estaba completando alguno de los detalles, yo estaba tratando de proteger y preservar parte de ella para mí. Finalmente, en un paso de fe y entrega, dije: "Sí, Señor. Soy tu sierva. Tú conoces mis debilidades, mis temores y mis deseos personales. Pero aceptaré alegremente cualquiera que sea tu voluntad en este asunto".

No sería fiel a la verdad si dijera que desde entonces el camino ha sido fácil; pero su presencia y su gracia han estado conmigo a cada paso del camino, y nunca me voy a arrepentir de haber hecho su voluntad.

Es probable que el llamado de Dios en tu vida sea diferente al mío o al de otra persona. Independientemente de los detalles, Él tan solo nos pide que nos arrodillemos y digamos: *Sí, Señor.* Este es el único camino que me lleva al gozo y a la bendición.

¿Por qué no nos podemos dejar guiar por los sentimientos de temor e incapacidad en nuestra vida? ¿A qué te está llamando Dios que requiere fe y entrega? Pídele su gracia para dar un paso de fe y decirle: "Sí Señor".

¿Apresuraremos a Dios?

Una cosa he demandado a Jehová, ésta buscaré; que esté yo en la casa de Jehová todos los días de mi vida, para contemplar la hermosura de Jehová, y para inquirir en su templo (Sal. 27:4).

 CREO QUE UNA ACTITUD ACELERADA y apresurada es uno de los peores enemigos de una vida devocional eficaz. Cuando una vez les pregunté a cientos de mujeres que detallaran cuáles eran los peores obstáculos para la práctica de una vida devocional constante, las demasiadas ocupaciones —"no tener tiempo"— fue el problema número uno.

Hace años, mientras hacía mi rutina de ejercicios y escuchaba la grabación de una entrevista con mi amigo y Dr. Henry Blackaby (el autor de *Mi experiencia con Dios*), hubo algo que cambió totalmente mi manera de pensar. El Dr. Blackaby contaba sus primeras experiencias con el apremio que sentía cada mañana cuando se levantaba para encontrarse con el Señor, para poder ir de prisa a atender las diversas responsabilidades de ese día. Después contó que Dios lo había convencido de que era una grave ofensa "apresurar" al Dios del universo y que había determinado adelantar media hora su tiempo devocional para no sentirse tan presionado. Así lo hizo, pero no notó mucho cambio. Así que adelantó otra media hora. "Y lo seguí adelantando hasta que supe —dijo el Dr. Blackaby—, que podía encontrarme con Dios mientras Él quisiera, sin sentir prisa".

Al escuchar esas palabras de boca de un hombre que evidencia una vida profunda, sólida y fructífera con Dios, sentí un nuevo impulso de hacer lo que fuera necesario para no tener ninguna prisa, a fin de que Dios me pudiera hablar cuando pasara tiempo con Él cada día. Si bien he fracasado muchas veces en esta determinación, sigo convencida de que es una batalla que vale la pena pelear. Sí, requiere de algunos ajustes en nuestro horario. Pero el precioso y dulce fruto de estar en su presencia vale la pena cualquier "sacrificio" que hiciera falta.

¿Cuáles son algunas de las consecuencias negativas de tratar de encontrarnos con Dios "a las carreras"? ¿Cuál ha sido tu mejor remedio para no sentirte "apremiado"?

_____

_____

_____

_____

_____

Está fuera de mi control

Señor, mi corazón no es soberbio, ni mis ojos altivos; no ando tras las grandezas, ni en cosas demasiado difíciles para mí (Sal. 131:1 LBLA).

LA ÚLTIMA PARTE DE ESTE VERSÍCULO se ha convertido en un asunto recurrente en mí, algo que a menudo traigo a mi mente cuando enfrento retos y dificultades: "Esto es demasiado difícil para mí. No hay forma de que lo resuelva sola. Y no voy a permitir que mi corazón se altere por algo que está fuera de mi control".

Esta es la posición correcta de un hijo de Dios, porque la vida trae un desfile interminable de problemas sin explicación, preguntas sin respuesta, oportunidades perdidas, especulaciones imponderables. Muy dentro de nosotros, queremos poder sortear todos estos inconvenientes, estar en control de todas las cosas, saber cómo encajan todas las piezas. Pero el rompecabezas de nuestra vida tiene piezas, que nunca entenderemos ni sabremos cómo armar sin ayuda divina. Y estaremos en una indecisión constante, que nos hará perder tiempo, energía y emociones si tratamos de resolverlo todo —situaciones que simplemente no podemos solucionar antes que termine el día— si acaso alguna vez las podemos solucionar.

De modo que si te sientes superado —si quizás en el trabajo o en la iglesia no valoran tus dones y tu potencial, si en tu hogar no responden como deberían— este sería un buen momento para procurar calmar y acallar tu alma (Sal. 131:2) y confiar en la sabiduría de Dios que se hará cargo de esas cosas como le parezca mejor.

En vez de buscar tus propias ambiciones y propios intereses según tus tiempos, confía que Dios te colocará donde Él quiera usarte, y mientras tanto concéntrate en servirle fielmente en medio de circunstancias que no puedes comprender. Este es el secreto de un corazón sereno.

¿Cuánta de la inquietud que sientes en tu espíritu viene de estar obsesionado por asuntos que no puedes comprender o controlar? Deja de resistirte y comienza a descansar en su gracia y sabiduría.

Amor que restaura

Hermanos, si alguno de entre vosotros se ha extraviado de la verdad, y alguno le hace volver, sepa que el que haga volver al pecador del error de su camino, salvará de muerte un alma, y cubrirá multitud de pecados (Stg. 5:19-20).

LA IDEA DE HACER VOLVER al pecador del error de su camino parece muy extraña en nuestros días. La máxima de nuestra cultura postmoderna es la *tolerancia*, es decir: "Tú puedes vivir como quieras, mientras no me digas lo que está bien". El engaño ha invadido nuestra cultura, y muchos creyentes han sido reacios a defender la verdad por temor a ser calificados de intolerantes o prejuiciosos.

Muchos cristianos no solo manifiestan esta actitud de "vivir y dejar vivir" con el mundo, sino también con otros creyentes que no caminan en la verdad. No quieren crear problemas o que los tilden de moralistas. Parece más fácil dejar las cosas como están.

Pero debemos recordar que en Cristo y su Palabra, tenemos la verdad que hace libre a las personas; no porque seamos muy inteligentes, sino porque los caminos de Dios son eternos y fuente de vida. Es esencial que comprendamos esto. La verdad de la Palabra de Dios es el único medio para que aquellos que conocemos y amamos sean libres de las tinieblas, el engaño y la muerte. Si realmente los estimamos, oraremos por ellos y trataremos de llevarlos nuevamente a la verdad de Dios. Esto es parte de nuestro mandato divino como seguidores de Cristo.

Por lo tanto, vamos a conocer la verdad, creerla, vivirla y proclamarla; aunque sea contraria a nuestra cultura excesivamente tolerante. Y cuando veas a alguien que amas "extraviado" en el engaño, pregúntale a Dios si quiere usarte como un instrumento —quizás junto a otros miembros de su cuerpo— para hacer volver a esa persona a la verdad. Cuando intentes restaurarlo, asegúrate de hacerlo "con espíritu de mansedumbre, considerándote a ti mismo, no sea que tú también seas tentado" (Gá. 6:1).

¿Conoces a alguien que necesitas confrontar con la sabiduría de las Escrituras? Ora para que Dios te conceda llegar a su corazón y hacerlo volver al camino de la verdad.

Ese solo paso

Y haced sendas derechas para vuestros pies, para que lo cojo no se salga del camino, sino que sea sanado (He. 12:13).

 "CARLOS" ES UN AMIGO y hombre de negocios de Texas, que experimentó una fuerte convicción de Dios. Hacía unos años, había sido testigo en un tribunal federal, donde, bajo juramento y deliberadamente, había dado respuestas vagas a preguntas directas para proteger a una de las partes involucradas. No había dicho "toda la verdad".

Una noche, sin poder dormir, Carlos sintió que Dios traía a su corazón este asunto, que él consideraba "caso cerrado". Trató de razonar y buscar una salida, pero sabía que confesar la verdad incluía el riesgo de ir a la cárcel por perjurio. Hasta trató de negociar con el Señor y hacer el compromiso de confesar otros pecados y rendir otras facetas de su vida. Pero el Espíritu no lo dejó en paz.

Finalmente, Carlos llamó a la oficina del juez y le explicó la situación a un asistente, reconociendo su falta y su cambio de actitud. Pasaron doce largos meses hasta que finalmente se enteró de que ninguna de las partes quería reabrir el caso.

Pero durante ese año, que pareció una eternidad, su obediencia en este asunto difícil abrió el canal de la gracia de Dios sobre cada faceta de su vida. El que una vez había sido un esposo y padre orgulloso y severo, espiritualmente autosuficiente y demasiado pendiente de su reputación (según su propio testimonio), tuvo un cambio de actitud hacia su esposa y sus hijos; empezó a experimentar un nivel profundo de afecto y sensibilidad hacia el Señor y los demás. Su familia y sus amigos pueden dar fe de que en los treinta años que pasaron desde entonces, no ha perdido la frescura espiritual, que ha sido el resultado de ese paso inicial de humillación y obediencia.

Tan solo un paso. A veces eso es el único que te impide andar en verdadera libertad, plenitud y productividad en Cristo.

¿Sientes que el Espíritu Santo está escudriñando tu corazón y que tú también debes dar ese "solo paso"? ¿Qué pasaría si de eso dependiera poder disfrutar una nueva intimidad con Dios?

Mantente lejos

Pues la voluntad de Dios es vuestra santificación; que
os apartéis de fornicación (1 Ts. 4:3).

EL APÓSTOL PABLO se dirigió a los creyentes del Nuevo Testamento, que vivían en un mundo enloquecido por el sexo —igual al nuestro—, con palabras tajantes y concluyentes que implican una advertencia generalizada: *Ninguno de nosotros es inmune al pecado sexual.* No importa cuán grande seas, cuánto hace que estés casado o cuán estable y seguro te sientas hoy. Esto les sucede a personas de cualquier grupo demográfico. Tanto fuera, como dentro (lamentablemente) de la familia de la fe.

Por eso se nos exhorta que nos "apartemos" - no solo una vez, sino "más y más" (v. 1)— de toda insinuación al pecado sexual y que nos propongamos cada día ser puros en nuestros pensamientos y actos.

El mandato a apartarnos de la inmoralidad no es simplemente la declaración circunstancial o caprichosa de una prohibición de Dios. La pureza sexual refleja el carácter de Dios. El Dios fiel y amoroso, que guarda el pacto, nos ha declarado (a la iglesia) como la novia de su Hijo. La relación sexual dentro del matrimonio, entonces, es una figura de su fidelidad con nosotros y, por su gracia, de nuestra fidelidad hacia Él. Nuestra santidad en cada ámbito, incluso en la faceta sexual, debe reflejar la santidad de Aquel que nos escogió y nos llamó.

Cuando transgredimos sus normas de pureza moral, en realidad, estamos profanando la imagen bíblica de la redención. Estamos profanando el carácter y la naturaleza de Dios. Incluso estamos profanando nuestra propia naturaleza, porque fuimos creados a su imagen.

"Huid de la fornicación", dice Dios (1 Co. 6:18), en cualquiera de sus formas y expresión. Esto no es solo como medida de protección para ti y tus relaciones; sino para preservación del mensaje del evangelio, puesto que tu vida está en constante exposición.

¿Estás comprometiendo tu vida sexual de una manera que no es digna de tu llamado como parte de la novia de Cristo? Tú sabes cuál es la voluntad de Dios: tu santificación. Pídele gracia para tomar decisiones que manifiesten su pureza.

¿Por qué a mí?

Antes, en todas estas cosas somos más que vencedores por medio de aquel que nos amó (Ro. 8:37).

 A MENUDO CUANDO TRATAMOS de sobreponernos a dificultades y decepciones, debajo de todo eso, hay un clamor interno que nos impide experimentar lo mejor de Dios en la circunstancia que estamos atravesando: una pregunta lastimosa (formulada o no) en la cual tratamos de encontrar consuelo: "¿Por qué a mí?".

¿Cuántas veces has recurrido a esta amarga queja, con la esperanza de recibir de ella suficiente fuerza para proteger tu corazón de sufrir más daño y dolor? "¿Por qué es tan dura la vida?". "¿Por qué me tiene que suceder esto?". "¿Por qué Dios no responde mis oraciones?". "¿Por qué este problema parece no tener fin?". "¿Por qué no tengo otra alternativa que aceptar esto?".

"¿Por qué a mí?".

Nos sentimos traicionados, excluidos, pisoteados y subestimados. Como un remolino que gira en círculos interminables, que nos hala y nos tira hacia abajo, con cada sentimiento de autocompasión, nos hundimos cada vez más en nuestros problemas y nos alejamos de Dios, con desánimo e ingratitud.

"Me estás diciendo que confíe en Dios y sea agradecido, que mantenga la frente en alto. Pero tú nunca has estado en mi situación. Si supieras lo que he estado atravesando, no te apresurarías a decirme eso".

Te aseguro que si todo lo que tuviera para decir fueran dulces trivialidades sobre la gratitud, ni siquiera trataría de responder a circunstancias de la vida real como las que estás enfrentando. Si todo lo que nuestra fe puede ofrecer son palabras que solo caben en un servicio religioso o un libro de teología, sería insensible de mi parte expresárselas a alguien que necesita mucho más que eso.

Pero la verdadera gratitud, centrada en Cristo y motivada por la gracia, cabe en todo momento, aun en los momentos más desesperantes y las situaciones más difíciles de la vida. Aunque no haya "respuestas", nos da esperanza. La gratitud transforma a los luchadores alicaídos en conquistadores victoriosos, aunque, por el momento, sus circunstancias no cambien.

 ¿Estás atravesando alguna situación o dilema en tu vida que suscite en ti la pregunta: "¿Por qué a mí?". ¿Puedes pensar en algún motivo para estar agradecido aunque no lo puedas ver?

Dios es amor

Nosotros hemos conocido y creído el amor que Dios tiene para con nosotros. Dios es amor; y el que permanece en amor, permanece en Dios, y Dios en él (1 Jn. 4:16).

 UNA AMIGA ME ESCRIBIÓ una vez, en medio de una difícil y larga batalla contra el cáncer de seno, para contarme que había logrado comprender con mayor profundidad el amor de Dios, al ver la respuesta de su esposo a su doble mastectomía. La primera vez que él me sacó las vendas, lloramos y nos estremecimos. Yo me veía muy fea, desfigurada y calva. La idea de no volver a ser una esposa completa para él me causaba un profundo dolor. Pero él me sostuvo fuertemente y, con lágrimas en sus ojos me dijo: "Cariño, te amo; porque esa es mi naturaleza".

"Instantáneamente reconocí a Cristo en mi esposo —siguió escribiendo ella—. Como novia de Cristo, nosotros también somos afectados por el cáncer —el pecado— y nos vemos desfigurados, mutilados y feos. Pero Él nos ama porque *esa es su naturaleza.* No hay atractivo en nosotros que llame la atención de Cristo; solo su misma esencia lo lleva a acercarse a nosotros".

Sí, Dios *nos* ama. Ya sea que nos sintamos amados o no, no importa lo que hayamos hecho o de dónde vengamos. Él nos ama con un amor infinito e inexplicable; no porque seamos adorables o dignos de ser amados, sino porque Él *es amor.*

Si eres un hijo de Dios y crees en Él como tu Salvador, ya no eres enemigo de Él. A pesar de haber estado en rebeldía y alejado de Él, Él te ha amado y ha enviado a su Hijo a morir por ti. Él te ama desde la eternidad y por toda la eternidad. Nada de lo que tú hagas, podrá hacer que Él te ame menos ni que te ame más. *Esa es simplemente su naturaleza.*

¿Cuándo te ha resultado más difícil sentir el amor de Dios? Teniendo en cuenta que nada puede separarte de su amor (Ro. 8:38-39), ¿qué te hace sentir así?

Audiencia de solo Uno

*La palabra de Cristo more en abundancia en vosotros, enseñándoos y
exhortándoos unos a otros en toda sabiduría, cantando con gracia en vuestros
corazones al Señor con salmos e himnos y cánticos espirituales (Col. 3:16).*

IGUAL AL MUNDO QUE NOS RODEA, muchos creyentes han desarrollado
una adicción al entretenimiento. Apaguen las luces de la sala, encien-
dan algunos reflectores sobre la plataforma, y sentémonos cómoda-
mente a mirar el espectáculo. Incluso, cuando estamos en nuestro
hogar o en el auto, nos apresuramos a poner música y escuchar cómo otros
cantan sus alabanzas. No estoy sugiriendo que esté mal crear una atmósfera
que nos ayude a concentrarnos, o escuchar las alabanzas que otros cantan.
Pero ¿acaso no hemos permitido que eso sea en reemplazo de levantar
nuestras propias voces al Señor?

Observa a la congregación durante la alabanza y la adoración en la
mayoría de las iglesias, y notarás cuántas personas apenas están tan de pie
y mueven sus labios, mucho menos cantan en alta voz. Somos producto
de una cultura en la cual no se hace tanto énfasis en el canto colectivo.
Preferimos que otras personas lo hagan *por* nosotros. Pero si hay un grupo
de personas al que le debería gustar cantar, es al que componemos los redimidos.

Recuerdo que hace muchos años pasé una noche en la casa de unos
amigos. También habían sido invitados un pastor nigeriano y su esposa. En
plena noche, mucho después que todos nos habíamos ido a dormir, me des-
perté al escuchar un sonido muy peculiar. En la habitación contigua, aquella
preciada pareja cantaban el himno "Cuan grande es Él", lentamente, en
alta voz, con un fuerte acento y con todo el corazón. Por un momento, en
mi somnolencia, ¡no sabía si me había muerto y estaba en el cielo!

Mi (falta de) habilidad vocal es tan notable que nunca me pedirían que
cante sobre una plataforma. Pero ¿por qué nos contentamos con ser espectadores mientras cantantes y músicos más brillantes desarrollan la función
de adorar? Somos participantes activos en el gran drama de la alabanza
eterna, ejecutada para la audiencia sagrada de solo Uno.

*¿Te has olvidado de usar tu propia voz para expresar la alabanza de tu corazón?
"Cantad a Jehová, vosotros sus santos, y celebrad la memoria de su santidad"
(Sal. 30:4).*

Difícil de explicar

El Espíritu Santo vendrá sobre ti, y el poder del Altísimo
te cubrirá con su sombra (Lc. 1:35).

 HACE ALGUNOS AÑOS, el fallecido Dr. Adrian Rogers exhortó a una gran número de personas con estas palabras: No tenemos derecho a que nos crean mientras nuestra vida tenga explicación". Muchas de nuestras vidas tienen mucha explicación, ¿no te parece? ¿Por qué? Porque generalmente dependemos de esfuerzos, energía, habilidades, planes, programas y métodos humanos y naturales. ¿Qué sucedería si el pueblo de Dios pusiera realmente toda su confianza en sus promesas y buscara su presencia en oración? ¿Qué sucedería si creyéramos que Él puede hacer lo imposible, como la reconciliación del matrimonio, la salvación de amigos y familiares incrédulos, la transformación espiritual de hijos descarriados, un nuevo derramamiento de su Espíritu en un genuino avivamiento?

Nunca olvides que las obras de dimensión divina no pueden hacerse sin el poder de Dios que actúa en y a través de nosotros. Sí, puedes predicarles el evangelio de Cristo a tus amigos perdidos, pero no puedes provocar el arrepentimiento y la fe. Puedes cultivar una atmósfera que fomente el crecimiento espiritual de tus hijos, pero no puedes hacer que tengan el corazón de Dios. Tú y yo dependemos totalmente de Él para poder dar cualquier fruto de valor eterno.

Y sin embargo, Dios se especializa en lo imposible —lo inexplicable—, para que cuando obtengamos la victoria y la obra esté consumada, no podamos recibir ningún mérito. *Los demás* sabrán que nosotros no lo hicimos, y *nosotros* sabremos que tampoco lo hicimos.

Nuestro llamado es imposible de cumplir sin el poder del Espíritu Santo. Ni bien pensamos que podemos hacer todo por nuestra cuenta, nos volvemos inútiles para Él. Pero si estamos dispuestos a hacernos a un lado para que Dios se encargue y permitimos que nos cubra con su sombra, veremos cómo hace lo que solo Él puede hacer, y entonces los demás creerán.

¿Hay algo en tu vida que no tiene explicación a no ser por la presencia y el poder de Dios? ¿Qué te está pidiendo Dios que hagas pero sabes que no lo puedes hacer solo? ¡Agradécele por darte el poder de su Espíritu Santo!

Medidas drásticas

Sino vestíos del Señor Jesucristo, y no proveáis para los deseos de la carne (Ro. 13:14).

TENGO UNA AMIGA que dejó de dormir la siesta, porque inevitablemente se enojaba con sus hijos cuando interrumpían su descanso. Ella me dijo: "Decidí no dormir más la siesta porque me exponía a pecar". Una amiga soltera de más de cuarenta años me confesó que dejó de mirar películas románticas, porque alimentan el descontento en su corazón y un excesivo deseo de algo, que Dios había decidido no concederle (el matrimonio).

Otra mujer me contó que tuvo que cambiar de pediatra porque deseaba ser santa. Había descubierto que se sentía atraída al médico de sus hijos y esperaba impaciente que llegara la próxima cita para poder estar con él.

En mi vida personal, hay ciertos tipos de restaurantes que prefiero evitar si quiero glorificar a Dios en lo que como, a menos que tenga muy presente mi responsabilidad.

Todos sabemos que la siesta, las películas y los restaurantes no pueden hacernos pecar; pecar es nuestra decisión. Sin embargo, estoy hablando de tomar la determinación de pelear esta batalla contra la carne, estar dispuesto a suprimir cualquier cosa que alimente los apetitos carnales o que nos proporcione el estímulo o la ocasión de pecar.

Mi postura sobre esto es muy seria. Y así también debería ser la tuya. ¿Qué clase de disparadores y situaciones suelen desencadenar en ti una egoísta satisfacción? ¿Es el alcohol? ¿Es la Internet? ¿Son los video-juegos? ¿O son las películas románticas? ¿De qué estaba hablando Jesús cuando dijo: "Y si tu mano derecha te es ocasión de caer, córtala, y échala de ti; pues mejor te es que se pierda uno de tus miembros, y no que todo tu cuerpo sea echado al infierno" (Mt. 5:30), si no de la disposición a tomar medidas extremas para evitar el pecado? Seguir incitando el pecado —persistir en cosas que nos inducen a pecar— ¡es como abonar con fertilizantes las malas hierbas, y después frustrarnos porque no podemos deshacernos de ellas!

¿Qué "fertilizantes" has estado colocando sobre los pecados que dominan tu vida? ¿Hay alguna medida drástica que podría darte mayor libertad para amar a Cristo y caminar en victoria sobre el pecado?

Resultados finales

Amaos los unos a los otros con amor fraternal; en cuanto a honra, prefiriéndoos los unos a los otros (Ro. 12:10).

 SI TE PIDIERAN QUE CLASIFICARAS por orden de importancia las siete cualidades del carácter cristiano de 2 Pedro 1:5-7, ¿las colocarías en el mismo orden que el apóstol? "Poniendo toda diligencia por esto mismo, añadid a vuestra fe *virtud*; a la virtud, *conocimiento*; al conocimiento, *dominio propio*; al dominio propio, *paciencia*; a la paciencia, *piedad*; a la piedad, *afecto fraternal*; y al afecto fraternal, *amor*".

¿Es la misma progresión que tú usarías? ¿Responden a tu misma aspiración de desarrollo progresivo (edificar una sobre la otra) de las cualidades en tu vida? Me he hecho la misma pregunta y he pensado que podría verme inclinada a colocar la "piedad" al final de la lista, como una manera de que represente la aspiración más importante de nuestra vida cristiana.

Sin embargo, en cierto sentido, la piedad no es un fin en sí misma. Si lo fuera, podríamos llegar a pensar que es posible vivir en una cueva y ser "espirituales" por el resto de nuestra vida. Pero este pasaje sugiere que no hemos llegado a la madurez espiritual hasta no vivir nuestra piedad en el plano horizontal, en el contexto de las relaciones interpersonales. Al fin y al cabo, la piedad debe encontrar su expresión en el "afecto fraternal" y el "amor", primero dentro de la familia de Dios y luego en nuestro trato con otros.

Si no estamos cultivando fuertes relaciones de amor con otros creyentes, si no estamos mostrando un genuino amor por los que no comparten nuestra misma fe, entonces somos defectuosos espiritualmente, no importa cuán diligentemente estemos tratando de vivir para Dios. Crecer en Cristo significa acercarnos unos a otros y profundizar nuestra relación. Crecer en Cristo significa crecer en amor.

¿Cómo describirías a tus amistades cristianas en términos de tener una actitud abierta, manifestar amor sacrificial y dar ánimo? ¿Qué puedes decir de tus relaciones con los incrédulos en términos de preocupación, interés, paciencia y compasión?

Períodos de sequía

¿Por qué te abates, oh alma mía, y por qué te turbas dentro de mí? Espera en
Dios; porque aún he de alabarle, salvación mía y Dios mío (Sal. 42:11).

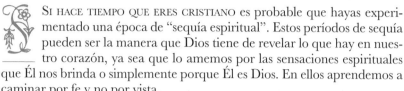 SI HACE TIEMPO QUE ERES CRISTIANO es probable que hayas experimentado una época de "sequía espiritual". Estos períodos de sequía pueden ser la manera que Dios tiene de revelar lo que hay en nuestro corazón, ya sea que lo amemos por las sensaciones espirituales que Él nos brinda o simplemente porque Él es Dios. En ellos aprendemos a caminar por fe y no por vista.

A veces, la sequía puede ser el resultado de haber caído en una rutina en nuestra vida devocional; tal vez nos hemos enfocado más en la metodología que en extraer vida espiritual de las Escrituras y edificar nuestro corazón en Cristo, la Palabra viva de Dios. Cuando esto sucede, puede ser provechoso variar nuestra rutina. Por ejemplo, cuando sentimos que necesitamos más frescura en nuestro tiempo de lectura de la Palabra, podríamos interrumpir nuestro programa de lectura bíblica habitual y dedicar algunos días o algunas semanas a la memorización y meditación de otros pasajes de la Palabra de Dios; algo que nos ministre en nuestra necesidad actual o que renueve nuestro corazón con las verdades del evangelio.

Los períodos de sequía también son buenas oportunidades para pedirle a Dios que nos muestre cualquier asunto que podría estar levantando una barrera en nuestra relación con Él. ¿Hay algún pecado que no has confesado o del que no te has arrepentido? ¿Hay falta de perdón en tu corazón hacia un miembro de la familia o una persona que te ha ofendido? ¿Hay algún paso de obediencia, que sabes que Dios quiere que des, pero que has estado posponiendo?

Los Salmos 42 y 43 parecen ser el diario de un creyente en medio de un período de sequía. Cuando estás pasando por un tiempo así, sigue el ejemplo del salmista: *Mira hacia atrás* y recuerda el gozo que experimentaste en el pasado en la presencia de Dios; *mira hacia delante* a ese día en el que Dios te restaurará el gozo; y mientras tanto espera en Dios con expectativa, "porque aún he de alabarle, Salvación mía y Dios mío".

¿Has experimentado épocas de sequía espiritual en tu vida? ¿Qué has aprendido de estos tiempos "en el valle"?

Una llamada de atención

Y en cada provincia y lugar donde el mandamiento del rey y su decreto
llegaba, tenían los judíos gran luto, ayuno, lloro y lamentación;
cilicio y ceniza era la cama de muchos (Est. 4:3).

 LOS JUDÍOS DE LOS TIEMPOS DE ESTER eran tercera y cuarta generación de expatriados que vivían en Persia, muchos de ellos en
un estado de decadencia. Hacía varias décadas que sus ancestros
habían sido exiliados a esa tierra. Algunos habían regresado con
Esdras a su nativa Israel, pero la mayoría no. El remanente de judíos se
había secularizado, había asimilado la cultura persa. Muchos eran judíos
solo de nombre.

Pero Dios no los había diseñado para eso ni los había llamado a vivir
así. De modo que usó la presión y la persecución para revivir y purificar su
corazón y ayudarlos a ver la depravación de la cultura a la que se habían
acostumbrado tanto, así como su atracción a ella. Entonces usó a un rey
malvado, un decreto malvado (uno que legalizaba su exterminio) y una
situación desesperante para llamar la atención de su pueblo.

Y hace lo mismo con su pueblo hoy.

En tiempos de prosperidad, cuando el mercado bursátil está en alza,
cuando la confianza del consumidor es alta y la paz es plena, nuestro corazón tiende a volverse complaciente. La iglesia se vuelve mundana. En su
deseo de hacer volver nuestro corazón a Él, Dios usa la crisis para despertarnos a la realidad de que nos hemos enamorado del mundo que nos rodea
y de que necesitamos desesperadamente la restauración de nuestra relación
con Él. Entonces provoca a su pueblo a buscarle en oración y ayuno, y reconocer que Él es la única esperanza, tanto para su pueblo como para nuestra
nación y el mundo.

Al predisponer nuestro corazón a buscar a Dios, en respuesta a la crisis
reinante en nuestra nación con humildad y oración, comenzaremos a experimentar un nuevo soplo del viento de su Espíritu sobre nosotros "para que
[seamos] irreprensibles y sencillos, hijos de Dios sin mancha en medio de
una generación maligna y perversa, en medio de la cual [resplandecemos]
como luminares en el mundo" (Fil. 2:15).

 Ora para que Dios use las circunstancias de nuestra nación de modo que "si se
humillare [su] pueblo, sobre el cual [su] nombre es invocado, y oraren, y buscaren
[su] rostro, y se convirtieren de sus malos caminos" (2 Cr. 7:14). Él escuche
desde los cielos y tenga misericordia de nosotros y nuestra tierra.

¿No te sientes perdonado?

Así también mi Padre celestial hará con vosotros si no perdonáis de todo corazón cada uno a su hermano sus ofensas (Mt. 18:35).

 MUCHAS VECES CITAMOS ESTA PETICIÓN del Padrenuestro: "Y perdónanos nuestras deudas, como también nosotros perdonamos a nuestros deudores" (Mt. 6:12). Pero la expresión de este ruego debería hacer que nos preguntemos: "¿Qué pasaría si Dios solo me perdonara en la medida que yo perdono a quienes han pecado contra mí?". Es sensato pensar en esto.

Y es algo que no podemos ignorar, porque en los versículos siguientes al Padrenuestro, vemos que Jesús dice: "Porque si perdonáis a los hombres sus ofensas, os perdonará también a vosotros vuestro Padre celestial; mas si no perdonáis a los hombres sus ofensas, tampoco vuestro Padre os perdonará vuestras ofensas" (vv. 14-15).

Palabras Fuertes. De hecho, son tan estrictas y directas, que quienes hemos sido salvados por gracia, y aún fallamos en perdonar de corazón terminamos buscando excusas y escapatorias, tratando de convencernos de que Dios quiso decir algo menos tajante.

Sin embargo, la realidad es que no encontramos ningún lugar a donde escapar. Cuando nos negamos a perdonar se interrumpe nuestra relación con el Padre. Las Escrituras declaran lo que confirma nuestra propia experiencia: Existe una clara relación entre nuestra disposición a perdonar a otros y nuestra capacidad de apropiarnos y experimentar su perdón por nuestros pecados.

He conocido a muchos creyentes que les cuesta aceptar y experimentar el amor y el perdón de Dios. Naturalmente puede haber muchas causas de eso. Pero una de las principales es negarse a perdonar a otros. Aquellos que se aferran a la amargura y se niegan a perdonar, no pueden esperar que disfrutarán el sabor dulce y pleno de la compasión y misericordia de Dios.

¿Acaso dudas o desconfías de la misericordia de Dios por ti? ¿Podría haber alguna falta de perdón en tu corazón que esté limitando tu capacidad de experimentar su gracia y su perdón?

Combatientes enemigos

Por cuanto no serviste a Jehová tu Dios con alegría y con gozo de corazón…
servirás, por tanto, a tus enemigos que enviare Jehová contra ti (Dt. 28:47-48).

 ¿NO QUIERES RENDIRTE AL CONTROL DE DIOS? Tal vez sea en tu matrimonio, donde te has empecinado en cambiar a tu cónyuge, o te niegas a aceptarlo como la elección de Dios para tu vida, o te resistes a las responsabilidades que Dios te ha dado en esa relación. Tal vez sea una batalla por el control en otra relación: con tus padres, tus hijos, tu empleador, tu pastor o una de tus amistades. Tal vez te estás resistiendo al derecho de Dios de controlar tu cuerpo —tus hábitos alimenticios, de descanso, de ejercicio o de moralidad— o tal vez tu lengua, tu tiempo, tus planes futuros o tus finanzas.

Entonces, ten la seguridad de que los mismos asuntos sobre los cuales te rehúsas rendirte se convertirán en los "enemigos" que te gobernarán: la lascivia, la codicia, las posesiones, la comida, la pereza, la inmoralidad, el enojo y otros enemigos igual de tiranos. Estos se convertirán en fuerzas contrarias en una batalla, que ninguno de nosotros puede ganar.

Ya sea en nuestras relaciones, en nuestra disciplina personal, en nuestras decisiones diarias o en los patrones recurrentes de nuestros hábitos, cualquiera que sea nuestra decisión, ya sea de resistirnos o de rendirnos voluntariamente al Rey, tendrá implicaciones de largo alcance.

Cuando jugamos a ser el "rey" —cuando insistimos en establecer nuestro propio reino e imponer nuestro derecho a gobernar—, inevitablemente, nos ponemos en guerra contra el soberano Dios del universo. Y siempre terminaremos gobernados por opresores. Pero cuando nos inclinamos ante su Majestad —cuando reconocemos que su reino es supremo y nos rendimos a su sabio y amoroso control— podemos vivir en paz con el Rey, en el descanso de su presencia. Solo entonces, seremos libres de todos los demás tiranos.

¿Hay algún "tirano" que podría estar relacionado a una faceta de resistencia espiritual con Dios en tu vida? ¡Considera cómo sería ser libre de todos los "señores" excepto del Señor que te creó, te compró y te ama entrañablemente!

Únete a la fiesta

Mas era necesario hacer fiesta y regocijarnos, porque este tu hermano era muerto, y ha revivido; se había perdido, y es hallado (Lc. 15:32).

LA PARÁBOLA DE JESÚS SOBRE EL HIJO PRÓDIGO es una gran historia con un gran final, al menos en lo que respecta al hijo pródigo. Pero en realidad es la historia de *dos* hijos. Y en la celebración por el regreso del hermano arrepentido, quedó expuesto el verdadero corazón del hermano mayor.

Cuando llegó a la casa después de haber cumplido sumisamente con su labor en el campo, escuchó (de todas las cosas) música y danza. ¡*Qué extraño*! No se había celebrado nada en ese lugar desde que su hermano rebelde se había ido de la casa. Pero en vez de haber ido a preguntarle a su padre (¿podría sugerir esto que el "hijo modelo" no tenía tanta relación con su padre?), se acercó a un criado y le preguntó qué estaba pasando. Y el criado le dijo en pocas palabras: "Tu hermano ha vuelto y tu padre está haciendo una fiesta", a lo cual el hermano mayor no respondió con gozo y alivio, sino con enojo y la negativa a unirse a la fiesta.

Se dice que en la cultura judía antigua, cuando la cabeza del hogar se iba de la fiesta —cómo el padre de esta historia, que fue a buscar a su hijo celoso y molesto— la música y la danza se detenía hasta que el anfitrión regresaba. ¿Acaso no es una ilustración de lo que sucede en muchas de nuestras iglesias? No hay gozo, no hay fiesta, no se celebra el regreso de los pecadores, porque el pastor y los líderes están distraídos con las trivialidades de los "hermanos mayores" que están demasiado ocupados enfocados en ellos mismos, alimentando su orgullo herido, para regocijarse por la restauración de los pecadores quebrantados que vuelven al hogar.

Es típico de personas orgullosas que no han sido quebrantadas —quizás también de nosotros mismos— perder de vista primero su propia necesidad del evangelio y después resentirse por la generosa demostración de gracia, misericordia y perdón de Dios por otros. ¡Que el Señor guarde nuestro corazón!

¿Has perdido el entusiasmo por la transformación del evangelio en la vida de aquellos que te rodean? ¿Qué te dice esto de la condición de tu corazón? ¿Qué podría avivar tu corazón y restaurar un espíritu humilde y sensible en ti?

¿Cuál camino?

Y si alguno de vosotros tiene falta de sabiduría, pídala a Dios, el cual da a todos abundantemente y sin reproche, y le será dada (Stg. 1:5).

 Soy una persona que me desoriento fácilmente cuando tengo que encontrar una dirección; casi no tengo sentido de la orientación. Más de una vez, al dejar la habitación de un hotel, he tenido que detenerme y pedirle a un empleado del hotel que me indique dónde está el ascensor. No hace falta decir que dependo totalmente del GPS o de instrucciones escritas para encontrar casi cualquier lugar.

Descubrir la voluntad de Dios para nuestra vida, nuestras relaciones y nuestras responsabilidades puede ser más complicado que encontrar el ascensor de un hotel (¡obviamente!), un restaurante o la oficina de un médico, y esa es otra razón importante para pasar tiempo con Él todos los días. No importa cuán bueno (o malo) puedas ser para orientarte, no puedes encontrar por tu cuenta el camino que debes tomar en el laberinto de esta vida. Necesitas la guía y dirección que solo puedes encontrar en la meditación diaria de la Palabra de Dios, de modo que el Espíritu Santo alumbre tu camino y guíe tus pasos.

Recuerda que Dios quiere tener una relación íntima contigo. Y una de las características de una relación cercana es la libertad de buscar consejo sobre asuntos que te preocupan.

Estoy muy agradecida de poder recibir ideas de varios amigos sobre asuntos en los cuales tienen la experiencia o la habilidad que a mí me falta, desde reparaciones del hogar hasta la contratación de la cobertura de seguro para el ministerio y decisiones a tomar para la planificación de mis actividades.

Dios quiere esta clase de relación contigo, una relación en la que seas pronto a buscar su sabiduría y dirección sobre todas las cosas de tu vida. Por lo tanto, en tu tiempo devocional, presenta toda tu vida delante de Dios: tu agenda, tus preguntas, tus retos y decisiones que debes tomar. Luego al leer y meditar en su Palabra, con tu corazón en sintonía con Él y predispuesto a oírlo, espera en oración y expectativa que te dé la dirección que necesitas.

¿Qué problema estás enfrentando para el cual necesitas dirección? Preséntaselo al Señor, sumérgete en su Palabra, predispone tu corazón y confía que Él dirigirá tus pasos.

Un llamado 24/7

*Ni estimo preciosa mi vida para mí mismo, con tal que acabe mi carrera
con gozo, y el ministerio que recibí del Señor Jesús (Hch. 20:24).*

EN LOS PRÓXIMOS DÍAS, me gustaría dar a conocer diez principios de
la vida que aprendí de mi padre. Hace ya muchos años que está con
el Señor, y yo solo pude pasar mis primeros veintiún años con él.
Pero las cosas que me enseñó y el ejemplo que me dio con su manera
de vivir durante su breve vida en la tierra han demostrado ser un legado
enriquecedor para mi vida. Espero que recibas estas perlas de sabiduría
como una dádiva de parte de tu Padre celestial.

La primera y, quizás, la más fundamental es esta: *Toma a Dios en serio.* Mi
padre ya era adulto cuando le entregó su corazón a Jesús; ¡pero cuando lo
hizo, le entregó cada partícula de su ser! Su fe no era tan solo una sección
o una categoría de su vida; era la suma y la sustancia de su existencia. Jesús
era *todo* para Él.

Recuerdo una vez estar de vacaciones en familia cuando nos encontramos con una pareja de misioneros que estaba parando en el mismo lugar
que nosotros. Mi papá entabló una conversación con ellos y les preguntó
(con su estilo característico): "¿Cómo va la pesca por ahí?". Él no quería
saber si había pique de truchas; él les estaba preguntando si las personas
eran receptivas a Cristo donde ellos estaban. Cuando el hombre le respondió: "No sé, estamos de vacaciones", mi papá se quedó anonadado. A él no
le parecía mal que los cristianos disfruten unas vacaciones del trabajo; pero
no podía aceptar la idea de tomarse vacaciones de servir a Dios y testificar
acerca de Cristo.

La verdad es que el Señor no nos salvó solo para un compromiso parcial
de fines de semana con Él. No importa cuál sea tu vocación, obedecerle
y servirle es un llamado de 24 horas al día, 7 días de la semana. A donde
quiera que vayas. En todo lo que eres. En todo tiempo y para la eternidad.

¿Es conocer y servir a Jesús el motor que te ayuda a levantarte a la mañana?
¿Es Jesús el centro de tus pensamientos y tus acciones a lo largo de todo el día?
Él merece que lo tomemos en serio.

De mañana

Despertará mañana tras mañana, despertará mi oído
para que oiga como los sabios (Is. 50:4).

ESTOY CONTENTA DE ENCONTRARME contigo en este *lugar apacible*, aunque sea por unos breves minutos, sin importar a qué hora del día o de la noche podrías estar buscando al Señor. Sin embargo, me gustaría recomendarte una simple práctica, que creo que podría transformar tu vida. Me refiero al hábito de encontrarse con el Señor a primera hora de la mañana.

Cualquier momento del día es buen momento para buscar a Dios. Pero, sin duda, las Escrituras confirman la importancia y el valor de empezar el día con Él. "Mas yo a ti he clamado, oh Jehová, y *de mañana* mi oración se presentará delante de ti" (Sal. 88:13); "*de mañana* sácianos de tu misericordia, y cantaremos y nos alegraremos todos nuestros días" (90:14). También sabemos que Jesús se levantaba temprano *de mañana* para estar con su Padre (Mr. 1:35).

Comienza el día con Dios. Mi padre me recalcó esto desde que tengo uso de razón. Él no solo lo predicaba, sino que lo vivía. Yo sabía que él empezaba cada día de rodillas y en la Palabra; pasara lo que pasara, no importaba qué le pasaba ese día o cuán tarde se había acostado la noche anterior. Antes del desayuno. Antes de leer cualquier otra cosa. Pasar ese tiempo con el Señor no era negociable; era su prioridad absoluta en el día.

Conozco muy bien la tentación recurrente de empezar el día sin encontrarme primero con el Señor. Y no es fácil; he descubierto que en cada etapa de la vida hay una multitud de obstáculos que conspiran contra la posibilidad de disfrutar una vida devocional rica y constante. No puedes dejar de apartar al menos algunos minutos de tu mañana para buscar a Dios en su Palabra. Y verás cómo cambiará por completo tu día. Mejor que todo, descubrirás que estás cultivando una relación de amor más íntima con tu Dios y Salvador.

¿Qué bendición especial tiene para ti empezar el día buscando a Dios? ¿Qué pasa cuando Dios no ocupa el primer lugar en nuestros pensamientos y no nos concentramos en Él hasta otro momento del día?

Confía y obedece

*Todo lo que Jehová quiere, lo hace, en los cielos y en la tierra,
en los mares y en todos los abismos (Sal. 135:6).*

 MI PADRE TENÍA una perspectiva elevada de Dios. Cuando muchos de nosotros reaccionamos a los obstáculos y las adversidades preocupados por *nuestros* sentimientos, *nuestras* opiniones, *nuestros* planes y *nuestro* futuro, mi papá estaba convencido de que, cualquiera fuera la circunstancia que atravesara, no se trataba de él, sino de *Dios* y *su* propósito, plan y gloria eternos. Él creía, con todo su corazón, lo que las Escrituras afirman: que Dios no solo es soberano, sino además absolutamente fiel; y no solo fiel, sino amoroso y bueno.

En otras palabras, no importa qué estuviera sucediendo en su vida, su familia, su empresa, su salud o su reputación —y te aseguro que él también tuvo vicisitudes— él seguía creyendo que Dios era digno de su confianza y obediencia.

Confiar y obedecer; tan simple, sin embargo, tan importante.

La confianza surge de *descansar* en la soberanía de Dios, con la certeza de que Él es el Señor y que tiene derecho de hacer lo que quiera con la vida de sus hijos. La obediencia viene de *rendirse* a la soberanía de Dios, no de usar las situaciones difíciles como una excusa para preocuparse, exasperarse, resistirse o resentirse. Nuestra única respuesta aceptable es: "Sí, Señor", aunque la obediencia no parezca rendir frutos positivos, aunque quejarse parezca más congruente que el contentamiento.

La Palabra dice que la voluntad de Dios es "agradable y perfecta" (Ro. 12:2); no porque siempre nos agrade, sino porque siempre tiene propósitos más valiosos que los que podemos ver con nuestra percepción limitada. Por lo tanto, puesto que el Señor hace todo lo que le place, nuestra respuesta a cada obstáculo de la vida debería ser: "Si te agrada a ti, Señor, a mí también me agrada". Esto es confiar y obedecer. Si Él verdaderamente es Dios, ¿cómo podemos hacer algo menos?

¿Estás enfrentando el reto de confiar en la decisión de Dios en alguna circunstancia de tu vida? ¿Qué significaría confiar y obedecer a Dios por completo en esa circunstancia?

Las pequeñas cosas importan

No os engañéis; Dios no puede ser burlado: pues todo lo que
el hombre sembrare, eso también segará (Gá. 6:7).

¿CUÁNTOS HÁBITOS NEGATIVOS O DESTRUCTIVOS, de diez, quince, veinte años o más, se han vuelto casi imposibles de vencer para ti? Considera el hecho de que en un momento de tu vida —si puedes recordarlo con suficiente claridad— estos hábitos sumamente complejos fueron cuestión de una simple decisión. Dijiste que sí cuando deberías, y podrías, haber dicho que no. Y ahora te das cuenta de que no puedes decir que no.

Ya sea un hábito en la alimentación, en el ejercicio físico, en el trabajo, en los gastos, o cualquier otro patrón que se haya arraigado en tu estilo de vida, esas pequeñas decisiones tomadas en las primeras etapas de tu vida, ahora requieren un nivel de restricción que te resulta extremadamente difícil, si no imposible, de dominar. Semillas sembradas cuidadosamente hace muchos años han producido una cosecha jamás imaginada.

Las pequeñas cosas importan.

Este es otro concepto que recuerdo que mi padre enfatizaba desde que era niña. Él nos advertía sobre las decisiones, en apariencia, intrascendentes que tomábamos cada día, y nos aseguraba que lo que comienza pequeño nunca seguirá siendo pequeño. Él solía decirlo de esta manera: "Te has estado convirtiendo en lo que eres *ahora*". Lo que implica que: "Te estarás convirtiendo en lo que *serás* más adelante". Esta es una realidad inevitable. Así como es inevitable que lleguemos a un punto lejano en el camino si seguimos caminando de la manera que lo estamos haciendo.

Pero así como las decisiones pequeñas pueden conducir a hábitos perjudiciales, aun un diminuto paso de arrepentimiento puede colocarnos en un camino diferente, si usamos la misma lógica espiritual a la inversa. Si reconoces la fortaleza que se ha levantado en tu vida y tu imposibilidad de cambiar, y confías que, con el poder del Espíritu Santo, podrás dar cada paso de obediencia que Él te pida, aun los hábitos más gigantescos pueden ceder el paso a la libertad y ser reemplazados por buenos hábitos... un pequeño paso a la vez.

¿Qué tan determinado estás a recuperar aquello que tus hábitos más persistentes te han causado y te han costado? ¿Qué "pequeño" paso de obediencia comenzaría a cambiar las cosas?

Asume tu responsabilidad

De manera que cada uno de nosotros dará a Dios cuenta de sí (Ro. 14:12).

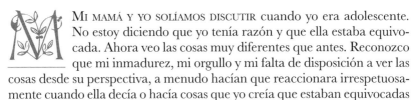

MI MAMÁ Y YO SOLÍAMOS DISCUTIR cuando yo era adolescente. No estoy diciendo que yo tenía razón y que ella estaba equivocada. Ahora veo las cosas muy diferentes que antes. Reconozco que mi inmadurez, mi orgullo y mi falta de disposición a ver las cosas desde su perspectiva, a menudo hacían que reaccionara irrespetuosamente cuando ella decía o hacía cosas que yo creía que estaban equivocadas o eran irrazonables.

Sin embargo, más de una vez, mi papá me recalcaba dos puntos importantes: (1) debes honrar a tu madre y darle el debido respeto —punto—, no importa lo que ella haga, y (2) tú no eres responsable de lo que ella haga; tú solo eres responsable de cómo le respondes. El asunto no era si mi mamá estaba en lo cierto o no; el asunto era si mi respuesta era buena o mala. Nada que ella —o cualquier otra persona— pudiera hacer, podía justificar una mala reacción de mi parte.

¿Cuántas veces les has echado la culpa de ciertos aspectos de tus hábitos de vida y temperamento a deficiencias en tu educación? ¿Cuántas veces has permitido que palabras de tu cónyuge o las acciones de un amigo o compañero de trabajo te provoque a responder de mala manera?

Lo cierto es que la vida nos colocará frente a numerosas personas y situaciones que nos sacarán de quicio. Algunas ofensas son tan solo irritantes y molestas; otras son injusticias dolorosas. En ambos casos, nunca somos responsables de lo que otra persona dice o hace; solo somos responsables de nuestras propias actitudes y respuestas.

No caigas en la mentira de que otra persona tiene el poder de hacer de ti una persona amargada, resentida, quisquillosa o irascible o que su ofensa (percibida o real) justifica cualquier mala respuesta de tu parte. Por la gracia de Dios, puedes evitar poner más leña al fuego. Con un espíritu sabio y humilde y una "blanda respuesta", puedes vencer con el bien el mal.

¿Has estado reaccionando de forma exagerada a las palabras, las acciones o la desaprobación de otros? ¿Cómo podría un profundo reconocimiento de tu responsabilidad con Dios ayudarte a responder de otra manera?

Pide consejos

Si clamares a la inteligencia, y a la prudencia dieres tu voz… entonces entenderás
el temor de Jehová y hallarás el conocimiento de Dios (Pr. 2:3, 5).

 ESCUCHAR BUENOS CONSEJOS es una manera sabia de manejar las decisiones y la confusión que forman parte de la vida. Mi papá nos exhortaba a abrir nuestros oídos a los sabios consejos; ya sea mediante sermones, conversaciones casuales o por cualquier medio. Pero no solo se limitó a eso. Su lectura mensual del libro de los Proverbios le enseñó (y él nos enseñó a nosotros) la importancia de *estar predispuestos a buscar consejos sabios*, de tener la iniciativa de hacerlo. Es una evidencia de humildad no intentar hacer con nuestra vida lo que queremos, o pensar que podemos vivir sin necesidad de que nadie nos ayude.

He seguido su consejo y puedo dar fe de que Dios ha enriquecido, guiado y protegido mi vida maravillosamente. Pastores, amigos, colegas del ministerio y otros han sido amables en darme sabios consejos, que nunca me podrían haber dado si yo no se los hubiera pedido.

Con esto, no estoy diciendo que siempre quise escuchar lo que tenían para decirme; me han dicho cosas difíciles de aceptar. Pero la Palabra de Dios me asegura que "camino a la vida es guardar la instrucción" (Pr. 10:17). Y aunque el consejo de alguien no sea "atinado", o podría llegar a ser falto de sensibilidad o de tacto, si lo recibimos con un corazón humilde, generalmente, encontraremos que contiene al menos una semilla de la verdad que necesitamos.

A menudo pido sugerencias —sobre un amplio espectro de asuntos— de todos los que Dios coloca en mi camino. De hecho, aun ahora que soy una mujer de mediana edad, raras veces tomo decisiones de relativa importancia sin pedirle consejo a una persona amiga o conocida: "¿Tienes algún consejo para darme sobre esto?". No es porque me cueste tomar decisiones; sino porque sé que hay protección y bendición en buscar y seguir el consejo.

¿A quién podrías pedirle consejo sobre un asunto que te está preocupando o confundiendo en este momento? ¿Sueles pedir y seguir consejos sabios?

Guarda tu corazón

Sobre toda cosa guardada, guarda tu corazón; porque de él mana la vida (Pr. 4:23).

 DE LAS DIEZ COSAS ESPECIALMENTE INOLVIDABLES que mi padre me enseñó, hoy me toca mencionar un séptimo principio tan fundamental, que la insensatez de ignorarlo garantizaría la contaminación de cada aspecto de nuestra vida. Esto se debe a que todo lo que decimos y pensamos, sentimos y hacemos o planeamos y soñamos está ligado a una decisión consciente que debemos tomar, no solo una vez, sino varias veces en cada nuevo día.

Guarda tu corazón.

Jesús contó una parábola que describe cuatro tipos de terrenos diferentes, para representar cómo responde a la Palabra de Dios el corazón de una persona, cuánto le permite a la verdad del evangelio crecer y florecer en él. Entre estos cuatro ejemplos, Jesús habló de una parte que cayó entre espinos, que representa al corazón que permite que otros afanes e intereses ahoguen la devoción a Dios pura y deliberada; un corazón lleno de tantas lealtades contrarias y preocupaciones personales, tiene poco lugar para el simple contentamiento en Cristo.

Mi papá hizo todo lo posible por recordarnos que las cosas de este mundo, como las distracciones, las riquezas y los placeres terrenales —aunque no sean necesariamente malos en sí mismos— normalmente no son amigos de la gracia en nuestra vida, y que su tendencia es robar nuestra devoción por el Señor y provocar que nuestro corazón se enfríe y se endurezca.

Por lo tanto, ten cuidado de lo que permites en tu corazón: el entretenimiento que disfrutas, las ambiciones que abrigas, las ansiedades que rehúsas entregar a Dios para poder descansar en su cuidado y sustento seguro. Si no haces el esfuerzo de guardar tu corazón, lo encontrarás ocupado de cosas que te robarán el amor por Cristo y sabotearán tu vida cristiana.

¿Están "los afanes y las riquezas y los placeres de la vida" (Lc. 8:14) ahogando la semilla de la Palabra de Dios e impidiéndole echar raíz en tu corazón? ¿Qué costo espiritual están teniendo estas cosas?

_____

_____

_____

_____

_____

_____

_____

Invierte tu vida

Enséñanos de tal modo a contar nuestros días, que
traigamos al corazón sabiduría (Sal. 90:12).

AUNQUE EXTRAÑO MUCHO A MI PAPÁ y podría desear que todavía estuviera aquí para aprender de él y hablar con él, estoy contenta de que no llegó a ver la época de las computadoras personales y la Internet. No sé cómo lo podría haber soportado. Mi papá era intencional en todo lo que hacía —en el trabajo, la adoración, el tiempo con la familia, incluso en los momentos de inactividad y recreación— y era sumamente cauto en todo lo que consumiera gran parte de su tiempo y, que a su vez, le devengara escaso beneficio. Si le parecía que la televisión consumía el tiempo, era porque no se imaginaba lo que vendría después.

De distintas maneras, nos exhortaba: *"No desperdicien la vida; inviértanla"*.

Dios nos ha dado una cantidad limitada de minutos, horas y días. El tiempo es de Él, no de nosotros, y nos lo ha confiado como mayordomos de algo que le pertenece a Él. Un día, estaremos delante de Él para dar cuenta de lo que hicimos con los pocos años que nos ha asignado en la tierra. ¿Cómo no lamentar todas las horas que descuidadamente desperdiciamos en "intereses triviales", mientras pensamos poco o nada en cómo agradar más a Dios y extender su reino?

Tal vez aún eres joven y no tan consciente del valor que tiene cada día. Te aseguro que la inversión que hagas ahora en el uso de tu tiempo, tus habilidades y oportunidades para glorificar a Dios, se multiplicarán en el curso de tu vida y más allá.

O quizás ya *no* eres tan joven, y te das cuenta de que has desaprovechado demasiado de tu vida en cosas de poco provecho para la eternidad. Entonces, hoy puedes empezar de nuevo, recuperar el gozo de invertir tu vida en la adoración, el ministerio, el servicio, el sacrificio y la restauración de relaciones abandonadas. No es demasiado tarde —o demasiado temprano— para invertir tu vida con una visión a largo plazo.

¿Cuánto de tu día típico malgastas con actividades o intereses que realmente no tienen ninguna importancia a largo plazo? Presenta tus minutos, horas y días al Señor, y pregúntale cómo quiere Él que los inviertas para su gloria.

Un corazón generoso

Hay quienes reparten, y les es añadido más; y hay quienes retienen
más de lo que es justo, pero vienen a pobreza (Pr. 11:24).

 TODOS SABEMOS QUÉ SE SIENTE al ver cosas que no tenemos y desearíamos tener. Sabemos qué se siente al comparar nuestra situación económica con la de otros. Sabemos cómo es vivir en una economía inestable, que amenaza cada medida que tomamos para procurarnos un futuro próspero y seguro.

Pero cada una de estas situaciones comunes tiene una clara contrapartida bíblica: el principio de dar generosamente.

Ninguna lectura cabal de las Escrituras puede conducir a cualquier otra conclusión. *Dios honra la generosidad.* "Honra a Jehová con tus bienes, y con las primicias de todos tus frutos; y serán llenos tus graneros con abundancia, y tus lagares rebosarán de mosto" (Pr. 3:9-10). Esto no quiere decir que serás millonario a cambio de ser dadivoso con tu dinero; pero Dios promete que suplirá todas tus necesidades y serás muy bendecido, de manera que ni siquiera imaginas.

Conozco la tentación de retener, restringirse y dar menos cuando los ingresos no alcanzan a cubrir las obligaciones o garantizarnos una seguridad duradera. Nos sentimos más seguros cuando sabemos que el dinero está en el banco, y no en las arcas de la iglesia, en los fondos de una obra misionera o en la provisión para la mesa de una familia necesitada. Pero cada vez que el temor o la falta de fe nos llevan a retener nuestras ofrendas a Dios y a otros, en realidad, estamos menos, no más, seguros.

"No puedes dar más que Dios", solía decir mi padre. Y lo demostraba al dar *más* cuando los ingresos disminuían. Nuestra familia fue testigo de la asombrosa fidelidad de Dios de muchas maneras en esos momentos. Compruébalo por ti mismo. La matemática podría no tener lógica desde una perspectiva terrenal. Pero descubrirás que es verdad: ¡Realmente no puedes dar más que Dios!

¿Has estado reteniendo algo de Dios por temor y ansiedad? Compruébalo.
Experimenta la economía sobrenatural de Dios, que se activa cuando caminamos
por fe y somos canales de su pródiga gracia y generoso corazón.

A la luz de la eternidad

Que toda carne es hierba, y toda su gloria como flor del campo...
sécase la hierba, marchítase la flor; mas la palabra del Dios
nuestro permanece para siempre (Is. 40:6, 8).

EN ESTOS DIEZ DÍAS hemos estado viendo el legado de mi padre, y hoy quiero terminar con lo que él escribió en una hoja de papel que encontré entre mis archivos. Con la inconfundible letra de mi padre, la hoja contiene tres listas breves, que escribió cuando tenía cincuenta y tantos años. La primera tiene por título "¿Cuáles son mis metas en la vida?". Incluye varias metas relacionadas con las ofrendas, la familia, su vida personal y su empresa, en ese orden. La segunda tiene por título "Los próximos tres años", donde expresa su deseo de liberarse de su empresa para poder dedicar más tiempo al ministerio cristiano. La tercera lista, que incluye tres metas, tiene este encabezamiento: "Si supiera que voy a morir en seis meses..."

Poco sabía él, cuando escribió estas notas, que en menos de tres años estaría con el Señor.

Al releer estas metas, es obvio que lo que más le importaba a mi papá era *vivir a la luz de la eternidad*, con la visión de extender el reino de Dios. Este cometido lo llevó a querer dar más, en vez de acumular más; a desvelarse por las necesidades espirituales de su familia y a preocuparse profundamente por las almas de aquellos que no tenían a Cristo.

Mi padre conocía el poder transformador del evangelio en su vida, y eso lo impulsaba a testificar de Cristo a todo aquel que se cruzara en su camino. De hecho, después que su antiguo amigo, el Dr. Bill Bright (fundador de la Cruzada estudiantil para Cristo) falleció, yo decía de manera graciosa: "¡Espero que estos dos hombres no se aburran sin nadie a quien testificar en el cielo! Las almas perdidas le importaban mucho a mi padre, porque él sabía qué implicaba que rechazaran a Cristo. Él veía un propósito en cada persona que Dios ponía en su camino, siempre alerta por oportunidades de predicar el evangelio, porque la eternidad le importaba.

¿Te importa a ti?

Procura que tu meta suprema en la vida sea conocer a Cristo y darlo a conocer. No hay mayor legado que este.

Si supieras que vas a morir en tres años —o en seis meses— ¿qué harías? Pídele a Dios que determine tus metas y guíe tus decisiones diarias, a la luz de la eternidad.

¿Imposible?

Porque Dios es el que en vosotros produce así el querer como
el hacer, por su buena voluntad (Fil. 2:13).

CUANDO ENFRENTAMOS SITUACIONES difíciles y dolorosas en nuestra vida, debemos preguntarnos: "¿Mi capacidad o disposición a perdonar se basan en la magnitud de la ofensa?". En otras palabras, ¿existe un límite de dolor que nos exima de perdonar o quizás en el que sea *imposible* perdonar?

Las Escrituras nos recuerdan que Dios "echará en lo profundo del mar todos nuestros pecados" (Mi. 7:19). *No algunos, sino todos.* Esto incluye la burla y los insultos de aquellos que lo "escarnecieron" (Sal. 22:6-7), quiénes lo "despreciaron" por completo (Is. 53:3). Una cosa es no caerle bien a los demás; otra cosa totalmente distinta es ser *"despreciado"*: aborrecido, escarnecido, escupido, ridiculizado, humillado, traicionado y que le deseen la muerte. Agrégale a todo eso nuestros propios pecados personales, que contribuyeron a la culpa que Jesús cargó en la cruz.

Sin embargo, este es el mismo Dios que "borro tus rebeliones" y "no [se] acordar[á] de tus pecados" (Is. 43:25), que nos encontró "muertos en pecados" y "nos dio vida juntamente con Cristo" por su "gran amor" por nosotros (Ef. 2:4-5).

Puede que no sientas un "gran amor" natural hacia la persona que te arruinó la vida. Nadie esperaría eso. Pero nunca será la profundidad de *tu* amor lo que te permitirá perdonar actos y actitudes tan despiadadas. Será —solo puede ser— el amor de Cristo impartido en tu corazón de creyente, que fluye a través de ti a aquellos que menos lo merecen.

En lo que respecta al perdón —por más imposible que parezca—, nuestro Señor no nos mandaría hacer algo para lo cual no nos facultara también. Y que Él mismo no hubiera hecho ya.

¿Te han ofendido de una manera que parece demasiado difícil o imposible de perdonar? ¿Cómo te motiva y te ayuda a perdonar en esa situación el amor y el perdón de Dios?

_____

_____

_____

_____

_____

_____

Cuando no entendemos

*Mas tenga la paciencia su obra completa, para que seáis perfectos
y cabales, sin que os falte cosa alguna (Stg. 1:4).*

 ¿QUISIERAS PODER INTERVENIR EN LA VIDA de tu cónyuge, tus hijos o tus amigos, cuando en realidad es Dios el que está causando o permitiendo que sean heridos? Tu reacción natural es querer ir en su auxilio. Resolver la situación. Increpar a quienes la están provocando.

Cuando Elisabet, esposa del sacerdote Zacarías, vio que él estaba mudo cuando regresó de cumplir con sus servicios sacerdotales —sin habla por no haber creído la noticia de que serían padres primerizos a su avanzada edad—, ella tuvo que haberse extrañado de que a su esposo le estuviera pasando eso.

Seguramente, Dios podía entender que a él le llevara algunos minutos hacerse a la idea, por demás impresionante y sorprendente —Elisabet y Zacarías pronto serían padres de Juan, el predecesor de Cristo—, después de no haber podido tener hijos por tantos años. ¿En verdad? ¿Cabía esperar otra respuesta de él?

Obviamente, no sabemos qué quería conseguir Dios exactamente en la vida de Zacarías con esta medida disciplinaria. Y tampoco podemos entender siempre algunas de las razones que llevan a Dios a poner a nuestros seres amados en ciertas pruebas: una etapa de trato injusto en el trabajo, una seguidilla de problemas financieros o el continuo daño provocado por una persona de su pasado.

Sin embargo, en vez de intervenir para mejorar las cosas, debemos hacer lo que, al parecer, hizo Elisabet: Dejar que Dios sea Dios. Dejar que Él logre lo que intenta conseguir, aun en medio de esa circunstancia inexplicable. Dejemos que Dios haga lo que quiera en aquellos que amamos, pues sabemos que Él es bueno, y oremos y creamos que, al final, Él recibirá la gloria.

¿Está sucediendo algo en la vida de alguno de tus seres amados que parece irracionalmente difícil o inmerecido? ¿Puedes orar para que Dios haga su voluntad más que lo libre de esa situación?

La verdadera eficiencia

Bendeciré a Jehová que me aconseja; aun en las noches
me enseña mi conciencia (Sal. 16:7).

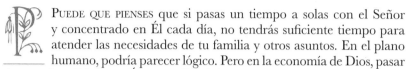 PUEDE QUE PIENSES que si pasas un tiempo a solas con el Señor y concentrado en Él cada día, no tendrás suficiente tiempo para atender las necesidades de tu familia y otros asuntos. En el plano humano, podría parecer lógico. Pero en la economía de Dios, pasar tiempo de calidad con Él, en realidad, incrementará tu capacidad de servir a otros. Aquellos que frecuente e intencionalmente pasan tiempo en la presencia de Dios están mejor preparados para afectar la vida de otros de manera significativa y provechosa.

Las Escrituras enseñan que aquellos cuyos oídos están abiertos a Dios tendrán "lengua de sabios, para saber hablar palabras al cansado" (Is. 50:4). Podrías frustrarte y perder mucho tiempo al tratar de encontrar palabras de instrucción y aliento para tu familia, tus amigos y otros, que se acercan a ti en busca de consejos. Pero gran parte de esa frustración surge de no tener el consejo de Dios en tu lengua y tu corazón, lo cual se fomenta cuando pasas un tiempo regular con Él en oración, en la lectura de su Palabra y en adoración.

Cuando aquellos que te rodean están emocional o espiritualmente débiles, ¿saben que pueden acercarse a ti y que recibirán palabras sabias y oportunas que les levantarán el ánimo? Eso es exactamente lo que puede suceder, si primero has estado con el Señor. Hasta la eficacia de Jesús en la ministración de las necesidades de otros surgía de los tiempos de comunión con su Padre, cuando "se apartaba a lugares desiertos, y oraba" y después se levantaba con la seguridad de que "el poder del Señor estaba con él para sanar" (Lc. 5:16-17).

¿Quieres ser más eficiente para poder cumplir con la multitud de tareas y exigencias de cada día y atender las necesidades de aquellos que te rodean? Entonces organiza tu día con la prioridad de pasar un tiempo a solas con el Señor, en su Palabra y en oración. Ese "lugar apacible" redundará en mayores bendiciones y más capacidad de la que podrías imaginar.

¿Eres constante a la hora de pasar tiempo en la presencia del Señor a fin de que te instruya y te dé lo que necesitas para poder ministrar gracia a quienes están en necesidad?

_____

_____

_____

Juicio y misericordia

*El Señor no retarda su promesa, según algunos la tienen por tardanza,
sino que es paciente para con nosotros, no queriendo que ninguno
perezca, sino que todos procedan al arrepentimiento (2 P. 3:9).*

 DESPUÉS DE LEER EL RELATO BÍBLICO de Noé, algunos dicen: "¿Qué clase de Dios exterminaría a todos los seres vivos de la tierra? Nunca podría seguir a un Dios como ese". Pero aunque dicho acontecimiento nos muestra a un Dios santo que ejecuta juicio, también nos muestra algo más: un Dios de increíble paciencia y misericordia.

Cientos de años antes del diluvio de Noé, su bisabuelo, Enoc, advirtió que Dios iba a "hacer juicio" sobre todo el mundo por su pecado desenfrenado y su maldad (Jud. 14-15). Enoc llamó a su hijo Matusalén, un nombre que muchos eruditos creen que podría interpretarse como: "Su muerte, desencadenará". Y es bastante seguro que Matusalén murió el mismo año del diluvio. La construcción del arca duró casi cien años, lo cual puso en plena evidencia por varias generaciones tanto la amenaza de juicio de parte de Dios como su oferta de misericordia.

El Nuevo Testamento dice que Noé era un "pregonero de justicia" (2 P. 2:5), lo cual sugiere que advirtió a sus contemporáneos acerca del inminente juicio de Dios y los llamó al arrepentimiento. Incluso después que Noé y su familia estuvieran juntos y a salvo dentro del arca, Dios retuvo la lluvia por otra semana; siete días más de oportunidad de arrepentirse. Sin embargo, todos siguieron rechazando la provisión misericordiosa de Dios, menos la familia de Noé.

Casi del mismo modo hoy —con las señales de advertencia de la venida de un juicio evidente— la mayoría de las personas ignora las advertencias y la oferta de salvación. Tienen otras cosas que hacer y poco interés en humillarse delante de Dios.

Nadie tendría que haber perecido en el diluvio; nadie podía decir que no había recibido una advertencia y la posibilidad de arrepentirse. Y actualmente nadie tiene que enfrentar la ira eterna de Dios. Hablemos del Dios de misericordia, paciencia y gracia, que sigue llamando al mundo al arrepentimiento, a refugiarse en Cristo, nuestra arca de la salvación.

 ¿Qué evidencias de la misericordia de Dios puedes reconocer en tu propia vida, familia o nación? Testifica acerca de una de ellas la próxima vez que alguien acuse a Dios de ser frío y despiadado.

Fábula de dos pecadores

Entonces Samuel le dijo: Jehová ha rasgado hoy de ti el reino de Israel,
y lo ha dado a un prójimo tuyo mejor que tú (1 S. 15:28).

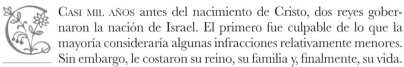 CASI MIL AÑOS antes del nacimiento de Cristo, dos reyes gober-
naron la nación de Israel. El primero fue culpable de lo que la
mayoría consideraría algunas infracciones relativamente menores.
Sin embargo, le costaron su reino, su familia y, finalmente, su vida.
En comparación, su sucesor fue culpable de ofensas mucho más graves.
En un arrebato de pasión, por ejemplo, cometió adulterio con la esposa de
su vecino y luego conspiró para precipitar su muerte. Sin embargo, en el
relato de su vida, se dijo que fue *"un varón conforme a su corazón* [el de Dios]*"*
(1 S.13:14).

¿Qué explica la diferencia?

Cuando el primer hombre, el rey Saúl, fue confrontado con su pecado,
reaccionó con justificaciones y excusas. Estaba más preocupado por preservar su reputación y su posición —*quedar bien*— que estar bien con Dios.
Por el otro lado, el rey David, reconoció humildemente su falta delante del
Señor, aceptó la responsabilidad de su penosa maldad y se arrepintió completamente de su pecado.

Aquellos que están realmente quebrantados no tratan de encubrir su
pecado. No tienen nada que preservar ni nada que perder. Una vez que
aceptan el peso de lo que han hecho, lo que más les interesa es vindicar a
Dios, honrar su santidad y respaldar su Palabra.

Por eso Dios honró el corazón de David, así como honra el nuestro
cuando acudimos a Él con un espíritu contrito y humillado. A Él no le
interesa el alcance ni la gravedad de nuestro pecado, sino nuestra actitud y
respuesta cuando somos confrontados con él.

¿De qué manera nos impide el orgullo confesarle la verdad al Señor y a otros?
Cuando el Espíritu Santo te convence de pecado, ¿tu respuesta se parece más a la
del rey Saúl o a la del rey David?

A buen resguardo

Cuando alguien quiera perseguirte y atentar contra tu vida, la vida de mi señor quedará
a buen recaudo en la bolsa de la vida, al cuidado del Señor tu Dios (1 S. 25:29 BLP).

 GRABADA EN MUCHAS LÁPIDAS JUDÍAS, la frase "a buen recaudo en la bolsa de la vida" tiene que ver con la vida más allá de la tumba. Inspirada en las palabras de Abigail a David, esta descripción gráfica da la idea de una posesión valiosa y preciada guardada en una bolsa para que esté segura y protegida, sin que se deteriore o corra peligro.

Sabemos que Abigail conocía muy bien los problemas y las adversidades de esta vida. Atrapada en un matrimonio complejo, sin una manera real de escapar de sus circunstancias difíciles y adversas, al menos sabía que su ser interior estaba a salvo. No importa qué podían hacerle —ni siquiera su cruel esposo, Nabal— ella estaba segura de que su vida estaba a buen resguardo, al cuidado del Señor. En base a esta posición segura, pudo animar a David cuando se sintió amenazado.

Obviamente, esto no significa que una mujer que se encuentre amenazada físicamente debe cruzarse de brazos y recibir lo que otra persona le quiera propinar. (Dios ha ordenado autoridades civiles y eclesiásticas para proteger al justo y castigar al malhechor, y hay veces que es adecuado y sabio apelar a estas autoridades en busca de ayuda). Esto significa que sea cual sea la condición riesgosa o preocupante en la que te encuentres, tienes un refugio y fortaleza seguros si eres un hijo de Dios. Por la gracia de Dios, por medio de la fe, puedes consolarte al saber que estás "a buen recaudo en la bolsa de la vida", es decir, que tienes una posición segura en Cristo.

A la larga, Dios recompensa a aquellos que le son fieles, mientras que juzga y, finalmente, destruye a aquellos que le resisten. Tal vez no a corto plazo, pero sí a largo plazo. Y hoy tú estás en ese lugar especial "a buen recaudo en la bolsa de la vida", al cuidado de tu eterno y omnipresente Salvador.

Si la eternidad parece demasiado lejos para que sea de gran esperanza o ayuda para ti, imagínate si ni siquiera tuvieras las promesas de Dios. Piensa qué significa que tu vida —pasada, presente, y futura— está segura en Cristo y dale gracias a Dios.

_____

_____

_____

_____

¿Para quién trabajas?

Está un hombre solo y sin sucesor... pero nunca cesa de trabajar, ni sus ojos se sacian de sus riquezas, ni se pregunta: ¿Para quién trabajo yo, y defraudo mi alma del bien? También esto es vanidad, y duro trabajo (Ec. 4:8).

¿POR QUÉ HACES LO QUE HACES? Puede que estés todo el día ocupado con la familia y la crianza de los hijos. Puede que tengas un horario intenso de trabajo y tengas que tratar constantemente con otras personas. Pero ¿es posible que cada día tu objetivo principal sea tan solo cumplir con tus obligaciones o ganar un sueldo? ¿Apresurarte para poder terminar tus asuntos pendientes? ¿Tachar cosas de tu lista de asuntos pendientes? ¿Es posible que veas a las *personas* que te rodean —tus hijos, tus compañeros de trabajos, tus amigos o tus clientes— como puntos de apoyo que te ayudan a lograr tus objetivos, en vez de amarlos, servirlos y bendecirlos genuinamente, al invertir en sus vidas y ayudarles a ser todo lo que Dios ha diseñado que sean?

En momentos de mi vida, he pasado por esta misma situación; cuando estar enfocada en mi propia agenda y mis propios objetivos me ha impedido fomentar relaciones con aquellos que me rodeaban. Si continuamos con esta actitud por mucho tiempo, podríamos llegar a terminar aislados y completamente solos, sin nada más que en compañía de nuestros objetivos y ambiciones personales

La persona descrita en Eclesiastés 4:8 es alguien que —quizás, sin querer— ha estado trabajando para su propio beneficio, marcando su propio ritmo y, probablemente, pisando a otros en el proceso. Un día, se despierta y pregunta: "¿Para qué estoy haciendo todo esto? ¿Para mí? ¿Para poder sentarme acá solo a disfrutar mis logros?". Finalmente se da cuenta (¿demasiado tarde?) que "mejores son dos que uno... Porque si cayeren, el uno levantará a su compañero" (vv. 9-10).

De modo que, sí, trabaja duro; pero asegúrate de que tu duro trabajo y tu sacrificio no sean solo para ti. Porque si no lo haces de corazón y no profundizas tus relaciones interpersonales, solo obtendrás cosas que no valen la pena, y no tendrás a nadie con quien compartirlas. Vivir *para ti*, finalmente, significa vivir *solo*.

¿Acaso tu lista de asuntos pendientes te está sacando tiempo para dedicarte a fomentar relaciones interpersonales que le dan sentido a tu vida? Pídele a Dios que te dé sensibilidad e interés por las personas que Él ponga en tu camino hoy.

Visión borrosa

*A Jehová he puesto siempre delante de mí; porque está a
mi diestra, no seré conmovido (Sal. 16:8).*

EMPECÉ A NOTAR que uno de mis ojos estaba muy irritado, y tenía
problemas para usar mis lentes de contacto. Al principio, pensé que
tenía algún tipo de reacción alérgica, la cual intenté tratar con anti-
histamínicos. Pero el problema persistió y llegó a ser tan molesto
que, de hecho, tuve que dejar de usar los lentes de contacto por algunos días
hasta tener una cita con mi oculista.

Después de examinar mi ojo irritado, el médico me explicó que no se
trataba de un problema de alergia ni con el ojo en sí. El problema era el
lente de contacto. De alguna manera, se había deformado y estaba friccio-
nando el ojo. Si quería restaurar mi visión, necesitaba reemplazar el lente
dañado por uno nuevo.

Prácticamente de la misma manera, una visión deformada de Dios
puede afectar nuestra manera de ver todo lo que nos rodea; incluso cómo
nos vemos a nosotros mismos. Por ejemplo, si elaboramos en nuestra mente
un dios débil e impotente, que no está en control de cada detalle del universo, también nos veremos a nosotros mismos como seres indefensos. Y nos
sentiremos abrumados ante las tormentas que enfrentemos.

No *podremos ver* que lo que está causando la irritación y la confusión en
nuestra alma no son las personas o las circunstancias que pensamos que
son las causantes. El problema es que estamos mirando a través de un lente
deformado.

Por eso es importante que mantengamos nuestra visión alineada con la
verdad y que creamos lo que Dios dice que es, en vez de las distorsiones y
mentiras que fácilmente aceptamos acerca de Él. Tener una visión correcta
de Él nos da una visión más nítida de toda nuestra vida.

*Pídele a Dios que te muestre si algunas de las aflicciones de tu vida son el
resultado de actitudes y creencias acerca de Él, que podrían encuadrar con tu
experiencia, pero no concuerdan con la verdad bíblica.*

La preparación importa

Voz que clama en el desierto: Preparad camino a Jehová; enderezad calzada en la soledad a nuestro Dios (Is. 40:3).

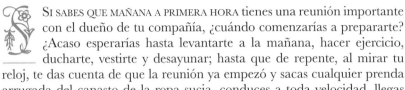 SI SABES QUE MAÑANA A PRIMERA HORA tienes una reunión importante con el dueño de tu compañía, ¿cuándo comenzarías a prepararte? ¿Acaso esperarías hasta levantarte a la mañana, hacer ejercicio, ducharte, vestirte y desayunar; hasta que de repente, al mirar tu reloj, te das cuenta de que la reunión ya empezó y sacas cualquier prenda arrugada del canasto de la ropa sucia, conduces a toda velocidad, llegas treinta minutos tarde, buscas un asiento alrededor de la mesa donde los demás ya están reunidos y escribes algunas notas a la ligera para tu presentación? No, si quieres cuidar tu empleo, ¿verdad?

La preparación es esencial, ya sea que estés haciendo planes para una reunión decisiva, unas vacaciones en familia, una presentación musical en la iglesia o una comida en tu casa con amigos el fin de semana. Entonces, ¿por qué consideramos menos importante la preparación para encontrarnos con Dios? Cultivar una relación profunda y continua con Él a través de su Palabra requiere una planificación anticipada.

De hecho, diría que uno de los mayores estorbos para nuestro tiempo a solas con Dios, es no preparar nuestro corazón, ya sea por quedarnos hasta altas horas de la noche navegando indolentemente por Internet, por irnos a dormir ansiosos y preocupados o por despertarnos sin saber dónde dejamos la Biblia la última vez que la usamos.

Las veinticuatro horas del día, nuestros ojos y oídos están expuestos a la seducción del mundo que nos rodea. Las escenas, los sonidos y el clamor de nuestro entorno tienen una vía de acceso a nuestra mente y nuestro corazón. No es ninguna sorpresa, entonces, que tantas veces estemos distraídos y preocupados a la hora de tener un tiempo tranquilo de devocional cuando nuestro corazón dista mucho de estar tranquilo. Un poco de preparación podría cambiar totalmente la situación.

¿Afecta tu falta de preparación a la hora de poder encontrarte a solas con Dios?
¿Cómo podrías prepararte mejor para encontrarte con Él?

Amor que resucita

Pues, como escogidos de Dios, santos y amados, de entrañable misericordia, de benignidad, de humildad, de mansedumbre, de paciencia; soportándoos unos a otros, y perdonándoos unos a otros (Col. 3:12-13).

JUANA Y SU ESPOSO llevaban cinco o seis años de casados, y hacía mucho que no sentían nada el uno por el otro. *Odio* no es una palabra demasiado fuerte para describir lo que llenaba el corazón de ella cada vez que se enojaba con él. En un intento desesperado de salvar lo poco que quedaba de la relación, planificaron una escapada de fin de semana para festejar el día de los enamorados con la esperanza de que algo encendiera la chispa.

Pero no fue así.

Sin embargo, en medio de la tirantez y la decepción de ese fin de semana, sin un romance idílico que sacara a flote la relación, ejercieron autocontrol y presencia de ánimo, y juntos hicieron una nueva promesa: dejarían de hablarse duramente uno al otro. Tampoco les harían más confidencias a sus amigos con quejas: "¿Sabes qué me hizo? ¿Sabes qué me dijo? Seguramente, podrían cumplir la promesa.

A veces, en realidad, las cosas grandes ya no importan cuando empezamos a hacer pequeñas cosas, como no hablarle cruelmente al otro, no dar rienda suelta a nuestros sutiles desaires, no hablar mal a espaldas del otro. Al menos, eso es lo que pasó en la situación de Juana. A los seis meses, descubrieron que Dios había resucitado lo que estaba muerto y agonizante en su matrimonio, una vez, en ruinas. Veinte años después, sus vidas han llegado a ser el vivo retrato de un amor consagrado y entusiasta.

No, no es seguro que todas las malas relaciones empiecen a mejorar del mismo modo. Pero *nunca* sucederá a menos que alguien esté dispuesto a ceder sus derechos aun en las cosas más simples y básicas. Sencillos y diarios actos de humildad y bondad, reforzados con el poder del Espíritu y el amor de Cristo, podrían ser todo lo que haga falta para conseguir (y mantener) el caudal de la gracia y el poder de Dios en tu relación más difícil.

Sea cual sea la relación que necesites resucitar, ¿qué dos pequeños pasos sacrificiales podrías dar en pro de la paz y la restauración?

_____

_____

_____

_____

_____

De triunfo en triunfo

Pero gracias a Dios, que aunque erais esclavos del pecado, habéis obedecido de corazón a aquella forma de doctrina a la cual fuisteis entregados; y libertados del pecado, vinisteis a ser siervos de la justicia (Ro. 6:17-18).

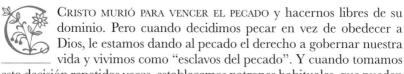 CRISTO MURIÓ PARA VENCER EL PECADO y hacernos libres de su dominio. Pero cuando decidimos pecar en vez de obedecer a Dios, le estamos dando al pecado el derecho a gobernar nuestra vida y vivimos como "esclavos del pecado". Y cuando tomamos esta decisión repetidas veces, establecemos patrones habituales, que pueden ser extremadamente difíciles de romper. Intentamos hacer lo correcto, y luego fallamos; lo intentamos y fallamos, lo intentamos y volvemos a fallar. Estoy segura de que sabes de lo que estoy hablando.

Ahí es cuando el diablo empieza a convencernos de que nuestra vida nunca será diferente, que siempre seremos esclavos de nuestros hábitos pecaminosos. Pensamos: *¿De qué sirve? ¡De todos modos, voy a echarlo todo a perder otra vez! Esta cosa va a ganarme durante el resto de mi vida.* Entonces, nos rendimos. Admitimos la derrota. Satanás ha triunfado al hacernos creer que no podemos caminar en continua victoria sobre la tentación y el pecado.

Y eso es mentira.

Recuerda esto: lo que *creemos*, determina cómo vivimos. Si creemos que vamos a pecar, entonces pecaremos. Si creemos que no tenemos otra opción que vivir en esclavitud, seremos esclavos. Si creemos que no podemos vivir victoriosos, no lo seremos. Pero aunque es cierto que no podemos cambiar por nosotros mismos, podemos experimentar una verdadera victoria diaria sobre el pecado a través de la obra consumada de Cristo en la cruz. Satanás ya no es nuestro amo, y nosotros ya no somos indefensos esclavos del pecado.

De modo que si estás en Cristo, el "Espíritu de vida en Cristo Jesús [te] ha librado de la ley del pecado y de la muerte" (Ro. 8:2). Esta es la verdad del evangelio.

¿En qué aspecto de tu vida te sientes más derrotado y espiritualmente desmoralizado? Una sola hora vivida en la verdad puede convertirse en un día, una semana, un mes, un año, toda una vida. Cristo ha vencido. Vive en su victoria.

Dios ha prometido

Ella es mi consuelo en mi aflicción, porque tu dicho me ha vivificado (Sal. 119:50).

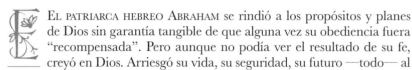 EL PATRIARCA HEBREO ABRAHAM se rindió a los propósitos y planes de Dios sin garantía tangible de que alguna vez su obediencia fuera "recompensada". Pero aunque no podía ver el resultado de su fe, creyó en Dios. Arriesgó su vida, su seguridad, su futuro —todo— al creer que Dios era real y que cumpliría sus promesas. Ese era el fundamento sobre el cual descansaba su fe. Eso fue lo que motivó sus repetidos actos de rendición. *Las promesas de Dios.*

Su fe en el carácter y las promesas de Dios permitió que Abraham y su esposa, Sarah, adoptaran un estilo de vida itinerante durante más de veinticinco años, a pesar de estar decepcionados por su infertilidad y otros anhelos no cumplidos.

Su fe en las promesas de Dios motivó a Abraham a ceder la mejor opción de tierra a su sobrino Lot, con la confianza de que Dios le daría una herencia conveniente para él. También le dio valor (¡a los 75 años!) de vencer la inmensa maquinaria militar de los reyes aliados del este a fin de rescatar a su errante sobrino. Luego, cuando estuvo tentado a tener temor de posibles represalias de los reyes derrotados, Dios sostuvo su fe al repetirle su promesa: "No temas, Abram; yo soy tu escudo, y tu galardón será sobremanera grande" (Gn. 15:1).

A veces, el llamado de Dios en nuestra vida podría requerir que renunciemos a cosas o personas sin las cuales pensamos que no podemos vivir: las posesiones materiales, un empleo, una promoción laboral, una pareja, un hijo, el respeto y la comprensión de nuestros amigos cercanos. Pero las promesas de Dios nos ofrecen un poderoso antídoto para todos nuestros temores. Nos hacen libres para dar un paso de fe y rendición.

¿Qué dificultades y retos estás enfrentando, que te resultan especialmente intimidantes? ¿Cómo podrían las promesas de Dios ayudarte a superar tus temores, confiar y rendirte a su voluntad?

¿Hacer caer o levantar?

No se aparte tu corazón a sus caminos; no yerres en sus veredas. Porque a muchos ha hecho caer heridos, y aun los más fuertes han sido muertos por ella (Pr. 7:25-26).

 HISTÓRICAMENTE, EL FEMINISMO ha hecho ver a las mujeres como víctimas oprimidas; y es cierto que con demasiada frecuencia en este mundo caído y pecador, las mujeres han sido seriamente maltratadas. En la medida de lo posible, podemos y deberíamos procurar que se reparen las injusticias. Sin embargo, este tipo de situaciones —no importa cuán grave sea— no nos libra de la responsabilidad de todo aquello en lo cual podríamos no solo ser víctimas sino instigadoras. Ninguna falta de parte de los hombres puede eximirnos de la responsabilidad de nuestro comportamiento y nuestra influencia sobre ellos.

Sabemos que las mujeres pueden ser decisivas en la caída moral de los hombres. Pero hay otras maneras de hacer caer a los hombres que nos rodean. He notado, por ejemplo, que algunas de las mujeres cristianas más "espirituales" y conocedoras de la Biblia, también son las más intimidantes. De hecho, he escuchado a los hombres decir: "No puedo liderar a mi esposa [o a las mujeres de mi iglesia]. Saben demasiado". Algunos de estos hombres sienten como si necesitaran un título de teología avanzada para ser los líderes espirituales que las mujeres cristianas reclaman. Desde luego que el problema no es cuánto saben estas mujeres; sino su falta de un espíritu humilde y enseñable.

Al meditar en Proverbios 7, me pregunto a cuántos hombres he hecho caer y he herido; tal vez no moralmente, sino espiritualmente. ¿A cuántos he desanimado o intimidado? ¿En cuántas situaciones he tenido un espíritu controlador y he castrado sutilmente a los hombres que me rodean?

Quiero levantar las manos de los hombres que Él ha puesto en mi vida, orar por ellos y animarlos. Seguramente, ellos tienen debilidades, como todos las tenemos. Pero podemos ser poderosos instrumentos de la gracia de Dios en sus vidas mientras los animamos a confiar que Él los transformará en hombres poderosos en su servicio.

Desde indirectas y comentarios sarcásticos a otras formas de intimidación, control y desaliento, pídele a Dios que te muestre de qué manera podrías estar "haciendo caer" a alguno o algunos de los hombres que te rodean.

El impulso de la mañana

Me anticipé al alba, y clamé; esperé en tu palabra (Sal. 119:147).

 LA ESENCIA DEL ENGAÑO DE SATANÁS es que podemos vivir nuestra vida independientemente de Dios. A él no le importa si creemos en Dios o si llenamos nuestra agenda con un sinfín de actividades espirituales, siempre y cuando pueda hacer que operemos por nuestros propios medios en vez de vivir con una consciente dependencia del poder del Espíritu Santo.

Seis veces leemos en el Antiguo Testamento que David "consultó a Jehová" (1 S. 23:2, 4; 30:8; 2 S. 2:1; 5:19, 23). David sabía que no era nada sin Dios, que no podía hacer nada por su cuenta. De hecho, lo primero que hacía cada mañana —antes de dedicarse a las ocupaciones del día— era buscar al Señor en oración. "De mañana oirás mi voz" (Sal. 5:3).

Muchas veces empiezo a prestar atención a detalles y tareas del día sin primero tomarme tiempo para "consultar a Jehová". Lo que realmente estoy diciendo (aunque en realidad nunca lo he *dicho*) es que puedo enfrentar el día yo sola. Puedo hacer mi trabajo, mantener mi casa, tratar con mis relaciones y manejarme muy bien en mis circunstancias, completamente sola. *Realmente* no necesito de Él.

A veces siento que Él podría decirnos: "¿Quieres enfrentar este día tú solo? ¡Adelante!". Pero aunque podamos producir bastante movimiento y actividad, al final, terminamos sin nada de valor real para mostrar después de haber tomado nuestras propias decisiones y de haber operado en nuestras propias fuerzas durante el día.

Solo al humillarnos y reconocer que no podemos sin Él —que lo *necesitamos*— podemos contar con su capacitación divina que nos ayudará a afrontar con éxito el día.

¿Cómo empieza típicamente la mañana para ti? ¿Muestra tu rutina si tu confianza está en el Señor o si está en ti mismo y tu capacidad de desenvolverte bien?

Santa pena de amor

No habéis atendido a mi voz. ¿Por qué habéis hecho esto? (Jue. 2:2).

 HACE ALGUNOS AÑOS, me encontré con una amiga muy angustiada tras haber descubierto recientemente que su esposo le había sido infiel. En un momento, se desplomó junto a mis pies y comenzó a llorar inconsolablemente. Al arrodillarme y empezar a llorar con ella, me dijo con sus emociones en carne viva: "¡Nunca imaginé sentirme tan herida y rechazada!".

Durante casi veinte minutos, lloró sin parar, devastada y afligida por esa ruptura en la relación íntima y exclusiva que una vez había disfrutado con su esposo. Mientras la abrazaba, recuerdo que comprendí con mayor claridad lo que nuestro pecado y nuestra infidelidad le infligen a Dios. Espero nunca olvidar esa escena.

De alguna manera, hemos redefinido el pecado; hemos llegado a verlo como un comportamiento normal y aceptable; algo que tal vez debamos domesticar o controlar, pero no erradicar y hacer morir. Hemos caído tan bajo que podemos no solo pecar tranquilamente, sino incluso reírnos y entretenernos con él. He escuchado a un gran número de cristianos profesantes, incluso algunos que trabajan en el ministerio a tiempo completo, que tratan de racionalizar el pecado de cualquier manera imaginable.

Me pregunto si seríamos tan despreocupados con el pecado si supiéramos cómo el Señor lo ve. Nuestro pecado le parte el corazón a nuestro Dios amoroso, que nos creó y nos redimió para Él. Decirle sí al pecado es arrojarse en los brazos de un amante. Es introducir a un rival en una relación de amor sagrada. Es tratar su gracia como si fuéramos algo barato, de poca consideración.

¿Por qué nos resulta tan difícil ver nuestro pecado como la grave ofensa que realmente es? ¿Cuándo fue sinceramente la última vez que recordaste este hecho y cómo incidió en ti?

Cuando la oración llora

Y cuando llegó cerca de la ciudad, al verla, lloró sobre ella (Lc. 19:41).

 Nuestro Salvador fue un "varón de dolores, experimentado en quebranto" (Is. 53:3), un Intercesor que "[ofrecía] ruegos y súplicas con gran clamor y lágrimas" (He. 5:7). Jesús oraba con intensidad y fervor. Orar no era una cuestión de recitar palabras sin sentido o desapasionadas. Orar era su manera de derramar su corazón a favor de aquellos que había venido a salvar. La oración duele.

Por eso cuando Él vio a Jerusalén, la ciudad donde en una semana derramaría su sangre expiatoria, vio cosas que la mayoría de la gente no veía. No solo vio las construcciones y las multitudes en medio del alboroto de actividad diaria. Jesús vio el corazón de hombres y mujeres; personas que habían rechazado el derecho de Dios de reinar sobre sus vidas.

Y lo que vio le provocó lágrimas santas, de compasión y de dolor; no solo se le llenaron los ojos de lágrimas y se le escaparon una que otra lágrima que rodaron por sus mejillas. La palabra "lloró" usada en Lucas 19, que describe su respuesta en las afueras de Jerusalén, habla de llorar a lágrima viva, llorar a gritos, llorar con gemidos, la clase de angustia que generalmente reservamos para llorar la muerte de un ser querido.

La mayoría de nosotros a menudo no llora por las necesidades espirituales de otros. Tal vez porque no vemos a las personas como Jesús las ve. Y tampoco vemos el corazón roto de un Dios santo, cuya misericordia y gracia han rechazado. Porque cuando lo hagamos, nuestro corazón se romperá con el suyo.

¿Cuán grande es nuestra carga por aquellos que sufren a nuestro alrededor, no solo en las salas de espera de los hospitales y las funerarias, sino en el calabozo oculto de nuestro propio pecado? Tener el corazón de Cristo es llorar porque las personas rechazan a su Rey y acompañar a nuestro Salvador en su intercesión.

Pídele a Dios que te ayude a ver a las personas que te rodean con los ojos de Jesús. Pídele que te dé su sentir por las personas de tu ciudad que no conocen a Jesús y no lo han recibido.

Cuando Dios se acerca

Todos, sumisos unos a otros, revestíos de humildad; porque: Dios resiste a los soberbios, y da gracia a los humildes (1 P. 5:5).

ES UN CONCEPTO RECURRENTE a lo largo de todas las Escrituras: Dios resiste a los soberbios (ver Pr. 3:34; Stg. 4:6). En estos versículos la idea es que Dios se dispone en "orden de batalla" contra los orgullosos; pelea duro; los mantiene a distancia. Dios rechaza a quienes se sienten autosuficientes y, en su maldad, se enorgullecen de sus propios logros.

Por el otro lado, el concepto paralelo —igualmente claro— es que Dios da gracia a los humildes. Así como una ambulancia se apresura a llegar a la escena en respuesta a un llamado de ayuda, así Dios corre hacia sus hijos cuando se humillan y reconocen su necesidad.

Como nos recuerda Charles Spurgeon: "El que se humilla bajo la mano de Dios no dejará de ser enriquecido, exaltado, sostenido y consolado por el Dios siempre lleno de gracia. Es un hábito de Jehová derribar al altivo y exaltar al humilde".

¿Te preguntas por qué a veces Dios parece tan distante? ¿Podría ser que Él se mantenga alejado y te resista por alguna raíz oculta de orgullo en tu corazón? ¿Podría ser que una de las razones de percibir a Dios distante sea que implícitamente sientas que te las arreglas bastante bien sin Él? "Porque Jehová es excelso, y atiende al humilde, mas al altivo mira de lejos" (Sal. 138:6).

¿Anhelas estar más cerca de Dios? ¿Extrañas ese sentido de su cercanía que una vez disfrutaste? Así como el padre del hijo pródigo abrazó a su hijo arrepentido y quebrantado, y lo restauró, del mismo modo nuestro Padre celestial se acerca y les prodiga su gracia a aquellos que acuden a Él con un corazón humilde y quebrantado.

Pídele a Dios que te muestre algún hueco de orgullo que podría estar oculto en tu corazón y causar que Él te resista. Dile que quieres eliminar de tu vida todo vestigio de orgullo y revestirte de humildad.

Cuando Dios dice no

*El que enseña al hombre la ciencia. Jehová conoce los pensamientos
de los hombres, que son vanidad (Sal. 94:10-11).*

UNA DE MIS HEROÍNAS EN LA FE es Gladys Aylward, la respetable
misionera a China, que trabajó incansablemente para la causa
de los huérfanos y oprimidos. Ella recuerda que cuando era una
joven muchacha en Londres, lidiaba con dos grandes complejos:
su baja estatura y el color de su cabello. Al parecer, todas sus amigas eran
más altas que ella y tenían un hermoso cabello dorado, mientras que el de
ella era de color negro "insulso". A menudo oraba para que Dios revirtiera
esas características indeseables de su apariencia física para parecerse más a
las muchachas, como las que hubiera deseado ser.

Sin embargo, años más tarde, cuando llegó al andén repleto de gente
del país asiático al que Dios la había enviado a predicar las misericordias de
su evangelio, miró a su alrededor y vio que, por todos lados, había personas
de su misma estatura, y todas tenían el cabello negro. En ese momento, se
dio cuenta de que Dios siempre supo qué estaba haciendo. El "no" de Dios
a su oración de juventud, había sido la mejor respuesta, más allá de lo que
pudo haber imaginado.

Todos podemos recordar peticiones que le hemos hecho a Dios, que al
parecer Él no nos quiso conceder. Sin embargo, el paso de los años podría
haberte revelado que su respuesta fue mucho más sabia y conveniente que
si hubieras recibido lo que esperabas. Tú no necesitabas *aquello*; necesitabas
esto. Y, gracias a esto, Dios ha usado tu vida para una mayor revelación de
su gloria.

Entonces, ten el mismo sentir y pensar al orar hoy, aunque te parezca
que ninguna otra respuesta de Dios puede substituir la que a ti te parece
mejor. Deja que Él sea Dios. Confía en su respuesta.

*¿Puedes vivir con un "no" como respuesta? Si no, entonces, ¿qué es la oración
para ti? ¿Qué quiere Dios que sea la oración?*

En la búsqueda del oro

Yo me regocijo en tu promesa como quien halla un gran botín (Sal. 119:162 NVI).

 UNA DE LAS TÉCNICAS que mi padre nos animó a aprender cuando éramos adolescentes fue el método de la lectura veloz; una manera de abarcar mayor cantidad de material en menos tiempo. Sin embargo, también nos recomendó que nunca leyéramos ligeramente dos cosas: las *cartas de amor* y la *Biblia.*

Nadie que reciba una carta de amor pensaría en leerla por encima. Por el contrario, la leería detenidamente y la volvería a leer una y otra vez para tratar de buscar algún otro significado que haya entre líneas.

La Biblia vendría a ser una "carta de amor", que nos revela el corazón de Dios. Y cuanto más cuidadosa, frecuente y reflexivamente la leamos, más podremos comprender su corazón de amor y sus intenciones para con nosotros.

El salmista dice que las Escrituras "deseables son más que el oro, y más que mucho oro afinado" (Sal. 19:10). Nadie que camina por una calle se topa con una gran reserva de oro, así como ninguna persona que lea la Palabra a la ligera o superficialmente podrá extraer sus riquezas más profundas. Buscar y extraer oro de la tierra requiere esfuerzo, tiempo y perseverancia enormes.

Según el rey Salomón, buscar la sabiduría y el conocimiento de Dios es como buscar un "tesoro escondido" (Pr. 2:4 NVI). De modo que cuando leas la Biblia, haz una pausa cada tanto para meditar en su significado y pídele a Dios que te revele las reservas de sus tesoros escondidos. Absorbe la Palabra al meditar, ponderar, reflexionar y pensar en ella desde diferentes perspectivas hasta que llegue a ser parte de ti mismo. Y veas el brillo del "oro" allí.

¿Qué te sugiere tu práctica de la lectura, el estudio y la meditación sobre el valor que le das a la Palabra de Dios? ¿Piensas que es una carta de amor valiosa, como si fuera oro, por el cual vale la pena buscar y excavar?

Vengan a ver a un hombre

La mujer dejó su cántaro, volvió al pueblo y le decía a la gente:
"Vengan a ver a un hombre que me ha dicho todo lo que he
hecho. ¿No será éste el Cristo?" (Jn. 4:28-29 NVI).

"VENGAN A VER A UN HOMBRE".
¿Cuántas veces los pobladores samaritanos habían escuchado decir a esta mujer: "Vengan a ver [a otro] hombre" que se había ganado su simpatía? Sabemos, por su encuentro con Jesús en el pozo de Sicar, que ella se había casado cinco veces, y que el hombre con el que en el presente mantenía una relación, en realidad, no era su esposo. Por lo tanto, este nuevo hombre debía ser el séptimo. ¿Qué era uno más?

Entonces, es comprensible que su declaración haya motivado a los pobladores a mirarla con desconfianza otra vez más, excepto que este Hombre —este Jesús— había escudriñado su alma y había visto todo lo que había hecho. Y aunque conocer a alguien que poseyera esa clase de conocimiento debe haber sido una experiencia atemorizante para una mujer con su pasado, este Hombre había demostrado ser una fuente de gracia abundante.

Él la había recibido a pesar de lo que sabía acerca de ella. Y le había prometido que si le entregaba todas sus necesidades, sus deseos y sus fracasos pasados, Él la saciaría con un "agua viva", que nunca dejaría de saciar su espíritu sediento y arrepentido.

Esto es lo que *me* atrae a este Hombre: a este Jesús. Él sabe todo acerca de mí, y aun así me ama. Él ha escudriñado los recovecos de mi corazón que están ocultos incluso de mí; sin embargo, cuando voy a Él y estoy dispuesta a exponer esos recovecos a la luz, Él me ofrece una reserva inagotable y fresca de su gracia.

¿Por qué deberían creernos cuando decimos "Vengan a ver a un hombre" que ha cambiado nuestra vida para siempre? No por quiénes *somos*, sino por quién es *Él*.

¿Acaso rehúyes hablar a otros de Cristo debido a algún aspecto de tu vida o de tu
historia? Si Él te ha salvado, entonces tu historia merece ser contada.

¿Aquí indefinidamente?

*Hazme saber, Jehová, mi fin, y cuánta sea la medida de
mis días; sepa yo cuán frágil soy (Sal. 39:4).*

ARTHUR MILLER, famoso dramaturgo de *La muerte de un viajante*
y otras obras famosas del siglo XX, murió de un paro cardíaco
el 10 de febrero de 2005, a los ochenta y nueve años de edad.
La noche que escuché la noticia de su muerte, me llamó la
atención cuando el reportero de noticias de la cadena CBS dijo que una vez
le habían preguntado a Miller qué epitafio quería que pusieran en su lápida,
a lo cual respondió sin pensar mucho: "Espero estar aquí indefinidamente".

La realidad es que ninguno de nosotros va a estar aquí "indefinidamente". No somos invencibles. No siempre vamos a poder recuperarnos
de cada problema físico, como la última vez. Y aunque seamos renuentes a
pensar en la infalibilidad de nuestra propia muerte —"el dolor, la sangre y
las agallas que conlleva", como decía mi pastor y amigo, Ray Ortlund—,
la perspectiva y la sabiduría que viene de vivir dentro de esta realidad nos
ayuda a determinar qué importa realmente hoy. Nos ayuda a adorar a Dios
por su misericordia y sus promesas eternas, con el conocimiento de que
perdurarán más allá de nuestras pruebas presentes y que son indescriptible-
mente más gloriosas que todos nuestros deleites terrenales.

La historia cuenta que un día Francisco de Asís estaba trabajando en
su jardín, cuando algunas mujeres se acercaron y le preguntaron qué haría
si sabía que iba a morir esa misma tarde. Su respuesta fue simple: "Bueno,
espero poder terminar esta hilera".

Cuando nos enfrentamos a la realidad de la brevedad de nuestra vida
en la tierra, podemos ajustar nuestras metas y ambiciones con más sabiduría
y podemos vivir sin sorprendernos ni aterrorizarnos ante la posibilidad de
nuestra muerte física. Podemos cuidar más nuestra salud espiritual. Podemos
experimentar la paz de Dios. Podemos saber para qué vivimos realmente.

*¿Has reflexionado recientemente en la brevedad de la vida? ¿Cómo podría afectar
tus actividades, actitudes y relaciones presentes si reflexionaras en ella?*

Solo porque Él lo ha dicho

Así que, ofrezcamos siempre a Dios, por medio de él, sacrificio de alabanza,
es decir, fruto de labios que confiesan su nombre (He. 13:15).

 ¡CUÁNTO DESEARÍA que fuera suficiente para nosotros hacer las cosas solo porque Dios lo ha dicho! Por ninguna otra razón. No porque nos vaya a blanquear más los dientes o a dar un aliento más fresco, o mejorar nuestro índice deuda-ingreso o traer calma a una relación tirante. No, solo porque Él lo dice.

Como ser agradecidos, por ejemplo.

"Sacrifica a Dios alabanza", dice su Palabra, "y paga tus votos al Altísimo" (Sal. 50:14). "Alabad a Jehová, invocad su nombre; dad a conocer sus obras en los pueblos" (105:1). Solo los Salmos están llenos de exhortaciones a "[alabar] la misericordia de Jehová, y sus maravillas para con los hijos de los hombres" (107:8).

Más adelante, en las pocas páginas de la carta a los Colosenses, el apóstol Pablo retó a los creyentes a "[dar] gracias" siempre (Col. 1:3), "abundando en acciones de gracias" (2:7), a consagrarnos a la oración, "velando en ella con acción de gracias" (4:2). Hay una clara instrucción y expectativa de Dios a tener una "actitud de agradecimiento". Aunque no nos sintamos tan propensos o estamos más pendientes de nuestros problemas que de nuestras bendiciones, debemos agradecerle y darle la gloria.

Por lo tanto, cuando te sientes a comer, da gracias.

Cuando te vayas a dormir, da gracias.

Cuando estés saliendo de dos semanas de gripe con tos, da gracias.

Cuando estés pagando las cuentas, cuando trabajes de noche en una compañía de limpieza, cuando estés conduciendo al trabajo, cuando estés cambiando una lamparita eléctrica, cuando estés adorando en la iglesia, cuando estés visitando a un amigo en el hospital, cuando estés recogiendo a tus hijos de la escuela u otras actividades…

Sé agradecido. Por ninguna otra razón que porque Dios lo ha dispuesto.

En este día, "ofrezcamos siempre a Dios, por medio de él, sacrificio de alabanza".

Ayuda constante

Mas David se fortaleció en Jehová su Dios (1 S. 30:6).

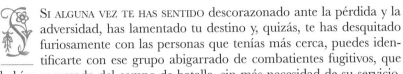 Si alguna vez te has sentido descorazonado ante la pérdida y la adversidad, has lamentado tu destino y, quizás, te has desquitado furiosamente con las personas que tenías más cerca, puedes identificarte con ese grupo abigarrado de combatientes fugitivos, que habían regresado del campo de batalla, sin más necesidad de su servicio, solo para ver a la distancia el humo que subía de su ciudad. Invasores amalecitas habían atacado la ciudad mientras ellos estaban ausentes, y habían quemado sus casas, robado sus pertenencias e incluso llevado cautivos a sus esposas e hijos.

La Biblia dice que "lloraron, hasta que les faltaron las fuerzas para llorar" (1 S. 30:4). Luego, al no encontrar mucho consuelo en el dolor que tenían en común, empezaron a buscar cosas para echar en cara y a quién echarle la culpa; incluso a David, a quien amenazaron con apedrear por haberlos enviado en una misión fallida y haber dejado a sus familias expuestas al peligro.

Pero aunque él no estaba menos consternado que cualquiera de los demás y había sufrido una gran pérdida igual que el resto, en las Escrituras leemos: "Mas David se fortaleció [*cobró ánimo*, NVI] en Jehová su Dios". En vez de reaccionar con enojo, autocompasión, amargura o venganza, recurrió a su fuente de ayuda fiel, porque se dio cuenta de que nada ni nadie podía darle consuelo.

Acudió a Dios. Todo lo que tenía.

No nos gusta estar en situaciones donde no tenemos a nadie a quien recurrir; nadie que nos comprenda o nos ayude a resolver nuestros problemas. En una crisis, puede que tu cónyuge y tus hijos no sepan o no puedan consolarte. Tal vez no puedas encontrar a tus amigos y consejeros. Entonces, descubres que Dios puede consolarte mucho más que cualquiera, *si* acudes a Él.

Cuando toda tu vida se derrumba y no hay nadie que puede ayudarte, fortalécete en el Señor, tu Dios.

¿A quién sueles recurrir en busca de consejos y sostén cuando estás en dificultades?
¿Qué podría ser para ti "[fortalecerte] en Jehová [tu] Dios"?

Su fortaleza por nuestra debilidad

El da esfuerzo al cansado, y multiplica las fuerzas al que no tiene ningunas (Is. 40:29).

 ¿TIENES ALGÚN VERSÍCULO CORTO o una frase que se haya convertido en una especie de lema en tu vida, un breve recordatorio que te repites cuando te diriges a una reunión importante, o tienes un día largo por delante, o necesitas motivarte para salir de la cama a la mañana? Yo sí. A primera impresión, no es muy profundo o complejo. Es la simple letra adaptada de una canción infantil que muchos de nosotros hemos aprendido mucho antes que pudiéramos empezar a comprender su significado:

"*Débiles somos, pero Él es fuerte*".

Con el paso de los años, esta pequeña frase (junto con su melodía del coro de "Cristo me ama"), a menudo ha sido mi primer pensamiento consciente al despertarme. ¡Y cuánto necesito reforzar esta verdad en mis pensamientos cada día! Porque bajo su apariencia de verso de jardín de infantes yace la profunda verdad de un intercambio que Dios nos ofrece. Nosotros le damos nuestra debilidad; Él nos da su fortaleza.

Cuando enfrentamos la batalla de cada día, somos inferiores al pecado y la tentación. Somos inferiores a las dificultades con nuestra familia, nuestras amistades, nuestro futuro. Pero nuestro enemigo, no importa cuán feroz sea —y no importa que tan recio y opresivo sea su sistema mundial usurpador—, es inferior a nuestro Señor. Sí, "débiles somos". Pero aún más cierto es que "¡Él es fuerte!".

Si estuviéramos escribiendo el libreto de nuestra vida, es probable que no nos asignaríamos la misma misión que Dios nos ha encomendado. No nos arriesgaríamos demasiado. Elegiríamos tareas fáciles de realizar. Pero al colocarnos en situaciones que no podemos manejar, la intención de Dios es que experimentemos algo superior a nuestra propia capacidad endeble. Tenemos la oportunidad de "[fortalecernos en el Señor, y en el poder de su fuerza" (Ef. 6:10).

¿Qué obstáculo o problema de tu vida actual es más de lo que puedes manejar? Cuando llegas al final de tus propias fuerzas, cuando reconoces tu absoluta debilidad, estás en condiciones de recibir la fortaleza inagotable e ilimitada del Señor.

Cambio de identidad

Y el varón le dijo: ¿Cuál es tu nombre? Y él respondió: Jacob (Gn. 32:27).

 UN CONCEPTO RECURRENTE en las Escrituras es que Dios usa a personas y criaturas quebrantadas. El patriarca Jacob, por ejemplo, había recibido una promesa de bendición en su juventud; pero nunca había podido disfrutar de esa bendición, porque siempre había querido controlar y manejar la vida por sus propios medios. No fue hasta que se encontró en una situación imposible junto al río Jaboc, luchando con el ángel de Dios, un día antes que llegara el ejército de su hermano Esaú, con quien estaba enemistado, que pudo experimentar la bendición que tantas veces lo había eludido.

Me pregunto si durante esa difícil y desesperada lucha, Jacob tuvo un recuerdo del pasado, cuando hace muchos años, Isaac, su padre, ya anciano y ciego, le había preguntado —¿quién eres, hijo mío? (Gn. 27:18). —Yo soy Esaú, —respondió Jacob con engaño, tratando de arrebatar la bendición de su padre por su propia voluntad y esfuerzo. Sin embargo, esta vez, dominado por Uno infinitamente más fuerte, respondió a casi la misma pregunta con una respuesta que reflejaba un sentir y una voluntad que, finalmente, había sometido por la divina gracia.

—¿Cuál es tu nombre?

—Jacob.

Esta vez, no hubo simulación, fingimiento, confabulación, ni excusas. Sino simplemente la pura verdad: "Yo soy Jacob, el confabulador, el engañador, el manipulador. Ese realmente soy yo". Y una vez que admitió la verdad, Dios le dio un nuevo nombre —Israel—, que significa "Príncipe con Dios" y representaba su nuevo carácter. Al admitir su derrota, Jacob ganó su máxima victoria. Una vez quebrantada su fortaleza natural (y con el recordatorio de una cojera que, desde ese día en adelante, siempre lo acompañó), Dios pudo revestirlo de poder espiritual.

¿Quieres ser un instrumento útil en las manos de Dios? Su bendición y su poder fluyen a través de aquellos que verdaderamente se han quebrantado delante de Él.

 ¿Estás tratando de tener control, de manipular a Dios para que cumpla tus propósitos, en vez de rendirte a sus propósitos? ¿De qué manera está tratando Dios de llevarte al final de ti mismo?

Una visitación, dos propósitos

... cuando se manifieste el Señor Jesús desde el cielo con los ángeles de su poder, en llama de fuego, para dar retribución a los que no conocieron a Dios, ni obedecen al evangelio de nuestro Señor Jesucristo (2 Ts. 1:7-8).

ESTABA SEGURA DE HABER ESCUCHADO ruidos extraños provenientes de mi garaje. Cuanto más los escuchaba, más me preocupaba. ¿Habría entrado alguien por la fuerza? ¿Estaba en peligro de que algún merodeador estuviera al acecho, listo para irrumpir en mi casa? Llena de temores, finalmente, llamé a la policía. Respiré de alivio cuando dos oficiales amables y fornidos llegaron a mi puerta. Me tranquilizaron de inmediato, me hicieron algunas preguntas y me aseguraron de que se encargarían de la situación. Su visita al garaje fue bastante diferente. Entraron intempestivamente, preparados para sacar sus armas, y gritaron a gran voz "¡Policía!", ante mi intruso imaginario.

Felizmente, no encontraron a nadie allí. Todo había sido una falsa alarma. (Resultó ser que una amiga, que tenía una llave de repuesto, había abierto la puerta del garaje para devolverme algunas cosas sin avisarme, ¡para no molestarme mientras estudiaba!).

Cuando Jesús regrese a la tierra por segunda vez, Él también estará haciendo dos visitas diferentes a la humanidad.

Una será para rescatar a aquellos que han creído en Cristo, libertarlos de la muerte y consumar la salvación de sus almas. Pero su segundo propósito será traer juicio y castigo sobre los malos, cuando llamará a rendir cuentas a los que no fueron redimidos. Una visitación, pero dos propósitos distintos.

Nuestro mundo quiere que creamos que finalmente todos serán salvos; que, al final, la justicia de Dios exonerará a todos y les dará un pase gratis automático. Pero el pecado tiene su "paga" (Ro. 6:23), y aquellos que rechacen su salvación no escaparán del juicio eterno. Mientras esperamos con ansias su aparición y celebramos nuestra futura redención, podríamos ser fieles en predicar el evangelio de su gracia a aquellos que están en peligro de experimentar la justa ira de Dios.

¿Qué tan en serio tomas el juicio de Dios sobre el pecado, que aquellos que no se arrodillen delante de Él y lo reconozcan como Señor no podrán esperar que Él regrese como su Salvador? En base a tu relación con Cristo, ¿tienes motivos para esperar ansiosamente o temer angustiosamente su regreso?

Cambio de idea

Respondiendo él, dijo: No quiero; pero después, arrepentido, fue (Mt. 21:29).

 DESPUÉS DE CURSAR SU PRIMER AÑO en la universidad, Shannon Etter pasó el verano en Papúa, Nueva Guinea, donde empezó a cuestionarse el llamado de Dios a servirle a tiempo completo en el campo misionero, que previamente había sentido sobre su vida. Vivir bajo mosquiteros en chozas de bambú suspendidas a gran distancia del suelo, alimentarse a base de cualquier cosa que pescaran en el río y tener que usar un retrete exterior, le quitaban todo el encanto a ese sueño de la infancia. Podía tolerar la idea de hacerlo por un tiempo determinado, pero no permanentemente. No como un estilo de vida. *Mejor búscate otra muchacha.*

No fue hasta varios años después, cuando le contó informalmente a una amiga que una vez había pensado en ser misionera, que Dios la retó a reconsiderar su reticencia. "Todas las razones que me has dado para no reconsiderarlo no son buenas razones —le dijo firmemente esta amiga—. Debes arrodillarte y preguntarle a Dios qué quiere hacer con tu vida. Y sea lo que sea, debes confiar que Él te dará la fortaleza para ser obediente".

Los planes de Dios para tu vida podrían ser diferentes a lo que tú hubieras elegido de haber escrito el libreto; pero la obediencia siempre traerá verdadero gozo, satisfacción y fructificación.

Tal vez hayas ignorado un llamado de Dios —cualquiera haya sido— por temor a padecer incomodidades o por el deseo de ir en otra dirección. Aunque podrías haber perdido la oportunidad original, recuerda que la voluntad de Dios no está tan ligada a un lugar o una posición como a la condición de tu corazón. Dios no puede bendecir las decisiones llenas de temor o resistencia que hayas tomado en el pasado, pero puede —y quiere— bendecir el corazón arrepentido, el corazón que ahora dice: "Sí, Señor".

¿Hay algún área de tu vida en la que has estado ignorando o resistiendo la dirección de Dios en tu vida? Sigue el consejo de la amiga de Shannon. Arrodíllate y pídele a Dios que te muestre qué quiere hacer con tu vida… después confía en que Él te dará la fortaleza para ser obediente.

Gracias, a quien se las merece

Respondió Juan y dijo: No puede el hombre recibir nada,
si no le fuere dado del cielo (Jn. 3:27).

 DESDE LUEGO, NO HAY NADA MALO en esforzarnos por mantener una perspectiva positiva de la vida; ser agradecidos por nuestra salud, o por un encuentro fortuito con una persona amiga en un pasillo del supermercado, o porque una flor que floreció en nuestro jardín nos sorprende una mañana al salir de nuestra casa y nos alegra un día que, de otra manera, hubiera sido deprimente. ¡Qué maravilloso cuando nuestro corazón toma consciencia del hecho de que tenemos mucho para agradecer!

Pero ¿agradecer a quién?

El problema con la gratitud sin Cristo es que, por muy buena que sea, está fuera de contexto. Es una gratitud que lanza sus acciones de gracias al aire genéricamente, sin la seguridad de atribuírselas a la buena suerte, los buenos genes, la buena fortuna o al buen Señor. Y como creyentes no podemos conformarnos y considerar que esto es suficiente; no, cuando hay un nivel de gratitud que nos ofrece mucho más que sentirnos bien tan solo por cómo nos van las cosas.

¿Cómo puede ser que agradezcamos a nuestra "buena estrella", hasta por la más mínima de las bendiciones que llegan a nuestra vida, cuando en realidad provienen de Aquel que, en principio, creó las estrellas; Aquel que quiere que sepamos "que nos ha esculpido en las palmas de sus manos" (Is. 49:16), que nos ama "desde la eternidad y hasta la eternidad"? (Sal. 103:17). ¿Por qué habríamos de omitir esto?

Solamente al reconocer que nuestras bendiciones tienen una sola procedencia —un Dador real, personal, vivo y tierno— la gratitud llega a ser una gratitud cristiana auténtica: que reconoce y expresa agradecimiento por los beneficios recibidos de parte de Dios y de los demás.

¿Por qué es importante que reconozcamos a Dios como la fuente de las innumerables dádivas que recibimos de su mano? ¿Hay gratitud en tu corazón que necesitas expresar a Dios?

A su discreción

Y todo lo que hagáis, hacedlo de corazón, como para el Señor y no para los hombres; sabiendo que del Señor recibiréis la recompensa de la herencia, porque a Cristo el Señor servís (Col. 3:23-24).

 PUEDE QUE HAYAS ESCUCHADO decir a algún director ejecutivo que "sirve a discreción de la junta directiva". Eso significa que él no es la autoridad máxima; sino que debe rendir cuenta a la junta directiva, y su misión es cumplir los deseos y prioridades de quienes lo contrataron.

En nuestro ministerio tenemos una consigna, que tratamos de tener presente como un principio que constituye las bases para nuestro trabajo: *"Servimos a discreción de nuestro Señor y Salvador Jesucristo"*.

Esto nos ayuda a recordar quién es el jefe. No trabajamos a nuestra propia discreción o a discreción de nuestros amigos. En el fondo, ni siquiera trabajamos para agradar a quienes nos elijen y nos oyen, y hacemos todo lo que ellos digan, dejando que sus deseos manden sobre nuestra misión y nuestro llamado. Nuestro personal y nuestro liderazgo, incluso yo misma, servimos a discreción de Jesús. Eso significa que Él puede enviarme a donde Él quiera y decirme que haga lo que Él quiera. Él es mi Amo, y yo soy su sierva dispuesta.

Al leer las epístolas del Nuevo Testamento, notamos cuántas veces sus autores se identifican de esta manera. Pablo decía ser "siervo de Jesucristo" (Ro. 1:1); Pedro: "siervo y apóstol de Jesucristo" (2 P. 1:1); Judas también: "siervo de Jesucristo" (Jud. 1). Incluso Santiago, que, en realidad, era medio hermano del Señor Jesús y podría haber querido incluir esa relación familiar en su credencial, decidió presentarse como "siervo de Dios y del Señor Jesucristo" (Stg. 1:1). Estos hombres se destacaban por ser siervos de Él; querían ser conocidos por eso.

No siempre somos propensos a verlo de esta manera; pero la realidad es que es un gran privilegio, un honor, ser esclavo y siervo de Cristo. También se podría decir… un placer.

¿Cómo cambiaría este día si comenzaras diciendo: "Sirvo a discreción de mi Señor y Salvador Jesucristo"?

La última palabra

Envió su palabra, y los sanó, y los libró de su ruina (Sal. 107:20).

EN UNO U OTRO MOMENTO, todos hemos sido receptores de palabras duras e hirientes. Y cuando esas palabras tocan un corazón tierno y sensible —o si te las han dicho a una edad temprana e impresionable— el enemigo sabe cómo traer a tu mente, de la nada, esas palabras desagradables para que te vuelvas a sentir herido, inferior y rechazado una vez más. Es casi más fuerte que tú.

Pero eso no significa que no puedas responder en confianza y fortaleza. Como sabes, Cristo, la Palabra viva de Dios, se hizo carne y habitó entre nosotros (Jn. 1:14). Cuando estuvo en esta tierra, soportó la difamación, el escarnio y el desprecio que provenían de corazones llenos de ira y odio. Cuando Él fue a la cruz, cargó con el peso y las consecuencias de todas esas palabras perniciosas. Al hacerlo, canceló el poder de cada palabra nociva dicha sobre ti para humillarte y destruirte.

Eso no significa que te olvidarás de cada palabra hiriente y dolorosa que alguna vez te hayan dicho. En la sabiduría y el amor de Dios, Él podría usar el recuerdo de esas palabras para que puedas mantener un corazón tierno delante de Él y un corazón blando y compasivo para con tus semejantes. Pero también significa que no necesitas vivir esclavo de esos dardos verbales.

Por su gracia y el poder de su Espíritu, no solo puedes protegerte del daño de esas palabras, sino también evitar usarlas para herir a otros, y así romper el ciclo de ofensas y revanchas.

Por lo tanto, cuando te sientas condenado o dominado por lo que otros te han dicho, corre a la cruz, donde Cristo, la Palabra viva de Dios, murió para sanar las heridas causadas por el pecado (tu pecado y el de otros) y liberarte de la destrucción de esas palabras crueles.

¿Qué palabras dañinas pondrías a los pies de Cristo hoy, creyendo que su Palabra puede sanar y restaurar tu corazón?

¿No me ama?

*Porque nadie aborreció jamás a su propia carne, sino que la sustenta
y la cuida, como también Cristo a la iglesia (Ef. 5:29).*

 LA BAJA AUTOESTIMA es uno de los diagnósticos más comunes de nuestros días. Por eso, aprender a "amarse a uno mismo" ha llegado a ser el lema popular de la psicología actual; la receta del mundo para una cultura plagada de un sentido de poca valía. Pero no podemos otorgarnos valía a nosotros mismos ni experimentar la plenitud del amor de Dios al repetirnos lo valiosos que somos. Las Escrituras dicen que fuimos creados a su imagen, que Él nos ama, y que somos preciados para Él. No necesitamos amarnos más, sino recibir el increíble amor de Dios por nosotros y regocijarnos en su designio y propósito para nuestra vida.

Según las Escrituras, la verdad es que ya tenemos amor propio, y mucho. Por naturaleza, buscamos nuestro propio bienestar y nos preocupamos en demasía por nuestros sentimientos y nuestras necesidades, sumamente conscientes de cómo nos afectan las cosas y las personas. La razón por la cual algunos de nosotros nos ofendemos tan fácilmente, de hecho, no es por odiarnos, ¡sino por amarnos a nosotros mismos! Queremos que nos acepten, que nos aprecien y nos traten bien. Si no nos preocupáramos tanto por nosotros mismos, no nos interesaría que nos rechazaran, nos ignoraran o nos maltrataran.

Por lo tanto, la realidad es que no nos odiamos ni necesitamos aprender a amarnos más a nosotros mismos. Necesitamos aprender a *negarnos* a nosotros mismos para poder hacer lo que *no* es natural en nosotros: amar verdaderamente a Dios y a nuestro prójimo.

Nuestro problema no es una "autoimagen deficiente", sino una "imagen deficiente de Dios". Nuestra verdadera necesidad no es una elevada valoración de nosotros mismos, sino una elevada valoración de Dios. Cuando vemos y valoramos cabalmente a Dios, entonces también nos valoraremos cabalmente: como objetos de su inmenso amor, a quienes ha elegido para rescatar y redimir de sus pecados por su gracia. ¡No podría ser mejor!

¿Qué significa para ti saber que Dios te ama? ¿Qué incidencia podría tener en tu autoestima?

Pasión por la santidad

Sabrán las naciones que yo soy Jehová, dice Jehová el Señor, cuando sea santificado en vosotros delante de sus ojos (Ez. 36:23).

 A PESAR DE LA ABUNDANCIA de actividades religiosas, muchos de los que hoy dicen ser creyentes han reescrito la ley de Dios, con lo cual han pervertido su gracia, al convertirla en una licencia para pecar. La lujuria, la codicia, el materialismo, el enojo, el egoísmo, el orgullo, la sensualidad, el divorcio, el engaño, el entretenimiento profano, las filosofías de este mundo; poco a poco, hemos bajado la guardia, y hemos cultivado relaciones con estos enemigos declarados de la santidad, y. en muchos casos, los hemos admitido en nuestras iglesias y les hemos permitido habitar allí.

¿Dónde están los hombres y las mujeres que aman a Dios por encima de todo, que no tienen temor de nada ni nadie, solo de Él? ¿Dónde están los santos que viven como santos, que tienen una vida irreprochable en su hogar, en su trabajo, en sus conversaciones, en sus hábitos, en sus finanzas, en sus relaciones?

¿Dónde están los hijos de Dios que lloran y suplican de rodillas a Dios que les conceda el don del arrepentimiento, y que se duelen al ver una iglesia sin santidad que juega peligrosamente con el pecado?

¿Dónde están los líderes cristianos con la compasión y el valor de llamar a la iglesia a santificarse delante de Dios? ¿Dónde están las madres, los padres y los jóvenes dispuestos a abandonar completa y decididamente todo lo profano que habita en su corazón y en su hogar?

La iglesia ha estado esperando que el mundo se ponga a cuentas con Dios. ¿Cuándo nos daremos cuenta de que el mundo está esperando que la iglesia se ponga a cuentas con Dios? Es hora de arrepentirnos, de buscar la santidad por su gracia y para su gloria. No nos llegamos a imaginar el efecto que tendría en este mundo ver la santidad de Cristo en y a través de sus hijos.

¿Has podido identificar por el Espíritu algo profano en tu corazón, tu hogar, tus hábitos o tus relaciones? ¿Qué te impide abandonar esas cosas? ¿Cuál sería la diferencia si el mundo pudiera ver el reflejo de un Dios santo en aquellos de nosotros que decimos ser cristianos?

_____

_____

_____

_____

¿Qué estás esperando?

Ni nunca oyeron, ni oídos percibieron, ni ojo ha visto a Dios fuera
de ti, que hiciese por el que en él espera (Is. 64:4).

¿A QUÉ CLASE DE PERSONAS DIOS RESPONDE? ¿Quién es el candidato más probable para un avivamiento? ¿Quién será el próximo en ver una alteración en el orden lógico de las cosas en una etapa poderosa de renovación y derramamiento de su poder, en el que las montañas temblarán ante su presencia (Is. 64:1)?

Según el profeta Isaías, Dios se mueve poderosamente a favor de aquellos que "esperan en él".

Cuando usamos la palabra "esperar", normalmente, la usamos en un sentido pasivo. Decimos que estamos esperando que llegue el verano, o que termine el año escolar o que llegue una encomienda. No estamos pensando en eso todo el tiempo, sino solo cuando algo nos lo trae a la memoria.

Pero la palabra hebrea para "espera", usada en Isaías 64:4, es una palabra activa. Significa demorarse, anhelar, aferrarse o apegarse. Tiene el sentido de algo que predomina en la mente de una persona.

El salmista expresó esta clase de anhelo ardiente cuando dijo: "Mi alma espera a Jehová más que los centinelas a la mañana, más que los vigilantes a la mañana" (Sal. 130:6). Si alguna vez has trabajado en el turno de la noche —o te quedaste despierto toda la noche con un bebé fastidioso— ¡sabes qué es "esperar" ansiosamente que amanezca!

Dios promete "encontrarse" (Is. 64:5) con aquellos que esperan en Él de esta manera, aquellos que inclinan su corazón a Él con atención y expectativa; en puntas de pie, por así decirlo, para ver una vislumbre de su gloria.

Esto realmente es el avivamiento: un encuentro con Dios. Un encuentro que podría ocurrir a nivel personal o familiar. Podría ser una visitación inusual del Espíritu de Dios, que se extienda a toda tu iglesia o comunidad, o incluso abarcar una nación entera. Pero comienza cuando Dios responde a aquellos que solo desean su presencia, que no piensan nada más que en Él, cuyo corazón verdaderamente *espera* en Él.

¿Qué nos hace "esperar" con tanta intensidad cosas que son mucho menos
importantes que nuestra necesidad de que Dios intervenga? ¿Cómo sería en tu
vida "esperar en Dios"?

Ayuda para el cansado

¿Está alguno enfermo entre vosotros? Llame a los ancianos de la iglesia, y oren por él, ungiéndole con aceite en el nombre del Señor (Stg. 5:14).

 MUCHOS COMENTARISTAS creen que la "enfermedad" a la que hace referencia este pasaje no se limita a una dolencia física, sino que incluye a los "débiles" o "cansados" por diversos tipos de sufrimientos. Lamentablemente, hemos desarrollado la mentalidad de que solo los "profesionales" están calificados para ayudar a las personas que sufren de trastornos emocionales o mentales.

No estoy sugiriendo que no haya lugar para las personas que se han capacitado en esta materia, siempre que sus consejos estén basados en la Palabra y los caminos de Dios. Sin embargo, no olvidemos que Dios ha colocado dentro de su cuerpo los recursos que necesitamos —su Palabra y su Espíritu— para ministrar a las personas heridas. La iglesia debería tomar el bálsamo de las Escrituras y aplicarlo a las necesidades de cada uno.

De modo que cuando estás herido, cuando tu alma está enferma, permite que el cuerpo de Cristo te ministre su gracia en el nombre de Jesús. Después de haber orado solo, toma la iniciativa de comentar tus necesidades a otros miembros del cuerpo, en particular, a tus líderes espirituales, a quienes se les ha encomendado la responsabilidad de velar por tu alma. Pídeles que oren por ti. Confiesa cualquier pecado que podría estar causando la debilidad o enfermedad emocional en tu vida, y predisponte a rendir cuentas a lo largo de tu proceso de sanidad y restauración.

Podrías "sentir" una mejoría inmediata, o tal vez no; pero sabrás que estás recibiendo consejos de acuerdo a la Palabra de Dios, que te estás rindiendo a su soberanía y que estás confiando que Él te dará el cuidado y la dirección que necesitas.

Mientras estemos en estos cuerpos, experimentaremos diversos grados de dolor, aflicción y complejidad de emociones. Y aunque, por cierto, podríamos recibir la sanidad, el enfoque de nuestra vida debería estar en la gloria de Dios y sus propósitos de redención en este mundo. Todo lo demás es prescindible. El verdadero gozo viene cuando nos rendimos a tal fin.

¿Necesitas humillarte y buscar oración y ayuda del cuerpo de creyentes en el cual Dios te ha colocado?

_____

_____

_____

_____

Él habla

Y dijo Dios: Sea la luz; y fue la luz (Gn. 1:3).

¿HAS PENSADO ALGUNA VEZ cómo sería la vida si Dios nunca hubiera hablado? ¿Cómo sería si Él nunca se hubiera comunicado con el hombre? ¿Cómo sería si Él nunca nos hubiera dado su Palabra escrita? Trata de imaginar un mundo en el que nadie hubiera escuchado la voz de Dios, un mundo en el que no existiera la Biblia. Sí, sabríamos que hay Dios, porque "los cielos cuentan la gloria de Dios" (Sal. 19:1). Pero ¿cómo sabríamos acerca de Él? Hemos sido creados según su "voluntad" (Ap. 4:11); pero ¿cómo conoceríamos su voluntad? Si Dios no hubiera decidido hablar y manifestarse a nosotros, no tendríamos una norma de lo bueno y lo malo. No sabríamos cómo debemos vivir. Y aunque podríamos experimentar cierto sentido de culpa al pecar, no sabíamos por qué; ni sabríamos qué hacer al respecto. No tendríamos ninguna manera de comunicarnos con nuestro Creador. Tendríamos una vida frustrante y carente de sentido. Imagínate ir por la vida sin saber nada de las promesas, los mandamientos, el amor y la misericordia, la voluntad o los caminos de Dios.

Gracias a Dios, no tenemos que existir en semejante vacío espiritual. Dios *ha* hablado. Se *ha* manifestado a nosotros. De todas las maravillas naturales de nuestro planeta, y de todas las maravillas artificiales, diseñadas, ingeniadas y producidas por el hábil esfuerzo del hombre, ninguna se iguala a la maravilla de estas tres pequeñas, que se encuentran en el primer capítulo de Génesis: "*Y dijo Dios…*".

Piensa en la última vez que Dios te habló por medio de su Palabra, un sermón o el consejo bíblico de un amigo o un miembro de tu familia. No subestimes la voz de Dios.

En seguida

Y en seguida la fuente de su sangre se secó; y sintió en el cuerpo que estaba sana de aquel azote (Mr. 5:29).

 ME ENCANTA LA EXPRESIÓN "EN SEGUIDA". Esta mujer, que hacía doce años que padecía de terribles hemorragias, y había probado todos los tratamientos que pudieran darle alivio y gastado todo su dinero para tratar de encontrar una cura para su mal, se extendió para tocar a Jesús y fue sanada "en seguida".

No, no todos nuestros problemas desaparecerán "en seguida", aunque nos acerquemos a Jesús hasta poder tocar el borde de su manto. A menudo se requiere de un largo proceso diario de santificación para poder experimentar por completo la sanidad y la restauración que Él trae a nuestro espíritu.

Pero recuerda en este día, que Él tiene la capacidad y el poder de hacer —en un lapso de tiempo— lo que a cualquier persona le tomaría toda una vida. He conocido a algunos que han gastado una pequeña fortuna en terapeutas y consejeros, con poco o ningún alivio real en su adicción, dolor emocional o relación disfuncional; solo para descubrir que cuando se acercaron a Cristo, su Palabra y su verdad, fueron libres, en un período de tiempo relativamente corto, de problemas que los aquejaban por años.

Esto se debe a que Jesús sabe cómo llegar al fondo del problema, allí, donde se origina gran parte de nuestro dolor. Ese pecado. Esa amargura. Ese odio o resentimiento. Esa mentira que hemos creído.

Como en el caso de la mujer que padecía de hemorragias, Jesús quiere que vayamos a la raíz: el germen oscuro que está provocando muchas de nuestras dificultades crónicas. Cuando invitamos a Jesús a ir allí, Él puede hacer lo que todas las soluciones superficiales del mundo nunca podrán lograr.

El toque sanador de Cristo no es en reemplazo del proceso de crecimiento en la gracia y de lucha contra el pecado, que dura toda la vida. Pero cuando Él lo decide, puede hacer libre de un padecimiento crónico a todo aquel que acude a Él en fe y le pide encarecidamente lo que solo Él puede hacer.

¿Estás poniendo tu esperanza en los medios de ayuda humanos o divinos para los problemas que hoy te aquejan? ¿Crees que Jesús realmente podría sanarte y hacerte libre?

Refugio en la tormenta

Torre fuerte es el nombre de Jehová; a él correrá el justo, y será levantado (Pr. 18:10).

 RECUERDO EL CASO DE UNA FAMILIA en la ciudad de Oklahoma, cuya casa estaba justo en la trayectoria de un tornado devastador. Sin electricidad y con vientos que arreciaban, corrieron a refugiarse dentro del diminuto closet de un pasillo, justo cuando el sonido de fragmentos de madera y trozos de vidrio empezó a resonar sobre ellos, a todo su alrededor. Cuando finalmente la tormenta pasó y salieron de su escondite, se encontraron con la cruda realidad. Su casa había sido totalmente destruida. Solo una cosa se había salvado —el closet del pasillo— el lugar de refugio que habían elegido. Y por consiguiente, *ellos* también se habían salvado.

Cuando estamos en medio de una crisis real —cuando la tormenta es intensa y amenaza con destrozarnos—, generalmente, vamos a cualquier lugar que podemos para escapar del peligro. Todo lo que sabemos es que estamos escapando, aunque no sepamos exactamente hacia donde estamos corriendo.

Pero nuestro máximo lugar seguro, nuestra única "torre fuerte" infalible, es el "nombre del Señor"; no solo Dios en general, sino esos maravillosos atributos que hacen que sea suficiente para cada tormenta. Corremos hacia su carácter de fidelidad y bondad. Corremos hacia su corazón de amor y compasión. Corremos hacia sus caminos de sabiduría y perfeccionamiento. "En la sombra de tus alas —dijo David, en su clamor— me ampararé hasta que pasen los quebrantos" (Sal. 57:1).

Isaías escribió acerca de un hombre que sería "como escondedero contra el viento, y como refugio contra el turbión" (Is. 32:2). Ese Hombre no es otro más que nuestro Señor Jesucristo, el único lugar seguro en tiempos de peligro.

¿Estás atravesando en este momento el azote de una tormenta? ¿En tu hogar? ¿En tu matrimonio? ¿En tu integridad personal? ¿A quién estás acudiendo en busca de auxilio y seguridad?

Costosa gratitud

Y tomando la copa, y habiendo dado gracias, les dio, diciendo: Bebed
de ella todos; porque esto es mi sangre del nuevo pacto, que por muchos
es derramada para remisión de los pecados (Mt. 26:27-28).

 A HORAS DE SER ARRESTADO, juzgado y, finalmente, crucificado —en una noche que, según la perspectiva humana, le sobraban razones para ceder a la autocompasión, el resentimiento y la murmuración—, el Hijo tuvo palabras de *agradecimiento* para con su Padre Celestial, palabras que fluían de un corazón agradecido. Aquella no fue tan solo una oración para bendecir los alimentos. Él sabía que los emblemas que tenía en sus manos representaban su propio cuerpo, que pronto sería herido, y su sangre, que pronto sería derramada horrorosamente para la salvación de la humanidad pecadora. Y sin embargo, cuando unificamos el relato de los evangelios, vemos que Jesús hizo tres pausas para *dar gracias* durante la celebración de la Pascua; para decir, básicamente: "Padre, me rindo alegremente a tu llamado para mi vida, cualquiera que sea el costo".

Él se entregó a Dios y al mundo, no bajo coerción, sino con fervor —incluso con gratitud—, agradecido por el privilegio de obedecer a su Padre y cumplir la misión que se le había encomendado llevar a cabo en la tierra.

Siento convicción de pecado en mi propio corazón al escribir estas palabras y pensar cuántas veces mi servicio al Señor y a mis semejantes, se ve oscurecido por las sombras de la reserva y empañado por el resentimiento debido al precio a pagar. Tal vez sientas la misma convicción interna de su Espíritu. Entonces, es mi oración que el Espíritu agradecido de Cristo inunde nuestro corazón, motivados por su ejemplo y revestidos de su poder. Que Él nos perdone por nuestro egocentrismo ingrato y nos ayude a vivir una vida —como la suya— de costosa gratitud.

¿Por qué circunstancias o aspectos de tu llamado te sientes menos inclinado a ser
agradecido en este momento? ¿Puedes —y quieres— levantar tu "copa" al Señor
y dar gracias?

Atraídos al peligro

Sino que cada uno es tentado, cuando de su propia
concupiscencia es atraído y seducido (Stg. 1:14).

TODO COMENZÓ CUANDO ALGUNAS AMIGAS vinieron a mi casa a preparar jugo de uva; ¡unos 140 litros de jugo de uva! Y mientras el proyecto se desarrollaba sin mayores inconvenientes, toda esa cantidad de uvas recientemente exprimidas y las inmensas ollas llenas de su dulce néctar atrajeron un enjambre de esas mosquitas de la fruta, que finalmente volaron hasta el piso de arriba donde estaba mi oficina. A medida que pasaban las horas se fueron multiplicando y me causaban bastante molestia. ¡No tenía idea de cómo librarme de ellas!

Pero mis amigas sí. Pusieron un trozo de banana en el fondo de un vaso, luego colocaron un cono de papel invertido y lo sellaron con cinta adhesiva a la parte superior del vaso. Apoyé ese dispositivo casero sobre mi escritorio y esperé que las diminutas moscas fueran atraídas por el olor. No pasó mucho tiempo hasta que esos insectos invasores empezaron a descender por el embudo hasta atravesar el pequeño agujero, y fueron cayendo, uno tras otro, adentro del vaso, donde terminaron atrapados. ¡El plan dio resultado! ¡Casi no lo podía creer!

Mientras observaba la captura y extinción de esas mosquitas indeseables, no podía dejar de pensar en Eva, que al contemplar esa deliciosa fruta, se imaginó que podía darle el placer, solo para descubrir que lo que pensó que le daría satisfacción, en realidad, la condujo a su propia muerte. Tampoco podía dejar de pensar en mí y en cuántas veces yo también me he sentido atraída a cosas, que pensé que me darían felicidad, pero resultaron ser una trampa.

Qué vívido recordatorio de cuan fácilmente terminamos siendo presa de lo que pensamos que queremos, y por el contrario, cuánto dolor podemos evitar si, por la gracia de Dios, le dijéramos que no al pecado y sí a Cristo. Si estamos en Él, no tenemos que estar en esclavitud; podemos ser libres. En vez de ser dejarnos atraer y seducir por los deseos de la carne, que nos conducen a la muerte, recordemos qué (quién) nos puede salvar, y escojamos la vida.

¿Está tu corazón siendo atraído con engaño hacia una trampa? ¿Qué supuestos beneficios hacen que esa tentación parezca irresistible? ¿Qué recursos ofrece Dios para ayudarte a resistir la tentación?

Dieta equilibrada

Toda la Escritura es inspirada por Dios, y útil para enseñar, para redargüir, para corregir, para instruir en justicia (2 Ti. 3:16).

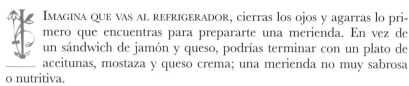 IMAGINA QUE VAS AL REFRIGERADOR, cierras los ojos y agarras lo primero que encuentras para prepararte una merienda. En vez de un sándwich de jamón y queso, podrías terminar con un plato de aceitunas, mostaza y queso crema; una merienda no muy sabrosa o nutritiva.

Sin embargo, así es como muchos se dirigen a la Palabra de Dios. "Agarran" a ciegas el primer pasaje que encuentran, sin un orden o una secuencia en particular, sin darse cuenta de que al sacar las Escrituras fuera de su contexto más amplio, no pueden entender cómo encaja lo que están leyendo dentro de la totalidad del plan divino; ni hablar del hecho de que pueden fácilmente malinterpretar el verdadero significado y estar expuestos a caer en el error.

Es cierto que no todas las partes de la Biblia son igualmente fáciles de digerir. Las "comidas" de Crónicas o Ezequiel podrían no parecer tan suculentas como la de los Salmos, el Evangelio de Lucas o las epístolas de Juan. Sin embargo, como lo expresó un autor del siglo XIX: "La Biblia se parece a un huerto extenso y bien cultivado, donde hay una amplia variedad y profusión de frutas y flores; algunas de las cuales son más esenciales o espléndidas que otras; pero no hay ni una hoja que allí crezca, que no aporte su beneficio y belleza al sistema".

Desde principio a fin, la Biblia es la maravillosa epopeya de la redención; la historia de un Dios que creó al hombre para que tenga comunión con Él, pero al ver que el hombre rechazaba su iniciativa de acercamiento, descendió a restaurar su comunión con el hombre por medio de la cruz. Si quieres contemplar una visión panorámica de esta historia, si quieres disfrutar una dieta espiritual más equilibrada, procura no pasar por alto ciertos pasajes de la Palabra.

¿Sueles leer más a menudo ciertas partes de la Palabra y pasar por alto otras? No tardes en visitar alguna sección menos conocida del "huerto", y observarás la belleza de la nueva revelación que Dios tiene para ti allí.

_____

_____

_____

_____

_____

_____

Confía en mí

*Alma mía, en Dios solamente reposa, porque de él es mi esperanza. Él solamente
es mi roca y mi salvación. Es mi refugio, no resbalaré (Sal. 62:5-6).*

 A ANN BLOCHER LE DIAGNOSTICARON cáncer de seno cuando sus
cinco hijos eran jóvenes. Después de combatir la enfermedad
con quimioterapia y dieta, incluso tras una breve etapa de feliz
remisión, finalmente, Ann partió a su hogar celestial para estar
con el Señor, casi diez años después de su diagnóstico inicial.

A lo largo de esa década tormentosa e incierta, enfrentó numerosos
temores acerca de su futuro y su familia. En particular, luchó con el deseo de
formar parte de la vida de sus hijos, pues sabía que el cáncer amenazaba con
despojarla de ese privilegio. Pero ella descubrió que lo que Dios le estaba
pidiendo realmente era que confiara en Él. Tres años antes que partiera a
su hogar celestial, expresó en un poema lo que el Señor le había mostrado:

Hija ¿puedes confiar en mí?
No solo respecto a la eternidad postrera, de la cual poco sabes, y,
por tanto, no te tienta inmiscuirte;
sino respecto al breve lapso de tu vida entre el ahora y el después, donde ves deterioro, separación, fracaso, impedimento, dolor,
duelo, decepción.
¿Consideras que estoy calificado para ser el Señor de tus últimos
días?

¿No es este el verdadero reto de cada hijo de Dios? *¿Puedes confiar en Mí?*
La verdad es que cualesquiera que sean tus temores, tus imponderables o
tus dificultades, Él ha prometido sustentarte, compartir su gozo contigo,
protegerte y darte su continua presencia.

Dios no nos da ninguna garantía del lugar al cual nos llevará, ni de lo
difícil que será nuestro peregrinaje. Sin embargo, conocemos el carácter
de Aquel en quien hemos puesto nuestra confianza. Y sabemos que sus
promesas compensarán de más cualquier riesgo, peligro o pérdida que Él
pueda permitir en nuestra vida.

*"Hijo, hija, ¿puedes confiar en mí?". ¿Te está pidiendo Dios que confíes en Él en
algún aspecto de esta etapa de tu vida y de tu futuro inmediato?*

Puerta de acceso

¿Qué compañerismo tiene la justicia con la injusticia? ¿Y qué comunión la luz con las tinieblas? (2 Co. 6:14).

DESDE QUE ERA NIÑA Y NACÍ DE NUEVO, he anhelado experimentar una relación más íntima con Dios y disfrutar la realidad de su presencia. El salmista expresó este mismo deseo cuando preguntó (y respondió): "¿Quién subirá al monte de Jehová? ¿Y quién estará en su lugar santo? El limpio de manos y puro de corazón" (Sal. 24:3-4). Sus palabras nos recuerdan que solo aquellos que son santos pueden acercarse al Dios santo.

Sabemos que aquellos que están en Cristo han sido declarados santos: están posicionados correctamente delante de Dios. Sin embargo, como pecadores redimidos, no podemos aferrarnos a nuestra impaciencia, glotonería, holgazanería y mal humor, y esperar que disfrutaremos una comunión íntima con Dios; así como un adolescente, que desobedece voluntariamente la instrucción de sus padres, no puede mirarlos a los ojos confiadamente cuando regresa a la casa; o así como tampoco una esposa, que le miente a su esposo después de excederse en los gastos con su tarjeta de crédito, puede esperar que disfrutará de la intimidad matrimonial a la noche cuando se apaguen las luces.

Podemos cantar a viva voz coros de alabanza hasta que nos escuche el municipio vecino. Podemos participar de conciertos y conferencias colmadas de multitudes que aclaman a Dios. Podemos aplaudir a oradores que conmueven nuestras emociones. Podemos tener experiencias espirituales místicas. Pero ninguna de estas cosas nos atraerá ni siquiera un ápice a Dios si ignoramos o abrigamos el pecado en nuestro corazón. "Bienaventurados los de limpio corazón, porque ellos verán a Dios" (Mt. 5:8).

"¿Quién de nosotros morará con el fuego consumidor? —preguntó el profeta—. El que camina en justicia y habla lo recto" (Is. 33:14-15). "Porque Jehová es justo, y ama la justicia; el hombre recto mirará su rostro" (Sal. 11:7). La intimidad con nuestro santo Dios está reservada para aquellos que aman y escogen el camino de la santidad.

¿Estás disfrutando una comunión íntima con Dios, o hay alguna brecha ente tú y Él? ¿Acaso estás aferrado a un pecado, que está causando esa brecha, del cual no te quieres arrepentir?

La paja en el ojo

¿O cómo dirás a tu hermano: Déjame sacar la paja de tu ojo, y he aquí la viga en el ojo tuyo? ¡Hipócrita! saca primero la viga de tu propio ojo, y entonces verás bien para sacar la paja del ojo de tu hermano (Mt. 7:4-5).

 MUCHAS VECES, DESPUÉS DE SOPORTAR el dolor inmerecido del pecado de otra persona contra nosotros, nosotros (los *ofendidos*) nos convertimos en los *ofensores* en la manera en que respondemos a la injusticia original o que aún persiste. De modo que aunque puede que hayamos hecho poco, o nada, para provocar lo que inicialmente sucedió, ahora hemos agregado nuestro propio pecado a la confusión. Y primero debemos enfrentar nuestro propio pecado.

En este famoso pasaje del Sermón del Monte, Jesús enfatizó la importancia de ver nuestro propio pecado antes de señalar las faltas de los demás. Esto no es minimizar lo que pudo haber hecho nuestro "hermano", sino más bien afirmar que es difícil ser objetivo sobre su pecado cuando tenemos una viga en nuestro propio ojo. Es difícil ayudarle a ver su problema —ni mencionar que sería hipócrita de nuestra parte— si no hemos confesado nuestro propio pecado, aunque inicialmente haya sido una reacción a su pecado.

Por lo tanto, para ser sinceros: ¿Ha engendrado pecado en tu propia vida el pecado de otra persona? Entonces, confiésalo, y, si es posible e indicado, confiésaselo a tu ofensor. Sin tratar de excusarte, sin culparlo por incitarte a pecar y sin enojarte con él, para no pecar aún más. Asume la responsabilidad total de tu propio pecado.

"¡Pero yo tengo solo el 5% de responsabilidad en todo este asunto!". Entonces, asume el 100% de responsabilidad por tu 5%. Humíllate. Limpia tu consciencia. Pide perdón. Luego, deja que Dios te use para ministrar su gracia a tu hermano en necesidad.

¿Tienes una relación fracturada con otra persona? ¿Es posible que no estés reconociendo tu parte de culpa, así como sientes que la otra persona no reconoce la suya? ¿Qué podría revelar en tu propio corazón una evaluación sincera?

El camino de los mansos

Y dejaré en medio de ti un pueblo humilde y pobre, el cual confiará en el nombre de Jehová (Sof. 3:12).

 Si vives en una zona de tornados, conoces la inmensa destrucción que pueden provocar. Habrás visto la secuela de ramas caídas, basura y escombros de edificios que dejan esparcidos. Conoces el desastre, que pueden dejar a su paso para recoger después.

Pero ¿no hacemos nosotros lo mismo a veces, cuando "tocamos tierra" con fuerza destructiva en nuestra familia y nuestros lugares de trabajo al interactuar con los demás? Con nuestras respuestas cortantes a correos electrónicos, palabras de crítica y reacciones temperamentales, podemos causar estragos en nuestras relaciones. Con nuestra insolencia, manipulación y negativismo, podemos dejar una estela de escombros emocionales y relacionales, y después esperamos que otros limpien el desastre.

Pero mientras el mundo valora a aquellos que son enérgicos y hacen valer sus derechos, que dicen lo que piensan y obtienen resultados, Dios valora a aquellos, cuyas emociones y respuestas están bajo su control divino. Aunque el mundo mira a los mansos y dice que son débiles, Dios mira a los mansos y dice que le recuerdan a Jesús.

Ninguno de nosotros es manso por naturaleza. Es una obra de la gracia; algo que no podemos obtener sin ayuda del Señor. Es el dulce fruto de confiar en Él y permitir que viva en nosotros y cultive su espíritu manso y humilde en y a través de nosotros.

Y aunque para ser mansos es necesario que renunciemos a nuestros derechos, las Escrituras nos aseguran también que produce "abundancia de paz" (Sal. 37:11), "alegría nueva" (Is. 29:19 NTV) y la oportunidad de "[recibir] la tierra por heredad" (Mt. 5:5); tenemos todo lo que realmente importa en la vida, aunque signifique no tener todo lo que realmente queramos por el momento.

¿Cómo describirían los demás la clase de estela que dejas a tu paso? ¿Qué diría tu cónyuge? ¿Tus hijos? ¿Tus compañeros de trabajo? ¿Qué clase de impresión quisieras dar?

Esperanza verdadera

Porque Jehová es bueno; para siempre es su misericordia, y su verdad por todas las generaciones (Sal. 100:5).

EL 1 DE SEPTIEMBRE DE 1979 ha quedado grabado fuertemente en mi memoria. Había pasado el fin de semana con mi familia, en las cercanías de Filadelfia, para festejar mis veintiún años. Ese sábado a la tarde, mis padres me llevaron al aeropuerto para tomar el vuelo a Virginia, donde estaba sirviendo como parte del personal activo de una iglesia local.

Cuando el avión aterrizó en Lynchburg, recibí una llamada de mi madre para avisarme que mi padre había sufrido un infarto y había partido instantáneamente con el Señor. Sin previo aviso. Sin tiempo para decirse el último adiós. Mi madre quedó sola a los cuarenta años de edad con siete hijos, de ocho a veintiún años de edad.

No podía retener mis lágrimas en los días, semanas y meses que siguieron. Pero en ese momento, cuando me enteré de su partida, el Señor fue muy benévolo conmigo: me recordó su verdad. Antes de poder pensar en otra cosa, antes que me soltara en llanto, Él me trajo a la mente un versículo que había leído hacía pocos días. Parafraseado, decía: "Dios es bueno, y todo lo que hace es bueno" (Sal. 119:68).

Mi papa me había enseñado esta verdad durante los primeros veintiún años de mi vida. Y ahora, en ese momento crucial, esa verdad resultó ser la fortaleza que mi corazón necesitaba. Extrañé terriblemente a mi padre; todavía lo extraño, muchos años después. No tuve la oportunidad de conocerlo como una hija adulta. Hay muchas cosas que desearía haber podido hablar con él.

Pero en ese momento sabía, y ahora lo sé con más certeza, que *Dios es bueno, y todo lo que hace es bueno.* Cuando la vista, el sentido y las emociones gritan lo contrario, esta es la verdad inexorable que siempre demostrará ser el cimiento inconmovible de nuestro corazón.

¿A dónde nos puede conducir el negar, ignorar o dudar de la bondad de Dios?
¿Cómo puedes cultivar una mayor confianza en la bondad de Dios?

Nunca pierdas la esperanza

El cual será restaurador de tu alma, y sustentará tu vejez (Rt. 4:15).

 UNA DE LAS COSAS QUE ME ENCANTA del corazón y los caminos de Dios es que en cuanto fallamos o nos desviamos de su voluntad, Él empieza a desarrollar su plan (ya existente) para redimir nuestra situación y restaurarnos en su voluntad. Vemos esto en la vida de Noemí y su familia tras haber huido de Belén a Moab durante un tiempo de hambruna, con la intención de permanecer en aquella tierra impía solo por un tiempo, pero finalmente se establecieron allí.

En el transcurso de los años, el marido de Noemí falleció, así como sus dos hijos, y se quedó sola y desamparada, con la única compañía de sus dos nueras viudas. Noemí estaba muy lejos de su tierra, sin nada que le diera sentido a su vida. La esperanza había desaparecido, y sus conversaciones reflejaban su decepción con Dios.

Pero en tiempos de adversidad, presión y problemas, la pregunta indicada no es: "¿Por qué me está pasando esto?"; sino "¿Qué está haciendo Dios en esta situación y cómo puede usarla para glorificar su nombre?".

El famoso relato del regreso de Noemí a Belén junto a su nuera, Rut, y su redención a través de la bondad de Booz, demuestra que Dios puede tomar a una familia desesperanzada en sus errores y fracasos, y restaurarla con un nuevo propósito en la vida —uno que reencauce el linaje familiar— y generaciones futuras… hasta Cristo.

Puede que te encuentres en un punto en el cual no le veas un buen final a tu situación, después de haber tomado decisiones, o haber seguido los pasos de otros, que te desviaron del plan de Dios. Sí, puede que tengas que soportar más dolor y sufrir más consecuencias. Pero puedes confiar que Dios le encontrará la solución a las circunstancias más complicadas de la vida de la manera más favorable para ti, para cumplir sus propósitos y darte un futuro prometedor y una esperanza.

¿Estás más enfocado en tus equivocaciones o las de otros, o en el plan de redención de Dios y sus propósitos? ¿Crees que Dios puede redimir y restaurar lo que te parece una situación complicada y sin esperanza, de manera de glorificar su nombre?

Algo viejo, algo nuevo

Por tanto, nosotros todos, mirando a cara descubierta como en un espejo la gloria del Señor, somos transformados de gloria en gloria (2 Co. 3:18).

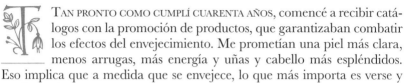 TAN PRONTO COMO CUMPLÍ CUARENTA AÑOS, comencé a recibir catálogos con la promoción de productos, que garantizaban combatir los efectos del envejecimiento. Me prometían una piel más clara, menos arrugas, más energía y uñas y cabello más espléndidos. Eso implica que a medida que se envejece, lo que más importa es verse y sentirse más joven.

Sin embargo, la realidad es que *estoy* envejeciendo. Y en nuestro mundo caído, eso significa que lentamente mi cuerpo se va deteriorando. Me miro al espejo y veo arrugas que no estaban allí hace doce años, además de la cabeza llena de canas. He tenido que empezar a usar una Biblia de letra grande. Y aunque hago ejercicio regularmente y me cuido en las comidas, no tengo la resistencia física que tenía a los veinte años.

Pero me niego a creer la mentira de que estas cosas son tragedias terribles o que, de alguna manera, mi reloj biológico puede revertirse. Naturalmente, no estoy tratando de *acelerar* mi deterioro físico, pero tampoco me obsesiona combatir lo inevitable. A medida que envejezco, quiero enfocarme en las cosas que Dios dice que más importan: cosas como dejar que su Espíritu cultive en mí un corazón lleno de gracia, sabiduría, bondad y amor.

Sé que mi cuerpo físico está pasando por un proceso que no será revertido de este lado de la eternidad. Pero también sé que "la senda de los justos es como la luz de la aurora, que va en aumento hasta que el día es perfecto" (Pr. 4:18). Por la gracia de Dios, nuestro espíritu puede seguir enriqueciéndose, renovándose y fortaleciéndose, aunque nuestro cuerpo se siga desgastando.

¿Cómo tratas de tener un equilibrio entre aceptar el reto inevitable del envejecimiento con el deseo de ser un buen mayordomo de tu cuerpo? ¿Qué puedes hacer para cultivar y fortalecer tu vida y espíritu interior, aunque tu cuerpo físico se vaya desgastando?

La gratitud y la voluntad de Dios

Dad gracias en todo, porque esta es la voluntad de Dios
para con vosotros en Cristo Jesús (1 Ts. 5:18).

 COMO VERDADEROS CREYENTES, queremos conocer la voluntad de Dios para nosotros, especialmente en lo que respecta a las decisiones más importantes y trascendentales de la vida. Pero curiosamente, cuando vamos a las Escrituras para saber discernir su voluntad, no encontramos muchas instrucciones que tengan que ver con lo que debemos hacer, a dónde debemos ir o a qué personas debemos conocer. Esto se debe a que la voluntad de Dios no tiene que ver tanto con un lugar, un empleo o una pareja específica, sino más bien con el corazón y un estilo de vida.

Y según el versículo anterior, un aspecto fundamental de ese estilo de vida es tener una actitud de agradecimiento.

Seguramente, los detalles no carecen de importancia para Dios. Y Él puede darnos la sabiduría que necesitamos para tomar aquellas decisiones que tengan que ver con detalles, cuando acudimos a Él y caminamos conforme a los principios de su Palabra. Pero con el paso del tiempo, descubrirás que siempre hay decisiones que tomar. Una decisión que hoy puede ser enorme, pronto puede verse reemplazada por otro conjunto más de cuestiones y disyuntivas para la próxima etapa de tu vida.

Allí es cuando descubres que la voluntad de Dios es mucho más grande y amplia que los detalles en letra pequeña y las medidas exactas. En cambio, se caracteriza solo por algunas constantes simples, que le restan importancia a nuestras preguntas específicas y nuestras súplicas por dirección. En otras palabras, podrías estar más cerca de escuchar el sentir de Dios sobre un asunto en particular, al hacer lo que ya *sabes* que es la voluntad de Dios, en vez de hacer una lista de pros y contras o angustiarte por tener que decidir entre varias opciones.

Por lo tanto, cuando te enfrentes a circunstancias desconcertantes, cuando no sepas qué hacer o qué camino seguir, *dale gracias* al Señor, y es probable que Él te dé el discernimiento que necesitas para tomar decisiones sabias que honren a Dios.

¿Estás buscando discernir la voluntad de Dios para una decisión o un ámbito de tu vida en particular? ¿Estás obedeciendo la parte de la voluntad de Dios que ya conoces? ¿Qué puedes decir de la parte de "[dar] gracias en todo"?

En su tiempo

Aguarda a Jehová; esfuérzate, y aliéntese tu corazón; sí, espera a Jehová (Sal. 27:14).

 SARA ES ELOGIADA EN LAS ESCRITURAS como una mujer que honraba y obedecía a su esposo. Sin embargo, al menos en una ocasión, cuando Dios no obró con la premura que ella creía que debía hacerlo, decidió tomar el asunto en sus propias manos.

Es muy probable que conozcas la historia. Dios le había prometido a su esposo, Abraham, que tendría muchos descendientes y que sería padre de una gran nación. Pero Sara ya tenía *setenta y seis* años y todavía no había tenido hijos. Impaciente por la espera, decidió que alguien tenía que hacer algo, de modo que presionó a su esposo a entrar en acción y recurrir a una práctica común de la época, mediante la cual una mujer estéril podía tener un hijo a través de una de sus criadas.

Al principio, su plan pareció marchar espléndidamente. Pero no pasó mucho tiempo hasta que la situación se complicó. La relación entre la esposa estéril y la criada encinta se tornó insoportable, y Sara volvió a hablar con Abraham y le dijo: "¡Tú tienes la culpa de mi afrenta!" (Gn. 16:5 NVI). (¡No puedo dejar de compadecerme de Abraham!). Y aunque Dios intervino sobrenaturalmente unos trece años después para concederles a Abraham y Sara su propio hijo, el hijo que nació de la unión de Abraham y Agar se convirtió en una causa de gran conflicto y dolor para ellos (ni mencionar para las incalculables generaciones que vendrían).

Cuántas veces se habrá lamentado Sara y habrá pensado: "¿Por qué no esperé que el Señor obrara? ¿Por qué tuve que manipular esa situación?

Sí, podemos tomar las riendas y tratar de resolver nuestros problemas cómo y cuándo mejor nos parezca, e incluso podríamos llegar a conseguir algunos resultados inmediatos. Pero recuerda: *Dios siempre actúa a favor de aquellos que esperan en Él*. Es mucho mejor confiar en su sabio plan, que cosechar las dolorosas consecuencias de apresurarnos y tomar el asunto en nuestras propias manos.

¿Estás manipulando alguna situación para ver un anhelo cumplido o un cambio en esa situación, en vez de esperar que Dios obre en su tiempo y a su manera?

Por ellos

Y por ellos yo me santifico a mí mismo, para que también
ellos sean santificados en la verdad (Jn. 17:19).

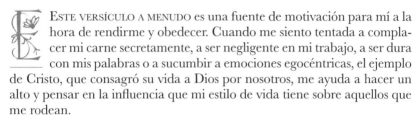

ESTE VERSÍCULO A MENUDO es una fuente de motivación para mí a la hora de rendirme y obedecer. Cuando me siento tentada a complacer mi carne secretamente, a ser negligente en mi trabajo, a ser dura con mis palabras o a sucumbir a emociones egocéntricas, el ejemplo de Cristo, que consagró su vida a Dios por nosotros, me ayuda a hacer un alto y pensar en la influencia que mi estilo de vida tiene sobre aquellos que me rodean.

Ya es bastante malo para nosotros tomar decisiones que dañan nuestra propia relación con Dios. Sin embargo, cuánto más grave es ser causantes de que otra persona decida pecar. Por lo tanto, cuando consagramos nuestra vida a Dios y permitir que Él nos santifique en su verdad, no lo hacemos solo por nosotros y por Cristo, sino también por otros.

Una vez escuché a alguien referirse a un líder cristiano y decir: "Si alguna vez decidiera no ser cristiano —y casi lo hago— sería a causa de ese hombre". Lo cierto es que nuestras decisiones afectan a otros creyentes. Y en gran medida, este mundo perdido determina su perspectiva de Dios en base a la vida de aquellos que profesan conocerlo. Me pregunto cuántas personas han sido disuadidas de creer en Cristo por algo que han visto o experimentado con aquellos de nosotros que decimos ser cristianos.

¿Por qué debes estar dispuesto a decirle que no a tu carne y sí a Dios cada día de tu vida? Debido al precio que Jesús pagó para que seas santo. Porque el mundo necesita ver, desesperadamente, cómo es Dios. Porque este es el propósito y el destino diseñado para ti. Porque tu vida consagrada podría inspirar a quienes te están mirando a darle la espalda al pecado, mirar a Cristo y escoger el camino de la santidad.

¿Has considerado que tu decisión de aferrarte al pecado o de vivir una vida santa, apartada, afecta de alguna manera a tu familia, tus hijos, tus amigos, tu legado? ¿Tu vida motiva a las personas que te rodean a vivir una vida santa?

Jesús, la Palabra de Dios

En el principio era el Verbo, y el Verbo era con Dios, y el Verbo era Dios (Jn. 1:1).

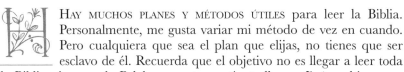 HAY MUCHOS PLANES Y MÉTODOS ÚTILES para leer la Biblia. Personalmente, me gusta variar mi método de vez en cuando. Pero cualquiera que sea el plan que elijas, no tienes que ser esclavo de él. Recuerda que el objetivo no es llegar a leer toda la Biblia, sino que la Palabra penetre en *ti* y te lleve a *Jesús*: cultivar una relación creciente con la Palabra viva de Dios.

Uno de los pasajes más aleccionadores de la Biblia, justamente, se refiere a este asunto. Los fariseos de la época de Jesús eran conocidos por su vasto conocimiento del Antiguo Testamento. Sin embargo, un día, Jesús los miró directo a los ojos y les dijo: "Nunca habéis oído su voz (Dios), ni habéis visto su aspecto, ni tenéis su palabra morando en vosotros" (Jn. 5:37-38).

Puedo imaginarme a esos eruditos galanos indignados ponerse colorados y mascullar en voz baja: "¿Qué quiere decir? ¿Quién se cree que es? ¡No es más que un obrero! ¡Nunca ha ido al seminario! ¿Y nos está diciendo que nunca hemos escuchado a Dios y que su Palabra no mora en nosotros? ¿Por qué, si hemos estado toda nuestra vida estudiando la Biblia? Si nosotros no hemos escuchado a Dios, entonces ¿quién?

Pero Jesús no terminó. "Escudriñad las Escrituras; porque a vosotros os parece que en ellas tenéis la vida eterna; y ellas son las que dan testimonio de mí; y no queréis venir a mí para que tengáis vida" (vv. 39-40). No estaban comprendiendo el objetivo principal de su estudio.

Si llegamos a dominar la Biblia, pero no conocemos, amamos, adoramos, servimos y tenemos a Jesús como Señor, nosotros tampoco estamos comprendiendo el objetivo principal de leerla, y nos exponemos a ser los fariseos del siglo XXI. Por lo tanto, sí, lee la Palabra; estúdiala diligentemente; pero al hacerlo, ¡no pases por alto a Jesús!

Al leer y estudiar la Palabra de Dios ¿estás conociendo a Cristo de una manera más personal y real? Pídele que se revele a tu vida por medio de su Palabra y que te dé fe para seguir acudiendo a Él y hallar vida.

Jesús entre los candeleros

Escribe al ángel de la iglesia en Éfeso: el que tiene las siete estrellas en su diestra, el que anda en medio de los siete candeleros de oro (Ap. 2:1).

 HOY DÍA, MUCHOS SE HAN CANSADO DE LA IGLESIA, entre ellos se incluyen a muchos que han estado en ella durante gran parte, o incluso, toda su vida. El alejarse de la comunión, la adoración y la comunidad de la iglesia local representa una tendencia preocupante, suscitada por todo, desde cansancio y desilusión a conveniencia práctica. Muchos han dejado de considerar a la iglesia como una parte importante y necesaria de su vida. Y se están alejando.

Pero antes de pensar que podemos alejarnos de la iglesia o descartarla como una opción innecesaria, recordemos que Cristo está unido a su iglesia. No podemos separar la "cabeza" del "cuerpo" (Ef. 5:23). Alejarse de la iglesia es alejarse de Cristo y de lo que Él está haciendo en el mundo hoy.

No, la iglesia en general no es perfecta, como tampoco lo es la tuya en particular. La iglesia del primer siglo luchaba con toda clase de problemas, como lo evidencian los escritos del Nuevo Testamento. Y sin embargo, ¿dónde vemos a Jesús cuando le revela su mensaje al apóstol Juan? Está caminando entre los "candeleros"; la imagen visual de las *iglesias locales*. Él tiene a sus líderes, su pueblo y la identidad de todos en sus manos. Él no va a abandonar a su propio cuerpo y esposa. Él la ama, cuida de ella y mora en ella.

Por lo tanto, llora por la iglesia. Intercede por ella. Ruega a Dios que restaure su justicia, unidad y su importante beneficio en nuestros días. Pero no te alejes de la iglesia. Aunque Él conoce las fallas y las flaquezas de las iglesias, Jesús sigue caminando entre ellas. Él entregó su vida por la iglesia, y está comprometido a protegerla, preservarla y purificarla. ¿Cómo podemos amar a la iglesia, tolerarla y buscar junto a Él su avivamiento y restauración?

¿Cuál es tu relación actual con tu iglesia? ¿Cómo podrían las cosas que te afligen de la iglesia convertirse en la razón para acercarte a ella en vez de alejarte de ella?

Rey sobre todo

Porque en él vivimos, y nos movemos, y somos (Hch. 17:28).

EL CONCEPTO DE UN REY SOBERANO, que ejerce control absoluto sobre sus súbditos, es un concepto que nuestra mente igualitaria, occidental encuentra difícil de aceptar. Queremos tener voz y voto, y elegir al líder de nuestra elección. No queremos inclinarnos ante un monarca todopoderoso. Lo que cada uno de nosotros realmente quiere es *ser* el rey, o al menos tener una forma de gobierno representativa.

Debido a nuestra naturaleza caída, tendemos a considerar intolerable y humillante que alguien ejerza control sobre nosotros. Pero lo aceptemos o no, el gobierno soberano de Dios y el señorío de Cristo constituyen una realidad no negociable. *Él es Dios, nosotros no.* En reconocer y aceptar esta verdad eterna e inalterable está la clave de la libertad y la paz verdaderas.

Nadie consideraría irracional que una madre de hijos pequeños insistiera en tener el control de su vehículo mientras conduce con su familia dentro. Eso se debe a que ella sabe cómo conducir y sus hijos no. Ella es la única en el vehículo capaz de mantener la seguridad de todos y protegerlos. El hecho de que no comparta la conducción del vehículo con sus niños no la convierte en una persona obsesiva por el control, sino más bien en una autoridad responsable y amorosa, que impone debidamente su autoridad sobre sus hijos.

El Dios revelado en las Escrituras es Rey; el Rey sobre *todos* los reyes, incluso los a veces petulantes supuestos reyes que vemos cuando nos miramos al espejo, aquel que persistentemente trata de ocupar el trono de nuestro corazón. ¡Oh, que podamos comprender que es totalmente justo que el Rey de todo —Aquel que creó y mantiene cada molécula del universo— ejerza un control incuestionable sobre nuestra vida! Y que podamos darnos cuenta de la seguridad y la protección que tenemos a nuestra disposición cuando nos rendimos a ese control.

¿Te agrada o te resistes a la idea de rendirle a Dios el control de cada área de tu vida? ¿Qué hace que ese control sea razonable y justo?

Él es suficiente

Y me ha dicho: Bástate mi gracia; porque mi poder se perfecciona en la debilidad. Por tanto, de buena gana me gloriaré más bien en mis debilidades, para que repose sobre mí el poder de Cristo (2 Co. 12:9).

 COMO HIJOS DE DIOS, nunca enfrentaremos circunstancias que excedan su gracia. Donde abunda el pecado, su gracia siempre sobreabundará. Cuando somos débiles, Él es fuerte. Cuando estamos vacíos, Él está lleno. Cuando no nos quedan recursos, sus recursos divinos nunca se agotarán. Cuando nosotros no podemos, Él sí puede.

Lo cierto es que sea lo que sea que estés atravesando en este momento, su "gracia es suficiente para ti". Y sea lo que sea que atravieses mañana, el año que viene o dentro de cincuenta años, su gracia también será suficiente entonces.

Su gracia es suficiente para enfrentar los recuerdos, las heridas y los fracasos del pasado más sórdido que haya marcado tu corazón. Su gracia es suficiente para toda una vida de soltería o para medio siglo de matrimonio con un cónyuge, que no tiene interés en los asuntos espirituales. Su gracia es suficiente para una madre soltera, que trata de criar a sus hijos, o para un padre divorciado, que trata de mantener una relación con sus hijos en medio de un régimen de custodia restrictivo e irracional.

Su gracia es suficiente para cualquier padre de tres niños… o de tres adolescentes. Su gracia es suficiente para la persona que tiene a su cargo el cuidado de sus padres ancianos, para los padres que sufren el síndrome del "nido vacío", para la mujer que está atravesando la menopausia, para la viuda que vive del seguro social y para el minusválido internado en un asilo para enfermos.

Necesitamos meditar en esta verdad y hablar de su realidad eterna a quienes nos rodean. En cada etapa y circunstancia de la vida, su gracia es suficiente. Para ti y para mí.

¿Qué situación en tu vida parece estar fuera del alcance de la gracia de Dios? Medita en esta verdad: "¡Su gracia es suficiente para mí!".

_____

_____

_____

_____

_____

_____

Dios, nuestro refugio

*Jehová de los ejércitos está con nosotros; nuestro refugio
es el Dios de Jacob (Sal. 46:11).*

 EL SALMO 46, COMO MUCHOS OTROS, habla de períodos y situaciones, que bien podrían haberse extraído de los titulares de actualidad o de nuestros diarios personales. Lo que quiero decir es que todos hemos atravesado tiempos en los que parece que gran parte de nuestra vida, literalmente, se "desmorona" (ver v. 2 NVI). Hemos visto desastres naturales, ya sea de cerca o en la televisión, y los efectos devastadores de aguas que "rujen y se encrespan" en su furia (v. 3 NVI). Y las noticias diarias nos muestran la evidencia visual de "naciones" que se "agitan" violentamente (v. 6 NVI).

En once breves versículos, el salmista utiliza este tipo de vocablos con el que nos podamos identificar, para describir los mismos temores y sentimientos de desamparo reales que nos avasallan. Y sin embargo, a pesar de las diversas maneras gráficas de describir esos graves problemas, la *centralidad de Dios* es el alma de este cántico; el salmista se refiere a Él, específicamente, por nombre no menos de once veces en estos mismos once versículos.

Cinco veces habla de Dios como *Elohim*: el poderoso Dios trascendente, supremo sobre toda tormenta y dificultad. Otra vez, lo identifica como *Elyon*, el Altísimo. Es *Yahweh*, un nombre que refleja el pacto de Dios con su pueblo. Es *Jehová Sabaot*, el comandante, Señor de los ejércitos. Es el Dios de Jacob, fiel a su Palabra y sus promesas.

Es *Dios*: "Dios es nuestro amparo y fortaleza, nuestro pronto auxilio en las tribulaciones" (v. 1); seguro y firme aunque nuestra vida esté en su estado de mayor confusión y caos. Por consiguiente, no debemos desmayar o dejarnos vencer por la conmoción de la vida, porque Dios verdaderamente está "en medio de ella" en cada momento, y nuestra vida "no será conmovida" (v. 5).

En todas partes, en todo lo que enfrentamos, descubrimos que nuestro Dios ya está allí; descubrimos que Él es nuestro refugio seguro.

¿Has perdido de vista a Dios en medio de tus circunstancias actuales? Él no te ha perdido de vista a ti. Corre a Él y halla refugio para tu alma.

Oración intercalada con gratitud

Orad sin cesar (1 Ts. 5:17).

 NO TIENE NADA DE MALO ser totalmente sinceros con Dios, acudir a Él y presentarle nuestras heridas, nuestro dolor y nuestros ruegos, para que nos ayude y nos sane. Pero orar es más que pedir; la oración es un instrumento de alabanza y gratitud. Y hasta que no permitamos que nuestra interacción con Dios implique más que nuestra lista de sufrimientos y necesidades, nos estará faltando gran parte de la relación que deberíamos disfrutar con Él.

Piensa en la composición general de tus oraciones. ¿Puede ser que no guarden ningún equilibrio, ya que lo único que haces es pedir y buscar? ¿Están demasiado cargadas de quejas sobre tu condición o circunstancias actuales? ¿Qué pasaría si, aun en esos momentos en los que sientes la necesidad desesperada de una intervención divina, tuvieras el cuidado de intercalar expresiones de gratitud en tus oraciones; no como una manera (inútil, desde luego) de tratar de manipular el favor de Dios, sino simplemente para reconocer que por su amor y su gracia, sigues experimentando su gracia y sus bendiciones en medio de tu sufrimiento?

Es importante hacernos estas preguntas, no para desalentar nuestra sinceridad o negar la realidad; sino para entrenar nuestro corazón a ver nuestras dificultades y preocupaciones dentro del contexto de la bondad de Dios. Solemos permitir que nuestros problemas nos impidan reconocer sus beneficios. Pero aun antes de vislumbrar la respuesta de Dios, podemos agradecerle por infinidad de cosas: por estar allí, por escucharnos, por hacer todas las cosas según el designio de su voluntad. Debemos procurar que nuestras "acciones de gracias" sean tan específicas, sinceras e importantes, como nuestras "rogativas" y "peticiones" (1 Ti. 2:1).

Si siempre has querido que orar fuera tan natural como respirar, entonces prepara el camino con gratitud. Y verás que orar "sin cesar" será una experiencia y no una excepción.

Recuerda que la oración fluye de un corazón convencido de su necesidad de Dios y del deseo de Dios de bendecir a sus hijos con la abundante provisión de su gracia. Pídele hoy que te ayude a desarrollar esta clase de corazón.

_____

_____

_____

_____

_____

Humilde o altivo

Manda que no sean altivos, ni pongan la esperanza en las riquezas, las cuales son inciertas, sino en el Dios vivo, que nos da todas las cosas en abundancia para que las disfrutemos (1 Ti. 6:17).

 AYER VIMOS QUE LA GRATITUD debería ser un elemento primordial en nuestra vida de oración; contribuyente principal de nuestra relación con Dios, el Padre. Pero eso solo sucederá cuando permitamos que la gratitud sea parte de quienes somos, de nuestros pensamientos, de nuestra respuesta reflexiva a la vida. En los próximos días, me gustaría destacar algunas diferencias entre las personas agradecidas y las desagradecidas, a fin de que preparemos nuestro corazón para cantar alabanzas a Dios con más sentimiento y devoción.

En primer lugar, las personas agradecidas, son humildes; mientras que las desagradecidas, son orgullosas. La gratitud revela lo que hay en el corazón, más allá de las realidades, hechos y detalles que da a conocer. Y entre las cosas que más revela en aquellos que expresan gratitud como un estilo de vida, es su grado de humildad.

Aún puedo recordar cuando cada día le preguntaban a mi padre cómo estaba y él respondía: "¡Estoy mejor de lo que merecería!". ¿Qué impulsaba en él aquella respuesta tan opuesta a la convencional: "Bien, gracias"? Es que Art DeMoss nunca olvidó el hecho de que Dios lo había salvado, y que si realmente hubiera recibido lo que legítimamente le correspondía, hubiera estado totalmente perdido.

Cada indicio de ingratitud es un indicador de orgullo en nuestro corazón, la convicción de que merecemos más de lo que estamos recibiendo, esencialmente, que merecemos recibir un trato más generoso de Dios y de nuestros semejantes. ¡Oh, pensamos que merecemos tanto! Pero cuán agradecidos deberíamos estar de que Dios *no* nos haya dado lo que merecemos; sino que haya decidido extendernos su gracia y misericordia. El orgullo es el padre de la ingratitud y el asesino silencioso de un corazón agradecido.

¿Hay algún asomo de resentimiento o frustración en tu corazón por algo que Dios no te ha dado, no ha solucionado o no ha hecho? ¿Qué tan diferente vería esa situación un corazón humilde?

Lleno o vacío

*Cuídate de no olvidarte de Jehová, que te sacó de la tierra
de Egipto, de casa de servidumbre (Dt. 6:12).*

EN CONTRASTE CON NUESTRA TENDENCIA a deprimirnos, desanimarnos y resentirnos cuando estamos enfrentando circunstancias adversas, pienso en el apóstol Pablo que, desde el interior de un calabozo romano, privado de todo menos de lo más indispensable en la vida, escribió una nota de agradecimiento: "Pero todo lo he recibido, y tengo abundancia; estoy lleno" (Fil. 4:18). La mayoría de sus amigos lo habían abandonado. Sus enemigos eran muchos y despiadados. Si alguna vez había disfrutado de alguna comodidad material, en ese momento era algo muy lejano y probablemente ya no existía. Según la perspectiva humana, se lo había despojado de todo excepto de su mera existencia, y sin embargo... él consideraba que estaba *lleno.*

Un corazón agradecido, es un corazón lleno; mientras que un corazón desagradecido, es un corazón vacío. La diferencia entre estar lleno y vacío, por lo general, no es la diferencia entre ser rico o pobre, estar en casa o fuera de casa, tener la alacena repleta hasta los topes o apenas unas latas de sopa y fideos. La diferencia, casi siempre, es la gratitud.

Steve Dale, el columnista de una agencia de noticias, que responde preguntas de la gente sobre sus mascotas, recibió un correo electrónico de alguien que buscaba consejo con respecto a su perro bóxer de doce años, que corría el riesgo de perder una pata debido a un tumor maligno. Dale le respondió que los perros realmente parecen adaptarse bastante rápido a las tres patas después de una cirugía, y que al poco tiempo van de un lugar a otro casi igual que antes, "Al parecer, no experimentan el trauma psicológico de sentirse tristes por haber perdido una pata. Sino todo lo contrario, actúan encantados de estar vivos".

¡Oh, quién pudiera ser como Pablo!... y como el perro con tres patas. Tener un corazón lleno, aunque estemos privados de nuestros deseos y deleites, en vez de tener un corazón vacío aunque estemos rodeados de abundantes bendiciones. Muchas veces la gratitud es la única diferencia entre la tristeza que predomina y la genuina satisfacción.

 ¿Te has sentido alguna vez vacío o privado de cosas? Haz una "lista de gratitud" mental (o escrita) de las cosas que Dios te ha provisto, y comprueba si no comienzas a sentir que en realidad estás lleno de las cosas que más importan.

_____

_____

_____

Contento o quejoso

Cantad a Jehová, vosotros sus santos, y celebrad la memoria de su santidad (Sal. 30:4).

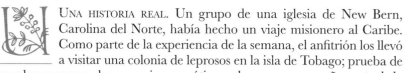 UNA HISTORIA REAL. Un grupo de una iglesia de New Bern, Carolina del Norte, había hecho un viaje misionero al Caribe. Como parte de la experiencia de la semana, el anfitrión los llevó a visitar una colonia de leprosos en la isla de Tobago; prueba de que los cruceros y las excursiones exóticas solo ven una pequeña parte de la realidad de la vida en esos "paraísos" tropicales.

Una vez allí, hicieron un servicio de alabanza en la capilla de las instalaciones. Como puedes imaginar, el panorama poco habitual de los cadavéricos leprosos, sentados en hileras sobre los rústicos bancos de la capilla, horadó fuertemente la mente y el corazón de cada visitante de ese lugar poco común.

Pero ningún recuerdo dejó su huella como este: Cuando el pastor visitante preguntó si alguien de los presentes tenía algún himno favorito que quería que cantaran, una paciente solitaria, sentada incómodamente de espaldas en la última fila, giró su cuerpo lentamente y con gran esfuerzo en dirección al pastor.

Tal vez "cuerpo" sea una descripción generosa de lo que quedaba de ella. No tenía nariz ni labios. Con los dientes al descubierto y hundidos en su cráneo cadavérico, levantó la protuberancia esquelética de su brazo para ver si podía hacer su pedido. Con su voz ronca pidió: "¿Podemos cantar 'Bendiciones, cuántas tienes ya'?".

Aquella leprosa monstruosamente deformada nos recuerda que las personas agradecidas se caracterizan por sus palabras de agradecimiento, mientras que las desagradecidas se distinguen por la murmuración y la queja. Algunos protestan, porque Dios puso espinas en las rosas. Otros notan asombrados y maravillados, que Dios puso rosas entre las espinas. Que podamos seguir cantando nuestros antiguos cánticos preferidos aunque estemos aturdidos en medio de constantes dificultades.

En un día típico, ¿dices más palabras de queja o de agradecimiento? ¿Qué refleja tu respuesta con respecto a tu corazón?

Fuente de vida o saqueador de vida

Atravesando el valle de lágrimas lo cambian en fuente,
cuando la lluvia llena los estanques (Sal. 84:6).

 PARA TERMINAR DE VER los rasgos distintivos de la gratitud, debo reconocer que mi "tendencia" natural es reaccionar ante las personas y circunstancias difíciles de una manera negativa. Cuando me preguntan cómo me va, a menudo lo primero que me viene a la mente es una carga que estoy llevando, un reto que estoy enfrentando o la fecha límite de un trabajo que estoy realizando. Tal vez a ti te pase lo mismo.

Pero ¿qué les estamos transmitiendo a los demás cuando somos tan prontos en verbalizar nuestras preocupaciones? ¿Cómo estamos reflejando al Dios que afirmamos honrar? Y ¿acaso nos sorprende que las personas no hagan fila frente a nuestra puerta para preguntar cómo pueden conocer a Dios?

Las personas agradecidas son una fuente refrescante de vida, mientras que las desagradecidas son saqueadoras que roban la vida y el gozo. No estoy diciendo que no haya momentos y situaciones en las que sea conveniente contarle nuestros problemas a una persona amiga que se interesa por nosotros. No estoy diciendo que debamos responder de manera automática y trillada, que estamos bien cada vez que nos preguntan cómo estamos. Pero la ingratitud es tóxica. Envenena la atmósfera de nuestros hogares y lugares de trabajo. Contamina los corazones y las relaciones. Podemos ser obsesivos con la desinfección de bacterias sobre cualquier mesa o superficie de nuestro hogar, pero nada es más contagioso para aquellos que nos rodean que un espíritu desagradecido.

Bueno, tal vez haya algo más.

La gratitud puede ser tan contagiosa como su hermana gemela malvada. Si estás cansado de vivir en una atmósfera donde las palabras y actitudes negativas e ingratas se encargan de boicotear todo lo que sea alegre y agradable, puedes cambiar. Puedes convertirte en esa clase de persona con la que siempre quisiste rodearte. La clase de persona que hace que Jesús y su evangelio sean atractivos para todos aquellos que están a su alcance.

Dos tipos de personas: los agradecidos y desagradecidos, los entusiastas y los quejosos. ¿Qué tipo de persona eres tú? Habla con el Señor de esto.

Ayúdame

Entonces los hijos de Israel clamaron a Jehová (Jue. 4:3).

NO SÉ SI HAY UN SONIDO más dulce a los oídos de Dios, que cuando sus hijos claman a Él: *"¡Ayúdame, Señor!"*. De todas las cosas que Él trata de enseñarnos, de todas las situaciones que nos permite vivir, el amoroso objetivo de su longánima disciplina en nuestra vida es llevarnos al punto de reconocer que necesitamos desesperadamente de Él.

El libro de Jueces ilustra esta verdad por medio de una serie de ciclos repetitivos en la historia de Israel. Dios *disciplinaba* continuamente a Israel cada vez que caía en la *desobediencia*, lo cual conducía a la *desesperación* del pueblo y finalmente a su *liberación*. El período intermedio entre la desobediencia y la desesperación podía durar tanto como siete años (Jue. 6:1), ocho años (3:8), dieciocho años (3:14), veinte años (4:3) y hasta cuarenta años (13:1).

Durante esos períodos de tiempo prolongados, el pecado de los israelitas los llevaba a experimentar gran sufrimiento, generalmente, en manos de las naciones paganas vecinas. Es probable que hicieran todo lo que podían para que esos enemigos cananeos los dejaran en paz y se fueran de su vida, y quizás se lamentaran bastante entre ellos.

Pero cuando finalmente clamaban a Dios, descubrían que Él era misericordioso; en respuesta a su humildad, Dios acudía a librarlos y restaurarlos para que volvieran a su situación de descanso y bendición.

El Señor sabe exactamente qué hace falta —y por cuánto tiempo— para llamar nuestra atención cuando nuestro corazón se descarría y se aleja orgullosamente de su presencia y su provisión. Y cuando llegamos al final de nosotros mismos y clamamos a Él para que tenga misericordia, nos damos cuenta que, en realidad, su disciplina demuestra la profundidad de su amor y compromiso con nosotros. Su estricta misericordia nos lleva nuevamente a Él.

¿Estás experimentado la disciplina de Dios por algún área de desobediencia en tu vida? ¿Has llegado ya al punto de la desesperación, o todavía sigues aferrado a tu propia manera de pensar o a ciertos pecados? Humíllate y clama a Él. Él escuchará tu clamor y te librará.

Se rinde y se sacia

Todos ellos esperan en ti, para que les des su comida a su tiempo. Les das, recogen; abres tu mano, se sacian de bien (Sal. 104:27-28).

 EN EL PRIMER ACTO REGISTRADO en el tiempo y el espacio, Dios habló con autoridad y poder, y trajo luz, vida y orden a las tinieblas, al vacío y al caos del universo. Toda la creación, incluso el primer hombre y la primera mujer—al principio—, vivían felices y en absoluta rendición a la autoridad y voluntad soberanas de Dios. Esta rendición no despojó a la creación de su dignidad o libertad. Por el contrario, la rendición fue —y lo sigue siendo— la fuente y el medio para alcanzar la verdadera libertad y satisfacción. El soberano Dios Creador gobernaba sobre su creación con tierno amor, e invitaba a sus criaturas a bailar con Él una especie de danza divina en la cual Él guiaba y ellos lo seguían. A su vez, Dios suplía abundantemente sus necesidades, ellos cumplían el propósito por el cual habían sido creados y existían en armonía con Dios y uno con el otro.

El Salmo 104 describe este estado original e ideal. Vemos una jerarquía definitiva e incuestionable en la cual Dios actúa, inicia, dirige, establece límites y gobierna con amor sobre su creación. En respuesta, la creación confía en Él, espera en Él, se inclina delante de Él, se rinde a su autoridad y simplemente hace lo que Él dice.

Por consiguiente, "se sacia la tierra" y "se sacian de bien" (Sal. 104:13, 28). Rendirse a la autoridad del Creador no es oneroso o gravoso. Por el contrario, es la posición en la que el estrés, la lucha y la tensión dan lugar a la bendición, la abundancia y la paz. Cuando no competimos con nuestro Creador por el control, la vida es como la describe el autor de un antiguo himno: "perfecta sumisión, goce perfecto".

¿Estás experimentando el descanso, la paz y la sencillez interna de vivir absolutamente rendido a Dios? ¿Estás compitiendo con Dios por el control de una faceta de tu vida que le pertenece debidamente a Él?

No pierdas la orientación

*Tú guardarás en completa paz a aquel cuyo pensamiento en
ti persevera; porque en ti ha confiado (Is. 26:3).*

¿HAS ESTADO ALGUNA VEZ CONFUNDIDO o incluso (a decir verdad)
molesto con Dios? Tal vez todo empezó con una promoción asignada a otro; tal vez una adversidad económica que te forzó a
vivir muy por debajo del estándar, que habías imaginado para
ti o que habías disfrutado desde niño. Tal vez eres soltero en un mundo de
casados. Tal vez has fracasado en tus intentos de tener hijos.

Preguntamos ¿por qué Dios se burlaría de nosotros en situaciones de
tanta dureza y susceptibilidad? Y sin embargo, debemos aprender a aceptar
lo que recibimos (o no recibimos) de Él. Debemos estar dispuestos a some-
ternos a su soberanía. Esto es lo difícil de Isaías 26:3: tener la disciplina y la
sumisión de que nuestro pensamiento "persevere" en el Señor, y confiar en
Él aun sin poder ver o entender, en situaciones donde debemos aprender a
conformarnos con el misterio.

Los pilotos de las compañías de aviación aprenden a confiar en su
instrumental de vuelo. Cuando vuelan a través de una tormenta o de un
espacio de densa niebla, pueden desorientarse fácilmente. Su sentido de la
orientación puede despistarse y alterar su capacidad de tomar decisiones
acertadas. En situaciones como estas, deben tomar la decisión consciente
de creer en el instrumental de vuelo y no en lo que sus ojos y sus instintos
les está diciendo. De lo contrario, pondrían en peligro su vida y la vida de
sus pasajeros.

Para los creyentes, la Palabra de Dios es nuestro tablero de instrumentos. Cuando nuestros sentimientos nos traicionan y contradicen la verdad
de Dios, y nos insisten en que Dios se ha olvidado de nosotros o que se ha
equivocado, nos aventuramos a no confiar en lo que pensamos que sabemos,
con lo cual permitimos que nuestra confusión o decepción se disipen y se
frustre nuestro enojo. Debemos confiar lo que el tablero de instrumentos
dice que es la verdad. Debemos dejar que Dios emplee a los grandes maestros de los problemas y el tiempo para ensanchar nuestro corazón y ampliar
nuestra visión de Él.

*¿Qué te están diciendo tus emociones hoy? ¿Cómo se comparan con lo que está
diciendo tu "tablero de instrumentos"? ¿A qué le vas a creer?*

La totalidad de nuestra vida

*Esto lo digo para vuestro provecho; no para tenderos lazo, sino para lo honesto
y decente, y para que sin impedimento os acerquéis al Señor (1 Co. 7:35).*

 RECUERDO A UN PASTOR DE MI IGLESIA que retaba a la congregación a "arriesgar todo por Dios". Me gusta eso. Nuestra vida debería caracterizarse por una entrega absoluta y persistente a la voluntad y la obra del Señor.
Pero ¿se caracteriza por eso?

Hace muchos años, el líder comunista Vladimir Lenin pronunció un reto similar, aunque referido a un blanco y un objetivo muy diferente, cuando declaró: "Debemos adiestrar a los hombres y las mujeres para que le dediquen a la revolución, no solo sus noches libres, sino la totalidad de su vida". Si la revolución comunista podía pedir a sus seguidores esa clase de devoción por su causa las 24 horas los 7 días de la semana, ¿cómo se explica que los cristianos mostremos el modelo de un "servicio cristiano parcial y moderado", mientras nos aseguramos de reservar bastante tiempo para dedicarnos a nuestros propios intereses? ¿No es Jesús digno de "la totalidad de nuestra vida"?

Desde luego, esto no significa que un hombre o una mujer consagrados a Cristo nunca puedan relajarse o tomar vacaciones sin sentirse culpables. Pero a medida que pasan los años, más evalúo mis actividades, mis pasatiempos y mi tiempo libre en vista del costo que representa para la eternidad. De vez en cuando, siento que el Señor me pide que limite o incluso elimine del todo ciertas actividades legítimas, que me roban tiempo para buscar de Él y me impiden hacer una inversión eterna en la vida de la gente.

Dedicarse a hacer lo que a Dios le agrada, vivir a la luz de la eternidad, ser sus siervos fieles y dispuestos; esto es cumplir el propósito por el cual fuimos creados y conocer el gozo más sublime que podremos disfrutar en esta vida y en la próxima.

¿Le estás dando a Dios simplemente tus "noches libres" o la totalidad de tu vida?

Planes alternativos

Y poderoso es Dios para hacer que abunde en vosotros toda gracia, a fin de que, teniendo siempre en todas las cosas todo lo suficiente, abundéis para toda buena obra (2 Co. 9:8).

 EN LOS ÚLTIMOS AÑOS, he escuchado muchos comentarios —posiblemente, tú también— de personas que, ante la inminencia de una catástrofe, se están preparando con el almacenamiento de una reserva de agua y todo tipo de víveres y alimentos no perecederos. En caso de ocurrir lo peor, quieren estar seguros de tener suficiente provisión almacenada para poder sobrevivir".

Aunque las Escrituras, ciertamente, nos instruyen a prepararnos prudentemente para el futuro y planificar con antelación para las necesidades de nuestra familia, me extraña no escuchar a otras tantas personas hablar de ayudar a otros en tiempos de crisis. Frecuentemente, la preocupación parece ser más por la *propia* supervivencia.

En comparación, la iglesia de Macedonia, en los días de Pablo, aun en medio su grave situación en cuanto a su seguridad personal y perspectiva económica, rogaba encarecidamente que le concedieran el "privilegio" de ayudar otros creyentes que estaban en necesidad (2 Co. 8:4). Al dar sacrificialmente de su propia necesidad, estaban almacenando "tesoros en el cielo" (Mt. 6:20) y manifestando la generosidad de Cristo.

Una recesión económica puede causar preocupación y nerviosismo ante la gravedad de la perspectiva para el futuro. Sin embargo, como seguidores de Cristo —con la seguridad de sus abundantes promesas y su providencia— deberíamos ver estos tiempos difíciles como oportunidades de mostrar al mundo la bondad y la gracia de nuestro Dios. Y pocas cosas hacen esta declaración más profunda, que cuando damos generosamente, especialmente, en el marco de condiciones que hacen que la propia supervivencia sea un instinto tan natural.

Por lo tanto, planifica, prepárate para el futuro. Pero en todas tus previsiones, no olvides ser consciente de las necesidades de los demás.

¿De qué manera práctica podrías expresar la generosidad de Dios a otros durante estos tiempos difíciles?

_____

_____

_____

_____

_____

_____

_____

Pequeños monstruos

Así que, el que piensa estar firme, mire que no caiga (1 Co. 10:12).

 LA MAYORÍA DE NOSOTROS se ha familiarizado tanto con el pecado que ya no lo ve como el monstruo mortal que realmente es: Más peligroso que un oso salvaje o más destructivo que un incendio forestal. Pregúntale a Nabucodonosor, que enloqueció por no querer renunciar a su orgullo. Pregúntale a Sansón, que quedó reducido a una sombra patética del hombre que era, porque nunca logró dominar los deseos de su carne. Pregúntale a Acán, Ananías y Safira, que perdieron la vida por unos "pequeños" pecados secretos.

Puede que nunca te hayas acostado con la pareja de otra persona, pero tu relación con Dios puede experimentar la misma destrucción cuando das cabida en tu vida a los celos, la ira, la autocompasión, la preocupación o la glotonería.

El obispo anglicano del siglo XIX, J. C. Ryle, advirtió sobre el riesgo de ser ingenuos con la influencia y el potencial del pecado: "Me temo que no llegamos a darnos cuenta de la extrema delicadeza de la enfermedad de nuestra alma. Somos muy propensos a olvidar que la tentación a pecar, difícilmente, se nos presentará cómo realmente es, y nos dirá: 'Soy tu enemigo mortal y quiero destruirte para siempre en el infierno'. ¡Oh, no! El pecado viene a nosotros, como Judas, con un beso, y como Joab, con la mano extendida y palabras lisonjeras".

¿Te conformas con mantener "cierto grado de pecado" en tu vida, convencido de que puedes controlarlo y manejarlo? Ten siempre presente: *No existen los pecados pequeños.* Todo pecado no confesado es una semilla que, inevitablemente, producirá una cosecha multiplicada. Como señaló Charles Spurgeon: "Quienes toleran el pecado en asuntos, que consideran intrascendentes, pronto cederán en los mayores". Corre a la cruz; confiesa cada pecado del cual el Espíritu Santo te traiga convicción y confía que Cristo lo arrancará de tu vida, antes que el monstruo empiece a superarte.

¡Oh, Señor! Te ruego que nunca deshonre tu nombre por no tomar en serio el pecado, por aferrarme incluso al más insignificante de ellos.

_____

_____

_____

_____

_____

_____

Adquiere el hábito

Pero el alimento sólido es para los que han alcanzado madurez, para los que por el uso tienen los sentidos ejercitados en el discernimiento del bien y del mal (He. 5:14).

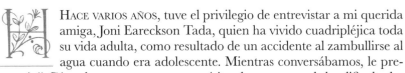 HACE VARIOS AÑOS, tuve el privilegio de entrevistar a mi querida amiga, Joni Eareckson Tada, quien ha vivido cuadripléjica toda su vida adulta, como resultado de un accidente al zambullirse al agua cuando era adolescente. Mientras conversábamos, le pregunté: "¿Cómo logras mantener un espíritu alegre a pesar de las dificultades que experimentas a diario?". Admito que no solo estaba buscando consejo para los oyentes de nuestro programa radial, sino para mi propio corazón.

Después de una breve pausa, ella respondió: "Sabes, Nancy, creo que sencillamente me he disciplinado tanto a dar gracias en todo durante todos estos años, que se ha convertido en un acto reflejo".

Aquel día, su respuesta llegó hasta lo más profundo de mi corazón. Me di cuenta de que hacía años que mi propio "acto reflejo" ante las dificultades, desde un primer momento, había sido quejarme en vez de dar gracias a Dios. La reacción de preocuparme, sucumbir al desaliento y expresar pensamientos negativos ante las presiones y los problemas, había llegado a ser un patrón innato en mí. Quizás, tú también tengas que admitir lo mismo. Y tal vez por eso nos cuesta mantener un espíritu alegre.

El corazón agradecido que desborda de gozo no se logra en un momento; es el fruto de miles de decisiones. Es un hábito santo que, con el tiempo, se convierte en un fuerte músculo de nuestra fisonomía espiritual. Y aunque no puede generar más amor ni más aceptación de parte de Dios, nuestra gratitud se convierte en un indicador fehaciente de cómo está realmente nuestro corazón para con Él. Nos muestra cuánto estamos creciendo en la gracia.

Procura hoy dar gracias en aquellas circunstancias donde tu patrón innato sería murmurar o quejarte. Pídele al Señor que te dé la gracia de seguir agradeciendo hasta que la gratitud llegue a ser tu acto reflejo ante cualquier circunstancia de la vida.

El Rey y yo

Pero yo no lo creía, hasta que he venido, y mis ojos han visto que ni aun se me dijo la mitad; es mayor tu sabiduría y bien, que la fama que yo había oído (1 R. 10:7).

 HACE TRES MIL AÑOS, una reina árabe escuchó hablar de un rey extranjero, cuyos triunfos y sabiduría eran legendarios. Resuelta a verlo por sí misma, reunió una larga caravana, cargó a su séquito con regalos costosos y exóticos, y viajaron dos mil kilómetros para encontrarse con el monarca.

Al llegar, el rey le dio una cálida bienvenida. Después la escuchó mientras ella le contaba todo lo que había en su corazón y le hacía varias preguntas difíciles, que había reservado para él. Pero sus preguntas no presentaban ninguna dificultad para el conocimiento y percepción de este rey; quien le respondió todas sus preguntas de buena gana y con facilidad. Las cosas que ella había escuchado acerca de él y la reputación que él se había ganado, eran totalmente ciertas. Ahora lo había visto con sus propios ojos.

Cuando finalmente llegó el momento de regresar a su tierra, ella no se fue con las manos vacías, porque "el rey Salomón dio a la reina de Sabá todo lo que ella quiso y le pidió, más de lo que ella había traído al rey" (2 Cr. 9:12).

Cada día tenemos la oportunidad de ver con nuestros propios ojos la abundante reserva de riquezas de nuestro Rey Jesús, de hacerle nuestras preguntas difíciles, de hablarle de todo lo que hay en nuestro corazón y de escucharlo atentamente mientras nos revela los secretos de su reino. Y cuando regresemos a nuestro lugar —a nuestras tareas y obligaciones diarias— no lo haremos con las manos vacías. Regresaremos con más de lo que nuestro corazón puede contener, porque Él nos dará mucho más de lo que alguna vez pudimos haberle dado.

¿Has escuchado acerca de la grandeza de Dios por boca de otros? ¿Por qué no "[pruebas y veas] que el Señor es bueno" (Sal. 34:8 NVI)?

Propiedades purificadoras

Ya vosotros estáis limpios por la palabra que os he hablado (Jn. 15:3).

¿HAS SENTIDO ALGUNA VEZ que pasas todo tu tiempo limpiando cosas? Eso se debe a que las cosas tienden a ensuciarse. Ya sea la ropa, las manos de los niños, el piso de la cocina, el baño, el revestimiento de vinilo, la entrada de la casa o incluso nuestro cuerpo. Ocuparse del polvo, las migas y la suciedad, que se acumulan en la vida, es un proceso necesario e interminable.

En el tabernáculo del Antiguo Testamento, encontramos una impresionante ilustración de este proceso de limpieza. Antes de entrar al Lugar Santo para representar al pueblo delante de Dios, el sacerdote primero se detenía delante del altar de bronce, donde ofrecía el sacrificio de un animal inocente por su propio pecado y por el pecado del pueblo. Después, pasaba a la fuente de bronce, conocida como el lavabo, donde se lavaba las manos. Y regresaba a ese lavabo tantas veces como fuera necesario mientras realizaba el servicio sagrado a lo largo del día.

¿Qué podemos aprender de este ritual de purificación? Obviamente, tú y yo no siempre vivimos a la altura de nuestra posición y perspectiva santa. Vivimos en un mundo corrompido, habitamos en una carne contaminada; de manera que nuestros pies, manos y ropas espirituales se ensucian debido a las tentaciones y los rigores de nuestros días. Por lo tanto, nosotros también cuando estamos en la presencia de Dios —aunque la sangre de Cristo ha borrado nuestros pecados— debemos ir al "lavabo" para lavar nuestras manos y nuestros pies de todo lo que pudo habernos contaminado y purificarnos con el "agua" pura de su Palabra.

Por eso, cuando abro su Palabra y comienzo a leer, a menudo, oro: "Señor, lávame con tu Palabra".

Por lo tanto, pidámosle constantemente al Espíritu Santo —antes y después de leer las Escrituras y a lo largo de todo el día— que implante su Palabra en nuestro corazón, y que nos limpie y nos purifique de todos nuestros pecados. "Santifícalos en tu verdad; tu palabra es verdad" (Jn. 17:17).

¿Qué te ha revelado su Palabra recientemente? No tardes en aceptar su Palabra, confesar humildemente cualquier pecado, apropiarte de su gracia purificadora y levantarte para servirle con la libertad y el gozo de un corazón puro.

Fuerzas invisibles

Por tanto, tomad toda la armadura de Dios, para que
podáis resistir en el día malo (Ef. 6:13).

 EN UNA ESCENA que tiene el estilo "escueto y preciso", característico del evangelio de Marcos, vemos que un día Jesús estaba enseñando en la sinagoga (Mr. 1:21-27), cuando, de repente, un hombre endemoniado interrumpió inesperadamente el servicio al levantar su voz y cuestionar la autoridad de Jesús.

Sin siquiera pestañear, Jesús reprendió duramente al espíritu inmundo que había en el hombre. Hubo un momento de conmoción, seguido de un fuerte alarido, y luego todo terminó. Jesús había enfrentado sin rodeos las intenciones del maligno. Y ganó.

Pasemos al día de hoy: Cuando te levantas por la mañana, ya hace horas que se ha estado librando una batalla invisible en los cielos. Dentro del misterio de la soberanía de Dios, Él le ha dado a las fuerzas del infierno el derecho temporal de contender con Él y los suyos. Y tú, como su hijo, comienzas cada día en medio del fuego cruzado de este duelo cósmico.

Frente a esta realidad, solo podría parecer que se trata de falta de deseo de pasar tiempo a solas con el Señor, en oración y en su Palabra. Podrías sentir que es la presión de los horarios a cumplir en el día lo que te está turbando antes de poner un pie en el piso. Podría parecer que es el típico repaso de los continuos problemas en tu matrimonio, con tus hijos, en tu trabajo, con la situación de tu vida en general.

En realidad, es precisamente lo que *no* parece: La presencia, la actividad y la intervención de las fuerzas de Satanás, que te alejan de Dios y batallan contra ti para hacerte retroceder y caer en el temor, la duda, el desaliento y las malas reacciones.

Por lo tanto, párate firme. Reconoce quién es el verdadero enemigo. Invita a tu Señor victorioso a participar de este reto. Y gana la primera batalla del día al saber cuál es el verdadero campo de batalla. Y toma seriamente tu lugar dentro de las filas de Aquel, en cuya presencia aun los guerreros más desafiantes del infierno finalmente deben admitir la derrota.

¿Qué cambiaría en tu actitud si recordaras que el verdadero enemigo no son las
personas, las cosas y las circunstancias de tu vida?

Más allá

Ahora, pues, no tengáis miedo; yo os sustentaré a vosotros y a vuestros hijos. Así los consoló, y les habló al corazón (Gn. 50:21).

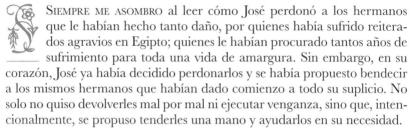 SIEMPRE ME ASOMBRO al leer cómo José perdonó a los hermanos que le habían hecho tanto daño, por quienes había sufrido reiterados agravios en Egipto; quienes le habían procurado tantos años de sufrimiento para toda una vida de amargura. Sin embargo, en su corazón, José ya había decidido perdonarlos y se había propuesto bendecir a los mismos hermanos que habían dado comienzo a todo su suplicio. No solo no quiso devolverles mal por mal ni ejecutar venganza, sino que, intencionalmente, se propuso tenderles una mano y ayudarlos en su necesidad.

¡Esto es sobrenatural! Y una gran ilustración del corazón redentor y restaurador de Cristo, que nos extendió su gracia abundante cuando, en cambio, merecíamos la ira de Dios. Es el mismo trasfondo de la instrucción de Pablo a los Corintios, con respecto a un miembro de la iglesia que había pecado gravemente y ahora necesitaba ser restaurado. "Debéis perdonarle y consolarle —les exhortó Pablo, y— [confirmar] el amor para con él" (2 Co. 2:7-8). *Ir más allá.*

¿Te parece demasiado difícil en tus circunstancias? Debería serlo. Es prácticamente imposible. Es algo que solo Dios puede hacer a través de ti. Pero recuerda que no tiene que ser nada espectacular; solo un simple acto de gracia y bondad. Comienza con esto. Fíjate qué sucede. Luego presta atención a lo que Dios quiere que hagas a continuación, hasta que realmente comiences a sentir el gozo —*su gozo*— de bendecir a aquel o aquellos que te han tratado tan mal.

Esto es el evangelio en acción. Esto es obediencia llevada a la práctica. Así es como personas heridas como nosotros "No [son vencidos] de lo malo, sino [vencen] con el bien el mal" (Ro. 12:21), y de este modo, nosotros, igual que José, nos convertimos en una figura de la redención y la misericordia y gracia restauradora de Cristo.

¿Cómo podrías manifestarle bondad a alguien que te ha causado dolor en la vida? Aunque ese gesto no les afecte a ellos, ¿cómo podría afectarte a ti?

Hagamos un trato

¿Habiendo comenzado por el Espíritu, ahora vais a acabar por la carne? (Gá. 3:3).

 PODEMOS SER BASTANTE LEGALISTAS. A la hora de considerar la opción de realizar nuestro devocional diario cada mañana, casi siempre, el factor que finalmente inclina la balanza en favor de la oración y la lectura de la Palabra es pensar: "Dios se decepcionará de mí si no lo hago". Entonces, vamos a Él, con el temor de que, de lo contrario, es probable que tengamos un día fatal. Pensamos que Él nos tratará mejor si simplemente hacemos este pequeño esfuerzo para Él. Tomamos nuestra vida devocional como si fuera un amuleto de la buena suerte, con la esperanza de que nos garantice un día libre de problemas.

¡Oh, estimado amigo! ¿Cuándo dejaremos de pensar que podemos ganar puntos con Dios si desganados nos hacemos un hueco para estar en su presencia por algunos minutos? ¿Cuándo comprenderemos que Él ya nos ha mostrado su favor por medio de lo que Cristo hizo para su agrado y complacencia, no por algo que nosotros podamos hacer para llamar su atención?

Incluso esos días en los que nuestro corazón arde por adorarle, cuando estamos deseosos de sentarnos a sus pies y deleitarnos en su comunión íntima, su amor por nosotros no es más grande que esos otros días en los que cumplimos con desgano la rutina religiosa o directamente la ignoramos.

Cuando ignoramos a Dios no nos estamos perdiendo la oportunidad de impresionarlo con nuestro sacrificio. Nos estamos perdiendo la experiencia de encontrarnos con Él, aprender de Él, renovarnos, edificarnos y reorientarnos al acercarnos a Él por medio de su Palabra y su Espíritu.

Pasar un "tiempo a solas con Dios" no es una manera de ganarnos su favor; es el privilegio de un hijo de Dios, que está agradecido de ser un receptor de su generosa gracia y que desea disfrutar de una relación más íntima con su Padre celestial.

¿De qué otra manera realizas "obras espirituales" o buenas obras, con la esperanza de "comprar" la aprobación o la bendición de Dios? Que tu devoción y tu servicio fluyan de un corazón contento y agradecido que ya ha recibido su gracia.

Victoria en Jesús

Pero cuantas cosas eran para mí ganancia, las he estimado como pérdida por amor de Cristo. Y ciertamente, aun estimo todas las cosas como pérdida por la excelencia del conocimiento de Cristo Jesús (Fil. 3:7-8).

 PROBABLEMENTE CONOZCAS LA HISTORIA de Eric Liddell, el atleta escocés, cuya fe y valor demostrados durante los Juegos Olímpicos de Paris 1924 fueron plasmados vívidamente en la galardonada película *Carrozas de fuego*. Recordarás que, basado en sus principios, tomó la decisión de no participar en su competencia principal —la carrera de cien metros—, porque las eliminatorias se llevarían a cabo un domingo; para luego ganar la medalla de oro en una carrera para la cual nunca se había entrenado y que lo llevó a batir un nuevo récord.

Eric tomó la decisión de honrar a Dios cuando era un joven atleta; una decisión que lo caracterizó a lo largo de toda su vida. En 1925, regresó a China del Norte para servir como misionero, tal y como habían hecho sus padres cuando él era niño. Después de años de fiel ministerio, fue recluido en un campo de concentración donde ministró con gozo y generosidad a sus compañeros reclusos. Durante su confinamiento, desarrolló un tumor cerebral que afectó sus funciones fisiológicas y lo dejó parcialmente paralizado hasta finalmente morir.

El 21 de febrero de 1945, Eric estaba luchando por respirar, en un estado de intermitente consciencia, en la cama de un hospital. De repente, tuvo una violenta convulsión. Asustada, la enfermera que lo cuidaba lo sostuvo entre sus brazos para tratar de calmar el temblor de su cuerpo. Luego, en esos breves segundos antes de entrar en coma, ella lo escuchó decir sus últimas palabras en una voz apenas audible, que sin duda reflejaban las decisiones que había tomado durante su vida: "Annie —dijo— la entrega es absoluta".

Entrega absoluta.

Cualquiera que sea el problema o la batalla que hoy estés enfrentando, insignificante o de gran magnitud, sea cual sea el costo, sean cual sean tus temores, no importa qué te depare… cuando esta vida acabe, sería bueno que esta sea la historia de tu vida y la mía: "La entrega es absoluta".

 Las decisiones que Liddell tomó cuando era joven marcó la trayectoria de su vida y lo acompañó hasta sus últimos días. ¿Hay algo en tu manera de vivir actualmente que desearías que sea diferente cuando llegues al final de tus días?

Gracia bajo fuego

*Un aguijón en mi carne, un mensajero de Satanás que me abofetee,
para que no me enaltezca sobremanera (2 Co. 12:7).*

¿TE HAS PREGUNTADO ALGUNA VEZ cómo sería tu vida si no llevaras la carga de una tentación, de esa debilidad en particular? Todos hemos escuchado historias de personas que por años habían luchado con terribles adicciones; pero un día descubrieron que Dios les había quitado totalmente el deseo y los había librado no solo de su furioso control, sino incluso de su atracción. ¡Qué no le daríamos al Señor para que nos libre de manera tan contundente y drástica de los pecados que nos asedian!

Aunque no hay dudas de que Dios puede hacerlo, y que a veces lo hace, en la mayoría de nuestras vidas, no estoy segura de que este sistema sea de tanta bendición como podríamos pensar. Considera qué pasaría si Dios nos diera la libertad instantánea y permanente de nuestras luchas recurrentes con ciertos pecados. ¿No seríamos propensos a ser más autosuficientes, a depender menos de su gracia diaria que nos ayude a vencer? ¿No pensaríamos que de alguna manera, finalmente, pudimos librarnos de este problema por nosotros mismos con puro esfuerzo y fuerza de voluntad? ¿No nos atribuiríamos orgullosamente todo el mérito de haber conquistado algo que representaba un acérrimo enemigo desde que tenemos uso de razón?

Por lo tanto, de este lado del cielo, me pregunto si no sería mejor tener que lidiar con nuestro tendón de Aquiles, esas inclinaciones peligrosas de las cuales obviamente Dios podría librarnos y, sin embargo, en su sabiduría —y, si, en su gracia— las deja para que necesitemos recurrir a su ayuda para vencerlas.

Pienso que a menudo Cristo es magnificado más en nuestra vida al rescatarnos y librarnos continuamente, que si nos hiciera más fácil cada prueba. Estas constantes oportunidades de correr a Él y a su Palabra, de humillarnos y encomendarnos a su misericordia, no representan una falta de su cuidado o ayuda; en realidad, es el lienzo sobre el cual queda plasmada la obra maestra de su gracia y su poder.

¿Cuándo has experimentado en tu vida la gracia de Dios para decirle no al pecado y sí a Cristo? Que en este nuevo día tengas otra oportunidad de volverlo a experimentar.

Corazón de pastor

Os rogamos, hermanos, que reconozcáis a los que trabajan entre
vosotros, y os presiden en el Señor, y os amonestan; y que los tengáis en
mucha estima y amor por causa de su obra (1 Ts. 5:12-13).

 CUÁNTO AGRADEZCO AL SEÑOR por los numerosos pastores y líderes espirituales piadosos que Él me ha dado a través de los años. Pienso en el pastor Earl Connors, por ejemplo, que me bautizó cuando yo tenía cinco años. Ahora está con el Señor, pero todavía guardo entrañables recuerdos de Él. Las oraciones pastorales, que cada domingo hacía desde el púlpito, han dejado una huella imborrable en mí. Cuando era niña, a veces, me parecían interminables esas oraciones, especialmente los días húmedos y calurosos de verano sin aire acondicionado. Pero hoy estoy agradecida por el pastor de mi infancia que oraba fielmente por su grey.

También recuerdo los servicios de Santa Cena, cuando les distribuía los elementos a los diáconos uno por uno, después que ellos habían terminado de distribuirlos a la congregación. Mientras se dirigía al banco de la primera fila, donde se sentaban estos hombres, recitaba de memoria versículos de la Escritura sobre la muerte y el sacrificio expiatorio de Cristo. Escuchar cómo lavaba a nuestra congregación con la Palabra era reconfortante y una bendición para mí. Me llenaba el corazón de amor por el Señor Jesús.

Podría mencionar a muchos otros pastores y maestros que han hecho un aporte significativo en mi vida. Sin duda, tú también podrías mencionar a algunos. Pero ¿saben los líderes espirituales de tu iglesia y tu vida —aquellos que te ministran actualmente así como aquellos que han sido parte de tu herencia cristiana— cuánto los aprecias y los respetas? ¿Has tenido la oportunidad de decírselos?

Si no, tenlo como prioridad en los próximos días. Escríbeles una nota. Envíales una carta. Hazles un llamado o habla con ellos personalmente. Podrías darles una ofrenda para que lleven a su pareja a cenar. Tenlos en mucha estima y amor por causa de su obra. Ellos necesitan de tu aliento más de lo que te imaginas. Y tú necesitas expresarles tu gratitud más de lo que te imaginas.

Además de darles una muestra positiva de reconocimiento directo a tu pastor y los
líderes de tu iglesia, ora por ellos asiduamente y busca oportunidades de hablar
bien de ellos a otras personas.

Prueba de sabor

Quiero que seáis sabios para el bien, e ingenuos para el mal (Ro. 16:19).

 S<small>ATANÁS ESTÁ USANDO LA MISMA TÁCTICA</small> que usó con Eva para engañar a los padres de hoy. ¿Recuerdas cómo la convenció de que si comía del fruto prohibido conocería algo totalmente nuevo para ella? "El día que comáis de él, serán abiertos vuestros ojos... sabiendo el bien y el mal" (Gn. 3:5). Y tenía razón. Cuando Eva comió, sus ojos *fueron* abiertos. Conoció algo totalmente nuevo: la experiencia del mal. Pero ¿puedes ver claramente en la Biblia de quién fue este plan? No fue de Dios. Él nunca quiso que conociéramos el mal por experiencia propia. Por otro lado, Satanás —aun tantos años después— sigue empleando la estrategia del engaño. Nos sigue diciendo: "Tienes que probar esto". Y a los padres les dice: "Tus hijos necesitan probar por sí mismos. Si los resguardas del 'mundo real', nunca podrán integrarse y sobrevivir".

Pero, ¿es ese el llamado de los padres? ¿Criar hijos que "se integren"? El anhelo de cada padre cristiano debería ser formar hijos que amen a Dios con todo su corazón, con toda su alma, con toda su mente y con todas sus fuerzas —hijos que tengan una relación dinámica y personal con el Señor Jesús—, hijos que brillen como lumbreras y luminares, que penetran en las tinieblas que los rodean.

Los padres cristianos no deberían conformarse con criar solo "buenos chicos", sino hijos que acepten la verdad con entusiasmo, que amen la justicia y aborrezcan el mal, hijos que Dios use para cambiar el mundo, no solo para que sobrevivan en él.

Desde luego, los padres no tienen control sobre el corazón y las decisiones de sus hijos; pero ¿no deberíamos rogar al Señor que la próxima generación (y sus padres) tengan esta clase de corazón?

¿Qué "conocimiento del mal" desearías nunca haber tenido por experiencia propia? ¿Cómo puedes aspirar a ser "ingenuo para el mal" cuando vives y sirves en este mundo que ama y promueve el mal?

_____

_____

_____

_____

_____

_____

_____

El vil pecado

Sino que cada uno es tentado, cuando de su propia concupiscencia es atraído y seducido. Entonces la concupiscencia, después que ha concebido, da a luz el pecado; y el pecado, siendo consumado, da a luz la muerte (Stg. 1:14-15).

CUANDO LA FAMILIA ROMERO compró a Sally como una mascota, solo tenía unos treinta y cinco centímetros de largo; un poco horrenda para algunos, pero, al parecer, inofensiva. La familia se sentía bastante cómoda con ella en la casa. Sin embargo, ocho años después, Sally había llegado a medir más de tres metros de largo y a pesar casi cuarenta kilos. Un día, sin previo aviso y de manera imprevisible, se puso violenta con su hijo de quince años hasta que casi lo estrangula. La serpiente pitón birmana es capaz de hacer esto.

En un momento fatal, la criatura, que parecía tan dócil e inofensiva, expuso la bestia mortal que era. La "mascota", que la familia ingenuamente había llevado a su casa, había cuidado y alimentado, se volvió contra ella y demostró ser destructiva. En cierto sentido, nadie debería haberse sorprendido por el giro de los acontecimientos, porque al fin y al cabo la serpiente pitón simplemente hizo lo que corresponde a su naturaleza.

Y así es el pecado. Aunque pareciera entretenernos, jugar con nosotros, dormir con nosotros y divertirnos, su naturaleza nunca cambia. Inevitablemente, siempre se levantará para morder y devorar a aquellos que le ofrecen su amistad.

Si comprendemos la verdadera naturaleza del pecado, ¿no hemos de hacer cualquier cosa que esté a nuestro alcance para mantenernos alejados de él? Pero dado que Satanás es tan experto en disimular la maldad del pecado, nosotros no siempre lo reconocemos por lo malo que es.

Debemos recordar siempre que el pecado —incluso nuestro pecado más común y favorito— es peligroso. Simular que es inofensivo no hace que sea menos peligroso, y por mucho que nos acostumbremos a tenerlo cerca no lo despojamos de sus intenciones. No pienses que eres diferente, que podrás manejarlo. El pecado —todo— tiene la capacidad de destruirte. Aléjate de él antes que sea imposible vivir con él.

¿Tienes algún pecado "mascota"? ¿Piensas que puedes jugar con él sin lastimarte?

Redimidos y amados

¡Cuán preciosos me son, oh Dios, tus pensamientos! ¡Cuán grande es la suma de ellos! Si los enumero, se multiplican más que la arena (Sal. 139:17-18).

 MUCHOS CREYENTES LLEVAN CONSIGO un implacable sentido de falta de valía. Pienso que el enemigo de nuestra alma debe disfrutar al alimentar tales pensamientos. En cambio, las Escrituras revelan cuánto Dios nos valora: Estábamos en sus pensamientos desde la eternidad; desde momento de nuestra creación, nos ha prodigado un amor extravagante y ha hecho de nosotros el objeto de su afecto y su cuidado. Su verdad contrarresta las mentiras que tan fácilmente nos roban el gozo.

El sentir de Dios por los suyos está descrito en Ezequiel 16, en una conmovedora ilustración que narra a Dios al ver a los suyos como un bebé indefenso, cuando "no hubo ojo que se compadeciese de [él] para [hacerle] algo de esto, teniendo de [él] misericordia". Sin embargo, Él se llegó a él en su lamentable condición "y [extendió su] manto sobre [él], y [cubrió su] desnudez; y [le dio] juramento y [entró] en pacto [con él], dice Jehová el Señor, y [fue suyo]. [Lo lavó] con agua, y [lavó sus] sangres de encima de [él]... y [lo vistió]... [lo atavió] con adornos... le dio a [comer] flor de harina de trigo, miel y aceite... y salió [su] renombre entre las naciones a causa de [su] hermosura; porque era [perfecto], a causa de [su] hermosura que [puso] sobre [él]" (vv. 5, 8-11, 13-14).

¿Qué revela este pasaje sobre cuánto Dios valora a sus escogidos? ¿Hemos de concluir que somos lo último que se le cruzó por la cabeza, que somos el objeto de su desprecio y desaprobación? No, Él nos vio en nuestra condición horrible y lamentable y envió a su Hijo a esta tierra, a morir en la cruz para comprar nuestra redención. Él nos ha rescatado y ha derramado su favor sobre nosotros. Por lo tanto, cuando seas tentado a sentirte disminuido o insignificante, deléitate en el gran amor del Padre por ti y adórale por su asombrosa gracia.

¿Decidirás creer lo que tú (u otros) piensan de ti o lo que Dios dice de ti?

Déjalo pasar

*A quien Dios puso como propiciación por medio de la fe en su
sangre, para manifestar su justicia, a causa de haber pasado por
alto, en su paciencia, los pecados pasados (Ro. 3:25).*

"Paciencia" no es una palabra que escuchamos mucho hoy, pero si aprendemos a practicarla diariamente, puede llegar a ser una de nuestras mejores armas contra la amargura, la contienda y la falta de perdón. Tener paciencia significa contenerse, tener templanza frente a la provocación, ser tolerante, estar dispuesto a soportar lo que otros hacen o no hacen: Dejar pasar las cosas. En realidad, la paciencia es un subproducto del amor, el tipo de amor, como Pablo lo explica con tanta elocuencia en 1 Corintios 13, que "no se irrita… no guarda rencor… todo lo sufre, todo lo cree, todo lo espera, todo lo soporta" (vv. 5-7).

Sí, debemos confrontar algunas ofensas y aclarar las cosas. Pero muchas otras—de hecho, la mayoría— conviene pasarlas por alto y no darle importancia. (¡Nuestro problema es que tendemos a confrontar los pecados que deberíamos pasar por alto, y a pasar por alto los pecados que deberíamos confrontar!).

La falta de paciencia en nuestro hogar y en nuestras circunstancias diarias nos lleva a exagerar las ofensas hasta que —como dijo Charles Spurgeon— "el huevo [de una mosca] llega a ser tan grande, como el de un avestruz". Aumenta la tensión y agrava el conflicto. Levanta paredes en las relaciones, nos hace mezquinos y rencillosos, y nos separa de nuestros amigos. Estoy convencida de que muchos divorcios se podría evitar si uno o ambos cónyuges practicaran la gracia de la paciencia. Muchas tensiones y malentendidos en el lugar de trabajo se esfumarían si fuéramos más pacientes unos con otros.

Ciertamente, hay problemas mayores que requieren una gran medida de perdón. Aprender a ser pacientes hoy es una práctica valiosa, que posteriormente nos ayudará a perdonar.

¿Qué asunto reciente deberías haber dejado pasar en vez de permitir que se agrande? ¿Qué sería diferente ahora si lo hubieras dejado pasar?

_____

_____

_____

_____

_____

_____

Decepcionado con Dios

*¿Por qué escondes tu rostro, y te olvidas de nuestra aflicción,
y de la opresión nuestra? (Sal. 44:24).*

¿TE HAS RESENTIDO ALGUNA VEZ con Dios por permitir que una persona te manipule o te maltrate, por no haber intervenido en tu vida y evitado un desastre, por no haberte librado de las consecuencias de un error que parecía inocente? Seguramente, has vivido situaciones en las que te resultó inexplicable, en el mejor de los casos, o incluso irritante entender los caminos de Dios. Hay quienes sugerirían que parte de la sanidad para poder superar estas situaciones dolorosas es perdonar a Dios por su proceder en ellas.

Pero piénsalo de esta manera. *¿Nosotros? ¿Perdonar a Dios?* Como si Él nos hubiera ofendido y necesitara que lo perdonemos. Pensar que tenemos esta clase de poder sobre Él que es justo y soberano sería rebajar a Dios y engrandecer nuestra importancia.

No. Dios no necesita nuestro perdón. Él nunca es culpable de equivocarse. De hecho, aquello que podrías considerar una cruel injusticia de su parte, en realidad, podría resultar ser lo mejor que pudo haberte pasado. Puede —por la gracia infinitamente sabia del Padre— resultar para tu bien, para su gloria y para el avance de su reino eterno.

Por lo tanto, te pido que vuelvas a considerar el sentir de Dios y ver que ha diseñado un plan para tu vida, que es más amoroso y profundo del que tú podrías haber trazado, aunque ahora te encuentres en medio de un profundo dolor. Él usará esta decepción, este desconsuelo, esta circunstancia inexplicable para enseñarte, capacitarte y cumplir sus propósitos santos y eternos en tu vida. La alternativa —amargura o enojo con Dios— no puede lograr nada, sino empeorar las cosas y demorar más tu sanidad.

¿Cómo puedes saber cuándo una legítima y transparente sinceridad delante de Dios se ha convertido en enojo y "exigencia" pecaminosos con Dios? ¿Estás por cruzar esa línea?

El reflejo

Sino, como aquel que os llamó es santo, sed también vosotros santos en toda vuestra manera de vivir; porque escrito está: Sed santos, porque yo soy santo (1 P. 1:15-16).

 MI CASA ESTÁ SOBRE UNA COLINA con vista a un río. Esta mañana, cuando el sol brillaba intensamente a través de los árboles del otro lado de la ribera, su figura se reflejaba esplendorosamente sobre las serenas aguas más abajo. El reflejo de esa preciosa imagen me llevó a orar: "¡Señor, que otros puedan ver el reflejo de tu imagen en mí; que mi vida pueda revelarles cuán precioso y puro eres tú!".

Nuestra vida está destinada a hacer que otros crean en Dios; que al ver su imagen en nosotros, sean cautivados por Dios y le adoren y "glorifiquen" (Mt. 5:16).

¿Crees que tus actitudes, palabras y conducta transmiten una imagen fiel de Dios a otros? ¿Sueles profanar a veces su santidad con un espíritu quejoso y controlador, con una manera de hablar dura o descortés, con decisiones impuras o relaciones de dudosa moral?

Me entristece pensar cuántas veces he transmitido a otros una percepción distorsionada de Dios debido a decisiones y respuestas que no reflejan a Dios.

Dios es santo, y, por tanto, nosotros debemos ser santos. Y debido a que Dios es santo, nosotros *podemos* ser santos. Por medio de la muerte sacrificial de Cristo en la cruz, su vida de obediencia ha sido concedida a todos aquellos que creen en Él. Si eres hijo de Dios, el Espíritu Santo vive en ti. Él no solo es el *patrón*, sino también la fuente de tu santidad, que purifica tu corazón para que el mundo sepa cómo es Dios.

Ser santo como Él es santo; qué tremenda responsabilidad. Pero más que eso, qué privilegio impresionante que el Espíritu Santo nos escogiera —en nuestra condición caída y pecadora lejos de Él—, que nos redimiera de nuestros pecados y que luego reflejara a través de nosotros el esplendor de su santidad en este mundo oscuro.

¿Permitirás que Dios refleje su carácter santo a través de ti hoy?

Penitentes arrepentidos

Yo reprendo y castigo a todos los que amo; sé, pues, celoso, y arrepiéntete (Ap. 3:19).

 Durante más de veinte años, el pueblo rumano sufrió bajo el régimen comunista y tiránico de Nicolae Ceausescu. Los cristianos constituían un especial blanco de ataque para el régimen, y eran objeto de fuerte intimidación y constante persecución. Se los ridiculizaba y los llamaban "penitentes" en tono de burla.

A comienzos de la década de 1970 —en medio de semejante adversidad— un pastor en la ciudad de Oradea empezó a predicar un mensaje atípico. Con la carga de que muchos cristianos se habían conformado a la cultura y no a Cristo, repetía "es hora de que los penitentes se arrepientan". Y, con franqueza, señalaba los pecados específicos que él consideraba el impedimento para que la iglesia experimentara un verdadero avivamiento.

Muchos creyentes respondieron a su llamado: los penitentes arrepentidos. Estos empezaron a tomar la santidad en serio y a alejarse de todo lo que creían que desagradaba a Dios.

Cuando lo hicieron, Dios visitó a esa congregación con un avivamiento. Las vidas fueron transformadas, los perdidos empezaron a aceptar a Cristo por la fe, y la iglesia tuvo un crecimiento explosivo.

El avivamiento no pudo contenerse en una sola iglesia. Se propagó a otras iglesias de los alrededores y, finalmente, su efecto se sintió en toda la nación. Los creyentes avivados recibieron valor y empezaron a defender sus convicciones. Muchos creen que este movimiento del Espíritu fue uno de los factores que desencadenó la caída del régimen de Ceausescu, quince años después.

El primer mensaje del ministerio terrenal de Jesús fue: "Arrepentíos, porque el reino de los cielos se ha acercado" (Mt. 4:17). Su último mensaje a la Iglesia, registrado en las páginas de las Escrituras, fue "sé, pues, celoso, y arrepiéntete". Imagínate lo que podría suceder en nuestros días si los "penitentes" se arrepintieran en verdad.

¿Estás viviendo y caminando como un "penitente"? ¿Qué evidencia de un verdadero arrepentimiento ha habido en tu vida en los últimos meses?

Respuesta de adoración

Entonces María tomó una libra de perfume de nardo puro, de mucho precio, y ungió los pies de Jesús, y los enjugó con sus cabellos; y la casa se llenó del olor del perfume (Jn. 12:3).

 MARÍA DE BETANIA fue la mujer que "sentándose a los pies de Jesús, oía su palabra" (Lc. 10:39). Pero no se conformaba solo con recibir de Jesús. Mientras escuchaba las palabras de su corazón, anhelaba responderle; devolverle algo de lo que Él le había dado. De hecho, tres de los evangelios, registran su conmovedora muestra de devoción en una cena preparada en honor de Jesús.

De manera que, la adoración siempre fluye de corazones que han recibido de su gracia. En Éxodo 14, leemos el dramático relato del momento cuando Dios dividió las aguas del Mar Rojo y salvó a su pueblo del ejército egipcio que lo perseguía. Y ¿cuál fue la respuesta de los israelitas a esta grandiosa manifestación de su poder redentor? Se detuvieron a cantar y exaltar al Señor.

Cuando el cojo que mendigaba fuera del templo vio el poder de Dios manifestado en su vida, respondió "andando, y saltando, y alabando a Dios" (Hch. 3:8). Cuando Jesús sanó a los diez leprosos, "uno de ellos, viendo que había sido sanado, volvió, glorificando a Dios a gran voz" (Lc. 17:15). El hecho de que nueve de los diez no le agradecieran, no pasó desapercibido. Jesús preguntó: "¿No hubo quien volviese y diese gloria a Dios sino este extranjero?" (v. 18).

Nuestro amoroso Padre celestial se deleita en manifestarse en nuestra vida y derramar su gracia sobre nosotros. Pero dádivas tan maravillosas merecen una respuesta de nuestra parte. Cuando Él nos habla por medio de su Palabra, es digno de nuestra adoración. Cuando, en su gracia, alienta nuestro corazón, le debemos adoración. Y cuando la convicción del Espíritu Santo nos lleva a la confesión y al arrepentimiento, ¿no debería nuestro corazón responder en sincera adoración?

¿Tiendes a pasar por alto o no reparar en la presencia y la obra de Dios en tu vida? No olvides dar a Cristo la adoración que se merece por su gracia abundante en tu vida.

¿Por qué lloras?

Clamo a ti, y no me oyes; me presento, y no me atiendes (Job 30:20).

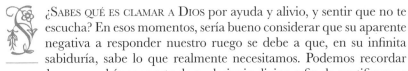

¿SABES QUÉ ES CLAMAR A DIOS por ayuda y alivio, y sentir que no te escucha? En esos momentos, sería bueno considerar que su aparente negativa a responder nuestro ruego se debe a que, en su infinita sabiduría, sabe lo que realmente necesitamos. Podemos recordar que su demora podría ser parte de su designio divino a fin de santificarnos o preparar un escenario más indicado para su gloria. Pero a veces podría haber algo más detrás de su silencio.

Por ejemplo, a veces, nuestro clamor y llanto están motivados solo por el deseo de encontrar una salida para nuestra situación, ser libres de la presión y tener una vida más relajada. Lloramos por la pérdida del "trigo y el mosto" (Os. 7:14), mientras nuestro corazón sigue sigilosamente rebelde con Él, reacio a cambiar y a someterse a su voluntad.

Otras veces, nos quejamos de nuestros imponderables mientras, al mismo tiempo, no estamos siendo obedientes en asuntos que ya sabemos que estamos siendo "desleal[es]" (Mal. 2:13-14), aun cuando afirmamos ser fieles seguidores de Cristo.

O, quizás, a veces, su falta de ayuda visible podría deberse a este principio bíblico: "El que cierra su oído al clamor del pobre, También él clamará, y no será oído" (Pr. 21:13). Cuando no respondemos compasivamente a las necesidades de otros, Dios tampoco podría responder a nuestras necesidades.

Las pruebas que Él permite en nuestra vida, a veces, tienen la intención de forzarnos a enfrentar áreas de nuestra vida, que mantenemos alejadas de Dios, aun cuando clamamos para que Él se acerque a nosotros. Sé sincero con respecto a estas cosas, y las situaciones que te llevan a clamar más fuerte se convertirán en oportunidades para que Él supla tu necesidad más profunda.

¿Hay en tu corazón algunos de estos estorbos a la oración, incluso al rogarle al Señor por la difícil situación que estás atravesando?

_____

_____

_____

_____

_____

_____

Has abierto mis oídos

Y si el siervo dijere: Yo amo a mi señor, a mi mujer y a mis hijos, no saldré libre...
su amo le horadará la oreja con lesna, y será su siervo para siempre (Éx. 21:5-6).

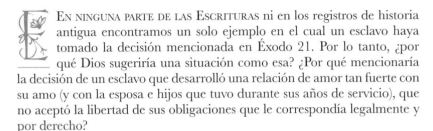 EN NINGUNA PARTE DE LAS ESCRITURAS ni en los registros de historia antigua encontramos un solo ejemplo en el cual un esclavo haya tomado la decisión mencionada en Éxodo 21. Por lo tanto, ¿por qué Dios sugeriría una situación como esa? ¿Por qué mencionaría la decisión de un esclavo que desarrolló una relación de amor tan fuerte con su amo (y con la esposa e hijos que tuvo durante sus años de servicio), que no aceptó la libertad de sus obligaciones que le correspondía legalmente y por derecho?

Como tantas otras ilustraciones del Antiguo Testamento, creo que su propósito era mostrarnos a Cristo y describir nuestra relación con Él.

Cuando el Señor Jesús vino a la tierra, "[tomó] forma de siervo" (Fil. 2:7). En obediencia a la voluntad de su Padre y por amor por Él —y por la esposa y la familia que su Padre le había dado— se ofreció como un esclavo fiel para poder liberar a aquellos que eran esclavos del pecado (He. 2:10-18). Hablando proféticamente de la muerte expiatoria de Cristo, el salmista David escribió: "Sacrificio y ofrenda no te agrada; *has abierto mis oídos...* hacer tu voluntad, Dios mío, me ha agradado" (Sal. 40:6, 8).

A través del ejemplo de Cristo, vemos lo que nadie había hecho antes que Él: llevar voluntariamente las marcas de su sumisión como un esclavo fiel, que cumpliera simbólicamente el intercambio literal descrito en la ley del Antiguo Testamento.

Los apóstoles y escritores del Nuevo Testamento siguieron las pisadas de su Maestro y se consideraron esclavos fieles de Jesucristo al decidir seguir unidos a Él con lazos de amor y devoción, y entregar su vida en servicio.

¿Decidirás llevar la marca como un esclavo voluntario de Cristo?

Dale gracias al Señor por venir a la tierra y tomar el lugar de un esclavo fiel por amor a ti. Considerando que Él primero te eligió a ti, ¿Le has expresado al Señor la decisión consciente de ser su esclavo fiel... para siempre?

A desempacar para el paraíso

No entrará en ella ninguna cosa inmunda, o que hace
abominación y mentira (Ap. 21:27).

SI VIAJARAS O TE TRASLADARAS a otra parte del mundo, pensarías bien qué cosas empacar. No viajarías cargado, por ejemplo, de abrigos para la nieve, guantes y botas de invierno si estás yendo a una región de clima tropical. Aunque te mudaras de un sector de la ciudad a otro, probablemente harías una buena clasificación para descartar y eliminar ciertos muebles gastados y objetos de decoración pasados de moda; no llevarías ninguna cosa que no quede bien en tu nuevo ambiente.

La realidad es que tú y yo *nos* estamos preparando para mudarnos. Una verdadera mudanza. La última. Estamos empacando para la aventura de nuestro traslado a nuestro hogar celestial. Y para esto, debemos pensar bien cómo será la vida en este lugar nuevo y qué debemos hacer para prepararnos.

Qué debemos mantener. Y qué debemos eliminar.

Tres veces en los últimos dos capítulos de la Biblia, se hace referencia a nuestro hogar celestial como la "ciudad santa" (Ap. 21:2, 10; 22:19). Es santa, porque es donde vive y gobierna Dios. Un lugar de gozo y belleza indescriptibles. Un lugar libre de enfermedad y tristeza. *Un lugar sin pecado.* "Pero nosotros esperamos, según sus promesas, cielos nuevos y tierra nueva, en los cuales mora la justicia" (2 P. 3:13). Y si no se permite el pecado en este destino santo, ¿por qué seguir ahora aferrados a él?

"Por lo cual, oh amados, estando en espera de estas cosas, procurad con diligencia ser hallados por él sin mancha" (v. 14). Este mundo es tan solo una escala en nuestro viaje a la eternidad. Comienza hoy a empacar (y desempacar) para tu viaje.

Pídele a Dios que te muestre los "pecados de tu hogar" o "bártulos" innecesarios, que debes eliminar de tu corazón para estar preparado para mudarte al cielo.

Bendición de la obediencia

Guarda sus estatutos y sus mandamientos, los cuales yo te mando hoy,
para que te vaya bien a ti y a tus hijos después de ti (Dt. 4:40).

Si alguna vez has visto *Un milagro para Helen*, la historia de Helen Keller y su tutora, Anne Sullivan, recordarás la escena que transcurre en la mesa del comedor. Hacía tiempo que, a la hora de comer, le permitían a Helen manosear los alimentos de las fuentes, meter la mano en el plato de los demás y comer con los dedos. Pero lo que para su familia era inevitable, para su tutora era la oportunidad de empezar a cambiar para bien la vida de su nueva alumna.

La situación empeoró antes que empezara a mejorar. Durante lo que la Srta. Sullivan describió como una hora y media de batalla, Helen arrojó cubiertos, rompió cosas y tumbó sillas. Y aunque fue solo el primer paso —y bastante difícil en ese momento— ese suplicio resultó en que, al menos técnicamente, Helen comiera su desayuno con una cuchara y doblara su servilleta. Se había establecido un nuevo rumbo para que Helen dejara su vida de caos y confusión, hacia una vida de orden, dominio propio y maravillosos descubrimientos.

"Supongo que con esta muchachita tendré muchas batallas iguales —escribió la Srta. Sullivan al recordar ese momento— antes que aprenda las únicas dos cosas esenciales que yo puedo enseñarle: obediencia y amor".

Cuando Dios habla de obediencia —cosa que hace más de quinientas veces solo en el Antiguo Testamento— su deseo no es quitarnos algo, sino darnos. Contrario a lo que el enemigo podría sugerir, sus mandamientos no son limitaciones a nuestra alegría o libertad. La obediencia —la obediencia motivada por el Espíritu, posible por la gracia, que exalta a Cristo— es el camino a la bendición. Y cuando queremos la bendición sin la parte de la obediencia, debemos recordar que no hay condición más gratificante ni alegre, que confiar, amar y obedecer a nuestro Padre celestial.

¿Cuáles son algunas de las bendiciones que has experimentado como resultado de la decisión de obedecer a Dios? ¿Qué consecuencias has experimentado como resultado de hacer tu propia voluntad? ¿Por qué no elegir la obediencia?

Cuida a tu pastor

Contra un anciano no admitas acusación sino con dos o tres testigos (1 Ti. 5:19).

 A MENOS QUE SEAS CÓNYUGE de un pastor o te hayas criado en el hogar de un pastor, pocos entienden realmente todo lo que comprende la vida de un pastor. Las personas difíciles. Las llamadas telefónicas inesperadas. El nivel de expectativa en él, que supera el que todo hombre puede llegar a cumplir. Estos elementos confabulan para que las personas digan y piensen toda clase de cosas, que no son exactamente ciertas o que se entenderían de una manera muy diferente si tuvieran un marco de referencia más fidedigno. Todos tienen su propia percepción, y, lamentablemente, muchos son demasiado libres de decir lo que piensan en lo que respecta a criticar el desempeño de su pastor y sus líderes espirituales.

Entonces, ¿qué haces cuando escuchas palabras de crítica sobre tu pastor? Las Escrituras dan instrucciones para saber qué hacer con los líderes que caen en pecado o no cumplen con su deber. Sin embargo, nuestra única respuesta debería ser no "[admitir] acusación" contra ellos. Muchas de las críticas que se expresan tienen poco o nada que ver con los requisitos bíblicos para el liderazgo; sino más bien con un juicio personal sobre su carácter y estilo.

No permitas que tu hogar o tu corazón se conviertan en un caldo de cultivo para las acusaciones indiscretas sobre los líderes de tu iglesia. Hacerlo puede ser dañino y extremadamente perjudicial en el cuerpo de creyentes. No vayas de un lugar a otro repitiendo lo que podrías haber escuchado. Dios nos ha provisto la manera de abordar las acusaciones que suponen transgresiones de los mandatos bíblicos, pero con la excepción de dicho incumplimiento de su responsabilidad espiritual, tu pastor necesita tu amor, comprensión y apoyo. Procura mostrarle reconocimiento, no recibas comentarios negativos, y resuelve no pecar al divulgar chismes.

¿Cómo manejas las conversaciones negativas sobre tus líderes espirituales?
¿Cuáles son los peligros que tú y otros corren de alimentar o ser parte de tales conversaciones?

_____

_____

_____

_____

_____

Flexible en sus manos

Alzaré mis ojos a los montes; ¿De dónde vendrá mi socorro? Mi socorro viene de Jehová, que hizo los cielos y la tierra (Sal. 121:1-2).

EL QUEBRANTAMIENTO ESPIRITUAL debe ser una forma de vida constante en el creyente, no tan solo una experiencia ocasional o en respuesta a una crisis. Sí, el verdadero quebrantamiento es un estilo de vida permanente, en el cual aceptamos lo que Dios dice de la verdadera condición de nuestro corazón; no lo que otros ven en nosotros o piensan de nosotros, sino lo que *Él* sabe de nosotros. Impotentes. Incapaces. Pobres y necesitados. Totalmente dependientes de la manifestación de su gracia en y a través de nuestra vida.

Asimismo, el quebrantamiento no es en sí un sentimiento o una emoción, que esperamos que nos sobrevenga. Aunque comprende a nuestras emociones, el verdadero quebrantamiento tiene que ver con una decisión, un acto de la voluntad. Es nuestra respuesta en humildad y obediencia a la autoridad de su Palabra y la convicción de su Espíritu.

El quebrantamiento significa decir "sí, Señor" y responder a Él completamente rendidos, obedientes a sus deseos, sin resentimiento, obstinación o quejas. Significa permitir que Dios ablande el terreno de nuestro corazón, que triture cada terrón de resistencia que le impide a la semilla de su Palabra penetrar y echar raíz. Significa ser blando y flexible en las manos del Artista, como la cera o la arcilla, sin endurecernos frente a las circunstancias o herramientas que Él decide usar para formarnos o pulirnos. Significa el fin de nuestra propia voluntad para que la vida de Cristo puede fluir a través de nosotros.

Eso es quebrantamiento, y así manifiestas el corazón de Cristo, que fue quebrantado por ti. Si te falta quebrantamiento, eso podría ser justamente lo que se está interponiendo entre ti y una vida que se parezca más a la capacidad firme de Cristo y menos a tu incapacidad que te lleva a tropezar. Cuando eliges el camino de la humildad y el quebrantamiento, en su gracia divina, Él te levanta y une los pedazos de tu vida en una obra restaurada que glorifica a Dios.

¿Hay aspectos de tu voluntad que se resisten y se oponen a la voluntad de Dios? Elije el camino del quebrantamiento, porque es el (único) que te conduce a una verdadera vida de bendición.

Sabiduría de lo alto

El (Jesús) les dijo: Vamos a los lugares vecinos, para
que predique también allí (Mr. 1:38).

¿CÓMO SABÍA JESÚS a qué asuntos dar prioridad, a qué necesidades responder cada día, cuando tenía delante de Él todo un mundo que necesitaba ser redimido? ¿Cómo sabía cuándo enseñar a las multitudes y cuándo ignorarlas para poder pasar tiempo con sus discípulos? ¿Cómo sabía a qué persona debía dedicar atención y ministrar? ¿Cómo sabía de qué manera ministrar en cada situación particular, ya sea tocar los ojos de un hombre ciego, limitarse a dar la palabra de sanidad sobre él, o tomar barro y frotárselo sobre sus párpados? ¿Cómo sabía cuándo reprender a un grupo por su incredulidad, sin embargo, alentar a otro hombre que admitía luchar con la incredulidad?

De hecho, ¿cómo supo, cuando Pedro le dijo "todos te buscan" (Mr. 1:37), que era tiempo de "[ir] a los lugares vecinos", especialmente cuando sus discípulos podrían haber preguntado, justificadamente, "¿Pero por qué? ¡Podríamos seguir recluidos aquí al menos otro mes! Son muchos los que te necesitan. ¿Por qué seguir el viaje?".

Pienso que el versículo 35 nos da la clave: "Levantándose muy de mañana, siendo aún muy oscuro, salió y se fue a un lugar desierto, y allí oraba". Jesús sabía qué cosas quería su Padre que Él realizara en el día, porque había estado bastante tiempo a solas con Él y había escuchado su corazón.

Muchos de nosotros no tenemos idea de qué quiere Dios que hagamos el resto de la semana, mucho menos el resto de nuestra vida. No sabemos cómo resolver los conflictos en nuestro hogar, cómo suplir las necesidades de las personas más cercanas o cómo tomar las decisiones más simples. ¿Podría ser que no estamos pasando suficiente tiempo a solas con Dios (como hacía Jesús) para pedirle dirección? ¿Podría estar allí nuestra respuesta?

¿Qué distracciones han estado ocupando el lugar de tu tiempo con el Señor?
Proponte hacer de ese tiempo la prioridad número uno en el día, como hacía
Jesús, y confía que Él dirigirá y ordenará tus pasos.

Lo más importante

Y es necesario que el evangelio sea predicado antes a todas las naciones (Mr. 13:10).

 CADA CRISIS QUE ESTALLA EN EL MUNDO, en realidad, es una oportunidad; una oportunidad de dar a conocer el evangelio, como hijos de Dios. Es fácil preocuparnos por cómo podría afectarnos personalmente esa situación, querer estar informados y ver las imágenes de los hechos y la cobertura de noticias ininterrumpida. Pero qué tal si eso es realmente una oportunidad de hablar de la gracia de Dios y de glorificar su nombre, justo cuando Él está orquestando las circunstancias para que el mundo se dé cuenta de que está perdido y que necesita desesperadamente la redención y providencia a través de Cristo?

Pienso que esto es parte de lo que Jesús les estaba diciendo a sus discípulos en Marcos 13, cuando conversaban sobre los acontecimientos mundiales que vendrían. Esos días de suma emergencia los pondría en situaciones peligrosas. Sentirían la tentación a sucumbir al temor. Las personas que amaban serían ultrajadas y sufrirían. Pero lo importante era que todo eso fuera para dar "testimonio" de quién es Dios y de la verdad de su Palabra (v. 9). Aprovechar la oportunidad de proclamar el evangelio y el reino de Dios era lo que más importaba.

Puede que pienses que no estás preparado para semejante reto; que no eres muy inteligente o culto para comunicar eficazmente la Palabra de Dios; que no eres muy intrépido para mostrar el amor y la misericordia de Cristo a otros. Pero piensa en los discípulos que estaban escuchando a Jesús. Ellos no eran personas instruidas, ni personas con buenos contactos. En su mayor parte, eran trabajadores comunes y corrientes. Y, sin embargo, Dios los escogió, los llenó con su Espíritu y los envió al mundo tan poderosamente preparados con la verdad, que ni el titánico Imperio Romano podía prevalecer sobre ellos.

Por lo tanto, no importa cuánta influencia piensas que tienes o no, Dios tiene un propósito para que cumplas en estos días difíciles: Vivir y hablar del evangelio de Cristo.

Pídele a Dios que te ayude a ser sensible y estar alerta y preparado para usar cada oportunidad que puedas para hablar de Cristo a otros.

Un torrente de gratitud

Abundando en acciones de gracias (Col. 2:7).

LA EXHORTACIÓN DE PABLO a la iglesia de Colosas da la idea de un río que se desborda durante la temporada de las crecidas, sin dejar ningún sector lindero sin bañar con la crecida de sus aguas. Solo que *este* desborde —lejos de ser un torrente de destrucción— fluye como un torrente constante de bendiciones. Un torrente de gratitud.

A menudo veo este "torrente de gratitud" entre mis compañeros de trabajo en el ministerio donde sirvo. La mayoría debe recaudar todo o parte de su sostenimiento económico mensual como misionero. Muchos de ellos viven con un ingreso, que sería considerado insuficiente bajo las normas de hoy. Y sin embargo, puedo dar fe de que estos siervos de Dios *agradecidos*, en vez de aferrarse fuertemente a su escasa provisión, abundan en la gracia de *dar* y suplir sus necesidades unos a otros en todo, desde ropa y artículos para el hogar hasta vegetales frescos y ayuda con las reparaciones de sus automóviles.

Esto es gratitud en acción.

¿Cómo podrías practicarla en tu propia vida? Imagínate que tu gratitud por la gracia de Dios te lleve a ayudar de manera práctica a las personas que conoces y estimas, a ser sensible a las necesidades de los miembros de tu iglesia y tu familia. Imagina el efecto que tendría en un mundo caracterizado por el aislamiento, el egoísmo y las relaciones resquebrajadas, si engalanáramos el evangelio que profesamos creer, con una cultura de cuidado, interés, generosidad y sacrificio mutuos. La verdad que proclamamos llegaría a ser creíble. Y Dios sería glorificado.

Esto es lo que puede suceder cada día de la semana cuando la gracia de Dios llega a ser real en nuestra vida, cuando devolvemos las gracias por todo lo que hemos recibido a través de Cristo, cuando nuestra primera respuesta a cualquier situación es ser agradecidos, tanto con Dios como con los demás. La gratitud tiene una manera de abundar y sobreabundar: cuando no solo la recibimos y acumulamos, sino cuando diariamente la damos y multiplicamos.

¿De qué manera práctica fluye tu gratitud en generosidad con otros? Pídele al Señor que te ayude a ser una persona que realmente pueda "[abundar] en acciones de gracias".

Mucha perversión

Abram acampó en la tierra de Canaán, en tanto que Lot habitó en las ciudades de la llanura, y fue poniendo sus tiendas hasta Sodoma (Gn. 13:12).

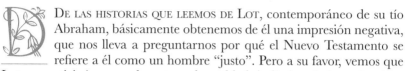 DE LAS HISTORIAS QUE LEEMOS DE LOT, contemporáneo de su tío Abraham, básicamente obtenemos de él una impresión negativa, que nos lleva a preguntarnos por qué el Nuevo Testamento se refiere a él como un hombre "justo". Pero a su favor, vemos que Lot no participó personalmente en la maldad sin límites de los sodomitas. De hecho, él "afligía cada día su alma justa, viendo y oyendo los hechos inicuos de ellos" (2 P. 2:8).

De modo que, en realidad, Lot era justo —de la única manera que todos lo somos— por el regalo de la gracia de Dios, que operaba por medio de su fe, por muy débil que pudo haber sido. Y sin embargo, no nos equivocamos al observar incongruencias en el comportamiento de Lot. Porque aunque era un devoto de Dios, no guardaba diligentemente su corazón. Lot alimentaba los deseos y apetitos por las cosas del mundo. Trataba de vivir con un pie en el reino de Dios y el otro dentro de su cultura pervertida, y en consecuencia condujo a su familia a una aventura amorosa con el mundo.

No es ninguna sorpresa, entonces, que sus hijas se casaran con hombres, que despreciaban las creencias espirituales de Lot y rechazaban sus ruegos para que pudieran ser salvos del juicio inminente. Su perversa historia continúa, ya que después de escapar de Sodoma, sus hijas urdieron un plan para embriagar a su padre y luego turnarse para dormir con él y así poder tener hijos.

Los valores mundanos de Lot lo llevaron a trasladar a su familia a una ciudad caracterizada por la arrogancia, la inmoralidad y la perversión. Y aunque el precio que él pagó por sus valores temporales parece alto, es un recordatorio de que la ley de la siembra y la cosecha es cierta. Los "hombres justos" (y las mujeres) deben decidir continuamente decirle no al pecado y sí a la justicia. No podemos tener las dos cosas. "La amistad del mundo es enemistad contra Dios" (Stg. 4:4).

Las Escrituras nos exhortan a detestar "aun la ropa contaminada por su carne" (Jud. 23). ¿Qué elementos de una vida mundana siguen siendo demasiado atractivos para ti?

Recordatorio escrito

Y Jehová dijo a Moisés: Escribe tú estas palabras; porque conforme a estas palabras he hecho pacto contigo y con Israel (Éx. 34:27).

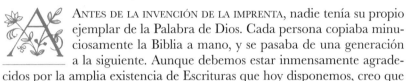 ANTES DE LA INVENCIÓN DE LA IMPRENTA, nadie tenía su propio ejemplar de la Palabra de Dios. Cada persona copiaba minuciosamente la Biblia a mano, y se pasaba de una generación a la siguiente. Aunque debemos estar inmensamente agradecidos por la amplia existencia de Escrituras que hoy disponemos, creo que los que podemos comprar tan fácilmente una versión impresa de la Palabra de Dios, hemos perdido algo valioso.

Hemos perdido lo valioso que era tomarse tiempo para copiar pasajes de las Escrituras.

¿Recuerdas cuando la maestra de la escuela primaria le pedía a la clase que copiara una lista del pizarrón o la página de un libro de texto? En ese momento parecía una tarea improductiva y absurda. Pero la maestra sabía que si tú mismo escribías el material, era más probable que entendieras y recordaras los conceptos.

Y es por eso que Dios le dijo a Moisés que escribiera a mano las palabras de la ley y también le dijo al pueblo "las escribirás en los postes de tu casa, y en tus puertas" (Dt. 6:9). Además, ordenó a los ancianos que escribieran "muy claramente en las piedras [del monumento] todas las palabras de esta ley" (27:8). Incluso, estableció un mandato para todo futuro rey de Israel: "escribirá para sí en un libro una copia de esta ley" y "leerá en él todos los días de su vida… para que aprenda a temer a Jehová su Dios, para guardar todas las palabras de esta ley y estos estatutos, para ponerlos por obra" (17:18-19).

Copiar las Escrituras nos ayuda a recordarla. Nos ayuda a retenerla. Nos ayuda a vivirla.

Procura tomar tiempo para copiar ciertos pasajes de las Escrituras, que te hablan de manera particular. Y verás que pasarán de tu mano a tu corazón.

Palabra de vida

En la multitud de mis pensamientos dentro de mí, tus
consolaciones alegraban mi alma (Sal. 94:19).

 Mi amiga Nancy Epperson cuenta que cuando sus hijos eran pequeños, usaba un marcador especial para escribir versículos de la Biblia en la mesada de su cocina. Cada semana, citaba y repetía un versículo diferente hasta que ella y sus hijos podían recitarlo de memoria. Cuando llegaba el fin de semana y la tinta se había borrado un poco, limpiaba bien la mesada para escribir un nuevo versículo, y así iba grabando pasajes de las Escrituras en cada corazón de su hogar.

Un día lluvioso, estaba en la cocina citando un versículo que una vez había escrito en su mesada, cuando su bebé de dieciocho meses se unió a ella. Frente a aquella mañana gris, Nancy empezó a decir: "Este es el día que hizo Jehová…", y su pequeño niño completó la frase con su voz infantil: "… Nos gozaremos y alegraremos en él" (Sal. 118:24).

Qué necesario es llenar nuestro corazón con las verdades de la Palabra de Dios, "repetírselas" a nuestros hijos (Dt. 6:7) y "escribirlas" en nuestro corazón (He. 8:10). Tanto nosotros como las futuras generaciones debemos hacer frente a un mundo, a menudo, sombrío y alarmante. Debemos enfrentar retos, que parecen no dejarnos otra opción que preocuparnos y tener pánico. Pero la Palabra de Dios es nuestra cordura. Es la que nos ayuda a no perder la estabilidad cuando todo a nuestro alrededor parece estar en caos. Nos sujeta mental y emocionalmente a la verdad, protege nuestra mente y reorienta nuestra perspectiva.

Atesora la Palabra de Dios en tu corazón. Memorízala; medita en ella; permite que el Espíritu de Dios te hable con ella personalmente a tu vida. Y renueva continuamente tu ser a medida que Dios la usa para transformarte a semejanza de Cristo.

Si ya tienes el hábito de memorizar las Escrituras, elige un versículo para
memorizar y meditar en esta semana. Y verás cómo Dios lo usará para hablarte
en las circunstancias que estás atravesando.

_____

_____

_____

_____

_____

_____

Cobro de deudas

De la manera que Cristo os perdonó, así también hacedlo vosotros (Col. 3:13).

 HAY DOS MANERAS BÁSICAS de responder a las heridas y experiencias injustas de la vida. La primera respuesta, y la más natural, es convertirnos en un *cobrador de deudas*, nos proponemos hacer que el ofensor pague por lo que ha hecho. Hasta que recibamos una disculpa aceptable y determinemos que ha pagado su consecuencia merecida, nos reservamos el derecho de mantenerlo en una prisión para castigarlo por lo que ha hecho.

Piensa en Esaú y Jacob. Una primogenitura robada engañosamente. Entonces, con engaño y complicidad familiar, Esaú fue despojado de la justa expectativa de recibir la bendición de su padre y una vida de prosperidad.

"Y aborreció Esaú a Jacob... y dijo en su corazón: Llegarán los días del luto de mi padre, y yo mataré a mi hermano Jacob" (Gn. 27:41). Esaú estaba albergando resentimiento, estaba esperando el momento oportuno para cobrar venganza.

Pero en realidad ¿quién termina pagando el precio más alto en esta clase de transacciones? ¿Quién soporta la mayoría, sino todo el dolor residual que queda de la ofensa original? Más allá de eso, ¿qué hay del resentimiento y el enojo que invariablemente acumula el cobrador de la deuda y por lo cual termina esclavizado perpetuamente a las ofensas del pasado? Un círculo vicioso de análisis interminables y episodios en que se reviven las circunstancias causantes de las heridas que ahora están infectadas. Todo es parte del costo de ser un cobrador de deudas.

Gracias a Dios, Él nos ofrece otra manera —una manera mejor— y nos llama a tomar la decisión pura y poderosa de *perdonar* y seguir, hasta donde sea posible, el camino de la reconciliación. No, no es nuestra manera natural de responder, pero tampoco es la decisión obligada que solo algunos súper cristianos pueden tomar. Nuestra comunión con Dios requiere y depende de la decisión de perdonar. Y su dulce fruto es una libertad que nos llena de vida.

 ¿Estás tratando de exigir el pago de una deuda pendiente? ¿Qué precio estás pagando por eso? ¿Por qué no lo dejas pasar? Deja que tu ofensor comparezca ante el tribunal de Cristo, y tú sé libre.

El engaño del descontento

Y murmurasteis en vuestras tiendas, diciendo: Porque Jehová nos aborrece, nos ha sacado de tierra de Egipto, para entregarnos en manos del amorreo para destruirnos (Dt. 1:27).

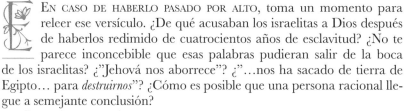

EN CASO DE HABERLO PASADO POR ALTO, toma un momento para releer ese versículo. ¿De qué acusaban los israelitas a Dios después de haberlos redimido de cuatrocientos años de esclavitud? ¿No te parece inconcebible que esas palabras pudieran salir de la boca de los israelitas? ¿"Jehová nos aborrece"? ¿"…nos ha sacado de tierra de Egipto… para *destruirnos*"? ¿Cómo es posible que una persona racional llegue a semejante conclusión?

Diez plagas paralizantes contra los hostiles egipcios, sumadas al espectáculo de ver a sus enemigos de toda la vida llenar frenéticamente sus alforjas de oro y plata… *cualquier cosa* para que esos esclavos se apresuraran y se fueran de aquella tierra. Una liberación milagrosa en el Mar Rojo. Maná fresco que aparecía cada día abundantemente sobre el terreno. Agua pura que brotó de una roca dura y aplacó la sed voraz de los hombres así como de los animales. ¿Cómo podían estos actos misericordiosos interpretarse aun como un frío desinterés, mucho menos como un intento deliberado de asesinar?

Pero esto es lo que sucede por olvidar. Esto es lo que sucede por concentrarnos en las carencias del presente y no en las numerosas pruebas de la fidelidad de Dios en el pasado y en sus gloriosas promesas para el futuro. Esto es lo que sucede por permitir que el descontento se convierta en una actitud y un estilo de vida tipo.

Así es como una persona —cualquier persona— empieza a creer cosas que no son verdad.

Por lo tanto, sé diligente en guardar tu corazón de los grandes engaños del descontento. De lo contrario, las mismas declaraciones y actitudes indignantes de los israelitas bien podrían, con el tiempo, ser las que empieces a creer también.

¿Has sentido alguna vez a Dios indiferente o incluso malo contigo? Tómate un tiempo para reflexionar en las demostraciones de su misericordia, su gracia y su amor por ti.

Un propósito santo

Según nos escogió en él antes de la fundación del mundo, para que fuésemos santos y sin mancha delante de él (Ef. 1:4).

 LA SANTIDAD no ocupa un lugar secundario entre cualquier otro objetivo que tengamos en nuestra vida. Es el propósito supremo de Dios para nosotros; algo que Él quiso y planificó, y cuyo cumplimiento garantizó en nuestra vida, incluso antes de la creación del mundo. Estamos hablando de la santidad *posicional* —la justicia de Cristo atribuida a cada creyente—, así como de la santidad *práctica* que Él está desarrollando en nosotros, hasta que finalmente llegue a ser una santidad *perfecta*.

Como el novio que espera ansiosamente el momento en que su novia se acerque al altar para encontrarse con él, bellamente ataviada con un vestido impecable; así el Señor Jesús espera el día en que nosotros —su Iglesia— nos presentaremos delante de Él, libres de toda contaminación, vestidos de su justicia, para que seamos su novia santa para siempre.

Y así como una novia comprometida se prepara con amor y entusiasmo para su boda, deseosa de ser la novia más bella para su amado; la idea de desposarnos con nuestro Novio santo debería motivarnos a pasar nuestra vida en la tierra con este objetivo en mente, que es nuestro objetivo supremo y el máximo anhelo de Cristo para nosotros.

El propósito de Dios con nuestra salvación no fue tan solo para que los pocos años que pasemos en la tierra fueran más agradable. Él tenía en mente un propósito eterno. Su fin era hacernos santos cómo Él es santo, para que pudiéramos glorificarlo y agradarlo en todo, y para disfrutar de una íntima comunión con Él por toda la eternidad. Por eso nos escogió; ¡nada menos!

De modo que desde el momento que te despiertas por la mañana, hasta que apoyas tu cabeza en la almohada por la noche, no pierdas de vista este grandioso propósito por los siglos. Tienes una razón para estar vivo hoy; tienes un destino eterno. Con la mirada puesta en agradar a Cristo, deja que Él te santifique por medio de su gracia.

 ¿Has aceptado conscientemente el hecho de que Dios te ha escogido para ser "santo[s] y sin mancha delante de él"? ¿De qué manera considerar tu objetivo y llamado supremo podría afectar la manera en que hoy vives?

_____

_____

_____

_____

Cuando orar duele

*¿Hasta cuándo, oh Jehová, clamaré, y no oirás; y daré voces a
ti a causa de la violencia, y no salvarás? ¿Por qué me haces ver
iniquidad, y haces que vea molestia? (Hab. 1:2-3).*

HACÍA MUCHO TIEMPO que había estado orando con varios amigos cercanos por una situación particularmente apremiante. Finalmente, vimos que la puerta, que tanto habíamos querido que Él abriera, se había cerrado por completo y para siempre. Después de haber creído y habernos puesto de acuerdo en la oración, Dios había enviado una respuesta totalmente contraria a lo que le habíamos estado rogando que hiciera.

Durante los meses posteriores, apenas podía leer la Biblia; cada vez que llegaba a las promesas que afirman que Dios escucha y responde la oración, me sentía confundida y frustrada. Por supuesto que conocía la verdad en mi cabeza y en mi teología. Pero ¿por qué Dios puso esas promesas en su Palabra si no siempre son ciertas?

Si hace bastante que eres cristiano, probablemente, te hayas sentido igual en algún momento. Tal vez te estés sintiendo así en este momento. ¿Qué sentido tiene orar? ¿Vale la pena insistir y trabajar en oración por un hijo que está tomando decisiones equivocadas, o un padre anciano que está luchando por sobrevivir o una crisis familiar que parece incesante? Las cosas solo se siguen agravando, y parece que Dios no nos escucha ni nos responde nada; ¡de hecho, las cosas parecen empeorar!

El profeta Habacuc también conocía muy bien este sentimiento. Oró por mucho tiempo para que su pueblo fuera libre de su aflicción. Pero llegó a comprender —así como todos debemos hacerlo— que los caminos de Dios son justos, y que la oración tiene que ver más (o mucho más) con escuchar, que con hablar. Si calláramos nuestros pensamientos y nuestros reclamos acusatorios delante de Dios, Él volvería a calibrar nuestro corazón y nos revelaría las respuestas y la perspectiva que necesitamos para enfrentar nuestra situación, aun sin saber todos los por qué.

*Procura que tu oración, particularmente sobre esta difícil situación, sea más un
ejercicio para aprender a escuchar. Confía en la Palabra de Dios más que en tus
sentimientos. Confía en el sentir de Dios más que en tu propio entendimiento.*

Él es perfecto

Mi amado es blanco y rubio, señalado entre diez mil (Cnt. 5:10).

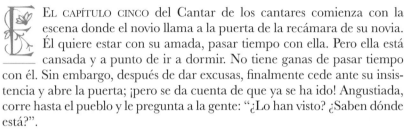 EL CAPÍTULO CINCO del Cantar de los cantares comienza con la escena donde el novio llama a la puerta de la recámara de su novia. Él quiere estar con su amada, pasar tiempo con ella. Pero ella está cansada y a punto de ir a dormir. No tiene ganas de pasar tiempo con él. Sin embargo, después de dar excusas, finalmente cede ante su insistencia y abre la puerta; ¡pero se da cuenta de que ya se ha ido! Angustiada, corre hasta el pueblo y le pregunta a la gente: "¿Lo han visto? ¿Saben dónde está?".

El versículo 9 describe la respuesta de las jóvenes doncellas del pueblo, que le preguntan: "¿Qué tiene de especial este hombre que tanto extrañas? Seguramente, hay otros hombres como él; o incluso mejores. ¿Acaso es irreemplazable?". Mientras piensa en sus preguntas, comienza a recordar (y a recordarles a las doncellas también) qué tiene de especial su amado. No, él es único; no hay nadie como él. Él es "señalado entre diez mil".

En este diálogo, que surge de este retrato del amor y el matrimonio humanos, creo que vemos una vislumbre de nuestro Novio celestial, el Señor Jesús. Él no es tan solo nuestro Salvador; sino nuestro tesoro invalorable. No solo es bueno; sino adorable, perfecto. Nada ni nadie en la tierra es más hermoso que Él.

Solo cuando nos damos cuenta de lo que tenemos en Jesús, dejamos de desperdiciar nuestra vida tras cosas y personas que nunca podrán satisfacernos por completo. Reconocer que la perfección solo se encuentra en Él, es llegar al final de nuestro esfuerzo por llegar a la perfección en nuestra vida o usar a otros para fabricar una vida más perfecta para nosotros. La perfección ya está aquí, su nombre es Jesús: "Yo soy de mi amado, y mi amado es mío" (Cnt. 6:3).

¿Te has decepcionado últimamente de otros o de ti mismo? Exprésale al Señor qué hay en Él que se distingue de todos; declárale que no hay ningún otro como Él y que nadie puede cumplir y satisfacer los anhelos más profundos de tu alma como Él.

Hasta que no haya ruido

Y cuando se edificó la casa, la fabricaron de piedras que traían ya acabadas,
de tal manera que cuando la edificaban, ni martillos ni hachas se oyeron
en la casa, ni ningún otro instrumento de hierro (1 R. 6:7).

Si ALGUNA VEZ HAS ESTADO CERCA de una zona en construcción, sabrás cuánto ruido puede haber en ese lugar. Perforaciones, cortes con sierras, soldaduras, excavaciones. Pero durante el reinado de Salomón, el templo de Israel se construyó con piedras que se habían cortado, tallado y labrado en una cantera lejos de aquel lugar. Cuando esas piedras llegaban a la zona de construcción, no había necesidad de hacer ruido; ya estaban listas para colocar y encastrar, y así levantar el edificio donde se pudiera manifestar la gloria de Dios.

Creo que hay una analogía espiritual en esta ilustración del Antiguo Testamento. En este momento, tú y yo estamos en una cantera, donde sentimos el estruendo de la maquinaria pesada de la vida y el borde filoso de las herramientas para el tallado. Los golpes y martilleos nos están separando lentamente de nuestro profundo y fuerte apego a este mundo. Pero como "piedras vivas" (1 P. 2:5), estamos siendo tallados y labrados para ser colocados en un templo lejano, donde pueda morar la gloria de Dios. Este dolor tiene un propósito. Todos estos golpes de martillo y cincel nos están llevando a un lugar. Un lugar celestial y eterno.

Si hoy te sientes decepcionado, tal vez es porque estás exigiendo que la vida —en el aquí y ahora— no te depare dolor y sufrimiento. Pero así no es la vida en la cantera; esa es la vida reservada para que disfrutemos más adelante, en otro lugar. Nunca conoceremos la existencia celestial libre de dolor, sufrimiento y problemas, hasta que nuestro Constructor celestial nos haya tallado y labrado para edificar una "casa espiritual" (v. 50) en nuestro Hogar eterno; un lugar donde pueda morar su presencia santa. De modo que hasta ese día, permite que Él haga la obra en ti con los golpes de su martillo y su cincel. Un día, la obra finalizará, y Dios estará para siempre en su santo templo, en el Hogar eterno.

¿Cómo puede ayudarte a perseverar esta analogía mientras todavía estás en la
"cantera", donde estás siendo formado para estar en condiciones de ser parte del
templo de Dios?

¿No lo puedes evitar?

Sabiendo esto, que nuestro viejo hombre fue crucificado juntamente con él, para que el cuerpo del pecado sea destruido, a fin de que no sirvamos más al pecado (Ro. 6:6).

SOLEMOS VER COSAS DE NOSOTROS MISMOS que desearíamos que fueran diferentes, cosas que sabemos que no agradan al Señor. Pero en vez de asumir nuestra responsabilidad personal, nos resulta demasiado fácil culpar a otros factores, otras circunstancias u otras personas. Culpamos a nuestras hormonas, nuestra educación, nuestra situación familiar, nuestro horario estresante. Insinuamos que *otros* nos han hecho ser como somos; que, por sobre todo, somos víctimas y reaccionamos a las heridas o condiciones causadas por agentes externos.

En realidad, no es culpa nuestra. No podemos evitar ser como somos. Y eso es exactamente lo que el enemigo quiere que creamos. Piensa nuevamente en el pecado original cometido en el huerto del Edén. No hubo padres, esposo o hijos responsables de la decisión de Eva. Seguramente, pudo haber culpado a su medio ambiente, al ver que todo era impoluto y perfecto en todos los sentidos. Eva no tenía problemas financieros ni problemas laborales, no tenía que arrancar malezas, no tenía vecinos desagradables ¡ni problemas con los familiares políticos! Simplemente tomó una decisión personal; probablemente, la misma que tú o yo hubiéramos tomado, tarde o temprano.

De modo que no es culpa de otros. Es culpa nuestra. Igual que Eva, nuestro problema comienza dentro de nosotros, en nuestro corazón. Aunque esto podría parecer derrotista y deprimente, la implicancia liberadora de esta verdad es que *tenemos* una opción. Por la gracia de Dios, *podemos* evitar ser como somos. *No* estamos forzados a seguir viviendo como esclavos de nuestras circunstancias, incapaces de elegir reacciones más redentoras. Creer lo contrario es pensar que estamos condenados al fracaso, que debemos seguir siendo infelices y vivir frustrados para siempre. No, podemos cambiar por el poder del Espíritu Santo que mora en nosotros y ser transformados en personas que asumen su responsabilidad... y experimentan el poder liberador de la verdad.

¿A qué circunstancias más comunes sueles culpar por tus reacciones poco amables y poco pacientes? ¿En qué sentido asumir la responsabilidad personal de tus propias acciones puede hacerte libre de la esclavitud de personas y circunstancias que escapan a tu control?

Muchas distracciones

Pero Marta se preocupaba con muchos quehaceres, y acercándose, dijo: Señor, ¿no te da cuidado que mi hermana me deje servir sola? Dile, pues, que me ayude (Lc. 10:40).

 NO SÉ TÚ, pero en lo que respecta a mi tiempo devocional diario, muchas de las distracciones que me dificultan concentrarme en el Señor no son externas, sino internas, de mi propia mente. Muchas veces, ni bien me dispongo a entrar en la presencia de Dios, empiezo a pensar en una variedad de cosas que tengo que hacer: llamadas a realizar, correos electrónicos a responder, proyectos a supervisar... ¡A veces, de repente, hasta tengo una nueva carga por la limpieza de la casa! *Cualquier cosa* parece impedir que mi corazón se aquiete delante del Señor para escucharlo hablar.

El poeta inglés del siglo XVII, John Donne, expresó bien esta predisposición, al describir lo que le suele suceder a cualquiera que alguna vez se haya propuesto disponer su corazón a buscar las cosas de arriba: "Un recuerdo de las alegrías del ayer, un temor a los peligros del mañana, una pajita bajo mi rodilla, un zumbido en mi oído, un destello de luz en mi ojo, algo, nada, una imaginación, una quimera en mi cerebro me molesta en la oración".

¡Cuánta verdad!

Aunque no puedo afirmar que he logrado vencer tales pensamientos inoportunos y fuera de lugar, he aprendido que puedo minimizar el efecto de estas distracciones con una postura reactiva. En vez de hacer un alto para prestar atención a los pensamientos y quehaceres fuera de contexto que te vienen a la mente, procura simplemente anotarlos en un cuaderno para después. En realidad, en vez de luchar contra ellos, utiliza su intromisión en tu tiempo devocional como una insinuación para orar por ellos ¡inmediatamente! Y al pedirle sabiduría al Señor sobre estos asuntos, Él te ayudará a establecer prioridades en el día conforme a su voluntad.

Es muy probable que la batalla con las distracciones no desaparezca. Pero podemos pedirle al Señor que nos dé la gracia de no permitir que esas distracciones nos impidan experimentar un tiempo valioso de concentración en su presencia.

 ¿Cómo puedes implementar estas u otras tácticas para combatir el bombardeo de pensamientos fuera de lugar y otras interrupciones que invaden tu tiempo con el Señor?

Completa los espacios en blanco

Manzana de oro con figuras de plata es la palabra dicha como conviene (Pr. 25:11).

A VECES, LA BIBLIA es más intrigante por lo que no dice; como por ejemplo cuando relata la visita de María a su parienta mayor, Elizabeth, poco después de la aparición espectacular del ángel, y solo dice: "se quedó María con ella como tres meses; después se volvió a su casa" (Lc. 1:56).

Me pregunto ¿de qué habrán hablado estas dos mujeres en ese tiempo prolongado que estuvieron juntas? Además de las conversaciones obvias, llenas de asombro, por la sorpresa de ambos embarazos, puedo imaginar la escena de una mujer mayor que aconseja y enseña a una mujer más joven, y le explica cómo amar a su marido y su familia, cómo "ser prudente[s], casta[s], cuidadosa[s] de su[s] casa[s]" (Tit. 2:5); todas las cosas que se deben hablar en el discipulado personal.

Sabemos que apenas se vieron, Elizabeth dijo palabras de bendición y aliento, que inspiraron en María una respuesta de alabanza, acción de gracias y adoración (Lc. 1:43-55). De modo que no me sorprendería que estas dos mujeres hubieran aprovechado esos meses siguientes para edificarse una a la otra con palabras de gracia y sabiduría; para animarse una a la otra con las promesas de Dios y regocijarse en el desarrollo de su grandioso plan de redención. ¿No crees?

Todo lo cual me lleva a preguntarte: ¿Qué tan alerta estás tú de aprovechar cada oportunidad de dar palabras significativas de amor y motivación a aquellos que te rodean? Solemos desperdiciar muchas de nuestras palabras. Las malgastamos en hacer comentarios acerca del clima, críticas de cine y rumores triviales. ¿Qué pasaría si te comprometieras a hablar de cosas más importantes cuando conversas con tus familiares, amistades y compañeros de trabajo, incluso a ir más allá y prestar atención a aquellos que necesitan un consejero comprensivo en sus vidas? No dejes de dar tus mejores palabras, cuando podrían lograr tanto en aquellos que te rodean.

¿A quién ha colocado Dios a tu alrededor (más joven o mayor que tú) que podría beneficiarse de pasar tiempo contigo y escuchar palabras sabias de tu corazón? Pídele al Espíritu Santo que te dirija y te use en esos encuentros y esas oportunidades de hablar cara a cara con otra persona.

Imagen falsa

Por tanto, nosotros todos, mirando a cara descubierta como en un espejo la gloria del Señor, somos transformados de gloria en gloria en la misma imagen, como por el Espíritu del Señor (2 Co. 3:18).

 LOS NIÑOS QUE LLAMAN A TU PUERTA en Halloween, disfrazados de payasos y piratas, desde luego, no son *realmente* payasos y piratas. Solo simulan serlo. Tienen una máscara o disfraz que los hace ver muy distintos a la persona que hay debajo.

Pero ¿acaso no hacemos nosotros lo mismo? ¿Demasiadas veces? Nos paseamos disfrazados de "buenos cristianos", cuando la verdad es que por dentro no nos parecemos en nada a Cristo; más bien, somos perezosos, egoístas, amargados y malhumorados. Ponemos nuestra mejor sonrisa y hablamos de cosas espirituales, con la esperanza de que todos nos vean como la persona que suponemos ser.

Sin embargo, si lo que realmente deseamos no es tan solo usar una máscara de persona piadosa, sino realmente *ser como* Cristo; entonces debemos comenzar por lo único que puede provocar esa transformación: estar cara a cara con Jesús, contemplar su rostro, exponernos a la luz sin filtro de su verdad, a la autoridad de su voz y al poder de su Palabra. Cuando mantenemos nuestros ojos puestos en Él y recibimos el poder de su Espíritu que mora en nosotros, pronto comenzamos a pensar como Él piensa, a amar como Él ama, a obedecer como Él mismo obedeció la voluntad de su Padre. *Ser como Él*, por dentro y por fuera.

¿Quieres ser una persona buena, llena de gracia y amor? ¿Quieres ser más auténtico, menos propenso a la decepción y las transigencias, y ser más seguro en tiempos de incertidumbre y cambios? *Puedes*, pero no por medio de atajos ni con tu mirada puesta en las cosas de este mundo. Lo *serás* (1 Jn. 3:2), pero no sin permitir que "la imagen de Jesucristo" quede grabada en lo más profundo de tu ser.

¿Hay alguna faceta de tu vida donde uses una máscara de persona piadosa, que oculta lo que realmente hay debajo? ¿Cómo podrías fijar tus ojos en Cristo con mayor consciencia y constancia? ¿De qué manera tener tus ojos puestos en Él puede transformarte a su semejanza?

Gracias, siempre, gracias

Bendeciré a Jehová en todo tiempo; su alabanza estará de continuo en mi boca (Sal. 34:1).

LA DECISIÓN QUE TÚ Y YO tenemos por delante hoy es esta: ¿Solo daremos la gloria a Dios por las cosas de nuestra vida que salen como nosotros queremos? ¿O lo alabaremos, confiaremos en Él y le daremos gracias simplemente porque Él es Dios, a pesar de las situaciones tristes, dolorosas e incomprensibles que encontramos en nuestro camino?

Piensa que de cualquier modo es un sacrificio. Si procedemos sin gratitud y decidimos vivir amargados y quejarnos de nuestra suerte, nos forzamos a vivir en condiciones que ya son infelices, con el agravante de tener que cargar con nuestra actitud pesimista. Así sacrificamos la paz, el contentamiento, la libertad, la gracia y el gozo. Pero ¿qué sucedería si pudiéramos mantener todas estas cosas —y aun incrementarlas más allá de cualquier circunstancia que estemos viviendo—, tan solo con *un* sacrificio: el sacrificio de la acción de gracias?

Si de todos modos debemos atravesar nuestro padecimiento (en caso de que Dios decidiera no librarnos milagrosamente, lo cual siempre puede suceder, aunque desde luego tengamos la libertad de pedirlo), ¿por qué empeorar las cosas al alejarnos de la gracia y la comunión de Dios, y pasar la vida al filo de la navaja sin confiar en su ayuda? Ya sea que se trate de una decepción o una aflicción física, mental o relacional, ¿por qué no permitimos que nuestro dolor nos acerque a Dios y veremos qué pasa?

Sí, dar gracias en todo puede requerir un sacrificio. Y, no, puede que tu situación no cambie, tal vez ni siquiera un poco. Pero te colocará en la única posición que te permitirá experimentar todo lo que Dios desea para ti en esta etapa difícil de tu vida. Esta es la promesa de gratitud.

Te podría parecer que no eres del todo sincero al dar gracias bajo ciertas circunstancias, tal vez incluso manipulador. Pero cuando das estos pasos de obediencia, acostumbras y adiestras tu corazón. Ofrece sacrificios de acción de gracias, y permite que la verdad de Dios te aliente y te sostenga.

Las sendas antiguas

Buscad a Jehová todos los humildes de la tierra, los que pusisteis por obra su juicio; buscad justicia, buscad mansedumbre (Sof. 2:3).

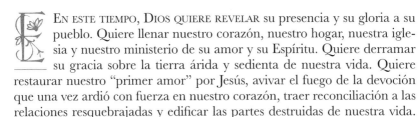

EN ESTE TIEMPO, DIOS QUIERE REVELAR su presencia y su gloria a su pueblo. Quiere llenar nuestro corazón, nuestro hogar, nuestra iglesia y nuestro ministerio de su amor y su Espíritu. Quiere derramar su gracia sobre la tierra árida y sedienta de nuestra vida. Quiere restaurar nuestro "primer amor" por Jesús, avivar el fuego de la devoción que una vez ardió con fuerza en nuestro corazón, traer reconciliación a las relaciones resquebrajadas y edificar las partes destruidas de nuestra vida. *En pocas palabras, Él quiere avivar nuestro corazón.*

Y todo esto comienza con quebrantamiento y humildad. No hay excepciones, atajos ni reemplazos.

El quebrantamiento es el remedio de Dios para casi cada condición que aflige el corazón y la vida del ser humano; porque el *orgullo*, de una u otra forma, casi siempre es la raíz de nuestros peores males: temor, ataduras del pecado, relaciones divididas, barreras en la comunicación, brechas generacionales, conflictos sin resolver, culpa, vergüenza, egolatría, adicciones, hipocresía, incluso inseguridades y excesiva timidez. Podrías estar resignado a una o más de estas realidades; podrías estar escondido detrás de sus muros altos y gruesos, para no renunciar al control de tu vida o admitir debilidad. Pero cada uno de esos muros puede derrumbarse con un quebrantamiento y humildad genuinos.

¿Necesitas hoy una nueva infusión de la gracia de Dios en tu vida? ¿Anhelas experimentar una vida abundante, vivir en el reino de lo sobrenatural, disfrutar del libre fluir de su Espíritu? ¿Quieres ser libre de esos patrones egoístas y pecaminosos que plagan tu vida y contaminan tus relaciones? ¿Deseas encontrar plenitud de gozo?

Entonces, te exhorto a adoptar una manera de pensar y de vivir radicalmente nueva, en la cual para exaltarse hay que humillarse, en la cual la muerte engendra vida. Elegir el camino del quebrantamiento y la humildad te conducirán realmente a una vida plena.

¿Qué podría pasar si dejaras tu orgullo y renunciaras a tus derechos? ¿Qué saldrás perdiendo? ¿Qué saldrás ganando?

Que Dios sea todo en todos

*De cierto os digo que se ceñirá, y hará que se sienten a
la mesa, y vendrá a servirles (Lc. 12:37).*

 ESTE VERSÍCULO NO DEJA DE CONMOVERME. El que habla es el mismo Jesús, y describe lo que Él mismo hará el día que regrese por nosotros. Vuelve a leerlo. ¿Lo alcanzas a comprender? El Rey del universo se pondrá un delantal para atendernos. Vendrá a *servirnos*. No salgo de mi asombro.

Y sin embargo, eso no es todo. En la consumación profética de la batalla cósmica, que se ha intensificado desde la primera vez que Lucifer se mantuvo firme en su voluntad en contra de Dios, escuchamos "grandes voces en el cielo, que decían: Los reinos del mundo han venido a ser de nuestro Señor y de su Cristo; y él reinará por los siglos de los siglos" (Ap. 11:15). El Hijo ocupa su lugar con su Padre en el trono más excelso en el cielo y la tierra, para gobernar para siempre como el Señor soberano.

Acorde con el carácter y el sentir de nuestro Rey-Siervo, su última acción no ocurre al son de fuertes címbalos resonantes que anuncian una conquista majestuosa; sino en medio del sonido delicioso y envolvente de… la sumisión: "Luego el fin, cuando entregue el reino al Dios y Padre, cuando haya suprimido todo dominio, toda autoridad y potencia… Pero luego que todas las cosas le estén sujetas, *entonces también el Hijo mismo se sujetará al que le sujetó a él todas las cosas, para que Dios sea todo en todos*" (1 Co. 15:24, 28).

Sí, cuando se haya dicho y hecho todo, el Rey victorioso le devolverá a su Padre todos los reinos que ha conquistado, todos los botines de guerra. Cuando el tiempo le ceda paso a la eternidad, el Hijo de Dios inclinará su cabeza en un último acto de magnífica sumisión. Observar y adorar.

*"Haya, pues, en vosotros este sentir que hubo también en Cristo Jesús"
(Fil. 2:5). ¿De qué manera refleja tu actitud el sentir del Señor Jesús?
¿De qué manera es diferente al sentir de Él?*

_____

_____

_____

_____

_____

_____

_____

_____

Tres preguntas

Te ruego que vayas ahora corriendo a recibirla, y le digas: ¿Te va bien a ti? ¿Le va bien a tu marido, y a tu hijo? Y ella dijo: Bien (2 R. 4:26).

 CUANDO ESTA MUJER CONSTERNADA fue a ver a Eliseo, él le hizo una serie de preguntas incisivas, con la intensión de averiguar cómo estaba (realmente) y en qué le podía ayudar. Haríamos bien en hacer periódicamente estas tres simples preguntas a las personas que amamos, y no conformarnos con respuestas superficiales.

¿Te va bien a ti? ¿Cómo están todas tus cosas? ¿Cómo está tu alma?

¿Te va bien en tu matrimonio? ¿Están caminando en amor, poniendo primero las necesidades del otro y viviendo en pureza moral?

¿Les va bien a tus hijos? ¿Aman a Dios y anhelan más de Él? ¿Cómo puedo orar por ellos o animarlos en su fe?

La intensión de este sondeo no es ser entrometido, controlador o desconfiado. Sino que estas son las primeras cosas que las personas dejan de comentar en detalle o profundidad cuando hay algo que no anda bien en su vida, cuando se están comprometiendo prioridades, cuando el orgullo está endureciendo su corazón.

Estas áreas de la vida constituyen también algunos de los blancos de ataque principales de Satanás; áreas donde muchas personas son particularmente susceptibles. Cuando las invitas a hablar de asuntos que tienen que ver con su hogar y su corazón, estás siendo parte de su coraza de protección. Y al estar dispuesto a orar y brindarles el apoyo y el aliento que necesitan, estás siendo de verdadera ayuda.

Por lo tanto, procura sacar a colación estos asuntos clave en la vida de otros. Sé paciente, escucha lo que realmente están diciendo. Sé un amigo que los ama, mientras los demás están demasiado ocupados para hacerlo. Y no olvides de llevarlos a Jesús en su punto de mayor necesidad.

¿Cuándo fue la última vez que tuviste una conversación de corazón a corazón con algunos de tus familiares o amigos más cercanos? Ora para que la próxima vez puedas tener una conversación profunda. Y procura tener una actitud abierta a que otros te hagan esta clase de preguntas.

Hazlo bien

Ninguno tenga en poco tu juventud, sino sé ejemplo de los creyentes en palabra, conducta, amor, espíritu, fe y pureza (1 Ti. 4:12).

 NUNCA OLVIDARÉ UNO DE LOS PRIMEROS DÍAS del programa radial *Aviva nuestros corazones*, cuando estaba grabando una serie de enseñanza sobre el libro de Rut frente a una audiencia presente en el estudio. Bob Lepine, copatrocinador de *FamilyLife Today*, estaba presente en la grabación en su carácter de instructor y consejero de nuestro ministerio. Después de una sesión en particular, se levantó y dijo: "Me gustaría que lo hicieras otra vez. Tu concepto principal estuvo un poco confuso y podría ser más claro".

Bueno, eso *no* era lo que yo quería escuchar. Sabía que sería difícil ordenar mis pensamientos en esa situación crítica y empezar otra vez. Pero también sentí que debía escuchar su consejo. De modo que inmediatamente empecé a reordenar mis notas mientras una de las mujeres de la audiencia guiaba a las otras en oración por mí. Volvimos a grabar la emisión (¡que resultó ser sobre la necesidad de que las mujeres tengan un espíritu receptivo hacia el liderazgo piadoso de los hombres!), y Bob tenía razón. Salió mejor.

Pero lo que hizo que ese día fuera particularmente memorable para mí fue cuando al final se acercó una mujer y me dijo: "Nancy, lo que más me impresionó hoy fue ver cómo respondiste a la indicación de Bob cuando te pidió que volvieras a grabar ese programa. Debe haber sido difícil para ti, pero has sido ejemplo de lo que enseñas, y eso realmente me habló".

¡Desearía que mis reacciones bajo presión siempre tuvieran un efecto tan positivo en los demás! Pero la realidad es que nuestras reacciones y respuestas imprudentes enseñan mucho más de lo que nos imaginamos; en muchos casos, hablan más fuerte que nuestras palabras cuando les *decimos* a otros lo que está bien.

Por eso es tan importante desarrollar un estilo de vida en el que nuestras respuestas sean controladas por el Espíritu; que sean patrones piadosos que surjan instantáneamente cuando estamos bajo presión. Un estilo de vida humilde y piadoso hará que tu mensaje sea más creíble y ayude a tus oyentes a entender lo que estás diciendo.

 ¿Qué evidencia del carácter cristiano han visto últimamente en ti tus hijos, tu familia y tus compañeros de trabajo? Si aquellos que te rodean siguieran tu ejemplo en cada área de la vida, ¿cómo serían sus vidas?

Un buen recibimiento

Por la misericordia de Jehová no hemos sido consumidos, porque nunca decayeron sus misericordias. Nuevas son cada mañana; grande es tu fidelidad (Lm. 3:22-23).

 ¡OH, CUÁN CIEGOS PODEMOS ESTAR a la gracia de Dios! Cuán rápido nos olvidamos que no somos merecedores de recibir la dádiva de las misericordias de Dios, que "nuevas son cada mañana". Sus misericordias son favores de su mano de amor por criaturas caídas, que no tienen derecho a esperar tanta "misericordia" y deferencia de un Dios que es puro y santo.

Cuando subconscientemente consideramos que Dios está obligado a darnos cada día abundancia de bendiciones, cerramos nuestros ojos a su verdadera gloria y hermosura; abaratamos la gracia, que no solo nos sustenta en las batallas de la vida, sino que también nos ayuda a estar gozosos por dentro y por fuera; experimentamos una pérdida gradual de humildad, contentamiento, deleite, relaciones sanas y la dulzura de la vida en Cristo, que nos ofrece nuestro único acceso a una vida abundante.

Por lo tanto, el apóstol Pablo tenía buenas razones para mencionar a los ingratos en la mitad de una lista entre otros malos compañeros como los impíos, los que carecen de afecto natural, los crueles y los traidores (2 Ti. 3:1-5); porque allí es donde pertenece. La ingratitud no es un pecado menos aborrecible. Nos deja igualmente vacíos y duros por dentro.

Y sin embargo, la influencia que ejerce la ingratitud es tan fuerte, que cuando la reemplazamos por su antítesis positiva —cuando volvemos nuestro corazón a Dios en sincero agradecimiento—, indefectiblemente, muchos otros pecados también se desprenden de nuestra vida. Como Pablo dijo: "ni palabras deshonestas, ni necedades, ni truhanerías, que no convienen, sino antes bien acciones de gracias" (Ef. 5:4). Porque cuando regresa la gratitud, trae consigo las bendiciones y la belleza de la santidad que la acompañan.

Tómate unos momentos para considerar y enumerar las misericordias que has recibido de la mano de Dios desde que te levantaste esta mañana.

Santidad en casa

Porque vuestra obediencia ha venido a ser notoria a todos,
así que me gozo de vosotros (Ro. 16:19).

 RECUERDO EL CASO DE UN AMIGO CERCANO, cuyos padres de noventa y noventa y dos años se habían mudado de la casa donde habían vivido durante cincuenta años. Como parte de ese largo proceso de reubicación, mi amigo había pasado todo un mes haciendo una selección de las cosas que habían acumulado durante toda su vida: correspondencia, datos financieros, recortes, fotos. Todos los ítems recolectados representaban un registro bastante completo de sus vidas. Cada imagen y expresión contaba una parte de su historia, captada en fragmentos simples y casuales de su actividad cotidiana.

Después de analizar minuciosamente esa colección de recuerdos y documentación, mi amigo comentó admirado: "No había ni una sola cosa entre las pertenencias de mis padres que fuera incongruente con la profesión de su fe en Cristo". Sus vidas privadas eran tan limpias, puras y auténticas como su imagen pública.

¿Cómo te iría si alguien buscara entre todas tus pertenencias, tus registros de gastos y recibos de tarjetas de crédito, tus declaraciones de impuestos, tus planificaciones diarias, tus boletas telefónicas, tus correos electrónicos y mensajes de texto pasados, un registro completo de tu actividad de Internet, la música de tu iPod, tu colección de discos compactos y video juegos? ¿Qué encontrarían? ¿Qué conclusiones podrían sacar? Y ¿qué significaría para ti si pudieran decir, como dijo este hijo agradecido sobre sus padres, que encontraron una vida completamente ejemplar?

Sería uno de los mayores halagos que alguien podría recibir. Nos haría pensar que un estilo de vida de pureza e integridad —a lo largo de toda una vida— no significa, invariablemente, una existencia fría, rigurosa y triste. Finalmente, es todo lo que queremos. Y más.

¿Te avergonzarías si alguien examinara algunas de tus pertenencias o partes de tu vida? ¿Necesitas hacer una buena "limpieza de tu casa" antes que otros lo hagan por ti?

¿Cómo te sientes?

Poned la mira en las cosas de arriba, no en las de la tierra. Porque habéis muerto, y vuestra vida está escondida con Cristo en Dios (Col. 3:2-3).

 NO SÉ CÓMO TE SIENTES HOY. Tal vez, no de lo mejor. ¿Cansado? ¿Estresado? ¿Herido o enojado? Tal vez, aburrido o solo. Olvidado o triste. Podría ser una o más emociones distintas, cada una de las cuales conoce muy bien el camino trillado para llegar a tu corazón. Y cada vez que aparecen esos sentimientos, quieren dictarte cómo encauzar tu día, cómo reaccionar con quienes te rodean y con las situaciones que surjan, cómo percibir la naturaleza y el carácter de Dios. Todo.

Pero lo que sí sé, es que si les das paso libre a dichos sentimientos y dichas emociones, probablemente, te lleven a pensar y hacer cosas que no concuerdan con el plan de Dios para tu vida. Te persuadirán a creer cosas contrarias a la verdad de Dios, de ti y de tus circunstancias. Si las dejas, esas emociones tratarán de distorsionar tu perspectiva de Dios y te impedirán verlo como el Dios fiel y amoroso totalmente comprometido con la vida de sus hijos. Por eso, dado que los sentimientos son tan volubles y poco confiables, no podemos permitir que lleguen y nos absorban. Debemos disciplinarlos, manejarlos y controlarlos.

Y esta tarea requiere de las Escrituras. Muchos pasajes de las Escrituras. No un contacto limitado a una reunión en la iglesia por semana, o menos, sino el compromiso de sumergirnos en su verdad cada día de nuestra vida. De hecho, nuestra alma necesita mega dosis de la Palabra —así como aportamos vitamina C a nuestro sistema cuando tenemos un resfrío— para fortalecer nuestro sistema inmune y nuestras reservas espirituales, y evitar que nuestra manera equivocada de pensar infecte nuestro corazón y nos descalifique para el servicio.

Deja de alimentar esos sentimientos. Sumérgete en la Palabra para discernir las cosas como realmente son. Y conoce a Dios por quién realmente es.

¿Estás aportando suficientes cantidades de la Palabra a tu sistema? ¿Cómo podrías tener una reserva para consumir dosis adicionales según tu necesidad a lo largo del día?

Que tengas un buen día

El que quiere amar la vida y ver días buenos, refrene su lengua
de mal, y sus labios no hablen engaño (1 P. 3:10).

 Me inclino a pensar que Pedro tenía en mente a una persona en particular cuando escribió estas palabras (en realidad, extraídas del Salmo 34, como pueden hacer aquellos que tienen el hábito de leer las Escrituras). Casi puedo imaginar a alguien quejarse al gran apóstol sobre una situación de su vida; alguna injusticia cruel, alguna circunstancia escabrosa, alguna relación difícil. Esa persona podría haberle preguntado a Pedro: "¿Cómo hago para manejar esto?", con la esperanza de que él le diera un consejo sabio que le ayudara a resolver el problema, ¡o al menos escarmentar a la persona que lo estaba causando!

Pero en cambio, Pedro cambió el foco de atención, de donde solemos tenerlo puesto —en el asunto problemático en sí, así como en sus principales culpables— a la oportunidad que le ofrecía el problema. Aquella mala experiencia era un lugar para "[hacer] el bien", una oportunidad para que el ofendido "[busque] la paz" en medio de la discordia (v. 11).

Sí, la situación podría lastimarte, y, sí, la situación podría ser demasiado injusta. Pero al Señor le corresponde resolver el problema, cuyo "rostro... está contra aquellos que hacen el mal" (v. 12). A *nosotros* nos corresponde manifestar su carácter de tal modo que Él reciba toda la gloria.

Tenemos el instinto de evitar que nos lastimen, de aliviar el dolor, de tomar una aspirina. Pero necesitamos una teología como la de Pedro, que vaya más allá de una aspirina; una vida que no escape de la cruz, sino que en realidad *gire alrededor* de la cruz. Algunos de nuestros peores dolores de cabeza podrían no encontrar alivio de este lado de la eternidad; pero cada uno tiene el potencial de generar una "buena" y piadosa respuesta en nosotros.

¿Tienes puesta tu energía en erradicar tus problemas o en tratar de manejarlos con gracia, humildad y fe?

Una "anti-bendición"

*Hermanos, no habléis mal los unos de los otros. El que habla mal de un hermano
o juzga a su hermano, habla mal de la ley y juzga a la ley (Stg. 4:11 LBLA).*

 LAS MALAS PALABRAS nunca fueron parte de mi vocabulario. Nunca. O así pensé hasta que el Señor usó versículos como el de arriba para mostrarme que las malas palabras constituyen solo una parte del vocabulario de una persona que maldice.

La palabra griega usada en Santiago 3:10, traducida como "maldición", así como la palabra similar usada aquí en Santiago 4:11 contienen la misma idea general. "Maldecir" significa "hablar mal", decir palabras irreflexivas ya sea a alguien o acerca de alguien, lo cual equivale a una "anti-bendición". Es mucho más que blasfemar; es herir a otros con nuestra lengua.

Y la Biblia dice: "No lo hagas".

Esta clase de palabras puede causar daños irreparables en el corazón y el espíritu de una persona, y dañar nuestra opinión así como la opinión de otros sobre esa persona. Estas palabras de maldición también forman parte de lo que describe mayormente el estilo de vida del incrédulo. Esto es lo que dice 1 Pedro 2 en referencia a esta clase de lenguaje típico de la conducta de los gentiles paganos (v. 12). Primera de Pedro 3 dice lo mismo al contrastar la conducta cristiana con la de aquellos que "[devuelven] mal por mal [y]… maldición por maldición" (v. 9). El creyente que "maldice" a otros al hablar mal de ellos viene a ser prácticamente como un ateo.

De modo que propongamos en nuestro corazón no actuar de una manera indicativa de la creencia y conducta de un incrédulo; en primer lugar, en la manera en que les hablamos a otros y de otros. Ni siquiera en broma digamos cosas despectivas, que rebajen nuestro valor como portadores de la imagen de Cristo. Maldecir, en cualquiera de sus formas, es negar a quien pertenecemos.

¿Le debes una disculpa a alguien por haber hablado mal de él? Pídele hoy a Dios que te ayude a bendecir cuando hables con otros y de otros.

Problemas de raíz

Mirad bien, no sea que alguno deje de alcanzar la gracia de Dios; que brotando alguna raíz de amargura, os estorbe, y por ella muchos sean contaminados (He. 12:15).

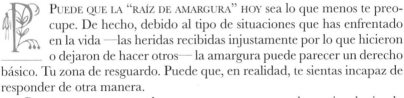 PUEDE QUE LA "RAÍZ DE AMARGURA" HOY sea lo que menos te preocupe. De hecho, debido al tipo de situaciones que has enfrentado en la vida —las heridas recibidas injustamente por lo que hicieron o dejaron de hacer otros— la amargura puede parecer un derecho básico. Tu zona de resguardo. Puede que, en realidad, te sientas incapaz de responder de otra manera.

Pero ten por seguro que la amargura es un recurso alternativo destinado a fracasar. Si no la reconoces y tratas con ella, la Palabra de Dios dice que su veneno te contaminará a ti y a otros, más allá de lo que jamás hayas imaginado. Pregunta entre las personas y constatarás esta desagradable realidad. No solo es pecado, sino una insensatez.

Pero no es incurable, porque la gracia de Dios es perfecta para este tipo de situaciones. Jesús es un Salvador compasivo, que fue perfeccionado "por [las] aflicciones" (He. 2:10). Por consiguiente, no solo logró nuestra salvación eterna, sino que también sabe qué se siente cuando te tratan mal, se aprovechan de ti o te malinterpretan. Y Él sabe exactamente cómo derramar su gracia sanadora en tu corazón lastimado y herido.

La raíz de amargura infectará cada palmo de tu vida si se lo permites. Dios te invita —te *exhorta*— a acercarte para recibir su gracia, a ir "confiadamente" a su trono y recibir gracia para tu oportuno socorro (4:16).

Al hacerlo, tu corazón será libre de la ligadura de la falta de perdón. Serás libre para amar y servir tanto a Dios como a otros. La raíz de amargura ya no te estorbará a ti ni afectará negativamente a quienes te rodean. En cambio, la gracia de Dios fluirá a través de ti, y bendecirá a todos y todo lo que toques.

Imagina la vida sin esa febrícula crónica de amargura que embota tus sentidos y consume tus pensamientos al despertarte y al acostarte. ¿Clamarás a Dios para que su gracia extirpe cada vestigio de amargura?

El trono y la cruz

Entonces Jesús dijo a sus discípulos: Si alguno quiere venir en pos de mí, niéguese a sí mismo, y tome su cruz, y sígame (Mt. 16:24).

 WILLIAM BORDEN creció en un hogar socialmente importante de Chicago como heredero de la industria lechera Borden. De hecho, su familia era tan acaudalada, que sus padres le obsequiaron un crucero alrededor del mundo como regalo de graduación al terminar la escuela secundaria. Pero lo que al joven Bill Borden le llamó la atención mientras navegaba de un continente a otro, no fueron los paisajes y sonidos exóticos de cada ciudad portuaria, sino la profunda necesidad espiritual de las personas de todo el mundo. Su corazón consentido se había quebrantado. Dios lo estaba llamando a dedicar su vida de lleno a las misiones cristianas.

Posteriormente, mientras asistía a la Universidad de Yale, escribió en su diario personal: "Sí, Señor, estoy dispuestos a hacer eso". Pero la cuestión de fondo quedó plasmada en esta descripción gráfica que puso por escrito y grabó en su mente: "En el corazón de todo hombre, hay un trono y una cruz. Si Cristo está en el trono, el yo está en la cruz; si el yo, aunque sea un poco, está en el trono, entonces Jesús está en la cruz del corazón de ese hombre".

Se trata de negarnos a nosotros mismos y tomar nuestra cruz, para que Cristo tenga el lugar que se merece como Señor. Como creyentes somos llamados a rendirnos de esta manera día tras día. Decirle sí a Dios. Doblar nuestras rodillas. Recibir la sabiduría y las advertencias de su Palabra como guía para cada decisión de nuestra vida.

Por lo tanto, procura que el mobiliario que hay en tu corazón esté ocupado correctamente. Solo puede haber un trono. Haz que sea el de Cristo.

¿Qué podría significar hoy para ti tomar tu cruz y que Cristo esté en el trono de tu corazón?

Un aspecto más profundo del perdón

Orad por los que os ultrajan y os persiguen; para que seáis hijos de vuestro Padre que está en los cielos (Mt. 5:44-45).

 DEPENDE DE LA NATURALEZA Y LAS CIRCUNSTANCIAS de tu relación con una persona determinada, que te ha ofendido —especialmente cuando es una situación trágica que te deja marcada el alma— podría no ser apropiado que vuelvas a tener una relación personal o restablecer un contacto habitual con ella. Puede que necesites pedirle a un pastor o a una de tus amistades cristianas maduras, que te ayuden a desenvolverte en ese tipo de situaciones delicadas de manera segura y bíblica.

Pero no importa quién es o qué haya hecho, tú puedes hacer al menos esto: Orar por esa persona.

No, Cristo te *manda* a orar por esa persona.

Podrías suspirar al decir: "Creo que nunca podré pedir la bendición de Dios sobre esa persona. ¡Ni siquiera quiero que Dios la bendiga!". Pero te aseguro que cuando comiences a hacerlo, al menos, por simple obediencia a la Palabra de Dios, descubrirás algo que he comprobado en mi propia vida: No puedes odiar por mucho tiempo a alguien por quien estás orando, alguien por quien le estás pidiendo a Dios que bendiga y restaure una correcta relación con Él.

Nuestro objetivo principal para nuestros ofensores debería ser su reconciliación, primero y principal, con Dios y después, si es posible y conveniente, con nosotros y con otras personas que podrían haber sido afectadas. Puede que no podamos lograr este último objetivo, pero podemos edificar puentes de amor y bendición por sobre la división, para que al menos esté preparado el camino. Cómo responderán, es decisión de ellos. Pero ¿Cómo podemos nosotros seguir teniendo paredes de división, negarnos a buscar su bendición y restauración, y pensar que podremos experimentar una comunión fluida con Dios?

¿Hay alguien que te ha ofendido tanto que te parece imposible orar por él? El mismo Salvador que oró para que Dios perdonara a sus enemigos cuando sufría en la cruz puede ayudarte a orar para que Dios redima y restaure a tu enemigo.

Protegido bajo la sombra de sus alas

Guárdame como a la niña de tus ojos; escóndeme bajo la sombra de tus alas, de la vista de los malos que me oprimen, de mis enemigos que buscan mi vida (Sal. 17:8-9).

TODOS CONOCEMOS MUY BIEN a los enemigos que enfrentamos en la vida: los enemigos de nuestro pasado, los enemigos de nuestra nación, los enemigos que buscan aprovecharse de nosotros. A veces, encontramos enemigos, hasta en nuestros hogares y nuestras iglesias.

Pero los enemigos más amenazadores y persistentes con los que tenemos que lidiar, a menudo son aquellos que se esconden en nuestro corazón. Las percepciones falsas, las tentaciones, los pensamientos destructivos; estos enemigos internos pueden lanzar un ataque contra nuestro corazón y nuestra mente, para tratar de sabotear nuestra fe, atraernos al pecado o ahogarnos en la desesperación. Es difícil saber guardarse contra las inclinaciones pecaminosas, la ira creciente y los pensamientos de desprecio por uno mismo.

Sin embargo, estos enemigos forman parte de aquellos de los cuales Dios promete "escondernos" bajo la sombra de sus alas. Cuando nos acercamos a Él en admiración y confiamos nuestra vida a su atento y poderoso cuidado, descubrimos que Él puede ayudarnos a resistir incluso a nuestros adversarios internos más persistentes y arraigados.

Dentro de ese lugar tranquilo y seguro, podemos dejar nuestra lucha y encontrar protección bajo las suaves plumas de su gracia y amor. En ese lugar, somos libres para humillarnos y admitir nuestra necesidad. En ese lugar, no tenemos que simular que somos fuertes o tratar de impresionar a otros con la imagen de que lo tenemos todo bajo control. En ese lugar, podemos descansar mientras Dios trabaja; mientras Él mismo es nuestro paladín y defensor contra las mentiras y los patrones habituales, que nos han llevado a estar hartos de su incesante acoso.

Corre a sus brazos. Escóndete bajo sus alas. Ningún enemigo puede tocarte allí.

¿Cuál de tus enemigos invisibles sientes que es el más feroz para ti hoy? No trates de protegerte de ellos por tu cuenta. Deja que el Señor pelee por ti.

Bendito quebrantamiento

Venid y volvamos a Jehová; porque él arrebató,
y nos curará; hirió, y nos vendará (Os. 6:1).

BRIAN Y MELANIE ADAMS tenían un buen matrimonio. Ambos eran creyentes, estaban comprometidos uno con el otro y trataban de guiar a sus ochos hijos en el camino del Señor. Sin embargo, después de diecinueve años de matrimonio, la intimidad que una vez habían disfrutado se había desgastado con el paso del tiempo. "Con la llegada de cada hijo nos fuimos distanciando cada vez más —dijo Melanie— hasta que casi llegué a aceptar que nunca disfrutaríamos la cercanía que ambos anhelábamos y necesitábamos".

Decidieron asistir a un retiro de matrimonios y, mientras escuchaban el mensaje en la sesión del segundo día, Melanie comenzó a preparar en su mente un sermón para confrontar a Brian sobre su necesidad de cambiar. Pero en cambio, recuerda ella, "Dios empezó a quitar las capas que cubrían mi propio corazón, y lo que me mostró no fue agradable: amargura, dureza, rebeldía, y, por sobre todo, una dependencia en mi propia justicia y un orgullo latente que contaminaba todo".

Pronto se le empezaron a llenar los ojos de lágrimas hasta que estalló en llanto. Cuando finalmente pudieron apartarse en privado, lloró incontrolablemente mientras se confesaba como si estuviera drenando la infección de una herida supurante.

¿Por qué alguien decidiría quebrantarse así? Bueno, ¿por qué alguien se internaría en un hospital para someterse a una cirugía invasiva? ¿Porque le gusta el dolor? No, porque sabe que la única manera de librarse de la enfermedad y experimentar sanidad y restauración es atravesar ese doloroso proceso.

Elegimos el camino del quebrantamiento, porque al final trae bendición. Justo aquello que tememos y que nos sentimos tentados a resistir, en realidad, puede llegar a ser el medio para alcanzar las mayores bendiciones de Dios en nuestra vida.

¿Hay toxinas espirituales —actitudes o maneras de pensar contaminadas— que necesitan ser extirpadas de tu corazón? Permite que Dios haga la obra, aunque sea dolorosa, y confía en que Él restaurará tu salud y bendición espiritual.

Clama a gran voz

Tarde y mañana y a mediodía oraré y clamaré,
y él oirá mi voz (Sal. 55:17).

POSIBLEMENTE TE SIENTAS ALGO PATÉTICO, como yo a veces, cuando clamas al Señor solo, sin nadie a tu lado. Solo tú y Él. Nadie más con quien hablar. Nadie más a quien mirar. Pero aun en medio de lo que nuestro enemigo podría llamar una demostración ridícula de emociones o una pérdida absoluta de tiempo —aun cuando sabes que eres tan solo una diminuta voz entre millones que hacen lo mismo en otras partes—, puedes estar seguro de que Dios escucha tu clamor. Tu clamor personal.

Cualquier madre te dirá que puede reconocer el llanto de su bebé entre una cacofonía de niños que lloran en una guardería. El hecho de que todos estén gritando a la vez no impide que la voz de su hijo resalte por sobre tal griterío... no a *sus* oídos.

Por lo tanto, no dejes de buscar la presencia de Dios y su amorosa atención en medio de cualquier situación que en este momento te pueda angustiar. Tal vez estés sufriendo al descubrir dolorosamente que tu cónyuge te ha sido infiel; en sus pensamientos, si no en hechos. Puede que tengas muchos motivos para creer que tu yerno está siendo violento y abusivo con tu hija y tus nietos. Quizás el futuro de tu trabajo sea incierto y el mes que viene la compañía decidirá si seguirá manteniendo tu puesto o no. Te debates entre lo que parecen ser opciones igualmente razonables ante una decisión difícil e importante que debes tomar, y no tienes una indicación clara del camino a seguir.

Entonces, ya sea a la "tarde", a la "mañana" o al "mediodía" —o en cualquier momento—, no te avergüences de levantar tu voz a los cielos. El Señor te escuchará y te librará. Y Él será glorificado.

Si no te gusta clamar al Señor como su Palabra invita, ¿a qué se debe tu renuencia a presentar delante de Él los problemas que te preocupan?

Expresa tu agradecimiento

Doy gracias a mi Dios siempre que me acuerdo de vosotros (Fil. 1:3).

 LA GRATITUD NO ES COMO UNA COMPETENCIA para ver quién aguanta más tiempo callado. Debemos expresarla tanto a Dios como a otras personas. Gladys Berthe Stern dijo: "La gratitud que se calla no le sirve a nadie".

Por lo tanto, si la empleada del supermercado siempre es amable contigo en la caja registradora, por qué no pedir por el gerente para decirle cuán buena es la atención de su empleada y cuán agradecido estás por su actitud. Él estará contento de transmitirle tus felicitaciones, y ella volverá a su casa animada y motivada con su trabajo.

Si te llaman la atención las flores del jardín de tu vecino cada vez que estacionas su automóvil en la entrada de tu casa, acércate a él para hacerle saber cuán agradecido estás por el esfuerzo que pone en cuidar de su jardín y dile que cada año que pasa está más bello.

Si los mensajes de tu pastor son de aliento para tu corazón y de inspiración en tu vida cristiana, no des por hecho que ya lo sabe y que está cansado de escuchar que su ministerio es de influencia en la vida de las personas. Míralo a los ojos y agradécele por su fidelidad en traerte la Palabra, o escríbele una nota sobre algo específico que dijo, que realmente ministró a tu vida.

Y por supuesto, cuando te sientas cautivado por una gloriosa puesta del sol, o consolado en el dolor o inspirado por algún dulce recordatorio de la esperanza que Dios nos da en medio de los problemas y las adversidades de la vida, procura que tu alabanza resuene no solo en tu mente, sino en tu boca. Las alabanzas y acciones de gracias que expresamos tienen el poder de disipar ese espíritu de pesadez, que a veces nos abruma y se nos adhiere como una manta húmeda.

¿Estás cansado de sentirte apagado y desanimado? ¡Entonces expresa tu agradecimiento!

¿Qué cosas pueden impedir que notemos las bendiciones que recibimos de Dios y de otras personas y les expresemos nuestro agradecimiento? Pídele hoy a Dios que te dé ojos para ver esas bendiciones, y tómate un tiempo para dar gracias.

Una buena base

*Y considerémonos unos a otros para estimularnos al
amor y a las buenas obras (He. 10:24).*

PODRÍAMOS PENSAR que las secuoyas gigantes de los bosques de California —algunas de los cuales llegan a tener más de cien metros de altura y 2500 años de antigüedad— deben tener un sistema de raíces enorme que se extiende cientos de metros bajo la tierra. Pero en realidad, las raíces de una secuoya son muy poco profundas; no tienen más de dos o tres metros. Entonces ¿cómo pueden estos árboles gigantescos mantenerse erguidos siquiera diez segundos, mucho menos miles de años?

El secreto no está en la profundidad de sus raíces, sino en su naturaleza interrelacionada. Puesto que los árboles crecen cerca uno del otro, sus raíces se comienzan a entrelazar. De modo que cuando las tormentas azotan y los vientos soplan —como sin duda sucede en esa región del país—, estos árboles se mantienen fuertes porque no están solos. Cada uno sostiene y protege al otro.

Qué magnífica ilustración nos ofrece de la necesidad que tenemos los unos de los otros en el cuerpo de Cristo. Hemos sido diseñados para crecer en comunidad, como creyentes unidos, no aislados; sino con un sistema de raíces entrelazado que nos brinde sustento, protección y apoyo mutuo.

El designio de Dios es que la vida de los creyentes —particularmente dentro de la iglesia local— se caracterice por esta clase de interdependencia, no solo presentes en cuerpo, sino con la participación activa de compartir, dar, servir y aprender juntos. Debemos ser responsables unos con otros y animarnos unos a otros si esperamos mantenernos firmes. No es una opción; es una cuestión de supervivencia.

¿Disfrutas de esta clase de interrelación con otros creyentes? Si no, careces de algo que necesitas. Y otros carecen de algo que tú puedes dar.

Cesión de derechos

Y Jehová le dijo: ¿Haces tú bien en enojarte tanto? (Jon. 4:4).

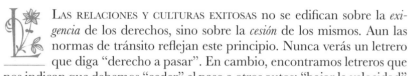 LAS RELACIONES Y CULTURAS EXITOSAS no se edifican sobre la *exigencia* de los derechos, sino sobre la *cesión* de los mismos. Aun las normas de tránsito reflejan este principio. Nunca verás un letrero que diga "derecho a pasar". En cambio, encontramos letreros que nos indican que debemos "ceder" el paso a otros autos; "bajar la velocidad" por la seguridad de las cuadrillas de trabajo; "parar" cuando llegamos a una intersección peligrosa. De esta manera, el tránsito circula mejor. Y *la vida* también funciona mejor así.

En el Antiguo Testamento, el profeta Jonás ilustra vívidamente la tendencia humana natural de exigir derechos y después enojarse cuando se violan esos "derechos". Jonás creía que tenía el derecho, por ejemplo, de aborrecer a los habitantes paganos de Nínive, de ministrar donde él quisiera, de controlar su propio entorno, de que las cosas salieran como él quisiera, ¡de ver el juicio de Dios sobre esos perversos ninivitas! Y cuando el Señor actuó de otra manera, no como Jonás pensaba que debía hacerlo "se apesadumbró en extremo, y se enojó" (Jon. 4:1).

Pero a Dios no le complació el enojo de Jonás, así como no le complace el nuestro cuando nos quejamos de las largas filas, un error en los números, esas supuestas violaciones a nuestra dignidad, que nos ponen nerviosos y de malhumor, en el mejor de los casos —nos enojan y alejan de Dios en el peor—, cuando nos ofendemos fácilmente por cualquier cosa que nos detenga, nos ate o interfiera con nuestro planes.

La única manera de bajarnos de esta montaña rusa espiritual y emocional es cederle a Dios lo que consideramos *nuestros* derechos, ya que, a fin de cuentas, a Él le pertenecen *todos* los derechos. No hay ninguna otra alternativa posible.

¿Has estado últimamente enojado por exigir tus derechos en vez de cederle tus derechos a Dios? Deja que Dios te haga la pregunta que le hizo a Jonás: "¿Haces tú bien en enojarte tanto?".

Delicia de día en día

Con él estaba yo ordenándolo todo, y era su delicia de día en día, teniendo solaz delante de él en todo tiempo. Me regocijo en la parte habitable de su tierra; y mis delicias son con los hijos de los hombres (Pr. 8:30-31).

 PROVERBIOS 8 usa una herramienta literaria conocida como *personificación*, al considerar a la sabiduría como un ser humano real. Pero muchos comentaristas creen que este pasaje también refleja a Cristo, la Sabiduría de Dios. Léelo y fíjate si gran parte de este capítulo no te trae a la mente cosas que conoces y amas del Señor Jesús.

Sin embargo, cuando llegues al final, podrías descubrir algo sorprendente: una característica de Cristo ausente en aquellos que consideran que es autoritario, severo y difícil de complacer. En los versículos 30-31 de Proverbios 8, lo vemos junto a su Padre desde la eternidad, participando activamente en los detalles de la creación y disfrutando con deleite no solo de su relación dentro de la Divinidad, sino de su relación con la humanidad.

¡Sí, antes que existiera el tiempo, las "delicias" de Jesús, el Cristo era *con nosotros!*

Claro está que debido a nuestro pecado, a menudo somos receptores de su disciplina y corrección. Su obra de purificación en nuestra vida, aunque está llena de amor, puede hacernos sentir exigidos más de lo que esperamos. Pero levántate y vuelve a contemplar esta escena de los primeros momentos de la creación, y fíjate cómo tu Salvador se regocija en la parte habitable de su tierra: en ti.

Después ve más allá y fíjate en su deseo de compartir contigo la misma relación cercana y placentera, que ha disfrutado con su Padre por toda la eternidad. Sorprendente.

"Estas cosas os he hablado" —les diría posteriormente a sus discípulos— "para que mi gozo esté en vosotros, y vuestro gozo sea cumplido" (Jn. 15:11). Esto es lo que Dios quiere para nosotros: una plenitud de gozo que surja de estar unidos con Cristo y tener a Cristo vivo en nosotros. Gracias a la obra redentora de Cristo en la cruz, esa relación y ese gozo, pueden ser nuestros hoy.

¿Qué significa para ti que Cristo se deleita en su relación con su Padre y contigo? ¿Te estás tomando un tiempo para regocijarte en su amor y en tu relación con Él?

Para su beneplácito

Señor, digno eres de recibir la gloria y la honra y el poder; porque tú creaste todas las cosas, y por tu voluntad existen y fueron creadas (Ap. 4:11).

 TÚ Y YO EXISTIMOS POR UNA SOLA RAZÓN: para la gloria de Dios. Fuimos creados para su beneplácito. Solo cuando cumplimos este grandioso propósito en nuestra vida descubrimos la verdadera importancia y trascendencia. En resumidas cuentas, esto es la vida. Y no puede haber llamado más grande, ni más supremo.

Por lo tanto, de todas las cosas que piensas cada mañana cuando te despiertas y cada noche cuando te acuestas, recuerda quién es Dios y por qué estás aquí. Luego, a lo largo de todo el día, al evaluar todo lo que te está sucediendo, al tomar decisiones, al responder a circunstancias inesperadas o desagradables, pasa todo por este filtro elemental: No te preguntes: "¿*Me* complace esto?", sino "¿Complace a *Dios* esto?". No te preguntes "¿Exalta esto *mi persona?*", sino ¿Exalta esto a Dios?".

Si la gloria de Dios es tu mayor pasión, este deseo caracterizará tus metas y objetivos, tus intereses y actividades. El anhelo de que Él sea glorificado caracterizará *tu vida.*

Recientemente, mientras experimentaba una circunstancia que sacudía mi vida, con una actitud reaccionaria y resentida, volví a descubrir la importancia de buscar el consejo de Dios y recalibrar mi corazón conforme a su Palabra. Mientras Él renovaba mi mente y ajustaba mis pensamientos a su verdad, escribí una reflexión en mi diario personal: "Si fijara mi atención en cómo *me* afecta todo esto —mi bienestar, mis deseos, mi satisfacción, mi seguridad, mi necesidad— entonces haría de "mí misma" un ídolo. Pero no se trata de *mí*; sino de negarme a mí misma y coronar a Cristo como el Señor, de buscar su gloria y beneplácito por sobre todas las cosas".

Amén. Complacer a Dios es realmente el placer más grande de la vida.

¿Has tenido últimamente un conflicto entre tus deseos y los de Dios? ¿Confiarás en Él y lo honrarás hasta el punto de decirle que quieres buscar su complacencia y su voluntad por sobre la tuya?

Una deuda de gratitud

Sobre mí, oh Dios, están tus votos; te tributaré alabanzas (Sal. 56:12).

 NUMEROSAS VECES EN LOS SALMOS, leemos versículos que hablan de pagar "votos" al Señor. Muy a menudo, se tratan de referencias a personas que le prometieron a Dios que cuando respondiera sus oraciones y las librara, le llevarían una ofrenda de gratitud en respuesta a su ayuda y consolación.

Ciertamente, este es el caso en el versículo 12 del Salmo 56. Por el contexto, David parece estar en una de esas situaciones de frecuente peligro en su vida; esta vez, a manos de los crueles y siempre amenazantes filisteos. Los comentaristas creen que estos acérrimos enemigos del pueblo de Dios lo habían capturado, y ahora se encontraba en una situación verdaderamente crítica.

Seguramente, sabes qué es estar en una "situación verdaderamente crítica".

Y así como es probable que hayas reaccionado en tales ocasiones, David reaccionó a esa desalentadora circunstancia con una súplica en la que le pidió encarecidamente al Señor que lo ayudara con la promesa de cumplir sus votos de gratitud a cambio.

Todo esto me recuerda que la acción de gracias es una deuda. Es algo que debemos. Cuando le damos a Dios nuestro agradecimiento, lo estamos reconociendo como la fuente de toda bendición, toda protección recibida, todo latido de nuestro corazón, todo rescate en la prueba; aunque su manera de librarnos solo sea darnos la perseverancia que necesitamos para atravesar la prueba. No tenemos vida, esperanza, salud, gracia, fortaleza, paz, santidad, *nada*, si no fuera por lo que Él nos ha dado y nos sigue dando.

De modo que si hoy tienes una gran deuda de gratitud, cumple con tu compromiso de darle gracias. Él se merece todo.

¿Debes darle gracias a Dios por haberte librado de algo y por haber suplido alguna necesidad en tu vida? ¡Este sería un buen momento!

A nuestro Dios damos gracias

Entonces Job se levantó, y rasgó su manto, y rasuró su cabeza, y se postró en tierra y adoró (Job 1:20).

MARTIN RINKART fue un pastor luterano del siglo XVII, que servía en su ciudad natal de Eilenberg durante el apogeo de la Guerra de los Treinta Años. Dado que era una ciudad fortificada, Eilenberg pronto fue invadida por refugiados y tropas heridas, lo cual no solo fue propicio para el temor y el hacinamiento, sino para una ola mortal de enfermedades y pestilencias, hambre y necesidad. El hogar de la familia Rinkart se convirtió en una especie de refugio para muchos de los enfermos y desamparados. A pesar de contar con limitados víveres y recursos para cuidar de su propia familia, Martin atendía incansablemente las necesidades de aquellos que lo rodeaban. Cuando otros pastores huyeron para salvar sus vidas, Martin permaneció allí donde, finalmente, llevó a cabo más de *4.500* funerales aquel año.

Uno de ellos fue el de su esposa.

Y sin embargo, en cierto momento, en medio de circunstancias tan extremas, Martin compuso una oración para que sus hijos la recitaran antes de las comidas; un himno que aún resuena por toda Alemania en los actos cívicos y días de evocación nacional: "A nuestro Dios damos gracias, con nuestras manos, nuestra voz y nuestro corazón; a Quien ha hecho cosas maravillosas; en Quien su creación se goza; a Quien desde los brazos de nuestra madre, nos ha dado su bendición, con infinitas dádivas de amor, que aún son nuestras hoy".

Solemos cantar estas palabras en el entorno agradable de un servicio dominical de Acción de Gracias, cuando sentimos el aroma del pavo en el horno y del pan recién horneado sobre la mesa; cuando escuchamos las voces de nuestros familiares y disfrutamos de volvernos a ver y conversar unos con otros.

Pero no nos equivoquemos: este estribillo lleno de gozo no nació en la calma y la quietud de una cabaña campestre. Se forjó en medio del dolor, el sufrimiento y la muerte. La verdadera acción de gracias tiene un costo. Y no hay circunstancia tan extrema que no pueda producir un himno de gozo y agradecimiento en los labios de aquellos que conocen a su Dios.

¿Estás enfrentando circunstancias que te dificultan alabar a Dios? Pídele que te ayude a ofrecerle en este mismo momento un sacrificio de acción de gracias.

Acércate más

Con cántico alabaré el nombre de Dios, y con acción
de gracias le exaltaré (Sal. 69:30 LBLA).

¿ANHELAS TENER UNA MAYOR PERCEPCIÓN de la cercanía de Dios? Las Escrituras dicen que "él habita entre las alabanzas de su pueblo (Sal. 22:3). Si queremos estar donde Él está, debemos ir al lugar de su morada: donde Él vive.

En el Antiguo Testamento, el tabernáculo fue el primer lugar que Dios apartó para encontrarse con su pueblo. Frente a la entrada del Lugar Santísimo —la sede sagrada de la presencia manifiesta de Dios— estaba el altar del incienso, donde, cada mañana y cada noche, el sacerdote ofrecía el dulce aroma del incienso, que representaba las oraciones y las acciones de gracias del pueblo de Dios.

Pero esos antiguos rituales eran solo figuras y símbolos de una relación que nosotros, como creyentes del Nuevo Testamento, podemos disfrutar con Dios en cualquier momento y en cualquier lugar. Mediante su sacrificio en la cruz, Cristo nos ha concedido acceso permanente al Padre, por cuyas puertas podemos entrar en todo momento "con acción de gracias, por sus atrios con alabanza" (100:4). Si anhelamos estar en su presencia, podemos hacerlo por medio de la alabanza y la acción de gracias.

Por lo tanto, fíjate qué sucede cuando le abres tu corazón al Señor de una manera nueva y levantas tus ojos y tu voz para exaltarle "con acción de gracias". Sí, fíjate si expresarle tu gratitud no lo "exalta" delante de ti y sientes más asombro por Aquel que te conoce por nombre, que sabe cuántos cabellos hay en tu cabeza y que te manifiesta su amor con una bendición tras otra. Fíjate si la práctica de la alabanza y la acción de gracias no te acerca más a Él; no solo donde tu fe pueda creerlo, sino también donde tu corazón pueda sentirlo.

La acción de gracias nos lleva a la morada de Dios. Prepara el camino para llegar a su presencia.

Un corazón agradecido te acercará no solo más a Dios, sino también a otras personas, que se sentirán atraídas por tu espíritu agradecido. Una vida agradecida es un antídoto para la soledad.

La anatomía de un gran corazón

... Soportándoos unos a otros, y perdonándoos unos a otros si alguno tuviere queja contra otro. De la manera que Cristo os perdonó, así también hacedlo vosotros (Col. 3:13).

 CUANDO ESCUCHAMOS O LEEMOS historias excepcionales sobre personas comunes y corrientes que pudieron perdonar —aquellas que han padecido circunstancias de presión extrema y aun así pueden proceder con gracia y generosidad—, dudo que hayan desarrollado repentinamente esa enorme capacidad de perdonar. Es más probable que desde un principio hayan practicado el perdón y la paciencia en los pequeños contratiempos de su diario vivir.

La mujer que perdonó al hombre que la violó y que no solo la dejó embarazara, sino infectada con el virus del SIDA; y sin embargo, aun así dice: "Cada vez que sentimos dolor, necesitamos volver a perdonar".

El hombre que vio cómo disparaban y mataban a su padre para robarle unos pocos dólares de su billetera; pero que un día le da un apretón de manos a ese mismo asaltante y le dice: "Te perdono... ya pasó".

La madre que después de ser atropellada por un conductor sin licencia que iba a exceso de velocidad, mata a sus dos hijos y la deja en graves condiciones; pero cuyas primeras palabras a su esposo tras volver de un coma inducido, fueron: "¿Lo perdonaste?".

Estos actos heroicos no suceden por que sí. Casi siempre se desprenden de personas que sabían cómo era perdonar mucho antes de enfrentar situaciones tan extremas.

Y tú puedes ser una de esas personas también; cuando tu suegra dice algo que te ofende, cuando un conductor que habla por su teléfono celular te fuerza a desviarte de la carretera, cuando alguien pasa a tu lado en la iglesia sin saludarte, cuando tus hijos adultos no te llaman tan a menudo como desearías, cuando tu cónyuge no nota algo especial que hiciste por él o ella.

Así es como nace el gran corazón lleno de gracia.

¿Hay ciertas cosas que te cuesta imaginar que puedes llegar a perdonar si te sucedieran en la vida? Deja que Dios ensanche tu corazón y tu capacidad de contener su gracia, al soportar y perdonar esos "pequeños contratiempos de tu diario vivir".

A más grandes alturas

Gloria de Dios es encubrir un asunto; pero
honra del rey es escudriñarlo (Pr. 25:2).

 UNO DE MIS LUGARES DE VACACIONES FAVORITOS es la región del oeste de Wyoming, cerca de las montañas de Teton. Recuerdo haber estado allí hace algunos años y salir a caminar una mañana temprano en medio de una espesa niebla, que tapaba toda vista de la cordillera del Teton. Para mí era una escalada bastante difícil. (¡Generalmente, mi idea de diversión tiene que ver más con armar un rompecabezas!). A medida que iba subiendo desde el fondo del valle, que estaba a casi dos mil metros sobre el nivel del mar, mi corazón empezó a latir más rápido, empecé a transpirar y mis piernas se entumecieron. Tuve que hacer un esfuerzo enorme para seguir adelante.

Entonces, de repente, en mi ascenso me encontré por sobre la bruma y la niebla, y mis esfuerzos fueron recompensados con una increíble vista de la imponente cordillera del Teton, que desde abajo no se podía ver. Ya no me acordaba de mi pulso acelerado y mis piernas cansadas. Fue como si esas majestuosas montañas cubiertas de nieve hubieran irrumpido de la tierra aquella mañana. La vista desde la cima valía todo el esfuerzo.

"Gloria de Dios es encubrir un asunto", para mostrarnos que Él está más allá de nuestro alcance y entendimiento. Esto es lo que hace que Él sea Dios, y nosotros, seres humanos. Sin embargo, al mismo tiempo, debido a su benévolo deseo de darse a conocer a los hijos de los hombres, nuestra gloria es dedicarnos a escudriñar sus caminos y creer que, un día, nuestro esfuerzo será recompensando.

Para aquellos que seguimos avanzando con el fin de conocer a Dios, tenemos su promesa de que un día saldremos de la niebla y llegaremos a la luz clara y deslumbrante del sol y a tener la vista más majestuosa y espectacular, que jamás hayamos visto —la vista del rostro de nuestro Salvador—, lo cual hará que todo el esfuerzo y toda la espera bien hayan valido la pena.

¿Te sientes en medio de un banco de niebla, incapaz de ver por sobre las nubes de tus circunstancias? Debes saber que tu ascenso te está llevando a un lugar donde podrás ver al Señor y su gloria más claramente.

Una nueva vislumbre

Porque yo reconozco mis rebeliones, y mi
pecado está siempre delante de mí (Sal. 51:3).

Es PROBABLE QUE NO ESTÉS IMPLICADO en una aventura amorosa ni en un flagrante acto de rebeldía espiritual. Pero si has crecido en la iglesia, has vivido una vida basada en principios morales y te has rodeado mayormente de familiares y amigos cristianos, una de tus peores luchas personales —como lo es la mía, a veces— quizás sea no poder verte como el pecador que eres ni considerar que tus propios pecados son realmente perversos.

Sin embargo, cuando dejamos de sentir la gravedad de nuestro pecado, también dejamos de conmovernos por la maravilla del sacrificio expiatorio de Cristo en la cruz. Nuestro corazón se empieza a secar y a endurecer. *Lo hemos escuchado. Ya lo sabemos; es lo de siempre, ¿y qué?* Sé muy bien cómo es escuchar otro sermón más, cantar otro coro más, participar de otro servicio de Santa Cena más, observar otra representación de la Pasión de Cristo más; sin embargo, extrañamente, ni siquiera nos inmutamos.

Por eso estoy muy agradecida por esos momentos —aunque dolorosos y desgarradores— en los que Dios me ha confrontado con la dura realidad de que para Él mi pecado es como un adulterio espiritual y cuando me he quebrantado al reconocer cuánto le costó perdonar los pecados, que yo cometo con tanta indiferencia. A la luz de su santa presencia, los pecados que yo había minimizado o que creía poder "manejar", en cambio, me parecieron depravados y monstruosos, vergonzosos y horribles.

No estoy sugiriendo que Dios quiere que sus hijos vivamos bajo el peso de los pecados que ya hemos confesado. Gracias a Cristo "cuando el pecado abundó, sobreabundó la gracia" (Ro. 5:20). Pero estoy convencida de que periódicamente, cada creyente necesita tener una nueva vislumbre de la gravedad del pecado que mora en él, de lo contrario, la cruz de Cristo dejará de ser preciosa a sus ojos.

¿Cuándo fue la última vez que Dios abrió tus ojos a la gravedad de tus pecados?
Si ha pasado bastante tiempo, pídele que te ayude a ver tus pecados desde su
perspectiva. Después podrás maravillarte otra vez por el precio que Cristo pagó
por tus pecados en la cruz.

Páginas preciadas

*Cánticos fueron para mí tus estatutos en la casa
en donde fui extranjero (Sal. 119:54).*

 Margaret Nikol llegó exiliada a los Estados Unidos, después de vivir en Bulgaria treinta y cinco años, con solo dos posesiones: su violín de concierto y una sola página de la Biblia. Sí, solo una página.

Años antes, cuando los comunistas tomaron el poder de su país natal, saqueaban los hogares y las iglesias, y confiscaban todos los himnarios y Biblias que encontraban, a veces, de las mismas manos de sus dueños, que las atesoraban. Cuando las autoridades entraron por la fuerza al hogar de una mujer de la iglesia de Margaret, esta se sentó sobre su preciada Biblia para evitar que la encontraran. Después que la policía se marchó, fue a la iglesia y arrancó cada una de sus páginas y las repartió entre los creyentes, en vez de arriesgarse a que toda la Biblia terminara ardiendo en las llamas del odio.

Margaret, que en ese entonces tenía doce años, recibió una de esas páginas, que incluía Génesis 16—17, donde Dios promete dar un hijo a Abraham y Sara. Una página que leyó una y otra vez.

Imagina su emoción, entonces, cuando entró a una librería cristiana, diez días después de llegar a los Estados Unidos, y ver todos los estantes llenos de Biblias: negras, azules, verdes, rojas, pequeñas, grandes. Durante veinticinco años había orado: "¡Señor, quiero tener tu Palabra!". Ahora, allí estaba, en aquella tienda, sujetando fuertemente una Biblia sobre su pecho, llorando de puro gozo por tener en sus manos, por primera vez, un ejemplar completo de la Palabra de Dios.

La historia de Margaret me motiva a tomar mi Biblia, tenerla en mis manos y agradecer a Dios por este precioso Libro; un privilegio que muchos creyentes de todo el mundo (y de toda la historia) no pueden llegar a comprender. Aún más, me motiva a leerla —cada página— y atesorarla como el verdadero tesoro que es.

*Dale gracias a Dios por el privilegio de tener libertad y fácil acceso a su Palabra,
y pídele que profundice tu amor por ella.*

La fragancia de la devoción

Al ver esto, los discípulos se enojaron, diciendo:
¿Para qué este desperdicio? (Mt. 26:8).

 VARIAS PERSONAS ESTABAN PRESENTES el día que María de Betania, ajena a las miradas curiosas y la murmuración de los espectadores, derramó su amor al Señor en un costoso y memorable acto de adoración. Ninguno de los presentes pudo dejar de sentirse impresionado.

Para los hombres que preguntaban "¿Para qué este desperdicio?" (Mt. 26:8), su demostración de amor parecía un desatino extravagante. No tenían ojos o corazones para reconocer el valor infinito de la adoración. Consideraban que era más coherente canalizar todo ese esfuerzo y gasto en otra cosa, preferiblemente, en demostraciones de devoción más prácticas.

Jesús, por el otro lado, recibió con sumo agrado la "buena obra" que ella había hecho para Él (v.10); mientras que, sin querer, María también experimentó un efecto en ella misma al quedar impregnada con la fragancia del preciado ungüento que usó para ungir los pies de Jesús y, aún más, al secar sus pies con su cabello.

El efecto de nuestra adoración es muy parecido. Aquellos que no entienden la naturaleza de una relación íntima con Dios, podrían objetar que es un "desperdicio" pasar tanto tiempo a solas en su presencia y expresar nuestro amor y gratitud de manera tan desmedida. ¡Pensar que hay otras actividades más provechosas y sensatas donde invertir nuestro tiempo y nuestros recursos!

Sin embargo, sea cual fuere la reacción de aquellos que malinterpretan y desaprueban nuestras acciones, la verdadera adoración hará que nuestra propia vida tenga un aroma más fragrante y perfumará el ambiente que nos rodea. Nuestro hogar, nuestra iglesia, incluso nuestros lugares de trabajo tendrán la dulce fragancia de nuestra devoción. Lo que es más importante, el Señor Jesús se agradará, lo cual, a fin de cuentas, es lo que realmente importa. La adoración, en su forma más pura, garantiza una incidencia en todas las facetas de nuestra vida.

¿Cuáles son algunas de las señales más notables de aquellos que adoran deliberadamente a Jesús? ¿Qué clase de fragancia despide su vida?

El don del Espíritu

Y la tierra estaba desordenada y vacía, y las tinieblas estaban sobre la faz del abismo, y el Espíritu de Dios se movía sobre la faz de las aguas (Gn. 1:2).

ESTE VERSÍCULO DEL RELATO DE LA CREACIÓN describe magníficamente cómo estaba nuestra vida antes de la intervención de Dios. Desordenada, vacía y oscura; sin la más mínima capacidad de transformarnos por nosotros mismos en algo íntegro y útil. Y, sin embargo, el Espíritu "se movía", estaba vivo y activo. Y con su iniciativa, el caos dio lugar al orden, el vacío a la plenitud, las tinieblas a la luz.

Pero la obra redentora y vivificadora de Dios, no se limita a nuestra salvación inicial. A lo largo de toda nuestra vida, dependemos de Él en todo lo relacionado a la vida y la piedad. Ninguno de nosotros puede vivir —ni por un minuto— sin este ministerio del Espíritu, que llena los espacios vacíos y hace brillar su luz sobrenatural en la oscuridad. Si no fuera por Él, ningún aspecto de nuestra vida podría jactarse de un ápice de bondad o de una sola razón para tener esperanza. Sin embargo, por medio de su gracia y poder transformador, Él puede dar palabra de vida y luz a nuestra situación más desesperante.

Un pasaje pintoresco de Isaías 32 plasma muy bien la obra del Espíritu, en la descripción de una época del pueblo de Dios, que reunía todas las condiciones para la desesperanza. "Porque los palacios quedarán desiertos, la multitud de la ciudad cesará; las torres y fortalezas se volverán cuevas para siempre, donde descansen asnos monteses, y ganados hagan majada; *hasta que sobre nosotros sea derramado el Espíritu de lo alto*, y el desierto se convierta en campo fértil, y el campo fértil sea estimado por bosque" (vv. 14-15).

Tu vida podría parecer oscura, confusa y sombría en este momento, ya sea debido a circunstancias internas o externas. Pero el Espíritu de Dios está presente; Él está obrando activamente, infundiendo vida en las partes vacías de tu vida, haciendo que lo estéril dé fruto, haciendo lo imposible, llenando, fortaleciendo, transformando, intercediendo, revelando a Cristo. ¡Oh, cuántas razones para tener esperanza y gozo nos da el bendito Espíritu de Dios!

¿Qué tan consciente eres del don y la función del Espíritu Santo en tu vida?
¿Hay alguna faceta de tu vida en la que te sientes impotente sin poder cambiar?
¿De qué manera te infunde esperanza Génesis 1:2?

Limpió mis zapatos

Cada uno según el don que ha recibido, minístrelo a los otros, como buenos administradores de la multiforme gracia de Dios (1 P. 4:10).

A PRINCIPIOS DE LA DÉCADA DE 1930, Dawson Trotman comenzó lo que llegaría a ser el ministerio de *Los Navegantes*, una organización que actualmente capacita a miles de obreros en universidades y otros campos misioneros alrededor del mundo. Una de sus contribuciones al reino, tuvo lugar en la década de 1950, cuando el joven evangelista Billy Graham le pidió a Trotman que desarrollara un plan para dar seguimiento y discipular a las miles de personas que entregaban su vida a Cristo en sus cruzadas masivas. Dawson Trotman fue un gran hombre, conocido y admirado por muchas personas importantes.

La verdadera grandeza de este siervo del Señor está plasmada en una historia de su estadía en Taiwán. Se cuenta que acompañó a un pastor de ese país a visitar a algunos creyentes, que vivían en un pueblo de montaña a varios kilómetros de distancia, donde también se congregaban. Los kilómetros que estos dos hombres caminaron entre espesos caminos y densos matorrales, dejaron sus zapatos llenos de barro. Y aunque el pastor taiwanés debe haber tenido decenas de recuerdos del tiempo que había pasado personalmente con este notable líder norteamericano, cuando le preguntaron qué recordaba más de Dawson Trotman, dijo: "¿Lo que más recuerdo? Cuando me limpió los zapatos".

Imagínate lo que debe haber pensado este pastor desconocido, cuando se despertó a la mañana y descubrió que Dawson Trotman se había levantado antes que él para sacar el barro de sus zapatos antes de continuar con su viaje. E imagínate qué pensarían los demás acerca del Señor Jesús, si nosotros, sus seguidores, fuéramos más sensibles y respondiéramos a las necesidades prácticas, y manifestáramos la gracia y el corazón de siervo de Cristo "para que en todo sea Dios glorificado" (1 P. 4:11).

¿Qué es más probable que las personas recuerden de ti? ¿Qué limpiaste sus zapatos, te ensuciaste las manos, les serviste en el nombre de Jesús? Puedes hacerlo. Y ellos te recordarán.

Tu lugar apacible

Me apresuraría a escapar del viento borrascoso, de la tempestad (Sal. 55:8).

 ¿SABES QUÉ ES TENER UNA VIDA *DEVOCIONAL* sin *devoción*? Yo sí. Cumplimos con la rutina de leer la Biblia y decir nuestras oraciones sin cultivar verdaderamente una relación con Cristo. Estamos ocupados en una diversidad de actividades espirituales, sin embargo, hemos perdido la perspectiva, y ya no sabemos a quién estamos sirviendo y por qué.

Hemos "perdido la devoción".

He observado que una de las señales más reveladoras de esta condición se encuentra en nuestra manera de responder a la presión. Dondequiera que vaya, encuentro personas estresadas y sometidas a las presiones de la vida. Lo veo en sus ojos, lo escucho en sus voces. Muchas veces, veo el mismo indicio cuando me miro al espejo. Sé qué es responder por cansancio y hablar con una actitud impaciente y severa. Sé qué es pelear internamente con Dios mismo, con mis ojos llenos de lágrimas de frustración y enojo por lo que está sucediendo (o no está sucediendo).

Sé que hay solo un lugar donde nuestra naturaleza, que reacciona al estrés y se enoja, puede ser transformada: Con la decisión diaria, consciente y deliberada de sentarnos a los pies de Jesús, escuchar su Palabra, recibir su amor y permitir que nos transforme. Con devoción.

Cuando estamos en su presencia, todo el mundo parece diferente. Cuando nos acercamos a su corazón, encontramos misericordia donde solo merecemos juicio; encontramos perdón de todas nuestras acciones mezquinas y egoístas; encontramos gracia para todas nuestras faltas, paz para nuestro corazón atribulado, perspectiva para nuestras interpretaciones distorsionadas y una nueva manifestación de su misericordia, porque su misericordia es para siempre.

En ese lugar apacible, la feroz tormenta que nos rodea podría no aplacarse inmediatamente. Pero en Él, encontramos un ojo en medio de la tormenta. Y nuestra tormenta *interior* se calma.

¿Cuánto hace que no sientes verdadera devoción en su presencia? ¿Qué te impide entrar más a menudo a ese lugar apacible?

El Nombre

Vosotros, pues, oraréis así: Padre nuestro que estás en los cielos, santificado sea tu nombre (Mt. 6:9).

En la época del Antiguo Testamento, los judíos a veces se referían a Dios como "el Nombre". Guardaban tanto respeto por su nombre personal, *Jehová*, que ni se atrevían a pronunciarlo. Solo "el Nombre". Esto se debe a que los nombres de Dios llevan el peso de su carácter y todos sus atributos. Así como nuestro nombre nos representa, el nombre de Dios representa quién es Él. Y nuestra meta suprema en la vida es "santificar" su nombre. Glorificar, honrar, engrandecer su nombre. Admirar su nombre y todo lo que representa. Dios es celoso de su nombre y considera una grave ofensa que lo abaratemos o que permitamos que algo empañe su gloria. Por este motivo, uno de los primeros mandamientos que le dio a su pueblo fue: "No tomarás el nombre de Jehová tu Dios en vano" (Ex. 20:7). Lo opuesto de santificar su nombre es profanarlo, tratarlo como algo común y corriente: Usar su nombre con falta de respeto o vivir de tal manera que reflejemos negativamente su carácter.

Al mencionar esta petición al comienzo de su modelo de oración, Jesús declaró que ninguna otra cosa —problema de salud, ruptura de una relación, déficit financiero— nada debería considerarse más importante que este simple pedido. De hecho, al orar por nuestras necesidades y preocupaciones específicas, nuestro principal deseo debería ser que cada una de sus respuestas nos dé la oportunidad de exaltar su glorioso nombre.

Como hijos de Dios, ¿cuán preocupados estamos por defender la reputación del nombre de nuestro Padre? Y si nosotros, que hemos recibido su nombre, no lo tratamos con reverencia, ¿cómo podemos esperar que el mundo le rinda honor? Qué tragedia que se diga que "el nombre de Dios es blasfemado entre los gentiles por causa de vosotros" (Ro. 2:24). Que su nombre sea engrandecido este día en y a través de nuestra vida.

¿Cómo sería que el nombre de Dios sea glorificado en nuestra vida? ¿En nuestra iglesia? ¿En tu hogar? ¿En tu corazón?

Dios oye

Y dijeron: ¿Solamente por Moisés ha hablado Jehová? ¿No ha hablado también por nosotros? Y lo oyó Jehová (Nm. 12:2).

 ¿HAS TENIDO ALGUNA VEZ UNA QUEJA contra alguien en una posición de liderazgo espiritual? Puede haber sido contra tu pastor o contra algún otro líder de la iglesia. Contra un líder del ministerio donde sirves o contra tu esposo. Tal vez no estaban ejerciendo su liderazgo de la manera que pensabas que debían hacerlo. O tal vez sentiste que no estaban teniendo en cuenta tus dones. Cualquiera que sea la razón, sentías que tu queja era justificada. Tal vez en este momento estés albergando una de esas "quejas".

Entonces, puedes aprender una lección de la vida de María, que se había puesto celosa de Moisés, su hermano menor y el mismo que Dios había levantado para dirigir a su pueblo. Al parecer, estaba cansada de estar siempre en segundo plano. Infeliz por su supuesta falta de influencia, cada vez criticaba más a Moisés, y señalaba cosas de él que le molestaban o que alteraban su sentido de la justicia.

Y "lo oyó Jehová", no solo cuando finalmente las palabras salieron de su boca, sino mucho antes, cuando su corazón empezó a tocar el tambor del descontento, insatisfecha con el rol que Dios le había encomendado.

Dios no solo oyó a María; también nos oye a nosotros. Oye nuestras quejas, ya sea que las expresemos externamente o simplemente las alberguemos en nuestro interior. Él conoce nuestro resentimiento, nuestro espíritu competitivo, nuestras comparaciones orgullosas y nuestra inclinación a criticar a los demás para que nosotros podamos quedar mejor parados. Él sabe cuándo nuestro corazón quiere más (o algo diferente) de lo que Él nos ha dado.

Por lo tanto, que este sea un día para tomar consciencia y arrepentirnos; un momento para limpiarnos de nuestra actitud orgullosa y egoísta, y en cambio agradecer por cada oportunidad que el Señor nos da de servir y por lo que Él hace a través de la vida de otros, al hablar bien de los líderes que Dios ha designado en vez de criticarlos.

Que Dios escuche el sonido del corazón humilde que descansa en Él.

Pídele a Dios que te muestre cuál es la raíz de cualquier desagrado, resentimiento o celos, que hayas manifestado hacia un líder.

Nuestro cometido

Bienaventurado el que lee, y los que oyen las palabras de esta profecía, y guardan las cosas en ella escritas; porque el tiempo está cerca (Ap. 1:3).

PROBABLEMENTE CONOZCAS este versículo del prólogo de la revelación de Juan sobre el Apocalipsis. Las personas suelen tener una o dos reacciones frente a este intrigante libro de la Biblia: o lo evitan por su misterio y simbolismo incomprensible, o se obsesionan por tratar de unir las piezas de las secuencias y el orden de los futuros acontecimientos. En realidad, el Apocalipsis contiene muchas cosas que superan el entendimiento de los estudiosos de la Biblia más sagaces. No obstante, hay muchas otras cosas, que son absolutamente ciertas; como la "bendición" de este versículo.

Y sin embargo, aquí hay más misterio del que podemos percibir a primera vista. Puedo entender la bendición que viene de *leer* el libro de Apocalipsis, así como de *oírlo*. Pero *guardarlo*... ¿cómo se puede "guardar" este libro con todos sus símbolos enigmáticos y líneas narrativas desconcertantes?

Lo que para mí sugiere es que el punto central de este libro profético es que no se trata de un rompecabezas a armar; sino de una revelación de Jesucristo, a quien debemos *obedecer*. Todas las bendiciones prometidas en el Apocalipsis —desde "la cena de las bodas del Cordero" (19:9) hasta la "primera resurrección" (20:6) hasta los que lavan sus ropas y tienen acceso al "árbol de la vida" (22:14)— son bendiciones que Dios derrama sobre aquellos que leen, oyen y *guardan* su Palabra. Jesús mismo habló de las bendiciones para "cualquiera... que [me] oye estas palabras, *y las hace*" (Mt. 7:24).

Esta también es la clave para una mayor comprensión de los misterios de la Palabra de Dios: Recibimos gracia para comprender mejor el sentir de Dios y sus planes eternos cuando *obedecemos* esas partes de su Palabra que ya conocemos y entendemos.

Las Escrituras están llenas de cosas difíciles de entender. ¿Eres fiel para obedecer los pasajes que sí entiendes?

Conocido en los lugares celestiales

Sino que lo necio del mundo escogió Dios, para avergonzar a los sabios; y lo débil del mundo escogió Dios, para avergonzar a lo fuerte (1 Co. 1:27).

 UNO DE MIS PERSONAJES BÍBLICOS FAVORITOS es María de Nazaret. Su vida ilustra muchas características de aquellos que Dios usa para llevar a cabo sus propósitos de redención en el mundo. A pesar de la importancia histórica que se le ha otorgado a María, la realidad es que no había nada de espectacular en el trasfondo familiar de María, ya que no provenía de una familia adinerada o ilustre. Cuando se le apareció el ángel, ella tan solo era una joven adolescente comprometida en casamiento y seguramente estaba haciendo lo que hace toda muchacha comprometida: soñar con su casamiento, con el hogar que formaría con José, con la familia y el futuro que tendrían. No creo que estuviera esperando que su vida fuera usada de manera extraordinaria.

La importancia de esta mujer, que jugó un papel tan substancial en la historia redentora de Dios, no se basaba en ninguna de las cosas que el mundo tanto valora: su trasfondo familiar, belleza física, inteligencia, educación, dones y habilidades naturales. *Era su relación con Jesús lo que hacía que María fuera importante.* No sabríamos de su existencia si no hubiera sido por su relación con Él. Esto fue lo que cambió por completo su vida… y es lo que puede cambiar por completo nuestra vida también.

No presupongas que debes ser extraordinario para que Dios te use. No necesitas tener dones, talentos, habilidades o relaciones extraordinarias. Dios se especializa en usar personas comunes y corrientes, cuyas limitaciones y debilidades las coloca en el escenario perfecto para demostrar su grandeza y su gloria.

Tu verdadera identidad no se encuentra en un trabajo, una pareja o un hijo, en una posición o en una posesión. Lo que te otorga valor e importancia es la vida de Cristo que mora en ti. Tu relación con Él y tu respuesta a su llamado es lo que te hace apto para que Dios te use para los propósitos de su reino.

¿Te sientes a veces inferior a otros que sirven a Cristo de manera tan visible y reconocida? Gracias a Dios que Él no tiene límite en cómo usar a cualquiera que lo conozca y esté disponible para Él.

El primer amor

Pero tengo contra ti, que has dejado tu primer amor (Ap. 2:4).

 SI HOY RECIBIERAS UNA VISITA inesperada en tu casa, ¿correrías a cerrar las puertas de algunas de las habitaciones para que tu visita no vea lo que hay adentro? A todos nos pasa que esperamos habernos acordado de cerrar bien las puertas de algunas zonas de estar de nuestra casa, que precisamente no quisiéramos que se vean.

La misma motivación que nos lleva a cerrar ciertas partes de nuestro hogar a la vista de nuestras visitas también puede llevarnos a cerrar ciertos sectores de nuestra vida a Dios. Sin embargo, no hay barrera que pueda impedirle ver el interior de las partes más íntimas de nuestro corazón, así como pudo ver los recovecos internos de una iglesia caracterizada por su arduo trabajo y paciencia en la antigua ciudad de Éfeso, y observó un sector que seguramente hubieran querido evitar que vea.

Porque a pesar de su reputación de ser una iglesia persistente y diligente, además de su gran paciencia y valor frente al alto riesgo que corría la fe cristiana en medio de su cultura pagana, había descuidado un área importante que no podía dejar de afectar toda su casa.

Sí, *servía* a Dios, pero ya no lo estaba haciendo por un verdadero *amor* por Dios o por sus semejantes.

¿Se podría decir lo mismo de nosotros? Puede que demos una buena impresión de solidez doctrinal y servicio diligente. Podrían decir cosas buenas sobre lo que hacemos o sobre nuestro "buen gusto para la decoración". Sin embargo, nuestra casa se encuentra en una condición "caída", a menos que nos "arrepintamos", nos tomemos un tiempo para "recordar" cómo solía ser (v. 5) —antes, cuando amábamos a Dios con todo nuestro corazón— y avivemos nuestro "primer amor" por Cristo.

De todas las habitaciones que mantienes ordenadas, asegúrate de nunca perder tu amor por Cristo. Y recuerda que las habitaciones internas de tu corazón —tus motivos y pasiones— nunca escapan de la mirada de Cristo que todo lo ve y todo lo conoce.

Pídele a Dios que te muestre lo que Él ve al examinar tu corazón. ¿Está tu servicio motivado por un amor puro y ferviente por Jesús?

No temas

No temas en nada lo que vas a padecer (Ap. 2:10).

 A MEDIDA QUE CRECEMOS Y PASAN LOS AÑOS, vemos que la vida es una escuela de sufrimiento. "Pero como las chispas se levantan para volar por el aire, así el hombre nace para la aflicción" (Job 5:7). Imposible de evitar.

Pero no tomes a la ligera el consejo de Cristo a la iglesia del primer siglo en Esmirna, un grupo del que posteriormente procederían mártires tan famosos como Policarpo, que fue quemado en la hoguera por su lealtad a Cristo. Las palabras de Cristo son reconfortantes para personas de todas las épocas, que son llamadas a entregar su vida por su fe. Pero también nos habla a cada uno de nosotros, que enfrentamos pérdidas dolorosas, retos angustiosos y amenazas preocupantes a nuestras normas y predilecciones.

Nuestro corazón es muy propenso al temor. Tememos lo que *no* conocemos. Tememos lo que *sí* conocemos. Tenemos temor de cosas que están sucediendo en este momento, cosas que podrían suceder en el futuro e incluso miles de cosas que ni siquiera llegarán a suceder. De la palabra griega traducida "temor" en este versículo se deriva nuestra palabra *fobia*, cuyo significado original es "hacer huir". Ante la aparición o la presencia de problemas queremos salir corriendo y escondernos.

Pero como seguidores de Cristo, no tenemos que vivir huyendo. Porque si tememos debidamente a Dios, no tenemos necesidad de temer las amenazas del hombre, el valle del sufrimiento o la sombra de la muerte. A dondequiera que vayamos, en cada cosa que hagamos, nuestro Dios está con nosotros. Él "[conoce] tus obras, y tu tribulación" (Ap. 2:9), y sus promesas demostrarán ser más fuertes que cualquier presión o pérdida que podrías tener por delante.

"En el día que temo, yo en ti confío" (Sal. 56:3). Di: "No temeré".

¿Qué preocupaciones y problemas anticipados te provocan más temor hoy? Puedes decidir confiadamente no tener temor de ninguna cosa que te pueda sobrevenir, porque tu vida y tu futuro están seguros en las manos de Dios.

Enojo celoso

Y escribe al ángel de la iglesia en Pérgamo: El que tiene
la espada aguda de dos filos (Ap. 2:12).

POSIBLEMENTE, HAYAS NOTADO que en los últimos días hemos estado haciendo un recorrido por algunas de las ciudades del mundo antiguo, y hemos repasado los mensajes de Cristo a los creyentes que vivían en las ciudades que se mencionan en el Apocalipsis. Una de las cuales era la ciudad capital de Pérgamo, cuna de la riqueza y la moda, de la escuela y las artes, así como un centro de adoración imperial y pagana.

A los cristianos que vivían en esta próspera ciudad, Jesús se presentó como "el que tiene la espada aguda de dos filos" de la verdad de Dios, dispuesto a usar esa espada incluso contra su propio pueblo (v. 16) si seguía siendo superficial o tolerante de las falsas enseñanzas y prácticas pecaminosas de la época.

Escuchar a Jesús presentarse a su pueblo de manera tan "tajante", podría no coincidir con la naturaleza tierna y amorosa que esperaríamos de Él. Pero en su Palabra, Dios declara que es un Dios "celoso" (Éx. 20:5). No tolera rivales. Por lo tanto, cada vez que obramos conforme al pensamiento errado de nuestra propia cultura y tomamos decisiones de un estilo de vida que desafía la autoridad del pacto de Dios sobre nosotros, Él se ofende por nuestro adulterio espiritual. Le duele que nuestro corazón vaya tras otros amantes. De modo que su enojo es justo e incluso oportuno, designado no para destruirnos, sino para separarnos de todo lo que nos impide disfrutar de todas las bendiciones de la lealtad y la fidelidad con Él.

Deberíamos estar agradecidos, entonces, de que nuestro Dios nos ame tanto para buscar nuestro amor con tanta pasión y regresarnos a una correcta relación con Él, realinearnos con su verdad y restaurar nuestra salud espiritual. En vez de desilusionarnos o confundirnos por este proceso de purificación y perfeccionamiento, deberíamos hallar seguridad y protección dentro de su amor apasionado y celoso.

¿Cómo ha afectado la espada de la verdad de Dios tus lealtades divididas? Dale gracias por su disposición a usar su espada cada vez que sea necesario.

Resiste

Al que venciere y guardare mis obras hasta el fin, yo le
daré autoridad sobre las naciones (Ap. 2:26).

¿ESTÁS CANSADO DE SENTIR que siempre estás yendo contra la corriente? Especialmente cuando vas contra la corriente no solo en el mundo, sino a veces incluso contra la cultura dentro de la iglesia, cuando debería ser un entorno en el que nos sintamos más cómodos. Sin embargo, con tantas enseñanzas inaceptables y desbalanceadas que se proclaman y se aceptan en estos días, con tantas prácticas alarmantes y estilos de vida camuflados de una vida cristiana normal, la tensión siempre está presente. Y por lo que me dicen las cartas y los correos electrónicos que recibo, no soy la única que siente esta presión.

Sería mucho más fácil sencillamente vivir y dejar vivir, para no correr el riesgo de parecer cascarrabias, contencioso o intolerante. Pero aunque sea desgastante tener que estar continuamente defendiendo la verdad del error y sosteniendo las normas de santidad en una cultura permisiva, además de no querer que nos tilden de raros por no dejarnos llevar por la corriente, Dios nos llama a "retener" la verdad que Él nos ha revelado en las Escrituras (Ap. 2:25). Aunque el camino más fácil nos seduce y promete una vida más relajada, debemos velar por todo aquello que puede hacernos caer en el error, tanto a nosotros como a los demás. Esto forma parte de nuestro llamado.

Pero felizmente, como Jesús les recordó a sus seguidores en la ciudad industrial de Tiatira, la perseverancia que viene de la verdadera fe para salvación —el poder de Dios para ir contra la corriente en este camino largo y difícil— viene con promesas que bien valen la pena el esfuerzo. Aquellos que aprenden a dominar sus pasiones en este siglo, aquellos que quieren que venga su reino y que su voluntad sea hecha en la tierra como en el cielo, un día reinarán con Cristo en el siglo venidero. Entonces el cansancio y la oposición se acabarán para siempre.

¿De qué situaciones y sobre qué asuntos sientes este tipo de cansancio? ¿Qué te
ayuda a seguir adelante cuando sientes deseos de tirar la toalla?

_____

_____

_____

_____

_____

Una prueba de olfato

Yo conozco tus obras, que tienes nombre de que vives, y estás muerto (Ap. 3:1).

SOBRE EL PIANO DE LA SALA DE MI CASA hay un florero de cristal transparente con un hermoso y atractivo ramo de flores. Su apariencia fresca provoca deseos de acercarse a oler la fragancia, como realmente hacen muchas personas. Incluso una de ellas comentó lo bien que olían. Pero, como habrás adivinado, estas flores no son reales. Aunque tienen todas las señales externas de ser auténticas, no están más vivas que el polvo que se acumula en ellas.

Como algunos de nosotros.

Lamentablemente, esto sucede en muchas de nuestras iglesias. Como en muchas de nuestras familias y dentro de las cuatro paredes de muchos de nuestros hogares: hay vidas que no son en privado lo que manifiestan ser en público. Son artificiales.

Las palabras de Jesús a la iglesia de Sardis expresaban esta misma preocupación. Muchos de los miembros de esas iglesias del primer siglo, al parecer, eran como el número alarmante de personas que ocupan la hilera de los cómodos asientos de nuestras iglesias de hoy; personas bastante simpáticas, que parecen y hablan como cristianos, pero que nunca se arrodillaron y le rindieron realmente su vida al Salvador.

Otros, aunque tal vez sean redimidos, han permitido que la apatía y la complacencia apaguen su gratitud por el favor de Dios y no tengan consciencia de su necesidad de la gracia de Dios. Podrían incluso estar activos, pero en su interior —que es lo que realmente cuenta— no tienen pasión. Están ocupados en muchas cosas, menos en cultivar una relación cercana con Cristo.

¿Se podría decir lo mismo de tu vida? Por favor, no ignores la convicción del Espíritu Santo, no si Él te está hablando de áreas de tu vida donde la vitalidad espiritual ha dado lugar a la indiferencia y la frialdad en privado. La artificialidad a veces puede ser difícil de notar. Pero Cristo no se deja engañar por nuestra apariencia externa. Él sabe.

¿Has dejado de comprobar últimamente el poder vivificador del evangelio?
¿Qué evidencia hay de que estás espiritualmente vivo?

La llave que abre la puerta

He aquí, he puesto delante de ti una puerta abierta,
la cual nadie puede cerrar (Ap. 3:8).

 LA ANTIGUA CIUDAD DE FILADELFIA, edificada junto a una ruta comercial clave, que desembocaba en el extremo oriental del mundo, era básicamente una estación "misionera", designada a transportar la cultura griega a un nuevo y basto continente. Pero para la iglesia que allí se congregaba, Cristo dijo que tenía mucho más que cumplir de lo que habían visualizado los fundadores de la ciudad. Él había diseñado para ellos una "puerta abierta" de servicio e influencia en el reino; la oportunidad de extender el evangelio por medio de cualquier vía que Él decidiera abrir.

Dios promete hacer lo mismo por medio de sus hijos en nuestros días. Sin embargo, podrías sentirte impedido de buscar el tipo de ministerio que deseas. Podrías sentirte acorralado por las responsabilidades y los obstáculos que están bloqueando lo que sientes que es su voluntad para ti, la dirección que crees que Él quiere que tomes. Las puertas parecerían estar abiertas para algunas personas, pero no para ti.

Entonces espera pacientemente que Él ponga la llave y abra la puerta; cuando llegue el tiempo indicado, cuando tú estés completamente preparado, cuando el clima para que el ministerio dé fruto sea el más propicio. Mientras tanto, sé fiel y confórmate con la puerta que Dios ya te ha abierto; puerta que podría no ser exactamente la que tú estás buscando; pero si ha sido abierta con la llave de su sabiduría y poder, es el lugar donde mejor Él puede usarte hoy.

Las puertas que tratamos de abrir a la fuerza llevarán las marcas y la mella de nuestra propia ambición egoísta y falta de visión. Pero cuando esperamos que Cristo abra una puerta de servicio para nosotros, podemos estar seguros de que Él nos dará la gracia que necesitamos para hacer frente a todos los retos que nos esperan del otro lado.

¿Qué puerta de ministerio te ha abierto Cristo en esta etapa de tu vida?
¿Es posible que no la hayas visto por buscar otras?

Alguien te busca

*He aquí, yo estoy a la puerta y llamo; si alguno oye mi voz y abre la
puerta, entraré a él, y cenaré con él, y él conmigo (Ap. 3:20).*

 La pregunta que a menudo surge, dado el contexto de este conocido versículo del mensaje de Cristo a la iglesia de Laodicea, es si
está dirigido a los creyentes descarriados o (como generalmente se
predica y se interpreta) a los incrédulos que necesitan al Salvador.
Pienso que la respuesta probablemente sea a ambos. Cualquiera que se
encuentre en alguna de estas condiciones ha empujado a Cristo fuera de los
límites de su vida; ha desoído los preceptos de Dios y no ha dado entrada a
la presencia de Cristo en su corazón.

¿Has estado alguna vez en esta condición, incluso últimamente?

Y sin embargo, ¿dónde se encuentra Cristo en esta escena; el Dios,
de quien hemos guardado distancia, este Dios lleno de gracia, que hemos
desairado con nuestros pecados, nuestra idolatría y nuestra rebeldía? Está
llamando a nuestra puerta. Se está acercando. Nos está buscando. Intenta
reprendernos y disciplinarnos, sí. Nos llama a un profundo arrepentimiento,
sí. Pero todo, porque nos ama y quiere tener comunión con nosotros (v. 19).
Él se acerca para que podamos corresponder su amor activo y galante, y
experimentar nueva vida e intimidad con Él.

La realidad es que si Él no nos buscara, nosotros nunca lo haríamos.
La condición caída del hombre es tan terrible, que preferiríamos morirnos
de hambre con nuestro consumo de calorías vacías, que comer el Pan de
Vida. Preferiríamos desfallecer de sed, que admitir nuestra necesidad de
Agua Viva. Y pereceríamos, si no fuera por un Dios que viene al umbral
de nuestra puerta, se queda parado afuera de nuestra vida y se humilla a
llamar a la puerta para ver si le permitimos entrar, cuando deberíamos estar
arrodillados rogándole que entre.

Esto es amor. La asombrosa gracia de nuestro sufrido Salvador, que
espera con paciencia que le permitamos entrar y llenar nuestra vida con su
misma presencia.

¿Está Dios llamando a la puerta de tu corazón hoy? ¿Cómo responderás?

_____

_____

_____

_____

_____

_____

¿No puedes hacerlo todo?

*Yo te he glorificado en la tierra; he acabado
la obra que me diste que hiciese (Jn. 17:4).*

CASI NUNCA PUEDO DECIR AL FINAL DEL DÍA que acabé todo lo que me había propuesto hacer ese día. Por el contrario, frecuentemente, por la noche caigo en la cama con una larga lista mental de tareas incompletas que esperaba haber podido acabar. Todo lo cual me lleva a preguntar: ¿Cómo es posible que Jesús acabara la obra de su vida —el plan de redención completo— en un período de tiempo muy breve, en tan pocos años? ¡Vaya lista de asuntos pendientes!

Las propias palabras de Jesús nos dan una pista; una poderosa verdad que nos hace libres de la esclavitud del estrés y la frustración por todas las cosas que tenemos que hacer. Observa cuál es la obra que Jesús terminó: "he acabado la obra que me diste [*su Padre*] que hiciese". *Ese es el secreto.* Jesús no acabó todo lo que sus discípulos querían que Él hiciera, o todo lo que las multitudes querían que Él hiciera. Sino la obra que *Dios* le había dado que hiciera.

Rara vez tendremos suficiente tiempo durante las 24 horas del día para hacer todo lo que hay en nuestra lista de asuntos pendientes. ¡Seguramente, nunca tendremos suficiente tiempo para hacer todo lo que los demás quieren que hagamos! No podemos pasar tiempo con cada persona que quiere hablar, leer todos los libros que nos gustan y dedicarnos a cada proyecto que nos interesa, todo eso mientras tratamos de mantener cada habitación de nuestra casa presentable por si llega alguna visita.

Pero qué alivio darnos cuenta de que no lo tenemos que hacer. Todo lo que tenemos que hacer es la tarea que Dios nos ha asignado. Y creámoslo o no, siempre hay tiempo (y gracia) para hacer todo lo que *Dios* tiene para nosotros.

Pídele a Dios que te dé sabiduría para saber qué quiere Él que hagas hoy, y que te ayude a decir que no a las "cosas buenas" que Él no te ha asignado en este momento.

¿Paz para toda la vida?

El principado sobre su hombro; y se llamará su nombre Admirable,
Consejero, Dios Fuerte, Padre Eterno, Príncipe de Paz (Is. 9:6).

 A PRINCIPIOS DE LA DÉCADA DE 1970, algunos pensaban que el Secretario de Estado Henry Kissinger traería la paz mundial por medio de sus grandes esfuerzos diplomáticos.
Después, en 1977, el magnate de los medios de comunicación, Ted Turner, anunció sus intenciones de dar un billón de dólares para promover la paz mundial por medio del trabajo de las Naciones Unidas. Y tal vez recuerdes el día de marzo de 2004, cuando el reverendo Sun Myung Moon y su esposa fueron coronados como rey y reina de la paz en el edificio de la oficina del senado en Washington, DC, en presencia de más de una docena de miembros del Congreso, líderes religiosos y otros distinguidos invitados.

Obviamente, el deseo de paz es universal; aunque no se comprenda ni se busque universalmente la única y verdadera fuente de paz.

Porque si las personas realmente conocieran a este Príncipe de Paz (este *Sar Shalom*, el verdadero magistrado o soberano de la paz), ya hubieran experimentado la restauración de su relación con Dios, la única cura para el alma y corazón enfermos por el pecado. Incluso ahora tendrían la capacidad de inyectar perdón a sus relaciones rotas y usar el ingrediente clave, que puede acabar con el patrón del distanciamiento. Y por la gracia redentora de Dios, tendrían la seguridad y el privilegio de estar presentes cuando, finalmente, la paz vuelva a la tierra, cuando Cristo sea coronado como el Rey que ya es y que, un día, todos reconocerán como tal.

Imagínate la paz en la tierra. Realmente llegará. Paz para toda la vida (eterna). Pero solo por medio del Príncipe de Paz.

¿Cómo puede nuestra vida mostrar un anticipo de esa paz duradera, aun en tiempos cuando la verdadera paz parece tan fugaz?

Misericordioso y poderoso

He aquí, de Jehová tu Dios son los cielos, y los cielos de los cielos…
solamente de tus padres se agradó Jehová para amarlos (Dt. 10:14-15).

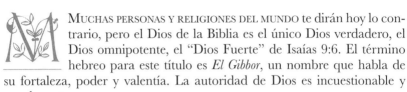 MUCHAS PERSONAS Y RELIGIONES DEL MUNDO te dirán hoy lo contrario, pero el Dios de la Biblia es el único Dios verdadero, el Dios omnipotente, el "Dios Fuerte" de Isaías 9:6. El término hebreo para este título es *El Gibbor*, un nombre que habla de su fortaleza, poder y valentía. La autoridad de Dios es incuestionable y concluyente.

Pregúntale al pueblo de Israel, que estaba al pie del Monte Sinaí, si esta descripción de Dios es cierta. Después del incidente con el becerro de oro, cuando Dios envió juicio y perecieron más de tres mil personas, los israelitas se dieron cuenta de que Dios era un paladín inigualable. El ídolo sustituto, que habían hecho para reemplazar a Dios, terminó quemado y sus cenizas esparcidas en las aguas de un arroyo. Con razón Moisés encontró una audiencia apacible después, cuando declaró "vuestro Dios es Dios de dioses… Dios grande, poderoso y temible" (Dt. 10:17).

Pero tal vez aún más sorprendente es que este "Dios en tres personas", como proclama reverentemente el himno, es "poderoso y [asimismo] temible". El mismo Dios que vio que Moisés, en su disgusto santo, rompía las tablas de la Ley, decidió darle las tablas por segunda vez para que su pueblo no tuviera que vivir sin ellas. El mismo Dios, que los castigó para que escarmentaran, nunca quebró el pacto con su remanente escogido.

Nosotros también seguimos descubriendo que no podemos separar estos dos aspectos gloriosos de la naturaleza de Dios. Él es tan implacable como leal. Es tan poderoso como misericordioso. Y ese Dios poderoso y misericordioso es Aquel que se humilló a sí mismo, asumió nuestra humanidad y vino a esta tierra para salvarnos —todos transgresores de la ley— de nuestro pecado.

Recordemos que el bebé del pesebre es el Dios poderoso. Y rindámosle alabanza y adoración.

¿Por qué necesitamos un Dios poderoso y asimismo misericordioso? ¿De qué manera has experimentado tanto su poder como su misericordia en tu vida?

Eternamente suyo

Cuando formaba los cielos, allí estaba yo (Pr. 8:27).

 LA ETERNIDAD ES UN CONCEPTO que no tenemos manera de procesar o entender. Dios siempre fue y siempre será. Tiempo pasado, tiempo futuro; ambos son básicamente irrelevantes para un Dios omnipresente.

Cuando pienso en el Cristo eterno, pienso en el personaje del Antiguo Testamento, Melquisedec, descrito en Génesis 14, cuando se encontró con Abraham, y cómo se lo interpreta posteriormente en varios capítulos del libro de Hebreos. Sabemos que era un sacerdote, rey de Salem, pero, más importante aún, que era una figura de Cristo "sin padre, sin madre, sin genealogía; que ni tiene principio de días, ni fin de vida, sino hecho semejante al Hijo de Dios", que sigue siendo "sacerdote para siempre" (He. 7:3). Eterno. Perpetuo.

No, puede que no entendamos exactamente la idea; pero por la gracia de Dios, desde luego, podemos disfrutar de la relación con un Sacerdote y Rey que siempre ha existido, que nunca morirá y que nunca será reemplazado. "Lo dilatado de su imperio…" —declaran las Escrituras—, "no [tendrá] límite" (Is. 9:7). Él es eterno en su persona, en sus atributos y —gracias a Dios— en su continuo ministerio a nosotros.

Por eso Pablo pudo decir con tanta seguridad que "el que comenzó en vosotros la buena obra, la perfeccionará hasta el día de Jesucristo" (Fil.1:6), porque nuestro Dios seguirá vivo y activo hasta el "día de Jesucristo" y más allá. Es por eso que cuando tú y yo pecamos —lo cual hacemos a menudo— tenemos para siempre un "gran sacerdote sobre la casa de Dios", que "[vive] siempre para interceder" por nosotros (He. 10:21; 7:25).

Somos bienaventurados de ser eternamente suyos.

Dedica hoy un tiempo a celebrar el hecho de que en un mundo donde nada dura para siempre, Dios sí. ¡Tu Dios es eterno!

Visitación divina

Y todos tuvieron miedo, y glorificaban a Dios, diciendo:
Un gran profeta se ha levantado entre nosotros;
y: Dios ha visitado a su pueblo (Lc. 7:16).

 EL TEMA DE LA VISITACIÓN DIVINA está siempre presente, tanto en el Antiguo como en el Nuevo Testamento. Lo observamos hacia el final de Génesis, cuando José vislumbró la esclavitud que un día sus descendientes sufrirían en Egipto, y dijo a sus hijos y hermanos: "Yo voy a morir; mas Dios ciertamente os visitará, y os hará subir de esta tierra a la tierra que juró a Abraham, a Isaac y a Jacob" (50:24).

Según el tiempo soberano de Dios, la liberación de la esclavitud egipcia no tuvo lugar hasta después de cuatrocientos años. Pero cuando Dios apareció en escena, lo hizo con asombroso poder y tierna compasión, al declarar que "[había] visto la aflicción" de su pueblo y había "oído su clamor" por un libertador (Éx. 3:7). No fue un reclamo social; fue el acto redentor del Dios todopoderoso preocupado por sus hijos, que acudió a rescatarlos y cambió la historia.

Cuando se escribió Lucas 1, habían pasado cuatrocientos años desde que no se escuchaba la voz de los profetas en Israel; una época prolongada de hambre espiritual en la tierra: "No hambre de pan, ni sed de agua, sino de oír la palabra de Jehová" (Am. 8:11).

Sin embargo, cuando se cumplió el tiempo, al final de ese túnel oscuro, una vez más, Dios irrumpió en el tiempo y el espacio, y envió a decir a un sacerdote llamado Zacarías, que su hijo, que pronto nacería, anunciaría la llegada del Hijo de Dios. "Bendito el Señor Dios de Israel" —diría Zacarías después—, "que ha *visitado* y redimido a su pueblo, y nos levantó un poderoso Salvador" (Lc. 1:68-69).

Si consideramos este trasfondo histórico, la Navidad adquiere un significado completamente nuevo. No es un día festivo para hacer galletitas dulces y reunirse. Sino una visitación divina, necesaria para hacernos libres de nuestra cautividad espiritual y suplir nuestra necesidad apremiante.

¿Cómo podría esta perspectiva bíblica cambiar tu manera de celebrar la Navidad este año?

Cánticos de Navidad

Servid a Jehová con alegría; venid ante su presencia con regocijo (Sal. 100:2).

 CANTAR SIEMPRE HA SIDO UNA PARTE IMPORTANTE de la fe y la práctica bíblica, una expresión frecuente de adoración y alabanza. Pero es interesante notar, que de todos los cánticos tomados de las Escrituras, muchos se encuentran al comienzo del Evangelio de Lucas.

No son simples cánticos; sino cánticos de Navidad.

No, no son los villancicos conocidos que cantamos en la iglesia durante los domingos de diciembre. Y desde luego, no son esa variedad de canciones clásicas de Navidad, que podrían conmover nuestros sentimientos, pero no pueden llenar nuestra alma de verdadera admiración. Estos cánticos jubilosos de las páginas de la Palabra de Dios parecen surcar los confines de su grandeza, gloria y bondad. Estos cánticos celebran los propósitos y planes de redención de Dios, y resuenan con temor y reverencia ante la venida de nuestro Señor en un pesebre de Belén.

¡Ellos... cantan!

El cántico de Elisabet, a veces, conocido como la *Bienaventuranza* (Lc. 1:42-45). El cántico de María: el *Magníficat* (vv. 46-55). El cántico de Zacarías: *Benedictus* (vv. 68-79). El anuncio del ángel a los pastores (2:10-12), seguido por la *Gloria* del coro de ángeles (2:14). Y después está el cántico de Simeón en adoración al niño Jesús en el templo (vv. 29-32), conocido como el *Nunc Dimittis*, por las primeras palabras del himno en latín: "Ahora, Señor, despides". Seis en total.

Por lo tanto, aunque este año la temporada festiva parezca especialmente trabajosa y agotadora —tal vez empañada por sentimientos de tristeza o pérdida, o por circunstancias difíciles que ensombrecen lo que una vez era una temporada de celebración eufórica—, quizás la mejor manera de reavivar tu gozo es releer los dos primeros capítulos de Lucas, tomar tu lugar en el coro de personas y unirte en una emocionante ofrenda de alabanza y adoración a nuestro Emanuel.

La Navidad es para cantar.

¿Por qué piensas que cantar es tan importante para Dios y para sus hijos? ¿Cantas habitualmente al Señor, no solo en la época de Navidad sino durante todo el año?

El Dios que se inclina

¿Quién puede compararse con el Señor nuestro Dios, quien está entronizado en las alturas? Él se inclina para mirar el cielo y la tierra (Sal. 113:5-6 NTV).

 EL PADRE DAMIÁN fue un sacerdote belga del siglo XIX, que dejó la comodidad de su hogar para ir a vivir a una aldea de leprosos confinados en la isla hawaiana de Molokai. Durante dieciséis años sirvió a estos marginados de la sociedad, aprendió su lengua, construyó casas para ellos, organizó escuelas y coros. En vez de tener cuidado y mantenerse a distancia, se acercaba adrede, vendaba sus heridas y hasta comía con ellos del mismo plato; tocaba lo que otros consideraban intocables.

Entonces, un día se puso de pie ante su congregación, un grupo de enfermos terminales, cuyas vidas habían sido profundamente afectadas por su amor y compasión, y comenzó su sermón diciendo: *"Nosotros los leprosos"*; no solo aquellos que estaban sentados frente a él para escucharlo, sino también el hombre que estaba predicando. Ahora no sólo estaba viviendo entre ellos, sino que también compartía su fatídico diagnóstico. Ahora vivía como ellos e iba a morir como ellos.

Esta conmovedora historia es solo una tenue vislumbre de lo que nuestro Señor Jesús hizo por nosotros, al humillarse para venir a vivir entre nosotros en este mundo infectado por el pecado, al condescender con nuestra lamentable condición, al adoptar un frágil cuerpo humano, al convertirse en uno de nosotros, al acercarse a servir a los más desesperados y necesitados, y finalmente al ir a la cruz, para cargar con nuestros pecados y morir como nosotros.

El Dios que es tan majestuoso, que debe "inclinarse" incluso para mirar la gloria del cielo, descendió hasta nuestra existencia mediocre para procurar nuestro bienestar a expensas del suyo propio.

Es inconcebible, entonces, que alguna vez queramos exaltarnos, defender nuestros derechos o resistirnos a concederle el derecho de disponer de nuestra vida. Somos salvos solo porque Él consideró conveniente rebajarse para que nosotros también pudiéramos ser exaltados juntamente con Él.

Señor, no podemos imaginar la brecha que tuviste que cruzar para reconciliarnos con el Padre. Concédenos tener un nuevo sentido de admiración por lo que esto significa.

Cuando Él venga

He aquí que viene con las nubes, y todo ojo
le verá, y los que le traspasaron (Ap. 1:7).

LA PRIMERA VEZ, Cristo vino como un bebé, nacido en el tiempo y el espacio, pequeño y débil. Pero regresará como el Rey eterno, grande en fuerza y gloria. Cuando vino por primera vez, su gloria fue encubierta, velada al ojo humano; cuando vuelva por segunda vez, su gloria brillará con gran resplandor. Su primera venida pasó desapercibida, presenciada solo por algunos pastores y una que otra persona más. Pocos reconocieron quién era Él. En su segunda venida, todo ojo lo verá, y todos sabrán quién es Él.

La primera vez vino como el Cordero de Dios; cuando regrese, vendrá como el León de la tribu de Judá. En su primera venida, fue juzgado y condenado a morir por hombres pecadores; cuando regrese, lo hará como el Juez, para ejecutar justicia y juicio sobre todos los que se negaron a arrepentirse de sus pecados.

Cuando vino la primera vez, solo algunos se postraron ante Él para rendirle honor; cuando regrese, toda rodilla se doblará y toda lengua confesará que Jesucristo es el Señor. La primera vez, lavó los pies de sus discípulos; cuando regrese, todos sus enemigos estarán bajo sus pies.

La primera vez que vino, usó una corona de espinas; cuando regrese será coronado con muchas coronas, el Rey se sentará en su trono. La primera vez, vino a establecer la paz entre Dios y el hombre; cuando vuelva será para hacerle la guerra a aquellos que se han rebelado contra Él.

La primera vez vino como nuestro Salvador sufriente; pero regresará como nuestro Señor soberano para reinar.

¡Aleluya! ¡Ven pronto, Señor Jesús!

¿Qué tan cercano te parece hoy su regreso victorioso? ¿Qué cambio de enfoque trae esta inminente realidad a tu situación actual? ¿Qué tan evidente es esta gloriosa esperanza en tu vida?

Un lugar de prioridad

*Porque Jehová da la sabiduría, y de su boca viene el
conocimiento y la inteligencia (Pr. 2:6).*

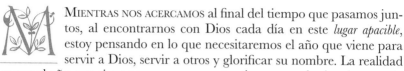 MIENTRAS NOS ACERCAMOS al final del tiempo que pasamos jun-
tos, al encontrarnos con Dios cada día en este *lugar apacible*,
estoy pensando en lo que necesitaremos el año que viene para
servir a Dios, servir a otros y glorificar su nombre. La realidad
es que el año que viene ocuparemos nuestro tiempo en *algo*, igual que cada
año que pasa. Siempre viviremos conforme a las verdaderas prioridades
que constituyen la misma esencia de quienes somos, cualesquiera que sean
las prioridades que profesemos tener. Pero ¿serán las prioridades *correctas*?
¿Nos ayudarán a estar decididos, resueltos y enfocados en el plan de Dios
para nuestra vida?

Sí, si procuramos que lo primero sea lo primero.

Para estos diez días finales, me gustaría enfocarme en las prioridades
y ayudarte a preparar una plataforma bíblica para que empieces el nuevo
año sobre una base espiritualmente fuerte.

Voy a comenzar con la *oración*. Tal vez esperabas que fuera algo un
poco más práctico; pero la oración es realmente el punto de partida para
aprender a manejar tanto lo esperado como lo inesperado, los altos y bajos,
el ritmo errático de la vida diaria.

En la oración, le pedimos a Dios varias cosas: sabiduría; indicaciones
claras; ayuda para ser fieles, disciplinados y obedientes en la manera de usar
nuestro tiempo. Al buscar a Dios en oración, creo que Él nos dará instrucciones que nos guiarán en esta etapa de la vida y ordenará nuestros pasos
de acuerdo a sus planes específicos para nuestra vida.

Lo que se engendre en nuestro corazón por medio de la oración se
manifestará en las horas y días, que finalmente contribuirán a toda nuestra vida. La oración nos ayuda a vivir con un humilde reconocimiento de
nuestra necesidad de la gracia de Dios, al saber que Él es nuestra única
esperanza de mantener el rumbo y cumplir el propósito para el cual fuimos
creados.

 *Si todavía no lo has hecho, comienza a pedirle a Dios regularmente que te
muestre sus propósitos y prioridades, para ordenar tus actividades y tus pasos, y
cumplir los propósitos de su reino en y a través de tu vida.*

Una dieta constante

Guardé las palabras de su boca más que mi comida (Job 23:12).

 LA PALABRA *PRIORIDADES* (plural) existe recién hace cien años. *Prioridad* era solo una palabra singular, del latín *prior*, que significa "primero". Y solo una cosa puede estar primero. ¿Verdad? Es típico de nuestras generaciones estresadas convertir la "prioridad" en una docena de alternativas que compiten y se disputan nuestra atención.

Por eso, para no dispersarnos y distraernos es muy importante *repasar las prioridades de Dios para nuestra vida*. Y la prioridad número uno para cada hijo de Dios —casado, soltero, joven, viejo, hombre, mujer, en cada etapa de la vida— es nuestra relación con Dios. El resto de las cosas depende de esta. Cuando esta prioridad está en orden, el resto de nuestras prioridades serán claras. Si estamos demasiado ocupados para desarrollar nuestra relación con Dios, entonces estamos demasiado ocupados.

Por lo tanto, procura que no pase ni un solo día sin dedicar tiempo a la lectura de la Palabra, a escuchar la voz de Dios, conocer su corazón y dejar que su Espíritu alumbre su Palabra y la personalice en tu vida. Sin excepciones.

El primero que me inculcó la práctica de centrar nuestra vida y nuestros días en buscar a Dios fue mi padre, que lo tomaba tan en serio, que su costumbre era: "Sin lectura de la Biblia, no hay desayuno". Si las exigencias típicas de tus mañanas te imposibilitan abrir la Palabra a primera hora, asegúrate de apartar un momento de cada día —mañana, mediodía o noche— para reorientar tu vida en el Señor.

En esos momentos, pregúntate si la razón principal por la que cada día respiras es conocer y glorificar a Dios. Basado en qué empleas tu tiempo (incluso tu "tiempo libre"), ¿es Dios tu verdadera prioridad? Cuanta más constancia tengas en dedicar tiempo a leer su Palabra y arrodillarte delante de Él, más alegrarás el corazón de Dios. Y el tuyo.

¿Qué cosas te distraen habitualmente de la lectura de la Palabra de Dios? ¿Crees realmente que esos intereses alternativos valen la pena el precio que estás pagando?

_____

_____

_____

_____

_____

_____

Un buen resultado

*Escudríñame, oh Jehová, y pruébame; examina mis íntimos
pensamientos y mi corazón (Sal. 26:2).*

 COMO UNA DE NUESTRAS PRIORIDADES, deberíamos examinarnos
para determinar de manera práctica y medible si realmente estamos cumpliendo los propósitos principales que Dios tiene para
nuestra vida. Cuán fácil perdemos de vista su visión global mientras estamos compenetrados en los pequeños detalles e insignificancias de
nuestra vida, y luego nos preguntamos por qué sentimos que no estamos
obteniendo ningún resultado, por más que nos esforcemos y esmeremos.

Una manera clara de determinar en qué situación estamos es llevar un
registro diario de las actividades de toda una semana en períodos de quince
o treinta minutos, luego analizar el resultado y evaluar cuánto tiempo estamos realmente invirtiendo en las cosas que deberíamos estar haciendo.
¿Cuáles de estas actividades están contribuyendo a cumplir las prioridades
que Dios ha establecido para esta etapa particular de nuestra vida? (Si tienes
hijos en el hogar, podrías hacer el mismo ejercicio en relación a sus actividades y las de tu familia).

Según los patrones que resulten de este ejercicio, podrías descubrir que
solo estás dejando que la vida siga su curso y que deberías ser más deliberado a la hora de tomar tus decisiones. O podrías descubrir que tu vida se
está conformando más a las expectativas de los demás, que a las prioridades
de Dios; que algunas de las cosas que estás haciendo están basadas en
la culpa o el deseo de aprobación o en la necesidad de causar una buena
impresión.

Al final, lo que estás buscando es la libertad de ser quién Dios te está
llamando a ser; no solo en la teoría, sino en la práctica. Porque cuando tus
actividades tienen una razón —la razón de Dios— te afectan menos las
opiniones de aquellos que quizás no entiendan. Y puedes sentir el placer de
Dios al saber que estás confiando que Él dirigirá tus pasos y usará tu vida
como Él crea conveniente.

*Al acercarnos a un nuevo año, trata de apartar una semana lo antes posible para
llevar un registro de cómo estás usando tu tiempo. Pregúntale al Señor si algunas
de tus actividades no forman parte de su plan para esta etapa de tu vida.*

En orden de importancia

Ordena mis pasos con tu palabra (Sal. 119:133).

 A MENOS QUE ESTE AÑO estés viviendo una situación atípica o que por alguna razón hagas el intercambio de regalos en otro momento, es probable que el día de hoy gire alrededor de un hecho y objetivo central: celebrar la Navidad. Y no se te ocurriría permitir que nada interfiera con eso.

Pero ¿por qué no priorizamos cuidadosamente cada día? ¿Por qué, cuando permitimos que algo como la Navidad predetermine las decisiones que tomamos, no nos esforzamos por mantenernos igualmente enfocados en el resto de nuestra vida; por qué no ordenamos nuestras actividades de acuerdo a las prioridades de Dios para nuestra vida?

Me viene a la mente la antigua ilustración didáctica, que tal vez tú mismo hayas comprobado, donde el orador de una conferencia comienza a llenar una jarra vacía con varias canicas o piedras pequeñas, hasta que finalmente ocupan casi todo el espacio del recipiente sin dejar lugar para las canicas y piedras más grandes, que de alguna manera tienen que caber.

Pero si primero colocamos las piedras grandes —si primero damos lugar a las prioridades más importantes antes de agregar otra cosa— gran parte de los objetos más pequeños también entrarán, porque se irán acomodando entre los dos o tres ingredientes principales que hay dentro de la jarra. De modo que si por alguna razón, la "jarra" de tu día simplemente no puede dar lugar a estos incidentes menores, entonces solo habrás dejado afuera algo de pequeñas consecuencias, no de gran pérdida como ver que otro día más una de las prioridades clave ha quedado afuera.

Es probable que hayas planificado cuidadosamente las actividades de este día de Navidad. De igual modo, permite que su Palabra y su Espíritu ordenen cada uno de tus días conforme a las prioridades de su reino.

¿Sueles desperdiciar tu vida con cosas no esenciales, en vez de ordenar las actividades de cada día según el orden de importancia?

La tiranía de lo urgente

Yo hago una gran obra, y no puedo ir (Neh. 6:3).

COMO LÍDER DEL PROYECTO DE REEDIFICACIÓN de los muros de Jerusalén después de la invasión del ejército de Nabucodonosor y el exilio judío en Babilonia, Nehemías tuvo que enfrentar muchas distracciones en su trabajo. Tal vez las más difíciles de resistir fueron los urgentes reclamos de sus enemigos, que querían reunirse con él para hablar de qué rayos estaba haciendo.

Aunque se diera cuenta de que sus intenciones eran perjudicarlo, supongo que Nehemías podría haber aceptado la posibilidad de llegar a un acuerdo con aquellos, que reiteradas veces se habían opuesto a sus esfuerzos y atacado sus motivos. Pero ya había hablado con ellos antes (Neh. 2:19-20), y se había dado cuenta de que seguir hablando con ellos era una pérdida de tiempo y aliento. Por lo tanto, a pesar del insistente interés de sus enemigos en distraerlo de su enfoque central, resistió la interrupción.

Resistir es otro de los principios clave que debemos dominar si esperamos cumplir lo que Dios nos ha encomendado en esta vida.

El mismo Jesús demostró este principio cuando, tras escuchar que su buen amigo Lázaro había enfermado gravemente, decidió resistir lo que seguramente todos esperaban de Él: que dejara de hacer lo que estaba haciendo y corriera a estar junto al hombre que se estaba muriendo. Pero Jesús ya sabía lo que pronto todos descubrirían: Que Él tenía algo mucho más importante que hacer (¡resucitar a Lázaro!), que sería imposible si corría a satisfacer ese pedido urgente (evitar que su amigo muriera). Él conocía la diferencia entre dejarse llevar por la insistencia de otros y cumplir resueltamente la voluntad de su Padre.

Si deseamos cumplir el plan de Dios para nuestra vida, debemos resistir la tiranía de lo urgente y enfocarnos en la prioridad de matar nuestros dragones, en vez de perder tiempo matando moscas.

¿Sueles tener interrupciones durante el día que parecen ser más urgentes de lo que estás haciendo? ¿Cómo puedes discernir si Dios está usando esas interrupciones para modificar tus planes o si se tratan de distracciones para que no te enfoques en las prioridades de Dios para ese día?

Dime qué hacer

*Donde no hay dirección sabia, caerá el pueblo; mas en la
multitud de consejeros hay seguridad (Pr. 11:14).*

 Un rápido repaso hoy, antes de seguir con la segunda mitad de
nuestro estudio de cómo vivir sobre la base de prioridades sabias
y piadosas. Hemos visto la importancia de la *oración* y la necesidad de *repasar* las prioridades de Dios para nuestra vida, seguida
por una *evaluación* de cómo estamos usando nuestro tiempo, un *orden* deliberado de cada día y la necesidad de *resistir* los pedidos que parecen urgentes
y amenazan con distraernos de lo que realmente importa.

Un sexto instrumento vital para agregar a nuestra caja de herramientas
es la práctica de pedir *consejos* que nos ayuden a determinar las prioridades
de Dios según cada etapa de nuestra vida. Pedir (y escuchar) buenos consejos es una señal de humildad. Y Dios derrama su gracia sobre los humildes.

Si estás casado, el consejo de tu cónyuge puede ser el recurso valioso de
una perspectiva cercana y de ayuda para evaluar y ordenar tus prioridades.
La protección de contar uno con el otro y de aprender uno del otro, es parte
de la bendición que Dios estipula para el matrimonio.

Seas casado o no, es probable que Dios haya colocado a tu alrededor
una diversidad de personas que tienen mucho para ofrecerte mediante su
experiencia personal, su profundo conocimiento y sus consejos útiles; consejos de los cuales nunca te beneficiarás si no los pides. No puedo contar
la cantidad de veces que he pedido consejo a otros sobre mis prioridades
—desde mi plan de actividades diarias hasta mis ofrendas personales— y les
he hecho preguntas, los he escuchado y he recibido la dirección del Espíritu
de Dios en mi vida a través de sus palabras.

Como cristianos, somos parte de una familia. Y necesitamos recibir
ayuda unos de otros. No trates de hacer todo solo. Nunca pienses que eres
demasiado inteligente, ni que tu situación es demasiado complicada para
pedir y recibir consejos sabios y ponerlos en práctica.

*¿Quién podría ayudarte a analizar asuntos específicos con relación a tus
prioridades en esta etapa de tu vida? ¿Por qué no se lo pides?*

Administración del tiempo

Mirad, pues, con diligencia cómo andéis, no como necios sino como sabios, aprovechando bien el tiempo, porque los días son malos (Ef. 5:15-16).

 LA BIBLIA DESCRIBE A MENUDO conceptos opuestos: la obediencia y la desobediencia, la fe y el temor, la confianza y la duda. El pasaje anterior compara la actitud del sabio con la del necio. Mientras que el necio vive el momento, sin pensar en la implicancia futura de sus decisiones, los sabios toman sus decisiones con la perspectiva de la eternidad y consideran las consecuencias que tendrán a largo plazo sus decisiones. *¿Tendrán alguna incidencia de aquí a cien años? ¿De aquí a cinco años?* Así piensa la persona sabia.

Los necios viven para sí mismos, no les interesa ser reflexivos y a menudo son descuidados e indisciplinados en la manera de administrar su tiempo. Los sabios, por el contrario, viven para la gloria de Dios, no tienen miedo de escudriñarse y son cuidadosos y resueltos en su administración de los recursos que se les ha confiado.

Se podría decir que su prioridad es *aprovechar bien el tiempo* que Dios les ha dado.

Esto podría significar ponerte al día con una o dos cartas de agradecimiento en los diez minutos que esperas que tu hijo salga de la escuela o de la práctica de fútbol. Podría significar llevar tu propio material de lectura —el libro o la correspondencia que parece que nunca puedes terminar— al consultorio del médico, en vez de hojear las revistas viejas de la sala de espera. También podría significar pasar media hora coloreando con tu hijo de edad preescolar o escuchar a un amigo o una amiga que necesita hablar, reconociendo que esos momentos no son una pérdida de tiempo, sino oportunidades de enriquecer la vida y las relaciones.

¿Significa que ni siquiera podemos tener un tiempo libre o de esparcimiento? Por supuesto que no. Es un llamado a ser sabios, a redimir el tiempo y aprovechar al máximo cada oportunidad, sin perder de vista la eternidad.

¿Qué sugiere el uso general de tu tiempo? ¿Eres una persona sabia o necia? ¿Qué tan sabio y premeditado eres con respecto al uso de los "tiempos libres" que surgen a lo largo del día?

Atrapa a tus zorras

Cazadnos las zorras, las zorras pequeñas, que echan a perder las viñas; porque nuestras viñas están en cierne (Cnt. 2:15).

ES PROBABLE QUE TENGAS, como yo, ciertos espacios de tu casa donde sueles guardar y acumular cosas. Solemos llamarlos "cajones de chucherías". Algunas personas tienen incluso "habitaciones de trastos viejos", que nunca llegan a desocupar; un lugar donde van a parar todas las cosas viejas que no quedan bien en ningún lugar.

Sin embargo, si no tenemos cuidado, toda nuestra *vida* puede saturarse de cosas innecesarias que nos roban tiempo. Algunas de esas cosas podrían haber sido útiles en cierto momento, pero ahora solo ocupan un lugar que realmente no podemos darnos el lujo de perder. Como las "pequeñas zorras" que se mencionan en las Escrituras, pueden cegarnos hasta que nos propongamos seriamente atraparlas y encargarnos de ellas.

Las cosas que nos roban un tiempo precioso de nuestra vida podrían ser las más obvias, como la TV, las películas y los medios de comunicación de las redes sociales. Pero otras podrían ser cosas más sutiles, como ciertas relaciones que nos consumen mucho tiempo y concentración, y que además son improductivas o nocivas. O tal vez sean las interminables actividades de tus hijos; actividades que intentan proporcionarles una vida equilibrada, pero que solo terminan por desquiciar tu vida… y la de ellos.

Otras cosas que pueden arrebatarnos partes y fragmentos de nuestra vida son las actitudes venenosas que albergamos en nuestro corazón como el mal humor, la queja y la ingratitud, que nos quitan energía mientras multiplican el tiempo que necesitamos para cumplir con todas las obligaciones del día.

Mira a tu alrededor y verás aún más.

Si lo haces —si *identificas las "pequeñas zorras"* que te roban tiempo, rendimiento y vitalidad espiritual y te propones eliminar esas cosas que están "desordenando" innecesariamente tu vida— no tendrás que caminar entre el revoltijo de trastos viejos para mantenerte flexible al plan de Dios. Cuando Él te llame, estarás listo.

Menciona algunas de las cosas que te roban tiempo, rendimiento y vitalidad espiritual en tu vida. ¿En qué sentido serías más productivo si las eliminaras? ¿Qué pasos podrías al acercarnos a fin del año para empezar a eliminarlas de tu vida?

Ven aquí

Yo he conocido que no hay para ellos cosa mejor que alegrarse, y
hacer bien en su vida; y también que es don de Dios que todo hombre
coma y beba, y goce el bien de toda su labor (Ec. 3:12-13).

 HOY LLEGAMOS A LA PENÚLTIMA DE LAS PRIORIDADES, y a una disciplina espiritual que casi está extinta en un mundo con tan fácil acceso a los últimos adelantos de la tecnología. Con la posibilidad de recibir mensajes en cualquier momento del día o de la noche y con celulares, que zumban en nuestros bolsillos y distraen nuestra atención de las personas de carne y hueso que tenemos justo frente a nosotros, se ha vuelto casi imposible sentarse simplemente a disfrutar la vida.

Y aquí, nos enfrentamos al reto de *experimentar* al máximo cada momento y etapa de nuestra vida. Estar "con todos nuestros sentidos puestos", dondequiera que estemos.

Te reto a intentarlo.

"Todo tiene su tiempo, y todo lo que se quiere debajo del cielo tiene su hora" (Ec. 3:1). Por lo tanto, si ha llegado la hora de que hagas algo, hazlo con todo tu corazón y para la gloria de Dios. Si es tiempo de trabajar, entonces manos a la obra, ponte a trabajar de lleno todo el día. Si es tiempo de tomar un descanso, entonces vive este momento con devoción y agradecimiento a Dios o en afectuosa interrelación con aquellos que te rodean. Si es tiempo de regocijarte, déjate llevar y goza de la bondad y las bendiciones del Señor. Y si es tiempo de llorar, entonces llora a lágrima viva. Exprésale al Señor tu dolor o la convicción de arrepentimiento que estás sintiendo, o abraza a un querido amigo o familiar que hoy está sufriendo, que te necesita cerca y sin distracciones. Si eres casado, ama a tu cónyuge; si tienes hijos, disfrútalos; no desperdicies el presente, por querer estar en otra etapa de tu vida.

No te obsesiones por los fracasos o recuerdos del pasado y no te traslades a sueños y ansiedades del mañana, que por ahora están reservadas para otro tiempo. Por ahora, estás aquí. Vive este momento como un "don de Dios".

Pídele a Dios que te ayude a experimentar al máximo la etapa y
las circunstancias en las cuales te ha colocado —las relaciones, las
responsabilidades, las oportunidades e incluso los retos— para su gloria.

Que Dios se goce sobre ti

En tu mano están mis tiempos (Sal. 31:15).

 MI ÚLTIMA ORACIÓN POR TI es que mañana te despiertes con los conceptos referidos a las prioridades grabados de tal forma, que te lleven a acercarte más al corazón de Dios y a amar más que nunca a Aquel que "se gozará sobre ti con alegría" y "se regocijará sobre ti con cánticos" (Sof. 3:17).

Si Dios endureciera su corazón hacia nosotros o nos desaprobara, podría justificarse que corriéramos tras otro tipo de prioridades y nos forjáramos nuestro propio destino. Pero nuestro Dios es Aquel que controla los tiempos y las estaciones. Él es Señor sobre todas las cosas, y (por su gracia y el don de la fe para salvación) se ha acercado a nosotros a través de Cristo Jesús con amor en su corazón "y en sus alas… salvación (Mal. 4:2). Él nunca tiene prisa, sin embargo, nunca se le hace tarde y siempre llega a tiempo. Él es Dios y es nuestro.

De modo que podemos confiar en el Señor y procurar siempre *ser sensibles y estar rendidos totalmente a Él*. Podemos pedirle al comienzo de cada nuevo día (y sí, al comienzo de cada nuevo año) que nos muestre qué camino tomar, que guíe nuestro pasos, que nos muestre cuándo una interrupción es realmente una oportunidad y que nos proteja cuando el enemigo intenta destruirnos.

Oremos, entonces, junto al salmista David: "Muéstrame, oh Jehová, tus caminos; enséñame tus sendas. Encamíname en tu verdad, y enséñame, porque tú eres el Dios de mi salvación; en ti he esperado todo el día" (Sal. 25:4-5). Entonces, al final de nuestros días, junto al Señor Jesús, podremos decirle a nuestro Padre: "Yo te he glorificado en la tierra; he acabado la obra que me diste que hiciese" (Jn. 17:4).

Entonces, Él nos tomará de este *lugar apacible* y nos llevará a los lugares celestiales.

Padre lleno de gracia, en la víspera de este año nuevo, te pedimos que nos concedas un corazón más sensible y rendido a tu Espíritu. Que podamos conocerte, seguirte y glorificarte cada día que nos des en esta tierra y, después, por toda la eternidad en tu presencia. En el nombre de Cristo Jesús. Amén.

Oh, Señor,

Lanzo mi barca en las aguas desconocidas de este año,
  contigo, oh Padre, como mi puerto,
    tú, oh Hijo, a mi timón,
    tú, oh Espíritu Santo, soplando mis velas.
Dame tu gracia para santificarme,
    tu consuelo para animar,
    tu sabiduría para enseñar,
    tu mano derecha para guiar,
    tu consejo para instruir,
    tu ley para juzgar,
    tu presencia para estabilizarme.
Que tu temor sea mi reverencia,
    tus triunfos, mi gozo.
La duración de días no me beneficia,
    excepto los días que paso en tu presencia,
    en tu servicio, para tu gloria.
Dame la gracia que preceda, siga, guíe, sostenga,
    santifique, ayude cada hora,
  que no pueda estar ni un momento apartado de ti,
  sino que pueda depender de tu Espíritu
    para cada uno de mis pensamientos,
    para cada palabra,
    para dar cada paso,
    para prosperar en todo trabajo,
    para desarrollar cada mota de fe,
    y dame el deseo
        de proclamar tu alabanza,
        testificar de tu amor,
        extender tu reino.

Amén.

El valle de la visión, adaptado

NOTAS

21 de enero: Rubel Shelly, "Great Themes of the Bible (#28—Our Tongues)", http://www.rubelshelly.com/content.asp?CID =10371. Último acceso el 7 de febrero de 2011.

Cary Leider Vogrin, "Barton Could Face Arson Charges in 2 Jurisdictions", *The Gazette, Colorado Springs*, 18 de junio, 2002. http://findarticles.com/p/articles/mi_qn4191/ is_20020618/ai_n10004016. Último acceso el 7 de febrero de 2011.

28 de enero: William Gurnall, *Leanings from William Gurnall*, comp. Hamilton Smith (Morgan, PA: Soli Deo Gloria, 1996), p. 104.

10 de febrero: Henry Drummond, *Natural Law in the Spiritual World*, #1908: The Chance World, *Encyclopedia of 7700 Illustrations*, Paul Lee Tan (Rockville, MD: Assurance Publishers, 1979), p. 487.

25 de febrero: Charles H. Spurgeon, *Evening by Evening* (Alachua, FL: Bridge-Logos, 2005), 1 de diciembre.

14 de marzo: Gracia Burnham con Dean Merrill, *To Fly Again*, (Wheaton, IL: Tyndale House, 2005), pp. 54-55.

9 de abril: *The Complete Word Study Old Testament* (Chattanooga: AMG, 1974), p. 2372.

19 de abril: "Student to Start Yearlong Vow of Silence", http://abcnews .go.com/US/story?id=95952&page=1. Último acceso el 9 de abril de 2011.

25 de abril: Norman Grubb, *Continuous Revival* (Fort Washington, PA: Christian Literature Crusade, 1997), p. 15.

29 de abril: De un mensaje predicado por el Dr. Fred Craddock en una conferencia de liderazgo pastoral en 1983.

8 de mayo: Lectura adaptada de *A Mother's Legacy: Wisdom from Mothers to Daughters*, escrito por Barbara Rainey y Ashley Rainey Escue (Nashville: Thomas Nelson, 2000), p. 105.

9 de mayo: Norman Grubb, *C. T. Studd: Cricketer and Pioneer*, (Fort Washington, PA: Christian Literature Crusade, 2008), p. 144.

7 de junio: Extraído del discurso del Dr. William R. Bright al recibir el premio Templeton de 1996 en reconocimiento a sus logros en pro de la religión, en Roma, Italia, en la iglesia de Santa María en Trastevere, el 9 de mayo de 1996.

19 de junio: John Feinstein, *The Punch: One Night, Two Lives, and the Fight That Changed Basketball*, (Boston: Little, Brown, and Co., 2002), introducción.

4 de agosto: Charles H. Spurgeon, *Cheque Book of Bank of Faith: Daily Readings* [*Libro de cheques del banco de la fé*], (Escocia, Gran Bretaña: Christian Focus Publications, 1996), p. 210. Publicado en español por Editorial Clie.

27 de agosto: Richard Cecil, *The Remains of the Rev. Richard Cecil*, de la undécima edición de Londres; ed., Josiah Pratt (Nueva York: Robert Carter; Filadelfia: Thomas Carter, 1843), p. 159.

28 de agosto: Permiso otorgado por Betty y Clarence Blocher.

14 de septiembre: Steve Dale, "My Pet World", *The Tennessean*, 29 de junio de 2007.

15 de septiembre: Citado por el Dr. Joe McKeever en "Doing the Right Thing Regardless", 21 de agosto de 2006. http://joemckeever.com/mt/archives/000358.html.

20 de septiembre: Citado en *The Whole of Their Lives*, epígrafe, *Lenin on Organization*, p. 44, par. 7, Daily Worker Publishing Co., 1926. Lenin escribió por primera vez estas palabras en el periódico democrático social *Iskra*, N° 1, en 1900.

22 de septiembre: J. C. Ryle, *Holiness: Its Nature, Hindrances, Difficulties, and Roots*, (Welwyn, Hertfordshire, Inglaterra: Evangelical Press, 1985, reimpresión), p. 7.

Charles H. Spurgeon, *1000 Devotional Thoughts* (Grand Rapids, MI: Baker, 1976), nos. 404, 204.

5 de octubre: Sermón de Charles Spurgeon: "Forgiveness Made Easy", http://www.spurgeon.org/sermons/1448.html.

13 de octubre: Helen Keller, *The Story of My Life* [*La historia de mi vida*] (Nueva York: Dell Publishing, 1961), p. 265. Publicado en español por editorial EDAMEX, México.

29 de octubre: Extraído de un sermón predicado en el funeral de Sir William Cokayne, citado en *The English Spirit*, 79.

ÍNDICE DE REFERENCIAS BÍBLICAS

Índice de recursos

EL CONTENIDO DE *EL LUGAR APACIBLE* ha sido adaptado de los siguientes libros de Nancy Leigh DeMoss, así como de las transcripciones de sus programas radiales:

- *A 30-Day Walk With God in the Psalms*
- *Atrévete a ser una mujer conforme al plan de Dios* (editora general)
- *En busca de Dios: El gozo de un avivamiento en la relación personal con Dios*
- *En la quietud de su presencia: Una invitación a fortalecer su vida devocional con Dios*
- *Escoja perdonar: Su camino a la libertad*
- *Mentiras que las mujeres creen y la verdad que las hace libres*
- *Mentiras que las jóvenes creen y la verdad que las hace libres* (coautora con Dannah Gresh)
- *Quebrantamiento: El corazón avivado por Dios*
- *Rendición: El corazón en paz con Dios*
- *Santidad: El corazón purificado por Dios*
- *Sea agradecido*
- *Voices of the True Woman Movement: A Call to the Counter-Revolution* (editora general)

Para encontrar estos y otros recursos de Nancy, visita Avivanuestroscorazones. com.

Acerca de Nancy

NANCY LEIGH DEMOSS creció en una familia profundamente comprometida a Cristo y a la causa de la evangelización mundial. A una edad temprana, rindió su vida a Cristo y sintió su llamado a dedicar el resto de su vida a su servicio.

Nancy se graduó de la Universidad del Sur de California con una licenciatura en interpretación de piano. Desde 1979, sirve en el equipo de Life Action Ministries, un ministerio de avivamiento establecido en Buchanan, Michigan.

Actualmente, Nancy habla a las mujeres a través de *Revive Our Hearts* [Aviva Nuestros Corazones] (un ministerio de Life Action Ministries) y el movimiento True Woman [Mujer Verdadera], y las llama a una vida de libertad, plenitud y productividad en Cristo. Su amor por la Palabra y el Señor Jesús es contagioso, y se permea en su programa de alcance por Internet, en los mensajes de sus conferencias, en sus libros y en sus dos programas radiales diarios de difusión nacional: *Aviva nuestros corazones* y *En busca de Dios* con Nancy Leigh DeMoss.

Ha escrito quince libros, entre los que se incluyen: *Mentiras que las mujeres creen*, *En la quietud de su presencia* y *Sea agradecido*. Se han vendido más de dos millones de ejemplares de sus libros, se han traducido en veinte idiomas y están ayudando a mujeres alrededor del mundo a descubrir, aceptar y deleitarse en Cristo y en la misión que Él tiene para sus vidas.

A Nancy le gusta verse como una "coordinadora de bodas", ¡que ayuda a la Novia a prepararse para la Boda con nuestro Novio celestial!

Acerca de *Aviva Nuestros Corazones*

 A TRAVÉS DE SUS DIVERSOS PROGRAMAS de evangelización y el ministerio de enseñanza de Nancy Leigh DeMoss, *Aviva Nuestros Corazones* [Revive Our Hearts] está llamando a las mujeres de todo el mundo a una vida de libertad, plenitud y productividad en Cristo. Ofrecemos una sana enseñanza bíblica y motivación a través de:

- **Recursos**: Los libros de Nancy, los libros bajo el sello de Mujer Verdadera y una amplia variedad de recursos en audio/video.

- **Radiodifusión**: Dos programas radiales diarios, que alcanzan a casi un millón de oyentes por semana.

- **Conferencias**: Se incluyen actividades destinadas a capacitar a las líderes de ministerios femeninos y esposas de pastores.

- **Sitio Web**: Avivanuestroscorazones.com, ReviveOurHearts.com, TrueWoman.com y LiesYoungWomenBelieve.com ofrecen blogs diarios y una gran colección de recursos electrónicos para mujeres en cada etapa de la vida.

Estamos creyendo en Dios por un movimiento a nivel popular de auténtico avivamiento y feminidad bíblica, al alentar a las mujeres a:

- Descubrir y aceptar el designio y la misión de Dios para sus vidas,

- Reflejar la belleza y el corazón de Jesucristo al mundo,

- Pasar deliberadamente la posta de la Verdad a la siguiente generación y

- Orar fervientemente por un derramamiento del Espíritu de Dios en sus familias, iglesias, nación y el mundo.

Para mayor información para recibir una dosis diaria de citas y recursos de las enseñanzas radiales de Nancy, visítanos a www.avivanuestroscorazones. com. ¡Nos gustaría saber de ti!

Reconocimientos

 Otra vez, nuestros amigos de *Moody Publishers* han demostrado ser colaboradores capaces, con corazón de siervos. *Holly Kisly* abogó por este libro desde el principio y dedicó incansablemente su corazón y sus extraordinarios dones en cada etapa del proceso de creación. Las opiniones y el ojo crítico de *Pam Pugh* enriquecieron este libro; mientras que la guía, el compromiso y el aliento de *Greg Thornton* siguen bendiciendo y mejorando nuestros proyectos de publicación.

Este libro no se hubiera materializado sin los enormes esfuerzos infatigables de *Lawrence Kimbrough*, que durante varios meses se ocupó de extraer y compaginar el contenido de más de una docena de libros y una década de transcripciones radiales. ¡Lawrence, no tengo palabras para agradecer al Señor por ti!

Hay un equipo dedicado y capaz, en su mayoría no debidamente reconocido, de hombres y mujeres que colaboran conmigo en *Revive Our Hearts*, y que respaldan y enriquecen cada uno de mis emprendimientos. Durante los extensos períodos en los que me recluyo para trabajar en un libro, *Mike Neises* (Director Editorial), *Martin Jones* (Director Ejecutivo) y *Sandy Bixel* (Asistente de dirección) son los que más llevan la carga conmigo. ¡El Señor ve, sabe y recompensará todo ese trabajo sacrificado!

Y solo el Señor sabe la medida del fortalecimiento y el sustento que he recibido en este proyecto, mediante la intercesión de muchos fieles *amigos que oran*. *Gracias* por ser canales de la gracia de Dios para esta sierva indigna y agradecida.

EDITORIAL
PORTAVOZ

NUESTRA VISIÓN

Maximizar el efecto de recursos cristianos de calidad que transforman vidas.

NUESTRA MISIÓN

Desarrollar y distribuir productos de calidad —con integridad y excelencia—, desde una perspectiva bíblica y confiable, que animen a las personas a conocer y servir a Jesucristo.

NUESTROS VALORES

Nuestros valores se encuentran fundamentados en la Biblia, fuente de toda verdad para hoy y para siempre. Nosotros ponemos en práctica estas verdades bíblicas como fundamento para las decisiones, normas y productos de nuestra compañía.

Valoramos la excelencia y la calidad
Valoramos la integridad y la confianza
Valoramos el mérito y la dignidad de los individuos
  y las relaciones
Valoramos el servicio
Valoramos la administración de los recursos

Para más información acerca de nuestra editorial y los productos que publicamos visite nuestra página en la red: www.portavoz.com